DOENÇA MENTAL,
UM TRATAMENTO POSSÍVEL

Dados Internacionais de Catalogação na Publicação (CIP)
(Câmara Brasileira do Livro, SP, Brasil)

Silva Filho, Luis Altenfelder
  Doença mental, um tratamento possível : psicoterapia de grupo e psicodrama / Luis Altenfelder Silva Filho. – São Paulo : Ágora, 2011.

  Bibliografia
  ISBN 978-85-7183-068-4

  1. Doenças mentais 2. Insanidade 3. Práticas psiquiátricas 4. Psicodrama 5. Psicoses 6. Psicoterapeuta e paciente 7. Psicoterapia de grupo. I. Título.

	CDD-616.891523
10-11983	NLM-WM 430

Índices para catálogo sistemático:
1. Loucura : Psicodrama : Medicina   616.891523
2. Loucura : Psicoterapia de grupo : Medicina   616.891523

Compre em lugar de fotocopiar.
Cada real que você dá por um livro recompensa seus autores
e os convida a produzir mais sobre o tema;
incentiva seus editores a encomendar, traduzir e publicar
outras obras sobre o assunto;
e paga aos livreiros por estocar e levar até você livros
para a sua informação e o seu entretenimento.
Cada real que você dá pela fotocópia não autorizada de um livro
financia o crime
e ajuda a matar a produção intelectual de seu país.

DOENÇA MENTAL, UM TRATAMENTO POSSÍVEL

PSICOTERAPIA DE GRUPO E PSICODRAMA

Luis Altenfelder Silva Filho

EDITORA
ÁGORA

DOENÇA MENTAL, UM TRATAMENTO POSSÍVEL
Psicoterapia de grupo e psicodrama
Copyright © 2011 by Luis Altenfelder Silva Filho
Direitos desta edição reservados por Summus Editorial

Editora executiva: **Soraia Bini Cury**
Editora assistente: **Salete Del Guerra**
Assistente editorial: **Leonardo Gonçalves**
Imagem de capa: **"Picasso, Pablo. El loco"**. Album/Oronoz/Latinstock
Projeto gráfico e diagramação: **Crayon Editorial**
Impressão: **Sumago Gráfica Editorial**

Editora Ágora
Departamento editorial
Rua Itapicuru, 613 – 7º andar
05006-000 – São Paulo – SP
Fone: (11) 3872-3322
Fax: (11) 3872-7476
http://www.editoraagora.com.br
e-mail: agora@editoraagora.com.br

Atendimento ao consumidor
Summus Editorial
Fone: (11) 3865-9890

Vendas por atacado
Fone: (11) 3873-8638
Fax: (11) 3873-7085
e-mail: vendas@summus.com.br

Impresso no Brasil

Sumário

Prefácio   7
Apresentação   9

1. Panorama histórico do hospital psiquiátrico   21

2. Psicoterapia de grupo: histórico   63

3. Psicodrama no hospital psiquiátrico   109

4. O psicodrama e a psicose   125

5. O método psicodramático   151

6. Sistematização do uso do psicodrama
na enfermaria psiquiátrica   181

7. Análise de sessões de psicodrama com
portadores de transtorno mental grave   207

8. Comentários sobre o psicodrama
aplicado na enfermaria psiquiátrica   281

9. A integração entre a psicoterapia
e a psicofarmacologia   285

Conclusões   289

Bibliografia   293

Prefácio[1]

Em 1936, Moreno compra uma velha e grande casa em Beacon, interior do estado de Nova York, e transforma a antiga escola que lá funcionara no primeiro hospital psiquiátrico psicodramático: o Beacon Hill Sanatorium, posteriormente chamado Moreno Sanatorium (1951). Moreno trabalha psicodramaticamente com pacientes internados e com os que retornam para seguimento ambulatorial. Das sessões diárias de psicodrama participam não só pacientes — e, eventualmente, seus familiares —, mas também funcionários do pequeno hospital. Com isso, Moreno abre as portas da psiquiatria para a psicoterapia de psicóticos, totalmente incipiente à época, incluindo os familiares no processo e lançando as bases da comunidade terapêutica (movimento que ganha força nos anos 1960 e 1970), em que a voz do médico (antes o único detentor do poder) não é a única a ser ouvida. A opinião da equipe multidisciplinar e, especialmente, a dos próprios pacientes, é levada em conta. A proposta de Moreno é democratizar a psiquiatria, uma revolução em que o psiquiatra se transforma em diretor de psicodrama, a equipe em egos-auxiliares e os pacientes em protagonistas. Moreno introduz uma mudança significativa na linguagem do hospital psiquiátrico: do indivíduo para o grupo, da convulso e insulinoterapia (principais métodos de tratamento das psicoses na época) para a psicoterapia, e do instrumento verbal para a ação terapêutica.

Luis Altenfelder retoma a experiência de Moreno. Como ele próprio diz neste livro, ainda no início de carreira começou a atender em grupo seus pacientes internados no Hospital de Vila Mariana (São Paulo). Dando prosseguimento ao trabalho, desenvolve a experiência mais tarde, no Hospital das Clínicas da FMUSP e no Hospital do Servidor Público Estadual, perfazendo 25 anos de realização de grupos de psicodrama em enfermaria psiquiátrica.

As sessões dirigidas por Luis Altenfelder às quartas-feiras no Serviço de Psiquiatria do Hospital do Servidor tornam-se obrigatórias para estagiários e residentes (jovens psiquiatras, psicólogos, assistentes sociais, terapeutas ocupacionais e outros) que, ávidos por conhecimento prático, participam intensamente. Chegam cheios de medo da loucura e dos loucos, mas, aos poucos, timidamente, identificam-se com o sofrimento humano que une a todos (psicóticos, neuróticos e normóticos). Fazem comentários, compartilham e participam como egos-auxiliares.

---

1. Prefácio escrito para o livro *Psicoterapia com psicóticos: o psicodrama no hospital psiquiátrico*, que foi visivelmente ampliado e atualizado até se transformar na presente obra. [N.A.]

O autor provém de uma família tradicionalmente composta de médicos (ele tem tios, cunhado, primos, sobrinhos e filhos na carreira), e seu filho mais velho, Pedro Altenfelder, é colaborador deste livro, no capítulo 8. Desde cedo, aprendeu que a dedicação é a primeira regra da profissão. Na verdade, ele não acolhe somente os pacientes, mas todos — residentes, estagiários, colegas e amigos —, com reconhecida generosidade. Para ele não há pedido desconsiderado, nem ajuda adiada.

A dissertação que dá origem a este livro ofereceu ao autor a oportunidade que lhe faltava para sistematizar sua experiência no trabalho psicodramático em enfermarias psiquiátricas. Além de apresentar uma excelente resenha histórica do hospital psiquiátrico, da psicoterapia de grupo e do psicodrama, esta publicação contém elementos para instrumentalizar todos os que pretendem aplicar a técnica grupal ou psicodramática no atendimento a pacientes em enfermarias, ambulatórios e clínicas privadas. Saúdo, portanto, o autor, que, demonstrando os benefícios de trabalhar a instituição psiquiátrica de maneira espontânea e criativa, traz uma contribuição inestimável ao psicodrama, à psicoterapia e à psiquiatria.

José de Souza Fonseca Filho

Apresentação

A leitura do manuscrito de Luis Altenfelder me enriqueceu de informações, comentários, exemplificações, reflexões. Como muitos de nós, interessados pelas leituras sobre o assunto, participei, durante quatro anos, de sessões de psicodrama com um grupo de colegas psiquiatras, psicólogos, assistentes sociais e terapeutas ocupacionais. Queria aprender um procedimento significativo. Exerci as tarefas de diretor e ego-auxiliar. Não me decepcionei e espero que não tenha decepcionado aqueles com os quais trabalhei.

O livro de Altenfelder interessa pelo aspecto didático e de aperfeiçoamento e nos fornece elementos valiosos. Ricas informações sobre psicodrama no contexto da medicina da psique, com dados sobre a constituição e a prática da psiquiatria, dentro da qual o autor exerce "psicoterapia de grupo e psicodrama, com psicóticos e portadores de transtornos mentais graves".

Estão retratados no estudo pacientes hospitalizados, que, por natureza da situação, são tratados em poucas sessões, às vezes apenas uma. O objetivo não é, portanto, a "cura" do quadro patológico, mas, sim, a qualidade do diagnóstico, a adaptação ao tratamento, a melhora do quadro: o início, a abertura do caminho da cura.

É simples compreender que, em instituições psiquiátricas, ambulatórios e enfermarias, não teríamos condições de praticar terapia individual, e que a grupal não pode ser esquecida. Em princípio, médicos têm de escolher entre a terapia de "grupo como método" e a terapia do indivíduo "em grupo", sendo esta última em consonância com o tratamento discutido pelo autor.

A dramaterapia é definida como a utilização de teatro e processos dramáticos com intenção terapêutica. Seus instrumentos são derivados do teatro e sua meta é psicoterápica, cita o autor. Dessa qualificação decorreram a especificidade, os méritos e as dificuldades do método.

Desde sempre, mas mais ainda atualmente, o teatro implica maior "exibição" que outras situações. No psicodrama, os participantes são, às vezes, mais desejosos de "mostrar-se" atores, bons atores, que pessoas que querem expressar-se, falar, comunicar. O objetivo terapêutico é totalmente diferente disso, é querer facilitar a expressão do paciente, mas também ajudá-lo a perceber o outro, a favorecer o encontro, a percepção do que o outro espera dele, a capacidade de responder adequadamente aos próprios interesses. Os participantes do grupo não representam, simplesmente, papéis. No teatro, o termo "representar" não exclui o inglês *"play"*, o francês *"jouer"*. Fazer teatro não é o objetivo da terapia; é apenas um recurso. O terapeuta é verbalmente chamado diretor; o paciente, protagonista. Estão na linguagem psicodramática, também, as "técnicas". Prefiro evitar tais termos. Luis Altenfelder os usa por causa de suas afinidades com os outros autores do campo.

Porém, o autor não deixa de se expor, de assumir sua postura, sua pessoa. Desde a apresentação pessoal de sua evolução como psiquiatra até as opções para as posições fenomenológico-existencialistas.

As citações de outros autores são claras e fiéis, e permitem a aproximação do leitor. Parecem óbvias as opções de Luis Altenfelder mesmo quando a atenção com a objetividade o leva a não mostrar nenhuma rejeição a respeito de certos escritos (por exemplo o *Asylum*, de E. Goffman –1961), que não podem ser mencionados sem contextualização.

O psicodramatista proposto pelo autor não é uma "tela branca". Ele participa, interpreta, julga significados e orienta, sem deixar de ser "diretivo" no sentido cognitivista.

O paciente tem oportunidade de ser visto, ouvido. Seus gestos e palavras são objeto de observação. Suas atitudes são interpretadas como linguagem física. A "dramatização" em si alarga o campo vivencial de certos pacientes, afasta-os de "pesos" imediatos e lhes permite ter melhor consciência de si mesmos. No teatro, a consciência de si mesmo do ator não é o principal interesse: ele deve expressar o que pensa e sente de acordo com a personagem. O contrário é válido para o psicodrama, porém, muitas vezes, o paciente é seduzido pela demonstração do talento. Com certeza, uma das questões que provocam amplos debates: os histéricos que mostram sua doença por meio do que não são (conversões, somatizações) podem ser beneficiados pelo psicodrama?

Isso não é problema para Luis Altenfelder. A adequação às situações, logicamente, entra no projeto de tal terapia. Isto é o que o terapeuta tem de considerar: o que se propõe obter e como chegar a seu objetivo.

De seu lado, ele optou: a doença psíquica é a perda da liberdade de escolher e agir conforme suas escolhas. A terapia pela palavra é o maior instrumento psiquiátrico. A linguagem expressa o pensamento, e também o molda. O "paciente" é tratado como interlocutor.

O texto de Luis Altenfelder me conduziu, mais uma vez, a reflexões sobre os paradigmas que compartilho. A prática profissional nos mantém em contato contínuo com eles, mas a leitura me parece o melhor caminho para a reflexão e para o debate com outros profissionais e estudiosos. Nessa linha, este texto me conduziu com grande proveito.

Prof. Dr. Carol Sonenreich
Psiquiatra

Introdução

Por volta dos anos 1950, em São Paulo, eu cursava o primeiro ano primário no Externato Jardim e toda tarde voltava da escola a pé com Moge, meu irmão. Era uma alegria e uma aventura. Meu irmão iscava todos os cães de rua em cima de mim e, assim, corríamos para casa. Em uma das ladeiras da rua Monte Alegre, no bairro das Perdizes, havia um Hospital Psiquiátrico, o Coração de Jesus, em que todas as janelas da frente eram gradeadas e cobertas por telas de arame que impediam a visão de dentro dos quartos. Quando passávamos por ali, ouvíamos gritos: "me salva", "me tira deste inferno" etc.

Era um mistério para mim: imaginava o que acontecia naquele lugar; provavelmente coisas terríveis, pois, vez ou outra, um "louco" fugia, os enfermeiros corriam atrás e minha torcida era para que não o pegassem. Certa vez um dos fugitivos se refugiou no porão da casa de meu primo José Roberto Wolff, que também se tornou psiquiatra, e nós lhe demos guarida. Muitas noites, antes de dormir, imaginava aquele hospício. Intrigado e temeroso, pensava o que era a loucura e fazia fantasias do que lá acontecia. Acabava dormindo assustado.

Entre as reminiscências da infância, tenho também a lembrança dos loucos da rua. Por exemplo o Pica-Papel, uma figura de cabelos compridos e desgrenhados, barbudo, maltrapilho, que andava falando sozinho sobre coisas que eu não compreendia – lembrando muito *El Loco*, de Picasso, de 1904. Às vezes passava perto de algum transeunte soltando um berro que assustava. Havia, na região, uma mercearia com um degrau, no qual Pica-Papel sempre se sentava e passava horas picando jornal em pedaços miúdos. Lembro-me também do Casionato, um italiano gordo e com um grande nariz de batata vermelho, todo furado, que parecia um enorme morango. Ele perambulava pelas ruas falando sozinho e, algumas vezes, bêbado e cambaleante, arrumava confusões e brigas. Havia também a dona Melda, uma senhora que se vestia como se fosse a um casamento, loira oxigenada, rosto exageradamente pintado com *rouge*, boca e lábios borrados com batom vermelho. Quando passava, a molecada a cumprimentava:

– Como vai, Brigitte Bardot?

E ela respondia:

– Vai a "melda"!

A molecada, que se divertia, cunhou o apelido.

Todas essas figuras me impressionavam e eu sentia uma curiosidade enorme de saber o que se passava em suas cabeças. Falávamos muito sobre isso, meu irmão e eu, e tínhamos discussões intermináveis com a turma.

Essas cenas e vivências com certeza marcaram e influenciaram a escolha da profissão que exerceria, ou seja: uma atividade na qual eu teria a chance de investigar o que me intrigava e, ainda, cuidaria de pessoas. No curso secundário, tinha um particular interesse por ciências biológicas e humanísticas. Ainda contava o fato de pertencer a uma família de inúmeros médicos e, portanto, cuidar de doentes era assunto corriqueiro, o que certamente também influenciou a minha escolha.

Na Faculdade de Medicina, logo no primeiro ano, a disciplina de Psicologia Médica despertou meu interesse e me pôs em contato com Freud, Adler, Jung, Jaspers, Kraepelin, Bleuler, Sartre, entre tantos outros autores. O que me chamou a atenção foi que vi, ameaçadoramente, muitos de meus segredos revelados nesses textos: a loucura que me assustava desde pequeno poderia, então, ser desvendada. O que antes era mistério, agora se transformava em conhecimento da mente humana. Por meio do estudo e da pesquisa, eu poderia iniciar a compreensão das profundezas da psique. Tornei-me monitor dessa disciplina, que tinha como catedrático André Teixeira Lima. Na minha função, tinha a incumbência de esclarecer dúvidas dos alunos, o que obrigava a me aprofundar em psiquiatria e psicologia médica.

No terceiro ano da faculdade, passei a frequentar o Instituto de Psiquiatria e Higiene Mental de Jundiaí (SP), hospital que abrigava pacientes com patologia aguda. Lá, ajudava os médicos assistentes, em especial José Mário Amâncio Camargo, psiquiatra e psicanalista, que me ensinou e supervisionou no tratamento de alguns pacientes, fazendo-me entrar em contato mais íntimo com o estudo da doença mental por meio dos tratados de Psiquiatria e dos textos sobre a Psicoterapia. Em 1970, participei do V Congresso Internacional de Psicodrama e I de Comunidade Terapêutica, em São Paulo, e o método psicodramático me deixou impressionado.

Durante o curso de medicina também me interessei por clínica médica e cirurgia. Cheguei a estagiar, por três anos, em obstetrícia, realizando partos e auxiliando cirurgias no Hospital e Maternidade Mattarazzo. No quinto e sexto anos comecei a dar plantões e a frequentar as reuniões da Comunidade Terapêutica Enfance, um hospital destinado ao tratamento de crianças portadoras de transtornos mentais graves. A supervisão do trabalho dos plantonistas era feita por Osvaldo Dante Milton Di Loretto. Nessas reuniões, refletíamos a respeito do tratamento da doença mental e da psiquiatria em geral. Nessa época, as ideias de Laing e Cooper e da antipsiquiatria estavam em voga. Esse trabalho na Comunidade Terapêutica Enfance influenciou de forma positiva a minha maneira de estabelecer o relacionamento com meus pacientes, principalmente nas enfermarias dos hospitais psiquiátricos.

Concluí o curso de medicina em 1972 e, no ano seguinte, como especialização, iniciei a residência em Psiquiatria no Instituto de Psiquiatria do Hospital das Clínicas da Faculdade de Medicina da Universidade de São Paulo (IPq-HCFMUSP).

O início da residência foi difícil, estava acostumado ao modelo em que as evidências e a fisiopatologia são mais claras. O modelo de abordagem e raciocínio na psiquiatria é outro, a subjetividade é fundamental, enquanto que, na medicina geral, pesquisamos o sistema que apresenta a patologia. Na psiquiatria, é evidente que é o homem quem está doente, não um órgão, e o cérebro não pode ser responsabilizado por toda a patologia que se evidencia. O estudante de medicina não é treinado a ver o doente como um modelo holístico. O próprio ensino da medicina, em algumas faculdades, faz com que se estude o homem em seus vários sistemas: cardiorrespiratório, digestivo, genito-urinário, e assim por diante. Acontece, muitas vezes, de o ser humano ser visto apenas como um fígado, um pâncreas, um pulmão etc. Em algumas faculdades de medicina, atualmente, o homem é visto como um todo, o que implica uma perspectiva biopsicossocial.

Na medida em que entrei em contato mais estreito com o doente mental, ocorreram identificações em alguns aspectos e, ao ler os tratados de psiquiatria, vi-me em vários de seus capítulos. Essa foi uma fase que vivenciei com angústia, e a psicoterapia me ajudou muito. Entendi que apresentamos traços de diversos sintomas psiquiátricos, e que a patologia acontece quando um ou alguns dos traços são acentuados. Em meus primeiros contatos com o "louco" eu me considerava "são" e, na medida em que esse contato estreitava, percebi-me semelhante. É claro, o "louco" é uma pessoa como eu, o que o diferencia é apenas sua doença. Entendi, então, por que muitas vezes são segregados, agredidos e afastados do contato social. Não é que a locura seja contagiosa, mas ela espelha vários aspectos que tememos de nós mesmos, e é mais fácil negá-los afastando quem os lembra. A "loucura" é uma perda das referências que nos situam e nos identificam, significando o descontrole de sistemas internos. Então nos agarramos às referências externas, que nem sempre são seguras o suficiente para nos livrarmos da sensação de descontrole. Com o tempo, por causa das supervisões, da psicoterapia e da literatura psiquiátrica, fui me sentindo cada vez mais seguro.

Nessa mesma época, comecei minha formação em psicoterapia na Sociedade de Psicodrama de São Paulo (SOPSP). Como trabalho de conclusão de curso, em 1981, apresentei a monografia *Psicodrama: o uso do desenho em psicoterapia psicodramática*. Participaram da banca os psiquiatras e psicodramatistas: Aníbal Mehzer, Antonio Carlos Cesarino e José Fonseca, meu orientador. A aprovação dessa monografia me qualificou, pela Federação Brasileira de Psicodrama (Febrap), como professor supervisor de psicodrama e terapeuta didata.

Paralelamente à formação em psicodrama, participei, durante mais de quinze anos, de um grupo de supervisão com José Fonseca, do qual faziam parte Wilson Castello de Almeida, Victor Ciacco da Silva Dias, Antonio Gonçalves dos Santos, Arthur Kaufman, Therezinha de Paula Esteves, José Roberto Wolff, Maria Amália

Faller Vitale, Maria Regina Altenfelder Silva e Tereza Bonumá. Esse grupo contribuiu muito com meu aprendizado de psicoterapia e psicodrama e os temas ali estudados e refletidos, bem como os casos supervisionados, foram fundamentais como estímulo ao estudo da psicoterapia e de minha formação como psicoterapeuta.

Considero que a psicoterapia à qual me submeti foi importante para aprofundar problemas relacionados à vida pessoal, assim como para tratar as questões levantadas a partir do trabalho psiquiátrico e de outros conflitos que a vida apresenta. Constatei também que, além de uma forma de tratamento, ela é fundamental para o aprendizado da psicoterapia. Participei de diversas vivências psicoterápicas com eminentes psicodramatistas: Zerka Moreno, Márcia Karp, Jaime Rojas-Bermúdez, Dalmiro Bustos, Pierre Weil, José Fonseca, entre outros.

Em 1975, passei a trabalhar no Hospital Psiquiátrico da Vila Mariana, que, na época, pertencia à rede pública de hospitais da Secretaria da Saúde do Governo do Estado de São Paulo, e atualmente está sob a direção da Irmandade da Santa Casa de Misericórdia de São Paulo, sediando o Centro de Atenção Integrada à Saúde Mental (CAISM).

Na década de 1970, o número de pacientes internados nos hospitais psiquiátricos da rede pública era enorme. Segundo dados do IBGE, entre 1950 e 1970 a população hospitalar cresceu 136% (Cerqueira, 1989), mesmo com o advento dos neurolépticos (medicação específica e eficiente para tratamento de psicoses). A assistência psiquiátrica brasileira era essencialmente hospitalocêntrica, ou seja, todo tratamento ocorria preferencialmente no hospital psiquiátrico. A rede de ambulatórios era muito pequena e não havia equipamentos de suporte para o tratamento psiquiátrico, tais como os Centros de Atenção Psicossocial (Caps) e Centros de Reabilitação Psicossocial. Além disso, o número de psiquiatras era relativamente pequeno para atender a demanda.

Nos hospitais psiquiátricos o número de psiquiatras era escasso, assim como o de enfermeiros, auxiliares de enfermagem, terapeutas ocupacionais e assistentes sociais especializadas. Os profissionais do Hospital Psiquiátrico da Vila Mariana também sofriam com essas condições. Era um hospital para pacientes do sexo feminino com patologia aguda. Fui designado médico de uma das enfermarias, com setenta e dois pacientes sob meus cuidados.

Essa enfermaria ocupava um grande salão retangular com cerca de 300 m². Os leitos eram dispostos lado a lado, formando seis fileiras de doze camas divididas por um corredor central, de maneira que se agrupavam três fileiras de cada lado. Imensas janelas que imitavam estilo gótico, cobertas por vidro fosco e grades, ocupavam as laterais. Na parede do fundo, uma porta dava acesso à escadaria que levava ao pátio. Na frente, localizava-se o posto de enfermagem e a porta da enfermaria. Do posto, enxergava-se a enfermaria através de uma grande janela de vidro.

As pacientes, uniformizadas com um camisolão branco, eram fisionomias sem expressão, rostos parecidos, moldados pela impregnação neuroléptica (efeito colateral do remédio, que provoca sintomas do Mal de Parkinson), passavam a maior parte do tempo ali trancadas, ora deitadas, ora andando com pequenos passos em maratonas de um vai e vem sem fim, impulsionadas pela acatisia (outro efeito colateral que impede a paciente de ficar parada). Por vezes olhavam o vazio através dos vidros do posto de enfermagem de onde eram vigiadas, ou para a rua, pelas frestas das janelas.

As enfermeiras ajudavam trazendo as pacientes para o acompanhamento da evolução clínica ou mesmo novos casos para início de tratamento. O tempo disponível para esse atendimento era pequeno. Para as novas, eu elaborava toda a observação clínica, estabelecia diagnóstico e planejava o tratamento. Já no caso das antigas, acompanhava a evolução e prescrevia, além de atender as intercorrências clínicas. O tratamento realizado nas doentes das enfermarias dos hospitais psiquiátricos era essencialmente farmacológico, ou então por meio da eletroconvulsoterapia e, em alguns casos, da insulinoterapia. O número de pacientes para cada psiquiatra era grande, fazendo com que o tempo dedicado a cada um fosse pequeno.

Recém-saído da residência em psiquiatria, levei para a Vila Mariana o modelo de atendimento psiquiátrico aprendido no IPq do HCFMUSP. Esse, porém, mostrou-se ineficiente e frustrante como método de tratamento – na residência médica, eu tinha no máximo dez pacientes sob meus cuidados e trabalhava em condições ideais, com tempo suficiente para cada internado. No Hospital Psiquiátrico da Vila Marina havia sessenta e dois indivíduos a mais. Passou, então, para setenta e dois o número de pacientes sob minha responsabilidade.

No início, permanecia no consultório atendendo a uma escala de pacientes preestabelecida, para acompanhar a evolução clínica. Com curto tempo disponível, as entrevistas me pareciam pouco eficientes e frustrantes. Essas condições de trabalho exigiam mudanças criativas, caso contrário, a frustração resultaria em má atuação e em tratamento de má qualidade para os enfermos e, para mim, em uma sensação de cansaço e de ineficiência. Márcia Karp (1992, p.20) escreve que uma combinação de fatores modela um destino. Inconformado e frustrado com essas condições, resolvi transformá-las e enfrentar o desafio. Isso me inspirou a desenvolver um método de trabalho adequado a essas condições.

A inspiração é o processo pelo qual a criatividade e a espontaneidade possibilitam a criação de algo novo, ou ainda transformam uma insatisfação em ação gratificante, com todo o risco inerente. Anne Ancelin Schützenberger, psicodramatista francesa, inspirou-se, motivada pelo sofrimento psicológico de doentes terminais, a criar um processo de ajuda a essas pessoas que convivem com a expectativa da morte.

Comecei abandonando a escala de evolução preestabelecida e mudei minha forma de atuação. Resolvi entrar na enfermaria em vez de esperar que me trouxessem as doentes: no início foi um caos. As pacientes me rodeavam, puxavam meu avental, algumas me abraçavam, falavam ao mesmo tempo em voz alta, pediam cigarros, cantavam. Mas, à medida que se acostumavam com minha presença diária, no mesmo horário, naturalmente se organizavam. Já não me agarravam e, as que o faziam, eram repreendidas pelas outras. Observei que a minha presença como médico ia se constituindo em uma referência de cuidados e segurança. Era como se trouxesse alegria e esperança. Tanto que muitas vezes, ao entrar na enfermaria, fui saudado com cantigas como "parabéns a você" ou com o refrão "doutor, eu não me engano, meu coração é corintiano".

Nessas visitas, ia ao leito das pacientes que apresentavam intercorrências clínicas ou depressão grave, catatonia ou qualquer condição que as mantivesse em repouso. Era sempre seguido pelas outras internadas, que formavam círculo ao redor e conversavam, davam informações e palpites sobre o tratamento, além de falar de sintomas com os quais se identificavam. Aproveitava essa formação natural de grupo para incentivar a comunicação entre elas. Mas era necessário criar um método que integrasse essas informações e complementasse o tratamento.

Identificada essa necessidade, resolvi transformar o grupo natural em grupo formal de psicoterapia, utilizando, como método, o psicodrama. Comecei aplicando jogos dramáticos, mais por receio, pois nunca havia trabalhado com grupos em enfermaria psiquiátrica. Como esses jogos despertavam conteúdos emocionais importantes, não vi alternativa senão trabalhar com todo o material emergente e com sintomas como delírios, alucinações, alterações do esquema corporal, sensações de angústia, ansiedade etc. As pacientes participavam ativamente, identificavam-se com a protagonista, compartilhavam suas vivências e seus sintomas, interagiam, enfim.

Com o passar do tempo, fui informado pela enfermagem que o nível de agitação e agressividade passara a ser muito menor e o ambiente da enfermaria tornara-se mais agradável. As pacientes apresentavam melhora efetiva do quadro psicótico e obtinham alta em tempo menor. Quase sempre a enfermagem participava do grupo, as próprias enfermeiras e auxiliares sentiam-se mais motivadas, compreendendo melhor a patologia das pacientes e tornando o trabalho mais gratificante para todos.

Terminei o segundo ano de residência em psiquiatria em 1974. Desde essa época, continuo ligado ao IPq do HCFMUSP e venho aplicando, ao longo desse tempo, o psicodrama: inicialmente com pacientes da segunda enfermaria masculina, depois no atendimento ambulatorial e, ainda, no treinamento de residentes, tanto na supervisão como no *role-playing* da relação médico-paciente. Atualmente, no Centro de Reabilitação e Hospital-Dia (CRHD), organizo grupos de psicodrama com portadores de transtorno mental grave e prolongado (TMGP) e, ainda, grupos com familiares e pacientes portadores desse transtorno, como parte do programa de reabilitação psicossocial.

De 1976 até 2003, atuei também como psiquiatra e preceptor de residentes no Serviço de Psiquiatria do Hospital do Servidor Público Estadual "Francisco Morato de Oliveira" (HSPE), utilizando o psicodrama como método de psicoterapia grupal na enfermaria com pacientes internados; no hospital-dia com pacientes agudos, mas que não precisavam da internação integral; e, ainda, no programa de reabilitação psicossocial com portadores de TMGP. Também utilizei o psicodrama, na forma de *role-playing*, no treinamento de residentes em psiquiatria. Nesse hospital, tive o privilégio de conviver com Carol Sonenreich, diretor do Serviço de Psiquiatria e Psicologia Médica, que contribuiu de forma importante para minha formação como psiquiatra.

Quando necessitei de subsídios teóricos e mais informações sobre a aplicação de psicoterapia de grupo e, principalmente, sobre psicodrama com pacientes internados, constatei a escassez de literatura especializada. Encontrei artigos de diversos autores no periódico *Group Psychotherapy*, órgão oficial da American Society of Group Psychotherapy and Psychodrama, a maioria deles escritos antes da década de 1970; no *The International Journal of Group Psychotherapy*, publicação oficial da American Group Psychotherapy Association, cujos artigos seguem a corrente psicanalítica. O periódico espanhol *Informaciones Psiquiátricas*, publicação científica espanhola dos Hospitais Psiquiátricos da Congregação das Irmãs Hospitalarias do Sagrado Coração, dedica vários números à aplicação do psicodrama com pacientes psiquiátricos. Também existem artigos nos *Cuadernos de Psicoterapia*, publicação da Asociación Argentina de Psicodrama y Psicoterapia de Grupo, mas a maior parte da literatura psicodramática é escrita por Jacob Levy Moreno, o criador do psicodrama e o primeiro a aplicá-lo em pacientes psicóticos. Moreno publica o artigo "Tratamento psicodramático de psicoses", mostrando seu pensamento sobre a natureza desses quadros, além de discorrer sobre o papel do psicoterapeuta de pacientes psicóticos (Moreno, J. L., 1945). Atualmente, podemos encontrar na internet inúmeros artigos sobre psicodrama e psicóticos, mas a maioria de conteúdo inconsistente.

Entre nós, José Fonseca publica, em 1980, o livro *Psicodrama da loucura*, mostrando suas ideias sobre a psicose, sua compreensão e a abordagem terapêutica por meio do psicodrama. José Roberto Wolff, em 1985, publica *Sonho e loucura*, discorrendo sobre aplicação do choque psicodramático no tratamento psicoterápico de pacientes psicóticos. Em 1987, Flávio Forte D'Andrea publica *Psicodrama: teorias e técnicas*, dedicando um capítulo ao psicodrama no hospital psiquiátrico. Geraldo Massaro, psicodramatista, publica, em 1990, o livro *Loucura: uma proposta de ação*, sistematizando uma abordagem psicodramática da psicose.

No acervo da biblioteca do IPq-HCFMUSP, entre setenta e oito títulos de dissertação para mestrado e quarenta de teses de doutorado em psiquiatria, não há nenhum, até 1999, tratando da aplicação da psicoterapia de grupo na enfermaria psiquiátrica. Na Universidade Federal de São Paulo (Unifesp), dos setenta e quatro títulos de trabalhos para mestrado e doutorado, até 1998, somente um versa sobre psicoterapia de grupo com esquizofrênicos. Na Universidade Estadual de Campinas (Unicamp), em 1998, há um título de tese de doutorado: *Grupos de psicóticos crônicos em um centro de saúde*, de Maria Rita Almeida Correa. Na Faculdade de Medicina de Ribeirão Preto, em 1996, há uma dissertação de mestrado, *Psicoterapia de grupo em hospital-dia: proposição de uma metodologia de estudo*, de autoria de Ishara (Nascimento, 1999). Elisabeth Maria Sene Costa apresentou dissertação de mestrado à Faculdade de Medicina da USP sobre a aplicação do psicodrama com portadores de transtorno afetivo bipolar e publicou-a em livro, em 2006, sob o título *Universo da depressão: histórias e tratamentos pela psiquiatria e pelo psicodrama*.

Ligado ao ensino de psicodrama na Sociedade de Psicodrama de São Paulo, no Departamento de Psicodrama do Instituto Sedes Sapientiae e, ainda, na Sociedade Goiana de Psicodrama, além da preocupação com a formação de psiquiatras na residência médica, eu percebia a dificuldade na indicação bibliográfica sobre psicoterapia de grupo de psicóticos, particularmente o psicodrama. Apresentei uma contribuição, por meio de uma dissertação de mestrado, com o título *Psicodrama na enfermaria psiquiátrica* (Silva Filho, 2000), mostrando essa experiência, sistematizando a minha prática, para contribuir com o estudo e difusão do psicodrama de grupo na enfermaria psiquiátrica.

Ampliei a dissertação transformando-a no livro *Psicoterapia de grupo com psicótico: o psicodrama no hospital psiquiátrico*, publicado em 2000, com edição esgotada. Revisei e ampliei essa edição, transformando-a praticamente em outro livro e, por isso, coloquei outro título: *Loucura, um tratamento possível – Psicoterapia de grupo e psicodrama*.

Para finalizar, quero fazer alguns agradecimentos, começando com os pacientes que estiveram internados nas enfermarias dos hospitais psiquiátricos nos quais trabalhei e aprendi a aplicar o psicodrama. Ao professor Carol Sonenreich, pela confiança, estímulo, sabedoria, cultura e elegância no modo de praticar a psiquiatria, um verdadeiro modelo para todos os que têm o privilégio de sua convivência. E eu tive. Aos amigos José Fonseca e Zacaria Borge Ali Ramadam, pela leitura cuidadosa da dissertação e pela participação na banca examinadora, quando apresentaram valiosas críticas e sugestões – que deram origem ao primeiro livro: *Psicoterapia de psicóticos: o psicodrama no hospital psiquiátrico*, cujo prefácio foi escrito por José Fonseca. A Thiago Lotufo, jornalista e escritor que revisou o texto, à psicóloga Júlia Calderazzo, que também contribuiu nessa revisão. A Sandra Helena Rocha da Cruz que digita, corrige meus textos e sempre me auxilia com carinho. A meus filhos Pedro e Luis, que se tornaram psiquiatras e participam deste livro; e também a meus outros filhos, Guilherme e Marcelo, pelo incentivo e inspiração no trabalho e na vida. E a Márcia, minha esposa, que compreendeu minha ausência, leu, criticou e deu sugestões para a confecção deste livro e de sua reedição.

1. Panorama histórico do hospital psiquiátrico

Sonenreich (2007, cap. I) escreve:

> [...] observar como as noções de patologia mental foram tratadas ao longo do tempo nos permite entender melhor seu conteúdo. Nos ajuda a entender como se estruturam entre elas, como se encaixam na cultura respectiva, e nos faz questionar se podemos fazê-las ou não instrumentos para nossa própria medicina.

Starobinski (1962, p. 9), por sua vez, diz que:

> [...] o paciente sofre seu mal, mas também o constrói, ou então o traz do meio em que vive; o médico observa a doença como um fenômeno biológico, isola de outras doenças, nomeia e classifica-a, convertendo-a numa entidade entendida pela razão e com isso expressa um momento particular dessa aventura coletiva que é a ciência. Tanto por parte do doente como por parte do médico, a doença é um fato da cultura e muda de acordo com as condições culturais.

A medicina sempre teve preocupação em relação ao tratamento dos distúrbios psíquicos. Algumas práticas realizadas na Antiguidade eram absurdas e cruéis, mas representavam o único "saber" médico (Sonenreich, Estevão e Silva Filho, 1999a).

As informações colhidas para este breve histórico do tratamento psiquiátrico foram retiradas de livros escritos por psiquiatras, e não das próprias fontes. Por isso, há algumas divergências e contradições devidas ao enfoque e às interpretações, mas que não comprometem as informações. Para maior exatidão, os documentos devem ser consultados.

Conforme os textos consultados de historiadores da psiquiatria e psiquiatras, tais como Péliciei, Colp, Stones, Sonenreich, Starobinski, entre outros, o doente mental foi tratado, através dos tempos, conforme a cultura de cada época. Assim, desde a civilização egípcia até os dias de hoje, o paciente, ora visto como doente, é tratado; ora visto como endemoniado, é submetido a exorcismo, torturas, surras e, em casos extremos, queimado em fogueira.

Nas civilizações antigas, o que não era comum e não pertencia ao quadro de referência do homem era visto como sobrenatural ou mágica. O comportamento não compreendido era atribuído aos espíritos ou à possessão pelo demônio, causada pela desobediência aos ensinamentos dos deuses e sacerdotes.

Na medicina primitiva, acreditava-se que a doença mental era resultado de causas sobrenaturais: violação de um tabu ou possessão demoníaca; ou, então, decorria de alguma presença mágica: serpente, verme ou pedra da loucura crescendo no cérebro, rapto da alma etc. A cura competia ao exorcista e à coletividade, pois a cerimônia se propunha a curar o doente, purificá-lo e reintegrá-lo à sociedade. As intervenções compreendiam, por exemplo, a oração propiciatória, passando pela fumigação e trepanação, condutas observadas nos povos paleolíticos e nos incas. Em outras civilizações, o possuído levava surras, era torturado e preso.

As técnicas do êxtase apelavam para a música e para os transes coletivos. Segundo Pélicier (1973), o efeito "psicodramático", nesses casos, é duplicado por uma ação socioterapêutica que reduz as tensões do grupo, canalizando-as para um caminho permitido. Os índios americanos usavam substâncias alucinógenas como o ipeca, que contém psilocibina, para a cura. Os astecas utilizavam um tipo de cogumelo, o *tecnocatl* (carne de Deus), que contém mescalina. Os zunis, tribo de nativos americanos do Novo México, mascavam o *peyotl*, que também contém mescalina.

Entre os egípcios, a medicina era ensinada nos santuários, e os alunos aprendiam a diagnosticar após um minucioso interrogatório e exames de urina e fezes. Sonenreich (2007) escreve que os médicos eram especializados em tratar partes do corpo: ânus, dentes, olhos, abdome. Havia uma hierarquia e o faraó era quem organizava os estudos médicos, seguido dos chefes e dos praticantes. Os textos médicos eram sigilosos. Na biblioteca de Alexandria (333 a.C.), foram encontrados materiais para ensino médico e salas de dissecção. Havia estreita relação entre medicina e religião.

Os deuses eram responsáveis pela saúde, e a recuperação de um doente dependia deles. Ísis era a deusa da cura. Seth encarnava a doença e o mal. Hórus, filho de Ísis e Osíris, protegia a vista. Néftis, esposa de Osíris, contaminou os olhos de Hórus, e quem o tratou foi Thot, o médico dos deuses (Sonenreich, 2005). Egípcios e gregos construíram templos onde os sacerdotes/médicos realizavam preces, encantamentos, recreações, interpretavam sonhos e faziam uso de ervas.

Os primeiros registros de patologias psiquiátricas datam de 1800-1400 a.C., encontrados em papiros egípcios de Kahum, que tratam de ginecologia, cirurgia, terapêutica, farmacologia e proctologia. Eles já conheciam a epilepsia e a histeria, aribuindo-as, naquela época, a uma migração do útero, órgão que teria a propriedade de se deslocar pelo corpo. Tratavam essas patologias por meio de fumigações vaginais com plantas aromáticas, para que o útero, assim atraído, voltasse à posição inicial. Como a cura dependia dos deuses, o tratamento consistia em gestos mágicos, encantações religiosas contra os maus espíritos, medicamentos vegetais, animais e minerais. Usavam pílulas, pomadas, colírios, fumigações, purgações e vomitórios. Conheciam a mandrágora (escoplolamina) e o *Papever somniferum* (dormideira) (Sonenreich, 2007).

A fé monoteísta caracterizava a medicina dos hebreus: "Deus manda a doença como punição e só Ele a pode curar". Por isso, não separam as doenças do corpo e da alma. Repudiam a magia como forma de cura. Na Bíblia, são descritos certos quadros que sugerem doença mental. Nabucodonosor julga-se transformado em animal selvagem (licantropia). Saul é descrito como deprimido e perseguido. Torna-se uma das fontes de confusão histórica entre loucura moral e loucura-doença. Os hebreus não atribuem à doença mental uma possessão diabólica. No Talmude há passagens sobre a responsabilidade dos doentes mentais e seu acesso a funções sacerdotais (Pélicier, 1971).

No oriente, na medicina assírio-babilônica, a doença tanto física quanto mental era uma punição atribuída ao pecado, ao resultado de uma impureza ou, ainda, a uma maldição dos deuses. Os sintomas das doenças eram descritos em tabuletas de argila. A cura acontecia pela confissão da falta, pelo reconhecimento desse pecado descrito em uma longa lista ou pela vontade dos deuses, interpretada na posição das estrelas e/ou no significado dos sonhos. Encontrada a falta – ou o pecado – o doente era purificado. Também eram utilizados extratos de plantas, animais e minerais. Em caso de malogro, lançava-se mão de todos os recursos esotéricos: astrologia, oniromancia, hepatomancia etc. Essa medicina sacerdotal atuava muito mais em função de crenças mágicas que com considerações racionais e objetivas.

Sonenreich (2007) escreve que, na Mesopotâmia, nas culturas suméria (4000 a.C.), acadiana (2950 a.C.), babilônica (1900 a.C.) e caldeia (600 a.C.), as práticas médicas também compunham elementos "naturais" e "religiosos". A doença era considerada um castigo e a relação dos médicos com os deuses era estreita. Os tratamentos associavam encantamentos e práticas adivinhatórias. Praticavam cirurgias e usavam plantas, tecidos animais e minerais. Os babilônios associavam um demônio para cada doença; insanidade, por exemplo, era causada pelo demônio *Idlu*. Cada demônio era exorcizado com uma medicina especial, além de ervas, confissões e outros métodos para restaurar o equilíbrio entre as forças sobrenaturais conflitantes (Millon, 2004).

O Império Persa estabeleceu-se em 900 a.C. e floresceu até 600 a.C. Os persas também consideravam as doenças "obra do diabo" e o tratamento consistia em rituais religiosos, encantamentos e exorcismo. A medicina do Irã antigo contribuiu, sobretudo, com um valor arquetípico, pois, ao mostrar uma luta sem fim entre o deus da luz e o deus das trevas, deu novo significado, como a luta entre o bem e o mal, identificando, como causa da doença, a tensão psíquica provocada por ela.

Na Índia antiga, desde o Ayurveda até os tratados de Susruta e de Saraka, o pensamento médico fazia especulações sobre a fisiologia do organismo. Acreditava-se que o corpo era formado pelos mesmos elementos que o universo e animado por cinco sopros, os *prâna*, distribuídos por canais hipotéticos, os *nâdi*. As doenças derivavam de anomalias na força ou na distribuição dos sopros. O "convulsor", por exemplo, provocaria epilepsia, o "tensor" endureceria o maxilar (tétano), e o "sopro misturado" entreviaria a palavra, provocando a afasia. A origem das perturbações, para os indianos, era demoníaca: daí o exorcismo e as orações serem bastante utilizados, assim como as plantas (cânhamo indiano, ópio, rauwolfia). O transtorno mental, para os hindus, era de responsabilidade dos sacerdotes e de seus metafísicos (Millon, 2004). Stone (1999) escreve que, cem anos antes de Hipócrates, o médico hindu Sushruta afirmava que a causa da doença mental eram fortes emoções ou paixões, diferenciando, com essa ideia, a doença da possessão demoníaca.

No pensamento indiano, acredita-se que a alma individual (*atman*) aspira unir-se com a alma universal (*brahman*). Por causa desse desejo é que são estimulados os cinco sentidos da percepção e os cinco modos de ação (falar, agarrar, ir, evacuar, procriar), assim como o órgão mental. Os níveis de consciência são interpretados de modo diferente dos ocidentais: a vigília é o tempo da ilusão (*maya*) e da pluralidade das aparências enquanto, no sonho, escapamos para o nirvana, um estado místico. Consideram as zonas obscuras do psiquismo como *samskara*, que é o conjunto das representações psíquicas, e *vasana*, que seria o resíduo das percepções anteriores.

Para tratar as perturbações a cultura indiana utiliza, além das plantas, técnicas de relaxamento a fim de atingir um estado de absorção mística, o nirvana, que transcende a condição humana. O ioga é um método de domínio psicossomático que utiliza o comando dos sopros. É preciso recitar orações (mantras) para atingir os estados de consciência em suas diversas modalidades, até a consciência suspensa. Busca-se um controle emocional e corporal por meio dos métodos de relaxamento (Pélicier, 1971).

Os primeiros registros a respeito do tratamento de doença mental, na China, datam do século XII a.C., em que empregavam magia. O *Nei Ching* e o *Cha I Ching*, entre os primeiros trabalhos da literatura médica chinesa, incluem breves descrições da epilepsia, alucinações, amnésia, choro e riso imotivado, tendo como causa as emoções. O tratamento recomendado era sistematicamente a acupuntura.

Já a medicina chinesa baseou-se, principalmente, na oposição de dois princípios abstratos, o *yin* e o *yang*, que circulam no corpo seguindo os meridianos, ou *king*. O *yang* é móvel, seco, quente, masculino e solar; o *yin* pertence ao úmido, ao feminino, à obscuridade. O equilíbrio entre o *yin* e o *yang* era visto como essencial para o bem-estar psicológico, assim como para o funcionamento social (Millon, 2004).

Baseavam-se, também, nos "cinco elementos", de Confúcio. Essa filosofia era dominada por ideias ocasionadas a partir do número cinco. Assim como Hipócrates na Grécia, os chineses acreditavam que o universo era composto de cinco elementos básicos: madeira, metal, fogo, terra e água. Em paralelo, incluíam os cinco órgãos do sentido: olho, ouvido, nariz, lábio e pele. Correspondendo, por sua vez, a esses cinco órgãos, as sensações da visão, da audição, do olfato, do sabor e do tato. Uma vez mais, usando o modelo das cinco variantes, teremos os cinco sabores: salgado, ácido, amargo, doce e azedo. As cores básicas também compreendem cinco elementos: verde, vermelho, amarelo, branco e preto, e, para os processos psicológicos, as primeiras classificações chinesas categorizavam as emoções básicas como medo, tristeza, raiva, desejo e alegria. Todos esses elementos eram relacionados entre si na busca do entendimento das doenças.

Os chineses, além de possuírem uma imensa farmacopeia, utilizaram-se da acupuntura e das cauterizações (moxibustões). As doenças mentais, para os chineses, também eram consideradas demoníacas (Pélicier, 1971).

Nas civilizações antigas, grega e romana, a psiquiatria pertencia à religião, à filosofia e à medicina. Nos cultos religiosos, doentes mentais eram levados para a cura e, nas escolas de medicina e filosofia, a doença mental era vista como resultado de males psicológicos ou físicos, ou então, como uma mistura de psique e soma, poderia ser considerada resultante desses três pontos de vista (Colp, 1995).

Na Grécia Antiga, a doença era considerada punição ou vingança dos deuses, um sinal de culpa por uma maior ou menor transgressão. A terapia por meio de rituais expiatórios e preces visava à remoção das impurezas vistas como causas do transtorno psíquico.

A loucura foi considerada uma espécie de cegueira. Ájax, julgando ver seus inimigos, massacrou um bando de carneiros. Melampo, um sacerdote e adivinho, conhecedor de ervas mágicas, deu seu nome a uma espécie de heléboro (*melopodium*). Segundo alguns autores, o pastor Melampo notou que as cabras que comiam o *melopodium* purgavam e, dessa forma, cuidou da "loucura" de três filhas de Proito, rei de Argos, que acreditavam ter sido transformadas em vacas e corriam pelo campo. Duas foram curadas e uma morreu de fadiga. Melampo deu o leite dessas cabras às filhas de Proito.

Nessa época, os terapeutas cultuavam Esculápio, o deus da cura. Seu pai, Apolo, deus do conhecimento e da consciência, também enviava pragas e doenças. A doença era a expressão de um deus ferido, e a mitologia grega descreve muitos deuses feridos ou portadores de alguma doença incurável. Dionísio, por exemplo, sofria de mania, e Hércules, de epilepsia. Esses ferimentos e doenças atingiram também o homem. O deus, portanto, era a doença, mas também o remédio. Era, enfim, o médico divino (Sonenreich, Estevão e Silva Filho, 1999a).

A mitologia grega é rica em situações que evocam os defeitos psicológicos ou as doenças mentais, nela são retratadas simbolicamente situações de dificuldades humanas. Um dos marcos da religião com a prática médica está na história de Asclépio, deus da medicina, filho de Apolo e de Coronis, inspirado em medicina pelo centauro Chiron. Asclépio usou sangue das Górgonas para ressuscitar os mortos, o que não foi tolerado por Zeus, que o fulminou (Sonenreich, 2007). Os descendentes de Aesculapius (550 a.C.), os asclepiadeans, criaram "templos médicos" e neles realizavam um culto distinto.

Nos templos os gregos utilizaram, além de plantas e cirurgias, verdadeiras psicoterapias de sugestão. Asclépion era o nome dado aos hospitais que, ao lado dos templos e dos anfiteatros, promoviam tratamentos constituídos por banhos, regime alimentar, medicamentos e arte. Nos altares de asclépion, sacerdotes e médicos, impregnados de misticismo, tratavam o paciente com conselhos, jejuns, abluções e purificações morais, e também realizavam procissões de cura. Em Pérgamo, o paciente confessava seus sonhos. Em Trofónio, passava longas horas em uma gruta estreita e recebia a sugestão verbal. Em Epidauro, a cura podia surgir durante o sono estimulado por fumigações e beberagens. O poder de reencontrar a saúde estava com Esculápio, e os rituais aconteciam em seu santuário. Nele, os pacientes eram introduzidos e iniciados no culto do mistério da cura. O deus era o médico, cujo papel no mistério consistia em assumir a doença do paciente, assim como a qualidade da cura. O preceito délfico "conhece-te a ti mesmo" constituía, de certa maneira, o princípio dessas curas; a encenação não era mais que uma das peças do dispositivo terapêutico (Pélicier, 1971).

Sonenreich (2007) escreve que os gregos também são vistos como os primeiros que tentaram explicar o mundo de maneira racional, lógica, em particular com a ajuda da matemática. Pitágoras (582-510 a.C.) era matemático, filósofo e, ainda, chefe religioso. Foi o primeiro a afirmar que o cérebro era o órgão do intelecto humano, responsável pelos transtornos mentais. Adotou as primeiras noções dos humores biológicos e defendeu que o equilíbrio entre eles era fundamental para a saúde. Acreditava na imortalidade e na transmigração da alma.

Alcmaeon de Crotona (557-491 a.C.), filósofo e discípulo favorito de Pitágoras, é citado como médico e lhe são atribuídas dissecções de animais. É sua a ideia de que o sistema nervoso central era a fonte da atividade mental e o metabolismo cerebral dependia da estabilidade dos "fluxos humorais". A instabilidade desses humores eram a causa dos transtornos mentais. Mostrou que os nervos sensoriais ascendem ao cérebro. A noção de equilíbrio dos elementos foi o tema central de seu trabalho, o modelo biológico baseado no conceito de harmonia metabólica foi chamado de "isonomia" e garantiu lugar na antiga mitologia teológica (Millon, 2004).

Para Platão (427-347 a.C.), mente e corpo eram fenômenos separados. A alma era misturada com a mente e subdividida em racional e irracional. A primeira era imortal e estava no cérebro; a segunda, localizada no tórax, em estreita proximidade com o coração, centro da raiva e da coragem. Por isso, as fortes emoções se associavam à opressão no tórax. O desejo, as paixões carnais e a fome eram localizados no abdome. A psicopatologia de Platão descrevia várias formas de "loucura": melancolia, mania e demência, que ocorriam quando a alma irracional estava, de alguma forma, separada de sua contraparte racional. Platão via a loucura como rompimento das normas divinas e de conduta social (Sonenreich, 2007). Esse processo acontecia devido à má distribuição dos "humores", que alcançavam os órgãos da alma irracional (Stone, 1999).

A escola de Aristóteles (342-322 a.C.) reconcilia o corpo dos naturalistas com a alma de Platão, a alma é formada em partes do corpo. Nessa concepção holística, ela é tripartida: vegetativa como nas plantas (funções de crescimento, de assimilação e produção), sensitiva como no animal (sensação e motricidade), e intelectiva (que só pertence ao homem, e só ela é imortal). O homem possui uma alma superior, eterna e incorruptível, e uma inferior, ligada ao corpo, e causa das doenças.

Aristóteles defendia que o cérebro – parte excrementícia e quase inorgânica do corpo, desprovido de sangue, calor e sensibilidade – tinha a função de condensar vapores quentes, emanados do coração, produzindo um orvalho que o refrescaria, tornando suave a atividade humana. Acreditava que a doença mental ocorria quando o cérebro fosse perturbado pelos vapores vindos do coração e da alma, então, era submetida a mudanças de temperatura, à ação da bile negra e das emoções. Foi o primeiro a descrever emoções como ódio, desejo, medo, coragem, inveja e compaixão. Indicou o diálogo com filósofos ou médicos como alívio de doenças, escolheu o coração como sede de todas as sensações, impelindo à ação e experimentando prazer e dor (Colp, 1995; Mello e Baltazar, 1998).

Aristóteles, discípulo de Platão, foi mais cientista que filósofo, deu mais importância à verificação experimental baseada na observação. Diferentemente dos autores hipocráticos, acreditava que o coração era o órgão disfuncional e introduziu a noção de uma "predisposição" à melancolia. O indício dessa predisposição, segundo ele, era um excesso relativo de bile negra, que promoveria temperamento melancólico. Defendia que o cérebro condensava vapores emanados do coração e que esses vapores provocavam estados nervosos, especialmente histéricos. Para Aristóteles, a causa das doenças mentais era o desequilíbrio cerebral entre os quatro humores sugeridos por Hipócrates, teoria que permaneceu na medicina até a alta Idade Média (século XVIII).

Epicuro, filósofo grego, (342-270 a.C.), baseou suas concepções sobre as emoções nos ensinamentos de Aristóteles. Medo, raiva e remorso não seriam irracionais se dirigidos a pessoas que estimularam essas emoções, tornando-as, assim, racionais. Isso aconteceria se estivessem baseadas em falsas crenças ou na má interpretação da pessoa que despertou esse sentimento. Epicuro orientava os médicos para usar argumentos convincentes com os pacientes a fim de evitar que não entrassem em caminhos destrutivos. Praticava uma forma individualizada de tratamento dos doentes mentais. Era suave algumas vezes, áspero em outras, dependendo do que julgava ser necessário ao doente.

Hipócrates (460-370 a.C.) nasceu na ilha de Cós, um antigo centro de escola médica. Era filho de um sacerdote aesculapiano, que lhe deu as primeiras lições de medicina e filosofia. Enfatizou que o cérebro era o centro primário do pensamento, da inteligência e das emoções. Buscava bases científicas para entender e tratar seus doentes, apesar do predomínio da concepção divina e mágica da doença mental e das atitudes derivadas desse pensamento. Hipócrates sugeria que o exercício e a tranquilidade física poderiam suplantar as práticas prevalentes na época do exorcismo e da punição.

Os autores hipocráticos enfatizaram que os transtornos mentais não se deviam a forças sobrenaturais ou mágicas. Hipócrates sugeriu o rompimento da medicina com o sagrado, postulando que todas as causas das doenças são naturais e podem ser curadas por meios naturais. Separou, portanto, a doença da religião. O médico instruía os doentes a conviver com a doença em vez de deixar o deus se encarregar do processo de cura.

Hipócrates desenvolveu a teoria humoral em sua obra *Da natureza do homem* (400 a.C.). Nessa teoria, relaciona os humores às estações e à umidade relativa do ar. Concebe o homem como um microcosmo regido por leis físicas semelhantes às do universo – macrocosmo. A doença, para ele, seria o resultado da ruptura do equilíbrio interno.

As teorias de Hipócrates incorporavam aspectos de anatomia, fisiologia e temperamento. Acreditava em quatro "humores" essenciais no corpo humano: fleuma ou pituíta, bile amarela, bile negra e sangue, os quais eram secretados por diferentes órgãos, com qualidades diferentes e, ainda, com variações sazonais. O temperamento surgiria de variadas misturas dos quatro "humores", que se apresentavam como medos, vergonha, pesar, prazer e paixões em geral. O cérebro, considerado a sede da vida, teria seu funcionamento regulado pelo equilíbrio entre os humores.

As alterações do sangue, bílis e fleuma são imediatamente ligadas aos quadros de alterações mentais. Assim, o excesso de fleuma causaria a demência, o de bile amarela resultaria no furor maníaco e o de bile negra em melancolia. Os pequenos aumentos desses três humores no sangue produziriam respectivamente as personalidades fleumática, colérica e sanguínea.

Hipócrates e seus discípulos estabelecem uma estreita correspondência entre os quatro humores, as quatro qualidades (seco, úmido, quente e frio), os quatro elementos (água, ar, terra e fogo) e, ainda, para formar um ciclo harmônico, as quatro idades da vida, as quatro estações e os quatro pontos cardeais de onde sopram quatro ventos diferentes. Por analogia, a melancolia era vista como ligada à terra (seca e fria), à idade pré-senil e ao outono, estação perigosa em que a bile negra atacava com mais força.

Nos textos de Hipócrates estão descritas doenças psíquicas, frenites, manias e melancolias, classificadas entre as doenças em geral. As alterações desses humores ocasionariam a doença mental.

Hipócrates acreditava que, durante a respiração, aspirava-se "éter", e que essa substância ia primeiro para o cérebro, onde se transformava em outra substância e corria para o sangue. Esse éter, supunha-se, era responsável pelo movimento e pela sensação. Se a fleuma ou a pituíta interferissem no processo, o resultado seria convulsões ou paralisia. A saliva espumosa do paciente durante a convulsão era o excesso de fleuma. Partindo da ideia de que as doenças são expressões de excesso ou diminuição de certas funções – de um desequilíbrio de "humores", da invasão do corpo por substâncias estranhas ou, ainda, da perda de substâncias – os tratamentos visavam à correção dessas condições.

A bile negra era imaginada pelos hipocráticos como um produto concentrado, formado por resíduos que resultavam da evaporação dos líquidos dos quatro humores. A bile negra era uma concentração de substâncias com potencial agressivo e corrosivo, e foi descrita como uma substância espessa, roedora e tenebrosa. Por isso, o tratamento consistia em purgar o organismo dessas substâncias.

Acreditava-se que a higiene pessoal, banhos, águas alcalinas, esponjas quentes nos olhos, ginástica e dietas eram essenciais para promover o correto equilíbrio dos "humores". Em casos de insanidade, era preciso eliminar o suposto excesso de substâncias com purgativos, vomitórios, sangrias, sanguessugas, cataplasmas, ventosas e escarificações. O tratamento somático era realizado com heléboro de Melampo (extraído do lírio branco), mandrágora, meimendro, beladona, ópio, entre outras matérias-primas, além de raízes de plantas medicinais com propriedades analgésicas e alucinógenas. Hipócrates também indicava tratamento com exercícios físicos, conversas, declamações, passeios em aclive, navegação, equitação, teatro e música. Todo esse tratamento visava ao equilíbrio dos "humores". Eram também recomendadas mudanças de regras de vida, de condições e iluminação da casa, dependendo de cada paciente. Havia, ainda, a técnica cirúrgica da trepanação, a venosecção e a sangria, além de outros procedimentos que poderiam ser chamados de terapia de choque, tais como: mergulho em água gelada, colocação em quarto escuro (solitárias), surra com chicotes e várias outras.

A escola hipocrática foi a primeira a descrever e classificar doenças como epilepsia, mania, paranoia, *delirium* tóxico orgânico, psicose *post partum*, fobias e histeria (Colp, 1995; Sonenreich, Estevão e Silva Filho, 1999a; Sonenreich e Estevão, 2007). Uma das maiores contribuições de Hipócrates e seus colaboradores da Escola de Medicina de Cós foi a classificação dos comportamentos aberrantes, diferenciando vários tipos de enfermidades mentais.

Asclepíades (171-110 d.C.), de origem grega, foi considerado o maior médico romano. Refutou a teoria hipocrática dos humores. Foi quem primeiro diferenciou alucinações, delírios e ilusões. Classificou as doenças em agudas e crônicas. Distinguiu os delírios entre febris (frenites) e delírios com alterações mentais sem febre. Descreveu duas maiores doenças: a frenite e a catatonia. Para a cura da insanidade mental, promovida nos asclépions, indicava-se música suave e banhos, além de uma "psicoterapia" de animação. Asclepíades posicionou-se contra o uso de sangrias, contra o confinamento do paciente em masmorras escuras, assim como contra as surras. É considerado um inovador dos métodos de tratamento.

Ele sistematizou a teoria atomística ou corpuscular, criando uma metodologia ousada e otimista para a cura das alterações mentais. Acreditava que os sintomas da doença mental eram sustentados por processos orgânicos conectados a corpúsculos, que, por sua vez, transitavam por um canalículo. Se obstruído ou dilatado, esse canal irritava o cérebro ocasionando sérios distúrbios psíquicos, como raiva e medo. Escreveu que algumas substâncias externas poderiam estreitar ou dilatar o canalículo, que, quando é dilatado, os corpúculos são separados e espalhados pelo corpo, ocorrendo a doença mental. Baseado nessa teoria, descreveu duas maiores entidades de doença: a *phrenites* e a catatonia. A frenite ocorreria a partir da *strictura* da meninge, produzindo *delirium*, agitação e alucinações. A catatonia apresentava como sintomas a contração muscular e o negativismo, e derivava do estreitamento de todos os átomos do corpo (Millon, 2004).

Os gregos desenvolveram três tratamentos de base psicológica: métodos de indução do sono, interpretações de sonhos e palavras que incrementassem a coragem, o consolo e o ganho de conhecimentos sobre a doença.

Artemídoro, de Éfeso, compilou em um livro cento e trinta símbolos oníricos mais comuns (cabelo, dente, formigas, sexo etc.), juntando a cada um o presumível significado (Stone, 1999). O teatro, a conversação e a retórica foram recomendados como forma de cura. Ele supunha que a alma representava a convergência de todos os sentidos. O sonho era o meio de comunicação do deus Esculápio com o doente. Por isso, durante o sono do doente um médico ficava ao lado, para, com base no relato, decifrar a mensagem que seria prescritora da cura. Consideravam que as doenças da mente eram também as do corpo (Colp, 1995).

Os romanos foram influenciados pela medicina grega. Aristóteles foi preceptor de Alexandre Magno, em uma época em que o eixo do poder deslocou-se da Grécia para Alexandria e, após a morte de Alexandre, para Roma. Eles acreditavam que os desejos insatisfeitos e as paixões agiam sobre a alma produzindo a doença mental. Essa doença poderia ser controlada por meio de pensamentos e condutas que induzissem a um estado mental de ataraxia, estado em que a alma, pelo equilíbrio e moderação na escolha dos prazeres sensíveis e espirituais, atinge o ideal supremo de felicidade: a imperturbabilidade (Ferreira, 1997). Uma das classificações de psicofármacos define os tranquilizantes como ataráxicos.

Areteu de Capadócia (30-90 d.C.) foi um seguidor da escola vitalista de pensamento e adotou o conceito de pneuma, que é quando a alma incorpora o espírito animal. Isso serviria como base para os distúrbios psíquicos, e a interconexão entre os órgãos sólidos, os humores e o pneuma geraria todas as formas de aberrações mentais. A ira e a raiva ativariam a bile amarela. Dessa forma aqueceriam o pneuma que aumentaria a temperatura do cérebro, resultando em irritabilidade e excitação. Inversamente, o medo e a opressão agitariam a bile negra, levando a um aumento de sua concentração no sangue e a um resfriamento do pneuma e à consequente melancolia. A partir de então sugeriu a unidade da mania e da melancolia, constituindo-as em uma única doença, para a qual concorreriam certas características da personalidade. Julgava a mania mais frequente em jovens, e a melancolia mais comum em idosos, pois a bile negra forma-se principalmente com o avançar da idade (Pélicier, 1971). A mania seria um estágio final da melancolia e representaria uma disfunção do cérebro que "tolhia suas funções imaginativas". Suas ideias influenciaram a medicina por vários séculos. Recomendou tratar a melancolia com purgantes, colagogos, banhos termais e diversões.

Sorano de Éfeso (98-135 d.C.), médico grego metodista, exerceu a medicina em Roma e escreveu um tratado intitulado *Enfermidades agudas e crônicas*, traduzido para o latim por Célio Aureliano. Ele rejeita a teoria dos humores, considerando-a um vão jogo de palavras. Para ele, a melancolia era causada por um excesso de bile negra; a histeria era um distúrbio do útero; a frenite, uma doença febril relacionada a uma parte da mente no diafragma; a hipocondria era atribuída ao hipocôndrio. Era também partidário da teoria do corpúsculo; acreditava que o funcionamento da mente era baseado no equilíbrio dos *leptomeres*, ou átomos orgânicos, e o correspondente diâmetro da canalícula através da qual se moviam. Quando a velocidade do corpúsculo ou o diâmetro dos poros aumentavam ou diminuíam, surgia a depressão, a histeria, ou *delirium* (Millon, 2004). Atribuiu a angústia ao *strictus* do esôfago. Na histeria, esse *strictus* se estenderia a todo o corpo. Sorano acreditava que mania e melancolia eram doenças distintas, mas com sintomas prodrômicos semelhantes, podendo ser tratadas da mesma forma. Foi o primeiro a considerar a cultura como um fator importante no tratamento do doente mental. Por isso recomendou, como meios de cura, o teatro, a leitura, o ensino da navegação, a conversação e a retórica, além de cataplasmas para tratar o *strictus* das fibras musculares. Sua atitude de bondade e simpatia com o doente influenciou os romanos.

Claudio Galeno (131-201 d.C.) nasceu em Pérgamo, atual Turquia. Filho de Nicon, um conceituado senador do Império Romano, era considerado calmo e justo. Em contraste, sua mãe era uma mulher irritada e depressiva. Foi estimulado por seu pai a estudar medicina e filosofia. Aos 31 anos, voltou a Roma e se tornou médico do imperador e das pessoas da classe alta. Foi considerado o maior médico romano da época e, além de anatomista, neurologista e especialista em doença mental, foi teólogo e filósofo. Sua influência na medicina chegou até a Idade Média. Apesar de ter nascido 600 anos após Hipócrates, seguiu seus ensinamentos. Colocou em dúvida a influência do ambiente e de fatores psicológicos no curso das doenças.

Sua concepção da patologia psíquica era baseada na fisiologia do sistema nervoso central. Considerava os sintomas sinais de disfunções de estruturas neurológicas; para ele, a doença mental era um "concurso de sintomas", originados da ação patogênica de fatores tóxicos, humorais, de vapores, febre, ou fatores emocionais que impactam o cérebro e alteram a função psíquica.

De acordo com a crença da época, Galeno compartilhava que as atividades mentais eram influenciadas pelo espírito animal que provocava ações voluntárias e involuntárias. Dividiu esses espíritos animalísticos (pneuma) em dois grupos: um que controlava as percepções sensoriais e a motilidade, cujo dano acarretava sintomas neurológicos; e outro responsável pelas funções de organização, coordenação da imaginação, razão e memória. As alterações mentais eram causadas por esse segundo grupo. Para ele, na psicose catatônica haveria uma paralisia do espírito animal que bloqueava a faculdade imaginativa. Na histeria, diferente da hipótese de Hipócrates da migração do útero, via uma ação tóxica de vapores formada na região da vagina e útero provocando os sintomas histéricos; ou a toxicidade provocada pelo sêmen por falta do intercurso sexual (Millon, 2004).

O médico também reintroduziu princípios mágico-religiosos e retomou a teoria dos quatro humores. Atribuiu a esses "humores" quatro qualidades essenciais na formação dos temperamentos: quente, frio, seco e úmido. Considerava a alma escrava do corpo e a dividiu em três partes: razão e intelecto, coragem e raiva e apetite carnal e desejos. A doença resultaria de influências externas, agindo em predisposições existentes. Acreditava que alterações psicológicas produziam distúrbios físicos e vice-versa. Preconizava, como tratamento, agir opostamente ao sintoma, esfriando a febre ou aquecendo o paciente que estava sem calor, por exemplo, além de considerar importante a atenção ao modo de vida e ao temperamento.

Galeno escreveu que a frustração amorosa obriga a uma continência sexual anormal, que faria com que a retenção do líquido seminal afetasse o cérebro, pois essa substância retida no organismo se degenera com o tempo e manda ao cérebro vapores tóxicos, causando danos semelhantes aos decorrentes da estase da bile negra. Por isso, o exercício físico do amor se converte em uma espécie de evacuação, comparável ao fluxo das hemorroidas e do suor. Vários autores posteriores, como Rufo de Éfeso, atribuíam ao coito efeitos terapêuticos maravilhosos.

Plutarco escreveu uma história na qual o jovem príncipe Antíoco encontrava-se perdida e inconfessavelmente apaixonado pela rainha Estratônica, esposa de Seleuco, seu pai. Culpado e desesperado, fingiu sofrer de uma doença grave e ficou sem se alimentar, desejando morrer de fome. O médico Erasístrato, suspeitando de que esse quadro vinha da paixão, mandou entrar no quarto do jovem várias mulheres e acabou descobrindo, pelas reações de Antíoco, a paixão pela rainha Estratónica. Seleuco, informado pelo médico, cedeu sua esposa ao filho e o remédio heroico fez efeito. Antíoco, superado o "complexo de Édipo", curou-se rapidamente (Starobinski, 1962).

Para Galeno, a melancolia era uma condição crônica e recorrente e a mania poderia ser tanto uma doença primária ligada ao cérebro, quanto secundária, relacionada a outras doenças. Sua grande contribuição para a medicina, segundo a maioria dos historiadores, foi a abrangente elaboração da teoria humoral. A descrição e a definição da melancolia feita por Galeno valeu durante todo o século XVIII, com influência até o século XX. Para ele a melancolia se deve, sem qualquer dúvida, à bile negra. O excesso de bile pode desenvolver-se em qualquer local do organismo, provocando cada vez sintomas diferentes. A hipocondria seria uma doença orgânica da região superior do abdome, onde se acumularia a bile negra, levando exalações tóxicas ao encéfalo. Por isso, eram recomendadas as ventosas, as sangrias, os unguentos, as massagens, os banhos, os clísteres, além da prescrição de exercícios físicos, dietas, águas alcalinas e estímulo às declamações, músicas e teatro, como os que se realizavam no asclépion de Epidauro (Sonenreich, Estevão e Silva Filho, 1999a). Foi Galeno quem identificou a contralateralidade cerebral, os pares de nervos cranianos, a relação do cérebro com a medula espinhal e diferenciou os neurônios sensoriais dos motores. Identificou ainda lesões cerebrais como causadoras de perturbações mentais (Mello e Baltazar, 1998).

Os romanos e gregos não tinham "responsabilidade social" para com seus insanos. Os mais abastados eram encaminhados para os santuários aesculapianos, os soldados romanos iam para os hospitais militares e os demais eram tratados na casa de seus familiares. Eram as leis que determinavam a guarda de insanos e as declarações de incompetência. Eram avaliados por juízes e não por médicos.

Os romanos foram influenciados pelos etruscos em diversas crenças e superstições, que estão na origem de numerosos ritos de magia médica, de conjurações a peregrinações a divindades, a fim de obter proteção contra doenças. Para eles, a epilepsia era sagrada, impura, sendo chamada de "mal comicial", pois interrompia os comícios e obrigava a evacuação e a purificação das salas onde ocorriam.

A medicina árabe, na Idade Média, contribuiu para unir a antiguidade helênica aos tempos modernos. Os árabes, embora voltados para a ciência, tinham atitudes diferentes em relação ao doente mental, ditadas pela influência religiosa islâmica ou cristã. Para os primeiros, a doença era uma manifestação divina, e os insanos, considerados mensageiros da verdade e enviados do Profeta, eram reverenciados. Já para os cristãos, o alienado era um ser possuído pelo demônio e, por isso, deveria ser submetido ao exorcismo. Essa tendência de evocar causas sobrenaturais para explicar fenômenos desconhecidos resultou em práticas cujos resquícios permanecem até hoje (Gonçalves, 1964).

No início do ano 800, a tradução para o árabe das ideias de Aristóteles ocasionou um "renascimento" da medicina e do pensamento grego no mundo árabe. Uma das consequências foi o tratamento humano dado aos doentes mentais.

Rhazes (860-930) criou em seu hospital uma ala separada para doentes mentais, justificando que a enfermidade mental requer uma sensibilidade maior que outras doenças. Foi uma das principais realizações da medicina medieval islâmica. Segundo Sonenreich (2007), Rhazes afirmava que o médico não deveria interessar-se pela poesia ou pela música, mas unicamente ser médico. Opôs-se fortemente à noção de demonologia no conceito das doenças e a arbitrariedade das autoridades em determinar o que era científico ou não. Atacou as crenças supersticiosas e contribuiu para criar um sistema racional de compreensão da doença mental. Interessou-se pela química e relacionou-a a seus fatores implicados nas doenças. Escreveu sobre o poder de fatores psicológicos no tratamento, assim como o uso da música.

Unhammad (870-925), contemporâneo de Rhazes, realizou a mais eficaz classificação de doenças em sua época: descreveu a ansiedade e os estados ruminativos que correspondem ao atual transtorno obsessivo-compulsivo, além da descrição da melancolia, da mania e da paranoia.

Avicena (Ali AL-Hysan Ibn Sina, 980-1037), médico persa, escreveu o livro *Princípios de medicina*. Dedicou um capítulo à mania e melancolia, além de dissociar os espíritos da causa de doença mental. Considerado o "Galeno do Islã", escreveu, também, *Canon*, uma das obras médicas fundamentais na Idade Média, um tratado adotado nas universidades da Europa durante o século XV. Atribuía à área frontal do cérebro a função da razão. Estudou a meningite, as perturbações da memória e das percepções, e a melancolia. Relacionava a melancolia a alterações do estômago, fígado e baço. Discordava expressamente de "alguns que falavam do demônio" (Sonenreich, 2007).

Ainda na Idade Média, são importantes as contribuições de Averoes (1126-1198) e de Maimônides (1135-1204), médico judeu, rabino e filósofo, nascido em Córdoba, que escreveu sobre as doenças psicossomáticas inter-relacionando, pela primeira vez, fatores orgânicos a psíquicos. Sua preocupação maior foi conciliar a alma e a razão. Seu livro mais conhecido foi O *guia da perplexidade*, visto como um livro perigoso e herético tanto pelos judeus como pelos cristãos.

Por mais de mil anos, várias ordens religiosas cristãs e maometanas estabeleceram locais de refúgio para esses doentes. As mais antigas instituições datam do século IV d.C., em Bizâncio e Jerusalém. Em Bagdá localizava-se a Casa de Grace, para onde doentes mentais de toda a Pérsia eram levados para cuidados médicos (Menninger, 1995). Havia hospitais também no Cairo (873), Damasco (800) e Allepo (1270). Consta que, para combater a loucura, utilizavam-se banhos com perfumes, música suave e até visitas de mulheres (Romm e Friedman, 1994). Algum tempo depois, Justiniano, Imperador Romano do Oriente, ordena a criação de vários asilos, e o primeiro foi em Constantinopla.

Os transtornos mentais, como se observa, eram, da antiga Grécia até a Idade Média, de domínio médico. À medida que as doenças foram se tornando responsabilidade dos sacerdotes, as teorias médicas foram deixadas de lado.

Após a queda do Império Romano, em 476 d.C., até os anos 1000, a superstição e o empirismo dominaram a ciência. Bento de Núrsia, sacerdote, fundador do Mosteiro de Monte Cassino, criou nesse local uma enfermaria e um jardim medicinal sugerindo, ainda, que isso fosse feito em outros mosteiros. Constantino, o africano, escreveu o texto *De melancholia*, que influenciou o tratamento da patologia. Ele passou seus últimos anos de vida em Monte Cassino e, em suas observações, concluiu que uma das causas da melancolia é o cansaço da memória e as preocupações que causam fraqueza intelectual. Por isso, além de medicamentos, como o heléboro branco e negro, os doentes deveriam ser orientados a reorganizar seu estilo de vida com base em várias coisas: ar, alimentos, bebidas, retenção, expulsão, exercícios, repouso, sono, paixões da alma. Para dissipar a imaginação pervertida e os maus pensamentos, recomendava palavras suaves, música variada e vinho branco. Aconselhava o coito como uma das formas de evacuação da bile negra. Caso a doença tenha se fixado na cabeça, devia-se escarificar o crânio do paciente e aplicar leite humano ou de égua, ou, ainda, a "capirurgia", que consiste na trepanação e aplicação de ferro quente no crânio.

Aurelius Augustine (354-430), mais conhecido como Santo Agostinho, procurou reconciliar Platão com o pensamento cristão. Afirmou que só Deus é o detentor da verdade. Influenciou a prática da confissão e escreveu *Confissões*. Desenvolveu, também, procedimentos terapêuticos semelhantes aos empregados pela psicanálise e ressaltou a transcendência da alma em relação ao corpo. Já Santo Alberto e São Tomás de Aquino (1225-1274) retomam Aristóteles: a alma está unida ao corpo e toma sua forma. Para São Tomás, a demência natural não tem que ver com o pecado, ela é moral, quando resulta de um obstáculo corporal, manifesta-se pela cólera e incapacidade de crítica. Quando proveniente da luxúria, traduz-se por um enfraquecimento ético e um obscurecimento dos sentidos. Segundo seus preceitos, a sabedoria fundada na prudência, no bom senso e no discernimento permite evitar a loucura moral. Santo Agostinho influenciou o clero e a igreja pelos oito séculos seguintes.

Na Bélgica, em Gheel, um pequeno vilarejo ao norte de Bruxelas, foi construído, no século XII, um mosteiro em honra à Santa Nymphna, que se tornou um refúgio para os insanos. Nessa comunidade, os habitantes adotaram a prática de hospedar os doentes mentais em suas casas. O costume persiste até hoje e, pelo menos por sete séculos, Gheel tem servido como referência para o tratamento (baseado na comunidade) de doentes mentais crônicos (Stone, 1999).

A partir do século XI, a medicina foi retomada de onde os gregos a tinham deixado. No século XIII, criaram-se universidades de medicina em Paris (1205). Em Montpellier, em 1289, foi criada, oficialmente, uma enfermaria com proposta de acolhimento e tolerância ao doente mental. Um de seus professores, o catalão Arnaldo de Villanova (1250-1313), escreve, em *Prática médica*, que a mania afeta a imaginação e tem como causa a inflamação no ventrículo anterior do cérebro. Atribuem-se às doenças diversas causas: erros de regime, ar viciado, mordida de cão, vigílias e retenção espermática. O desequilíbrio causado pelas paixões é temido e a influência dos astros também é considerada. Outro professor de Montpellier, o português Valesco de Tarenta, dedica algumas páginas de seu *Philonium pharmaceuticum* (1418) às doenças mentais.

Outras instituições universitárias foram criadas: em Pádua, 1222; Nápoles, 1224; Oxford, 1294; Cambridge, 1284; e Lisboa, 1290 (Sonenreich, 2007), e contribuem para o desenvolvimento da medicina. Na Itália, Ugo Borgogne inventa uma esponja anestésica. Em Pádua, Mondino de Luzzi publica um atlas anatômico. A ideia da doença ainda baseia-se na perversão dos humores, e o tratamento continua a realizar-se por meio de purgantes, sangrias e clisteres.

A expansão árabe na Europa fez que o rei Mohamed V construísse um asilo em Granada em 1365. Em 1409 foi inaugurado em Valência, na Espanha, o primeiro hospital psiquiátrico. Pélicier (1973) conta que, no dia 24 de fevereiro de 1409, em Valência, Frei Juan Gilaberto Jofré estava fazendo sua pregação quando viu alguns garotos atormentando um louco. Revoltado com a situação, exortou seus fiéis a fundar uma obra que recolhesse e protegesse os dementes da região. Para Pélicier, as ordens religiosas encontram-se na origem do grande movimento que construirá na Espanha, durante o século XV, uma série de asilos nas cidades de Valência, Zaragoza, Sevilha, Valladolid, Palma de Maiorca, Granada e Toledo. No asilo de Zaragoza, o trabalho agrícola era feito para canalizar as energias do paciente para algo construtivo. O asilo de Valência possuía administração avançada e facilidades clínicas, além de um departamento especial para crianças.

No começo do século XIII, vários hospitais na Europa (França, Alemanha, Suíça) criaram unidades psiquiátricas. No século XIV, em 1377, o Bethlehem Hospital, em Londres, também passou a receber insanos e, a partir de 1402, tornou-se um hospital exclusivo para doentes mentais. Bedlam, como ficou conhecido, era aberto a visitantes, como um zoológico.

Apesar disso, na Idade Média, conhecida como a Idade das Trevas, persistiam as concepções da loucura como possessão demoníaca. Houve uma regressão para a medicina mágica, mítica e não científica. Assim, a psiquiatria europeia da Idade Média foi mais metafísica e menos científica, abandonando o racionalismo da medicina grega e voltando a adotar a visão mágico-religiosa (Gonçalves, 1964). Nesse período, a doença mental estava ligada à atividade ou obsessão por demônios. As mulheres, especialmente, eram vistas como bruxas e os procedimentos curativos iam do exorcismo à tortura ou à fogueira.

Com o cristianismo em expansão, o papa Gregório IX escreveu, em 1233, uma bula condenando a bruxaria como heresia, e adivinhos e magos passaram a ser presos e punidos. Somente o clero poderia estudar a demonologia. Em 1487 e 1489, foi publicado, pelos monges dominicanos Heimrich Kramer e Jakob Sprenger, por ordem do papa Inocêncio VIII, o *Malleus maleficarum* (O martelo das bruxas), um manual para inquisidores, com instruções para identificar e punir rigorosamente os cristãos "extraviados". O alvo era principalmente as mulheres, vistas como figura de tentação, "inimigas da amizade, mal necessário, pecado da natureza pintado de 'lindas cores': punição inevitável" (São João Crisóstomo). As mulheres, pelo viés sexual, eram consideradas figurações do demônio, bruxas.

Os livros de Aristóteles foram queimados em praça pública. Galileu foi perseguido, Giordano Bruno, queimado em fogueira. Judeus fugiam de um país a outro. A Igreja, para manter sua hegemonia, não tolerava qualquer diferença. Como se acreditava que os insanos estavam possuídos pelo demônio, eles também foram perseguidos, e alguns, queimados. Até os suicidas e os hereges tinham os cadáveres exumados, arrastados sobre grades e pendurados em forcas (Pélicier, 1971;

Stone, 1999; Colp, 1995; Mello e Baltazar, 1998). As últimas bruxas foram executadas na Alemanha, em 1775, e na Suíça, em 1782 (Sonenreich, 2007).

Abuláfia, nascido em Zaragoza, em 1240, desenvolveu um método próximo ao da livre-associação. Seu objetivo era liberar a alma, desamarrar os nós que a prendiam. Descreveu dois métodos de meditação: o primeiro, interpretativo, baseado em combinar as letras das palavras com a formação de novos temas. O segundo, associativo, consiste em "saltar e pular" de uma concepção a outra, associação ditada por regras muito frouxas. Cada salto ou pulo abre novas associações, revela processos ocultos da mente, liberando-os da prisão natural e transportando-os para os limites da esfera divina. Todas essas associações levariam ao êxtase intelectual e, nesse estado, uma identificação com o professor o transformaria em uma identificação com Deus, para depois, paradoxalmente, reconhecer-se como autoidentificação (Mello e Baltazar, 1998).

Vários médicos opuseram-se à Inquisição, contribuindo significativamente para retirar o doente mental do viés religioso. O frade Nieder, na Alsácia, chamou a atenção para o fato de que muitos doentes mentais, condenados pela Inquisição, restabeleciam-se com sudoríficos e hipnóticos e não com sacramentos, derrubando a ideia da possessão demoníaca.

Em 1563, Johann Weyer (1515-1588) publicou *De praestigiis daemonum* (As trapaças do demônio), em que diferenciou as bruxas dos doentes mentais. Criticou o *Malleus*, afirmando que doentes mentais se confessavam bruxas por causa das torturas, e que deveriam ser encaminhados para tratamento, em vez de receber castigos e morte na fogueira. Nesse tratado distingue os melancólicos, que poderiam tornar-se presas fáceis para o diabo e virar feiticeiros pelo pacto com Satã. Johann Weyer negava a bruxaria e a demonologia, e assumiu a causa das mulheres perseguidas como bruxas. Seu livro desmascarou o *Malleus maleficarum*. Cita algumas ervas que provocam alucinações (beladona, papoula, cânhamo), e considera as purgas ou dietas mais úteis que o exorcismo. Sua prática foi dedicada ao tratamento humano e racional do doente mental, e seus defensores o destacam como o pai da psiquiatria moderna (Stone, 1999).

Outros médicos da mesma época, como Jean Schenk, Ambroise Paré, François Rabelais, Vives e Paracelso, criticaram severamente a Inquisição, provando o erro de seus princípios.

Sonenreich (2005) afirma que, durante a Renascença, pontos de vistas racionais e irracionais, e as práticas decorrentes deles, coexistiam. Velasius F. (1587) pensava que o diabo penetrava no corpo e provocava a doença, preferindo instalar-se no corpo dos melancólicos. Plater (1536-1615) cuidou e conviveu com psicopatas em calabouços e classificou as doenças mentais, mas concluiu que eram provocadas pelo diabo.

No período renascentista, alguns livros foram importantes para a psiquiatria, entre eles *De anima et vita* (Sobre a alma e a vida), do convertido espanhol Juan Luis Vives (1492-1540), filósofo cuja família fora morta na Inquisição, e que descreveu, pela primeira vez, a relevância de fatores psicológicos na formação das emoções, assim como a importância de se lembrar eventos passados. É um livro dedicado à desmitificação do conceito de alma. O filósofo dedicou-se à psicologia humana, falando das coisas que registramos sem saber e de como passamos por situações inocentes com mal-estar por causa da revivência de fatos antes dolorosos. Exige tratamento digno ao doente mental (Stone, 1999).

Phillipus Paracelsus (1493-1541), cujo nome original era Theophrastus Bombastus Von Hohen-Heim (o nome Paracelsus foi adotado para mostrar que sua visão era superior à de Celsus, médico chefe da Roma antiga), foi astrólogo e alquimista. Médico suíço, é considerado representante da iatroquímica no século XVI e paradigma para a chamada medicina alternativa, além de figura médica do Renascimento, comparado aos luminares Shakespeare, Leonardo da Vinci e Copérnico (Millon, 2004). Indicou drogas específicas para determinadas doenças mentais como enxofre, ferro, antimônio e água-branca (éter), além de sangria das pontas dos dedos. Usou cânfora para induzir convulsões no tratamento de psicoses (Dubovsky, 1995). Suas teorias foram baseadas na alquimia e na astrologia: as doenças ocorreriam quando o instinto animal, estimulado pelas estrelas, causasse emoções que poderiam resultar em doenças físicas. Paracelsus foi o primeiro alquimista e precursor no uso de metais para tratar doenças, pois já observava que elas poderiam ocorrer devido a alterações nos sais do corpo – como os de ferro, de enxofre ou mercúrio. A epilepsia foi relacionada também a cataclismas naturais (trovão, terremoto, tromba d'água etc.) e a variações do estado de mercúrio no corpo. O médico suíço defendeu que algumas das doenças deveriam ser tratadas com persuasão, imaginação e fé. Utilizava também sangrias e trepanação. Para curar a melancolia, não recorre a evacuadores da bile negra, mas a "medicamentos que provoquem o riso". Se o riso obtido com essas medicações for excessivo, recorre-se a "medicamentos que causem a tristeza". Foi o primeiro médico a apresentar uma classificação sistemática dos transtornos mentais, em um tratado: *Doenças que privam o homem da saúde e da razão*. Identificou as doenças: *lunatici, insani, vesani* e *melancholici*. Denunciou a Inquisição, pois via mente e corpo inseparavelmente entrelaçados, e acreditava que as doenças podiam ser curadas pelos remédios.

Jan Baptista van Helmont (1577-1644), médico belga, seguidor de Paracelsus, acreditava que o poder de influenciar objetos distantes encontrava-se não somente na natureza, mas também no homem, e que este era capaz de afetar seus semelhantes e curá-los. Isolou o monóxido de carbono, o dióxido de enxofre e o ácido carbônico. Considerava que o espírito da vida estava no coração e que o saber era uma revelação divina. Ensinava que o corpo vivia sob a dependência de uma alma sensível, ou princípio vital, o arqueu, localizado no estômago. Segundo ele os processos fisiológicos, em particular a digestão, utilizam fermentos que alteram as substâncias naturais. A febre, por exemplo, resultaria do combate entre o arqueu e a matéria pecante. Assim, para combatê-la não seria preciso enfraquecer o arqueu por meio de sangrias ou de purgas, mas, sim, ajudar a combater a matéria pecante. Os movimentos do arqueu, para ele, são responsáveis pela epilepsia e a alienação. O tratamento deveria procurar acalmar com palavras e remédios (mercúrio, antimônio, ópio, vinho) (Pélicier, 1971).

No final da Idade Média, o estudo da psiquiatria era limitado a estudos anatômicos, fisiológicos e patológicos do cérebro. Escritos sem traços religiosos não reapareceram até o início do século XVII.

Felix Plater (1536-1614), em 1602, foi o primeiro a propor o termo "alienação" e, nos quatro séculos seguintes, os psiquiatras foram chamados de alienistas (Millon, 2004). Publicou observações e uma classificação sistemática dos transtornos mentais, concluindo que as doenças são provocadas pelo diabo e não por causas naturais.

Sonenreich (2007) acha impossível atribuir caráter homogêneo aos pensamentos e práticas da Renascença, que "não racionalizou" definitivamente a medicina.

Giambatista Della Porta (1535-1615) escreveu, em 1586, *A fisionomia humana*, obra em que chama a atenção para a correspondência entre a fisionomia e características psicológicas (Colp, 1995). Della Porta criticou a Inquisição e mostrou que o sujeito melhorava pelas propriedades neuroquímicas da aplicação de unguentos à base de acônito (planta venenosa utilizada como medicamento homeopático) e beladona (também derivada de planta), mostrando que a causa era a doença, e não o demônio.

Na Idade Média, o louco era considerado divertido ou amedrontador. Era visto também como alguém que recusava as regras e escarnecia os costumes. As festas dos loucos, os cortejos carnavalescos, eram os momentos de transgressão lícita. Na Alemanha, em 1497, Sebastian Brant escreveu, com intenção satírica e moralizadora, a alegoria *Nau dos insensatos*, em que retratou com ferocidade uma sociedade perdida, vagando para a ilha de Narragônia, paraíso dos loucos.

Em algumas cidades, o doente mental era colocado em um barco que viajava à deriva nos rios europeus. Passando pelo Reno, o rio da loucura, navegava até o oceano e lá ficava sem destino até afundar (Pélicier, 1973). Foucault (1978) conta que a Nau dos Loucos existiu de fato, mas não exatamente assim. Segundo ele, os loucos eram confiados aos barqueiros, que faziam com que tivessem uma vida errante – embarcavam-nos em um porto e os desembarcavam, ao acaso, em outros. Considerava-nos prisioneiros da mais aberta das estradas: o mar.

Nos séculos XVII e XVIII, inicia-se a construção de instituições especiais, para doentes mentais ricos, e outras com características de prisão, para os pobres. Tempos depois, São Vicente de Paula, na França, funda asilos para necessitados com tratamentos "humanos" (Mello e Baltazar, 1998). Na Itália, no século XVII, Tomaso Grazoni (1549-1589) recomendava que tais pacientes fossem alojados em hospitais em vez de confinados em "casas fortes" como uma prisão, e recebessem tratamento médico (Stone, 1999).

Em Londres o louco era asilado, vivendo em condições subumanas e, muitas vezes, acorrentado ou preso em masmorras, permanecendo internado até a morte. O doente mental que sobrevivesse às condições de sujeira, à péssima alimentação, ao isolamento, à escuridão e, ainda, à brutalidade dos guardas, era tratado com eméticos, purgativos, sangrias e várias das chamadas "torturas inofensivas", aplicadas com acessórios especiais (Alexander, 1980). O Bethlehem ou Bedlam, hospício inglês, era um lugar de passeio dominical dos londrinos, que iam olhar os internados através dos portões de ferro.

Em Paris, Moscou, Viena e em muitas outras cidades, os loucos também eram tratados assim. Raros hospitais faziam internações, os doentes passavam curtos períodos, condicionados ao sucesso do tratamento. Quando este falhava, indicava-se a alta (Sonenreich, Estevão e Silva Filho, 1999b).

O tratamento era baseado nos métodos galênicos, fundamentados no equilíbrio humoral: purgativos, vomitórios, vesicatórios, sangrias, além de banhos e até surras (Gonçalves, 1964).

No século XVII surgiriam as teorias neuroanatômicas, fisiológicas e psicológicas para explicar a doença mental. Discípulo de Van Helmont, o francês Deleboe – mais conhecido por Sylvius – descreveu formações anatômicas cerebrais (aqueduto de Sylvius) e ensinou uma fisiologia baseada na fermentação: certos humores são ácidos; outros, alcalinos. O equilíbrio harmonioso desses humores produziria, no sangue, o fogo vital e os espíritos animais. As doenças resultariam do predomínio ácido ou alcalino.

Thomas Willis (1621-1675) criou o termo "neurologia" e também generalizou o termo "psicologia", designado como "estudo da alma". Escreveu *The anatomy of brain*, publicado em 1684. Era também alquimista, buscava a pedra filosofal e comunicava-se com os anjos. Atribuía às doenças as anomalias da fermentação, e sugeriu os possíveis laços entre mania e melancolia, considerando-as aspectos diferentes de uma mesma doença (Sonenreich e Estevão, 2007). Para Willis a doença mental é consequência de uma desordem do cérebro e dos espíritos animais que ali se encontram. Portanto, o tratamento consiste em iluminar os espíritos animais por meio da música, do canto, da pintura, da dança, da caça, da pesca, e ainda poderá ser útil o estudo da química e da matemática. Recomendava não deixar o doente desacompanhado, entregue a si mesmo, pois ele correria o risco de se acreditar transformado em animal. Seus remédios constam de eméticos e de uma composição química por ele desenvolvida, a *aquae acidulae ferratae* (Starobinski, 1962).

A medicina do século XVII passou a pesquisar causas orgânicas para as doenças. Cientistas como Raymond Vieussens (1641-1716) e Thomas Sydenham (1624-1689) atribuíram ao cérebro a causa da doença mental (Romm e Friedman, 1994; Millon, 2004). Sydenham contribuiu para o estudo da histeria. Suas observações sobre pacientes histéricos levaram-no a reconhecer os vários sintomas conversivos, das paralisias às dores, e a especular a origem desses sintomas nas emoções.

O século XVIII foi chamado de "século das luzes", sendo essa luz o domínio da razão, em contraposição à Idade das Trevas, dominada pela religião.

Georg Ernst Stahl (1660-1734), alienista alemão, foi autor da teoria do animismo, segundo a qual a alma, *anima*, manteria as funções do corpo na saúde e na doença. Para ele, a alma era uma "força" ou "pulsão" especial, presente em todos os seres vivos, inclusive nos animais. A doença mental seria causada por inibição da *anima* ou por doenças do corpo (Colp, 2000). Ela seria derivada de uma obstrução ou descarrilamento da força da vida (*anima*), caso a pessoa fosse acometida por um humor contrário à direção apropriada da força de vida. Stahl recomendava tratamento psicológico específico para o doente mental. Foi um dos autores que influenciaram Pinel (Stone, 1999).

Ainda nesse século, aparece Franz Anton Mesmer (1734-1815). Nascido na pequena aldeia austríaca de Iznang e diplomado em medicina pela Universidade de Viena, escreveu a dissertação *Influência dos planetas*, em que discutiu a importância dos corpos celestes na fisiologia do homem. Lançou uma teoria segundo a qual um líquido invisível, com propriedades magnéticas, existiria em todos os corpos de animais. Formulou proposições básicas (Alexander, 1980, p. 176), como: "existe uma influência mútua entre os corpos celestes, a Terra e os corpos animados". Em outra proposição, declarou (*ibid.*): "Um fluido universalmente distribuído e contínuo é capaz de receber, propagar e comunicar todas as impressões do movimento, (e) é o meio de sua influência". Ainda em outro postulado, escreveu (*ibid.*): "o fluido corporal tem propriedades semelhantes às do magneto; pode ser igualmente distinguido pelos diferentes ou opostos, que são modificados, comunicados, destruídos ou fortalecidos". Essa propriedade do corpo animal, que o coloca sob a influência dos corpos celestes e da ação recíproca daqueles que o cercam, levou-o, por sua analogia ao magneto, a chamá-la de "magnetismo animal".

As doenças, para ele, seriam a expressão de um "magnetismo animal" insuficiente ou mal distribuído. Baseado nessa premissa, buscava a cura colocando o paciente em um tonel de carvalho (*baquet*), e, vestido como um mágico, com uma túnica roxa, usava uma "vara de condão" para energizar o doente, induzindo-o a uma "crise histérica". Mesmer foi julgado por uma comissão nomeada por Luís XVI, na França, que concluiu que não existia o magnetismo animal, apenas "imaginação".

O mesmerismo foi utilizado na Inglaterra pelo cirurgião John Elliotson (1791-1868), com a finalidade de diminuir a dor durante cirurgias. Na Índia, entre 1845 e 1851, James Esdaile (1808-1859) fez mais de duzentas e cinquenta cirurgias em sentenciados hindus, sem dores, com o emprego da técnica.

Há uma influência de Mesmer em James Braid (1795-1860), médico cirurgião escocês, que separou o hipnotismo do magnetismo animal e iniciou os estudos do fenômeno hipnótico. Introduzindo o termo "hipnose", publicou, em 1843, *Neurypnology or the rationale of nervous sleep*. Nesse artigo, sustenta que nada há de mágico nos estados de transe, que, segundo ele, eram causados simplesmente pelo excessivo cansaço muscular, depois de prolongado período de concentração e consequente esgotamento físico. Braid contribuiu para dissipar a atmosfera de charlatanismo que existia em torno do mesmerismo.

Mesmer influenciou também Jean Marie Charcot (1825-1893) e Sigmund Freud (1856-1939), que usou a mesma frequência de sessões de Mesmer com seus pacientes: sessões de uma hora de duração, cinco vezes por semana (Alexander, 1980; Stone, 1999).

No século XIX, a medicina firmou-se como ciência e, como um de seus ramos, a psiquiatria. O somático e o psíquico começaram a se integrar. No princípio do século, o conceito de que as infecções focais eram a causa de muitas doenças levou Cotton a recomendar a extirpação das amígdalas, dentes e outros focos infecciosos (Stone, 1999). Eram também indicadas as cirurgias, como as de castração e a de extirpação do clitóris, fundamentando-se em teorias que relacionavam a atividade dos órgãos genitais à histeria.

Herman Boerhaave de Leyden (1668-1738), renomado professor de medicina dos Países Baixos, baseava sua teoria nos conceitos humorais. Para ele, a melancolia era causada pela bile negra e a mania era uma fase diferente da mesma condição. Para curar a melancolia, recomendava surpreender o paciente e submergi-lo em água gelada, quase ao ponto do afogamento, ou empregar algum outro método que quase o levasse ao choque. Preconizava também tratar o doente mental com sangrias e purgativos (Stone, 1999).

William Cullen (1712-1772), aluno de Boerhaave, acreditava que a insanidade era resultado de perturbações internas ao indivíduo, e não de misteriosas forças exteriores que entravam pelo corpo. Inventou uma cadeira giratória que deixava o paciente desmaiado e completamente tonto. Sua teoria era a de que as doenças resultavam de "movimentos desordenados" dos tecidos nervosos do corpo, e que a cadeira giratória corrigiria tal desarmonia (Alexander, 1980).

O grão-duque Pietro Leopoldo (1747-1792), um déspota esclarecido da Toscana, Itália, promulgou, em 1774, a primeira lei para doentes mentais, a "lei dos insanos", que previa o tratamento médico para psicóticos. Construiu, em 1788, em Florença, o Hospital Bonifácio, e nomeou Vicente Chiarugi (1759-1820) para executar a reforma hospitalar. Vicente se opôs a coações físicas despropositadas e a medidas severas e escreveu:

> É supremo dever moral e obrigação médica respeitar o insano como pessoa. É especialmente necessário que a pessoa que trate do paciente mental conquiste sua confiança. É melhor, portanto, ter tato e compreensão, procurando levar o paciente à verdade e instalar razão nele pouco a pouco e de maneira bondosa. (Alexander, 1980)

Ainda na Itália, em Palermo, na Sicília, o Barão Pietro Pisani (1760-1837) foi considerado um inovador do tratamento de *milieu* e da comunidade terapêutica. Administrou a Real Casa de Matti, conseguindo recuperar 40% dos insanos, criando um ambiente de compreensão e afeição. Na mesma época, outro hospital, o Aversa, em Nápoles, sob a direção de Biagio Miraglia, aboliu completamente as coações físicas e realizou melhoras no ambiente, como sistemas de ventilação para o hospital (Alexander, 1980).

A partir do final do século XVIII, uma visão mais humanitária trouxe modificações significativas à assistência ao doente mental (Romm e Friedman, 1994). Joseph D'Aquin (1733-1815) precedeu Phillipe Pinel. Em 1787, modificou as condições do asilo de Chambéry, tornando-as mais humanas (Pélicier, 1971). Lá, estabeleceu uma forma humanitária de tratamento ao doente mental, em que o paciente movia-se livremente e era bem tratado pelos atendentes. Em 1791, escreveu um livro intitulado *Philosophie de la folie,* em que descreveu a reforma nesse asilo e os princípios que a nortearam, dedicando-o a toda a humanidade. A segunda edição dedicou a Pinel, que, curiosamente, não fez referência ao papel de D'Aquin no estabelecimento do tratamento moral antes dele (Millon, 2004).

Posteriormente, aconteceram mudanças nas condições dos asilos de vários países. Os principais responsáveis foram Philippe Pinel (1745-1826) na França, Vincenzo Chiarugi (1759-1820), em Florença, na Itália, e Benjamin Rush (1745-1813) nos Estados Unidos.

Na Inglaterra, William Hack Tuke (1732-1822), um *quacre* mercador de chá, foi o único não médico a criar, em 1796, o asilo *York Reatreat*, e a escrever um conjunto de normas para melhorar o tratamento psiquiátrico. Um amigo íntimo foi confinado em um asilo em que foi maltratado e morreu. Essa foi uma das motivações para que criasse o *York retreat*, onde não havia correntes e celas para prender os internados. Seus filhos e netos deram continuidade a sua obra: Samuel Tuke (1784-1822) escreveu *Description of the retreat*, influenciando o tratamento asilar na Inglaterra, Europa e Estados Unidos. Daniel Hack Tuke (1827-1895), juntamente com John Bucknill (1817-1895), escreveu o *Manual de medicina psicológica*, considerado o primeiro livro de psiquiatria compreensiva.

Phillipe Pinel fez seus estudos em Tolosa, depois em Montpellier. Filho da Revolução Francesa, executou reformas importantes e inovadoras. Em Bicêtre, em 1793, retirou as correntes de quarenta e nove loucos e suprimiu o regime de cárcere. Com esse ato espetacular foi tido como autor da primeira revolução psiquiátrica. Depois, em 1795, na Salpetrière, valorizou o trabalho como meio terapêutico, além de levar entretenimento para o doente e iniciar o uso do teatro com fins terapêuticos. Deu importância à higiene, à alimentação, às qualidades morais da equipe, ao clima de confiança etc. Utilizou também, para o tratamento, hidroterapia e medicamentos, condenando a polifarmácia cega. É conhecido também como um dos introdutores do "tratamento moral" para melancólicos e delirantes, o que configurava uma forma de psicoterapia (Starobinski, 1962).

Para Pinel, o tratamento moral era inspirado na "incorruptibilidade moral", de Robespierre, e seu objetivo final era devolver ao paciente sua "responsabilidade moral", convencê-lo de seu "erro" e propiciar o retorno a sua identidade individual e social. Para ele, o tratamento moral tinha como objetivos prioritários combater e destruir a ideia delirante, tendo como papel fundamental o manejo das paixões.

Em 1801, editou seu *Tratado médico-filosófico da insanidade mental*, baseado em observações de seus pacientes do asilo de Bicêtre. Nesse tratado, apresentou uma nova classificação nosográfica, assim como valorizou as paixões como um dos fatores responsáveis pela loucura, compreendendo-a como um desequilíbrio das faculdades mentais. Insistia que os médicos vivessem entre os insanos para estudar seus hábitos e personalidades, seguindo o curso de sua doença dia e noite, e acreditava que apenas médicos dotados de certo conhecimento e motivação humana eram talhados para trabalhar com doentes mentais. Para Philippe Pinel e Jean Etienne Dominique Esquirol (1772-1840), seu aluno, a doença mental deriva de hereditariedade, com influências do meio ou de "paixões" intoleráveis, tais como medo, raiva, ódio, exaltação ou tristeza (Stone, 1999).

Esquirol e Ferrus estão na origem da famosa lei de 1838, assinada por Luís Filipe, que organiza a hospitalização nos estabelecimentos públicos e privados e protege doentes e seus bens.

Pinel considerou a loucura um desarranjo na gênese das ideias ou na forma de elaboração mental das experiências. Essas vivências poderiam levar a um erro ou defeito de julgamento e, consequentemente, a uma incoerência entre a realidade dos sentidos e a do pensamento. A realidade externa, origem da experiência e, portanto, dos pensamentos, passa a adquirir uma importância decisiva, pois é no nível da experiência real, no nível da impressão dos objetos, que se constrói ou reconstrói a vida mental. A loucura é uma "imoralidade", entendida como excesso e desvio das paixões. Daí a terapia ser chamada de "tratamento moral", de "afecções morais" ou de "paixões morais" e destinar-se à correção desse excesso pela mudança de costumes e hábitos. Para Pinel, moral significa um misto de fatores psíquicos, sociais e situacionais, além de fatores éticos. É nesse território que as influências ambientais, as paixões da alma, os desejos e a fantasia se entrelaçam. Aí também nascem as ideias delirantes (Pessotti, 1996).

O melancólico era considerado por Pinel e Esquirol vítima de uma ideia criada por ele mesmo, constituindo um "núcleo" patológico de natureza mental. Nessa concepção, a melancolia tem causas morais, daí o sentimento de culpa e as ideias suicidas. O "tratamento moral" consistia em abordar o delirante utilizando desde técnicas de teatro até o que chamavam de "mentira piedosa", em que o terapeuta fingia acreditar no delírio, na busca de uma aliança amigável, abrindo, assim, um diálogo sobre essas ideias. No "tratamento moral", a relação médico-paciente é pautada pelo excesso de comunicação, partindo do princípio de que o doente é inacessível à linguagem e aos procedimentos comuns, sendo mais sensível a medidas extraordinárias, excessos na linguagem, na benevolência ou na autoridade (Starobinski, 1962).

No plano prático, a "técnica" do tratamento moral consistia em encontrar um equilíbrio entre a amabilidade – doçura – necessária para tratar o doente e a imagem de autoridade, que o alienista deveria transmitir a todo momento. Esse difícil equilíbrio amabilidade/autoridade fez alguns alienistas da época enfatizarem a autoridade, tornando o tratamento moral repressor, coercivo e intimidatório. Entre eles estava François Leuret (1797-1851), considerado a "ovelha negra" do alienismo francês e expoente máximo da evolução negativa do tratamento moral, devido aos métodos agressivos e cruéis que usava com os doentes. Publicou, em 1840, o livro *Du traitement moral de la folie*, no qual chega a afirmar que a "dor faz parte do tratamento para a cura do alienado, mas não é indicada a todos". Nessa obra, faz uma elaboração teórica que justifica os meios físicos do tratamento à luz de seu poder "moralizador". Classifica seu método como "intimidação da loucura". Dentre outras técnicas, descreve a utilização da ducha, recomendando um diâmetro pequeno do cano de saída para que a água saia com mais força e, portanto, com resultado mais efetivo para os objetivos "morais". Após algumas sessões, os alienados choram e gritam muito, concedem e prometem não falar mais de suas ideias delirantes (Leuret, 2001).

Johan Christian Reil (1759-1813), psiquiatra alemão, é considerado o criador da palavra "psiquiatria" no princípio do século XIX, época conhecida como a era da psiquiatria de asilo (Starobinski, 1962). Acredita-se que Reil tenha cunhado o termo por haver publicado, em 1808, com Hoffbauer, um livro no qual estabelece a divisão da medicina em três grandes disciplinas: a cirurgia, a medicina interna e a psiquiatria. Reil foi também fundador da psicoterapia racional, reconheceu o valor terapêutico do ambiente institucional. Valorizou a música, a terapia ocupacional e a dramatização de peças como métodos de tratamento. Escreveu sobre a assistência aos insanos:

> Encarceramos essas miseráveis criaturas como se fossem criminosos em cadeias abandonadas, perto das tocas dos mochos, em gargantas áridas além dos portões da cidade, ou em úmidos calabouços de prisões, onde jamais penetra o olhar piedoso de um humanitário; e deixamos que elas, acorrentadas, apodreçam em seu próprio excremento. Os grilhões comem a carne de seus ossos e seus rostos pálidos e emaciados olham expectantes para os túmulos que encerrarão sua miséria e cobrirão nossa indignidade. (Alexander, 1980)

Reil publicou, em 1803, o trabalho "Rapsódias sobre a aplicação de psicoterapia para os distúrbios mentais", recomendando o uso da música, da terapia ocupacional e da dramatização para o tratamento do doente mental internado, além de defender como método de cura a boa comida, o sono adequado e a luz solar (Colp, 2000). Escreveu: "Sentimentos e representações – em suma, tudo que excita a alma – são os meios característicos pelos quais se alteram a temperatura e a vitalidade do cérebro a fim de ser reestruturado" (Stone, 1999, p. 78). Ele parte do princípio de que a doença mental é um fenômeno psicológico e que, portanto, exige métodos psicológicos para seu tratamento. Via claramente no organismo a existência de uma interação entre os fenômenos psicológicos e fisiológicos, e reconhecia ser necessário explicar a personalidade sadia para compreender a alma doente. Desejava que a psicologia contivesse um conhecimento sobre a interação mútua entre acontecimentos psicológicos e fisiológicos e se tornasse parte integrante da medicina, igualando-se em importância à farmacologia.

Na época, a loucura era considerada pelos médicos uma aberração das faculdades do entendimento, pertencendo, em sua maioria, a uma categoria de fenômenos completamente alheios às leis gerais do mundo material: seriam paixões e ideias não manifestadas sem a mediação do sistema nervoso, consideradas, portanto, uma emanação, um produto desse sistema.

Baseados em Reil, outros métodos foram indicados para o tratamento da doença mental: terapia ocupacional, musicoterapia e terapia teatral. Por meio desta última, buscava-se modificar comportamentos e padrões habituais de sentimento e ação, fazendo que os pacientes assistissem a uma peça teatral. Argumentavam que o fundamento dessa técnica estava no benefício de manter os pacientes psicologicamente envolvidos, com autoconsciência, sentimentos e inteligência estimulados, forçando-os a encontrar meios para salvar-se de perigos imaginários e emoções identificadas na peça teatral (Alexander, 1980).

Utilizava-se recompensa e castigo, intimidação e apelo à razão, da mesma maneira como fazem os pais para educar os filhos. Segundo Stone (1999), Reil chegou a empregar métodos cruéis com pacientes psiquiátricos, tais como gotejar cera quente na palma das mãos, colocar camundongos sob um copo sobre suas peles ou, ainda, mergulhar a cabeça dos mais agitados na água – métodos também utilizados para intimidar pacientes delirantes (Pélicier, 1971). Fundamentava o emprego de suas técnicas, apresentando sempre um argumento psicológico para opor-se ao uso desses recursos de maneira sádica. Chamava essas técnicas de "torturas não perniciosas" (Alexander, 1980).

A visão do tratamento do homem, sob influência ideológica da Revolução Francesa – liberdade, igualdade e fraternidade –, mudou os rumos da história da civilização ocidental, influenciando, também, o tratamento psiquiátrico (Mello e Baltazar, 1998). Rousseau advertia que "o homem nasce livre e, no entanto, está acorrentado em toda parte". Suas palavras foram valiosas para a psiquiatria, assim como para outros setores, por homens dotados de imaginação e coragem (Alexander, 1976). Na Alemanha, o movimento em favor de um tratamento mais humano baseou-se no conceito de racionalidade. Na Inglaterra, a força propulsora de reforma foi religiosa.

O trabalho, assim como a interpretação de peças teatrais, era incluído como método de reabilitação. Lembramos o Marquês de Sade, em 1805, que, além de paciente internado, era recreacionista do asilo de Charenton, nomeado por mr. de Coulmier, diretor do asilo. O famoso marquês escreveu peças interpretadas por pacientes desse hospital, entre elas: *Les antiquaires*; *Franchise et trahison*; *Fanny, ou les Effets du désespoir*; *Le magistrat prévaricateur* etc. (Schützenberger, 1966).

No leste do Reno também se iniciou a mudança de conceitos em relação ao tratamento de insanos. Anton Müller (1755-1827) e Johann Christian Reil incluíram-se entre os primeiros médicos alemães a se dedicar à psiquiatria como especialidade, e preconizavam um método humano no tratamento do doente mental. Johann Gottifried Langermann (1768-1832), no asilo de Bayreuth, na Baváría, empregou técnicas psicológicas, com base na crença na doença mental como proveniente de fatores psicológicos. Outros hospitais, em Seiburg e Leubus, na Prússia, empregaram métodos mais humanitários devido a sua influência (Alexander, 1980).

Na Inglaterra, em 1792, William Tuke, no *York Retreat*, seguiu as ideias de Pinel e criou uma atmosfera de benevolência, conforto e simpatia. No asilo de

Lincoln, Robert Gardiner Hill (1811-1878) aboliu a coação física. John Conolly (1784-1860) estabeleceu, no asilo de *Hanwell*, na Inglaterra, um programa de instrução de psiquiatria clínica, em que explicava que encarcerar um paciente era pior que abandoná-lo. Seus métodos do *no restraint* e do *open door* influenciaram o tratamento asilar da época. Eliminou as duchas frias e os tratamentos violentos e criou setores de trabalho para os pacientes, como hortas, lavanderias etc. Providenciou melhores acomodações e deu atenção aos familiares dos pacientes. Influenciou o tratamento dos doentes nos asilos dos Estados Unidos. Tais ideias influenciaram Serge Korsakov (1854-1900), que proferiu, em Moscou, em 1887, uma palestra para seus colegas médicos: "Do tratamento de pacientes sem coação física" (Alexander, 1980).

Em 1752, na Pensilvânia, Estados Unidos, inaugurou-se uma unidade psiquiátrica em um hospital-geral, dirigida por Benjamin Rusch, considerado o pai da psiquiatria norte-americana e primeiro autor americano de um livro sobre psiquiatria geral (*Medical inquires and observations upon the diseases of the mind* [1812]). Foi ele o único médico a assinar a Declaração da Independência (Colp, 2000).

Benjamin Rush inventou uma poltrona de madeira, chamada de *tranquilizer*, que tinha, em seu espaldar, uma espécie de caixa que imobilizava a cabeça. O tronco, as pernas, os pés, as mãos e os braços também eram amarrados a essa poltrona. Era indicada para tratar maníacos, que ficavam imobilizados, sem qualquer som, em uma sala escura por um longo período (Pessotti, 1996). A *tranquilizer* foi inspirada na "cadeira giratória", criada por William Cullen, seu mestre em Edimburgo, para aliviar o cérebro supostamente congestionado do paciente.

Benjamin Rusch declarava o uso de truques como medida psicológica para aliviar os pacientes e modificar suas ideias. Por exemplo, se um paciente tivesse o delírio de que havia um pequeno animal dentro de seu corpo, dizia que iria prescrever um remédio que "destruiria o animal" e colocava, em seguida, um camundongo boiando na privada do paciente. A outro, que acreditava não poder urinar, dizia que o mundo estava em chamas, e que somente sua urina poderia apagar o incêndio. "O logro", dizia, seria justificável se servisse para curá-lo. Utilizava também medidas de higiene e terapia ocupacional para os doentes mentais (Alexander, 1980).

Em 1773, o primeiro hospital dedicado exclusivamente ao doente mental foi inaugurado em Williamsburg, Virgínia (Talbott, 1994). O modelo inspirava-se no Bedlam Hospital, da Inglaterra, e os tratamentos eram os mesmos da época: purgativos, vomitórios, sangrias, dieta hipossódica, além do trabalho e do "tratamento moral".

Outros hospitais foram surgindo nos Estados Unidos: em Boston (1818), Nova York (1821), Kentucky (1824) – e assim cresciam em número. No século XIX, proliferaram hospitais psiquiátricos por todo o hemisfério ocidental, e os asilos, em sua maioria, passaram a se constituir em verdadeiros depósitos humanos, com péssimas condições de higiene e assistência (Romm e Friedman, 1994). De modo geral, o tratamento continua precário, resumindo-se basicamente à aplicação do "tratamento moral", hidroterapia, atividades e alguns medicamentos de base vegetal como cânfora, beladona, opiáceos, anestésicos (éter, clorofórmio), quinina e haxixe (Sonenreich, Estevão e Silva Filho, 1999a).

Nos Estados Unidos, em 1908, foi publicado *A mind that found itself*, escrito por Clifford Beers (1876-1943), em que denuncia o péssimo tratamento que recebeu em três asilos. Com esse livro, obteve apoio de Adolf Meyer e William James. Em 1909, Beers fundou o National Committee for Mental Hygiene, destinado à prevenção e controle dos distúrbios mentais (Colp, 1995).

A partir da metade do século XIX, surgem alternativas para o hospital psiquiátrico. Partindo da ideia de que o meio urbano era uma das principais causas da doença mental, foram construídos asilos no ambiente rural. Esses asilos ofereciam tratamentos baseados em conversas e trabalho. Foram desenvolvidos programas de tratamento em fazendas; o primeiro foi criado em 1855, em Williamsburg, Virgínia, por J. M. Galt (um dos treze fundadores da Associação Psiquiátrica Americana). Outros programas surgiram, posteriormente, com base nessas experiências (Talbott, 1994).

A necessidade de tratar pacientes com quadros psiquiátricos agudos fez que fossem fundados hospitais psiquiátricos com profissionais especializados em psiquiatria e profissões correlatas como assistentes sociais, terapeutas ocupacionais e psicólogos. Em Nova York, em 1879 e em 1895, foram fundados, respectivamente, o Bellevue Hospital e o New York Psychiatric Institute. Em Boston, 1912, o Boston Psychopathic Hospital (hoje Massachusetts Mental Health Center), criado como um departamento do Boston State Asylum, foi o primeiro conectado a um asilo (Colp, 1995).

Com a proliferação e a superlotação dos grandes asilos, os tratamentos foram negligenciados. Mello e Baltazar (1998) escreveram que, com a industrialização e o descrédito do "tratamento moral", ocorreu o abandono das instituições, que aumentaram de tamanho e diminuíram em cuidados com as instalações e com a equipe. Esses asilos eram gerenciados pelo Estado, que destinava a eles poucos recursos econômicos, tornando as condições de tratamentos precárias.

A partir do século XIX, algumas instituições psiquiátricas filiaram-se a universidades e criaram oportunidades para o ensino e a pesquisa. Theodor Meynert (1833-1892), em Viena; Benedict Augustin Morel (1809-1873), Jean Martin Charcot (1825-1893) e Pierre Janet (1851-1947), na França; Wilhelm Griesinger (1817-1868), Emil Kraepelin (1856-1925) e Eugen Bleuler (1857-1939), na Alemanha; Henry Maudsley (1835-1918), na Inglaterra, Ivan Petrovich Pavlov (1849--1936), na Rússia, são alguns dos médicos mais conhecidos que contribuíram com a psiquiatria nessa época.

Griesinger escreveu um manual de psiquiatria, enfatizando as relações significativas entre fenômenos anatômicos e psicológicos. Para ele, a doença mental é uma doença do cérebro. Opunha-se a qualquer medida desumana no trato com o doente mental, inclusive sangria, purgativos, eméticos e coação física. Preconizava banhos sedativos e narcóticos, além de terapia ocupacional. Escreveu que "a atividade cerebral pode ser modificada efetiva, direta e imediatamente pela evocação de disposições do espírito, emoções e pensamentos" (Alexander, 1980, p. 210).

Kraepelin classificou as psicoses maiores em dois grupos: psicose maníaco--depressiva, também chamada de insanidade circular; e *dementia praecox*, doença que levava precocemente à demência, dividindo-a em três subgrupos: hebefrenia, catatonia e demência paranoica.

Nesse mesmo século, os franceses Benedict-Augustin Morel e Valentin Magnan afirmaram que algumas doenças mentais tinham predisposição genética e poderiam ser desencadeadas por fatores externos, tais como trauma social, alcoolismo, sífilis e outras infecções. O conceito de degeneração foi aceito por eminentes psiquiatras. Na Alemanha, Richard Von Krafft-Ebing escreveu *Psicopatias sexuais*, e cunhou os termos "sadismo", "masoquismo" e "homossexualidade", classificando--os como perversões sexuais derivadas de pessoas degeneradas (Colp, 1995).

A crença nas doenças como degenerações – e, portanto, incuráveis – foi também um dos fatores responsáveis pelo abandono do doente nos asilos. A tendência, no fim desse século, foi procurar causas orgânicas para a doença mental.

Eugen Bleuler (1857-1939), em 1898, sucedendo August Forel na clínica Burghölzli, trabalhou intensamente com psicóticos: realizava de cinco a seis visitas médicas por semana, sempre conversando com os pacientes. Em 1911, publicou sua monografia *Dementia praecox ou o Grupo das esquizofrenias*, em que identificava os "sinais primários", conhecidos como os quatro "A": autismo, associações frouxas, ambivalência e afeto inadequado. Bleuler teve alguma influência de Sigmund Freud e, por um breve período, foi membro da sociedade psicanalítica. Fundou, com Freud, o *Anuário para pesquisa psicanalítica e psicopatológica*, que tinha Jung como editor (Stone, 1999).

Charcot, médico chefe no asilo Salpêtrière, diagnosticou muitos, entre seus cinco mil pacientes, como histéricos. Descreveu o clássico "grande ataque histérico": paralisias e anestesias histéricas, espasmos musculares, certas coreias, mudez, gagueira e soluços incuráveis. Apesar de acreditar que a histeria era uma doença orgânica do sistema nervoso, atraiu interesse para fatores psicológicos na gênese da doença mental.

Pierre Janet foi mais longe que Charcot na teoria sobre a histeria, afirmando que a doença tinha origem em fatores mentais. Janet descreveu a fraqueza psíquica como consequência de fadiga excessiva ou choque, a qual denominou psicastenia. Formulou a teoria de que a falta de integração resulta na separação de aspectos da consciência e em fenômenos histéricos e dissociativos. Hipnotizou muitos pacientes e descobriu que, sob hipnose, relembravam acontecimentos traumáticos relacionados a seus sintomas. Alguns se curavam por meio da experiência catártica obtida ao reviver o trauma.

No início do século XX, houve um reavivado interesse pela psicologia por causa das escolas francesa, inglesa e alemã. Na escola francesa destacam-se Paul Charles Dubois (1848-1918), com sua terapia de persuasão; Joseph Déjerine (1849-1917), que valorizou a interação emocional entre paciente e psicoterapeuta, e Edouard Clapadére (1873-1940), que criou a lei do interesse momentâneo. Segundo essa teoria, o pensamento ou consciência é uma função biológica a serviço do organismo. Assim, só quando surge a dificuldade para satisfazer uma necessidade biológica é que nos tornamos conscientes dessa necessidade. Portanto, é nessa hora que o problema da satisfação precisa ser resolvido.

Sigmund Freud (1856-1939), fundador da psicanálise, descreveu as manifestações do inconsciente e desenvolveu o método psicanalítico, bem como sua utilização com o paciente psiquiátrico. Com suas ideias, mudou a concepção do homem sobre o próprio eu. Influenciou psiquiatras do mundo todo, e nasceram sociedades de psicanálise em diversos lugares. A primeira delas originou-se em 1902, em Viena, na casa de Freud. O psicanalista reunia um pequeno grupo de médicos interessados, entre eles Alfred Adler (1870-1937) e Wilhem Stekel (1868-1940). Em 1907, foi fundada a primeira Sociedade Psicanalítica, tendo Freud como chefe.

Outros jovens psiquiatras, discípulos de Bleuler no Burghölzli – Carl Jung (1875-1961), Karl Abraham (1877-1925) e Max Eitingon (1881-1943) –, junto com o húngaro Sandor Ferenczi (1873-1933), formaram um círculo de colaboradores de Freud.

A partir de 1910, o pensamento psicanalítico difundiu-se pela Europa e estendeu-se aos Estados Unidos, Índia e América do Sul. O número de periódicos dedicados à psicanálise aumentou consideravelmente. Diversos centros psicanalíticos organizaram institutos de treinamento teórico-práticos e realizaram análise pessoal com seus alunos.

De 1920 a 1930, as ideias psicanalíticas foram aplicadas como tratamento psicoterápico com esquizofrênicos nos hospitais psiquiátricos. Hermann Nunberg fez um trabalho sobre "determinantes inconscientes" na esquizofrenia. Victor Tausk elaborou o conceito de "fronteira do ego", baseado no delírio de um paciente, em que uma "máquina de influência" controlava seus pensamentos e ações.

Gustav Bychowski defendeu uma abordagem enérgica no trabalho psicoterapêutico com esquizofrênicos, devido à tendência desses pacientes de permanecerem alheios e distantes do analista. Leland Hinsie, do New York State Psychiatric Institute, contraindicou a psicanálise para esquizofrênicos internados, por não considerá-la útil. Propôs uma mistura de medidas terapêuticas, incluindo reeducação e remoção do ambiente estressante (Stone, 1999).

Adolf Meyer (1866-1950), contrário à tendência biológica de Kraepelin, propôs uma visão psicobiológica da doença mental. Falava em "tipos de reação" em vez de entidades de doenças distintas, e propunha uma postura menos determinada às condições hereditárias da doença mental. Entre 1912 e 1940, ele foi diretor da Henry Phipps Psychiatric Clinic e professor de psiquiatria do John Hopkins School of Medicine, em Baltimore. Lá, desenvolveu o conceito da psicobiologia, que defende, em linhas gerais, que o paciente psiquiátrico é como uma unidade biológica: recebe influências de seu meio social, que provocam reações individualizadas. Estas, quando compreendidas no contexto da história de vida do paciente, adquirem um significado que faz entender a natureza humana da patologia mental. Em sua clínica, uma equipe composta de assistentes sociais e psiquiatras participava do tratamento do doente mental. Utilizava também a psicoterapia de grupo.

A institucionalização da doutrina e prática psicanalíticas atraiu muitos psiquiatras, que utilizaram o método de grupo para tratar, nos hospitais, pacientes psiquiátricos vindos de frentes de batalha durante a Primeira Guerra Mundial. Nos Estados Unidos, em Washington, no St. Elizabeth Hospital, William Alanson White ensinou o método psicanalítico aos psiquiatras, que passaram a aplicá-lo no tratamento de internados.

Edward W. Lazell, em 1919, no mesmo hospital, criou o método de "análise de grupo". Consistia em conferências baseadas principalmente em conceitos psicanalíticos, que forneciam noções dos mecanismos de funcionamento mental aos enfermos. Nesse modelo, os pacientes eram encorajados a discutir seus sintomas – como delírios e alucinações, por exemplo – e o terapeuta promovia uma compreensão intelectual deles. Louis Wender, J. W. Klapman e Edward Lazell são identificados como os maiores representantes do "método didático" de abordagem grupal.

Nessa época teve início, também, em outros hospitais psiquiátricos, o uso de métodos de tratamento psicoterápico grupal. L. Cody. March, em 1919, no Worcester State Hospital, em Massachusetts, utilizou uma dinâmica grupal denominada "repressivo-inspiracional". Ela é baseada na vantagem da transferência positiva e na identificação dos pacientes com o líder do grupo, com o propósito de provocar mudanças. É sua a frase "Pela população eles foram quebrados e por ela serão curados" (Beatner, 1998, p. 190). Realizava também sessões com a equipe, composta de médicos, enfermeiras, assistentes sociais e cuidadores. March considerava o ambiente social de grande importância para a saúde e cura do doente, e ainda enfatizava a necessidade de a equipe entender as dificuldades dos pacientes e devolvê-las de forma carinhosa e humana. Encorajava que todos se envolvessem no cuidado com os pacientes. Por esse motivo é considerado inspirador do modelo da "comunidade terapêutica" (Alexander, 1980; Rice e Rutan [1987 *apud* Kibel, 1995]; Ettin, 1988).

Paul Shilder, na mesma época, conduziu grupos baseados em princípios analíticos, nos quais solicitava que os pacientes escrevessem sua autobiografia a fim de prover o terapeuta de material para interpretação (Stone, 1996).

Em 1936, Jacob Levy Moreno inaugurou o Beacon Hill Sanatorium – mais tarde Moreno Sanatorium –, perto de Nova York, onde utilizou o psicodrama com pacientes psicóticos, além de promover treinamento de médicos e profissionais de saúde mental (Marineau, 1992).

Em 1939, Abraham Myerson iniciou o trabalho de grupo com pacientes crônicos hospitalizados, preocupado em oferecer atividades terapêuticas para que eles não vegetassem nas enfermarias (Alexander, 1980).

A partir da Segunda Guerra Mundial, os programas de tratamentos em hospitais psiquiátricos foram profundamente influenciados pelos conceitos da psiquiatria social.

Erving Goffman investigou, na década de 1950, a situação social dos doentes mentais, realizando um trabalho de campo no St. Elizabeth Hospital, de Washington (com mais de sete mil internos).

Na Yale University, um antropólogo, William Caudill, passou por doente mental, com conhecimento de seu chefe e de um dos médicos do hospital. Internou-se e conviveu com os doentes do local por dois meses, realizando uma série de observações. Concluiu, por exemplo, que a pressão exercida pelo grupo sobre o paciente é grande, por isso a "doença" de cada um tende a se ajustar a padrões aceitáveis por todos. Sua análise indica, ainda, que o comportamento do paciente deve estar dentro de certa norma para que sua presença não cause tensão na enfermaria. Entendeu também que muitos comportamentos neuróticos ou psicóticos são apenas expressões de frustração frente à falta de comunicação entre os pacientes e a equipe terapêutica. Adverte que é preciso muita atenção para diferenciar o que é originalmente patológico e o que é uma reação diante de uma situação.

Em Chestnut Lodge, Washington, Stanton e Schwartz publicam, em 1954, um trabalho em que descrevem uma síndrome, hoje chamada pelo mesmo nome de seus autores (fenômeno de Stanton-Schwartz). Trata-se de uma "síndrome de agitação e comportamento dissociado", que acomete internados e resulta de um conflito entre os membros da equipe terapêutica. Observaram que, quando tais conflitos se resolviam, esses comportamentos cessavam. Caudill, Stanton e Schwartz concluem que o ambiente hospitalar pode se tornar patogênico. Em 1958, Harry C. Salomon, então presidente da Associação Psiquiátrica Americana, afirma que a estrutura e os métodos de tratamento de grande parte dos hospitais psiquiátricos eram antiquados.

Maxwell Jones criou a comunidade terapêutica na Inglaterra. A psicoterapia de grupo passou a ser aplicada em larga escala nos hospitais psiquiátricos militares. Esse conceito de comunidade terapêutica espalhou-se pelo mundo, influenciando o tratamento dispensado ao doente mental internado.

Em 1933, em Moscou, surgiu o primeiro hospital psiquiátrico diurno, ou "hospital sem camas", atualmente hospital-dia (HD). Esse programa de hospitalização foi criado em função da carência de leitos hospitalares e recursos financeiros. Dzhagarov (1937 *apud* Kennedy, 1995) escreveu sobre essa experiência, realizada com oitenta pacientes durante dois meses, em um programa que consistia, em sua maior parte, no exercício da terapia ocupacional.

No Canadá, em Montreal, no Allan Memorial Institute of Psychiatry, D. Ewen Cameron, em 1947, desenvolveu um programa de hospital-dia por considerar que o paciente psiquiátrico necessita de uma instituição diferente das destinadas a doenças físicas. Enfatizou que tal programa deveria se assemelhar à rotina da vida cotidiana, e que o paciente deveria realizar atividades no hospital, como se estivesse no trabalho, para depois retornar à sua casa no fim do dia e conviver com seus familiares e amigos. Por isso, considerava importante a inclusão de familiares no programa de tratamento do hospital diurno.

Em 1949, na Clínica Menninger, em Topeka, Kansas, foi criado um hospital-dia seguindo os conceitos de "ambiente terapêutico". Em 1963, com a aprovação da Mental Health Centers Act, houve um grande desenvolvimento nos programas de hospital diurno. Joshua Bierer (1964), psiquiatra inglês, trabalhando no Marlborough Day Hospital, contribuiu para o desenvolvimento do programa de hospital-dia, criando clubes e visando um tratamento social para pessoas com doença mental. O conceito de Maxwell Jones a respeito de comunidade terapêutica foi amplamente utilizado nos programas de HD, assim como o enfoque de tratamento grupal, considerado um método de excelência para internados, pois os grupos reproduzem de maneira fiel os problemas que os pacientes enfrentam em sua vida e em seus relacionamentos cotidianos (Kennedy, 1995).

No Canadá eram privilegiados os métodos psicoterapêuticos, enquanto na Inglaterra os serviços eram organizados seguindo a linha de clubes sociais. Esses dois tipos de serviços foram criados não apenas para reduzir custos de tratamento de transtornos mentais, mas também transformar o modelo de cuidado biomédico em um modelo biopsicossocial (Nascimento, 1999).

A partir da década de 1950, inicia-se a abordagem familiar como complemento do tratamento do paciente. Don Jackson, Gregory Bateson e colaboradores (*apud* Watzlawick, 1991) desenvolvem a "teoria do duplo vínculo", na qual o esquizofrênico encontra-se preso em "laço duplo inevitável", pois recebe informações conflitantes de seus pais, que expressam duas ordens de mensagem, uma negando a outra. Por exemplo, "é proibido proibir".

Mesmo com todas as inovações no tratamento psiquiátrico, o período de internação nos hospitais continuava longo, geralmente ultrapassando seis meses.

Na Tavistock Clinic, no final da década de 1950, Ronald Laing, A. Esterson e David Cooper realizaram uma série de experiências que deram origem ao movimento da "antipsiquiatria", no qual propõem um modelo institucional completamente oposto ao da psiquiatria tradicional: partiam do princípio de que a psicose era uma "viagem" às profundezas da psique, e que, se essa viagem fosse acompanhada por um cuidador sem interferir em seu curso – já que esse era um momento transcendental do indivíduo –, ele sairia renovado do surto psicótico, pois o fato seria como um renascimento. O movimento da antipsiquiatria recebeu inúmeras críticas, pois não se poderia deixar um doente mental sem tratamento efetivo, quase à mercê da própria sorte. Um dos poucos méritos desse movimento foi o de levar ao público uma conscientização acerca da urgência de mudanças no tratamento do doente mental.

A psiquiatria, a partir do início do século XX, teve maiores contribuições da biologia para o tratamento das doenças. Em 1917, Julius von Wagner Jauregg, em Viena, começou a tratar a paralisia geral com malarioterapia, inoculando o parasita da malária no doente e provocando, assim, picos febris a fim de exterminar o treponema. A encefalite foi associada à epidemia da gripe, e a pelagra, à deficiência de vitaminas.

Por volta de 1920, os barbitúricos eram empregados em altas doses para sedação e tratamento do doente mental. Em 1922, Klaesi (*apud* Kalinowsky e Hippius, 1972) empregou os barbitúricos no tratamento de esquizofrênicos e depressivos, para que eles tivessem o sono prolongado. Esse tipo de tratamento é considerado por Kalinowsky o precursor dos tratamentos com choque.

A insulina, introduzida na psiquiatria por Steck, foi utilizada para aumentar o peso de doentes debilitados e modificar estados de excitação. Era também indicada no tratamento da morfinomania (Kalinowsky e Hippius, 1972). Em 1932, Manfred Sakel passou a utilizar a insulinoterapia no tratamento de doentes mentais, principalmente esquizofrênicos, partindo da observação de que os estados hipoglicêmicos, provocados acidentalmente por uso de insulina em doentes psiquiátricos, tinham um efeito benéfico sobre os quadros psicóticos. Em 1933, Sakel apresentou seu trabalho na Clínica Universitária de Viena.

Em 1758, Oliver (*apud* Kalinowsky e Hippius, 1972) já havia publicado no London Medical Journal uma possível solução para o tratamento de mania, que consistia em provocar convulsões com cânfora. Em Budapeste, em 1934, von Meduna, partindo da ideia de que a esquizofrenia era antagônica à epilepsia, provocava crises epiléticas com cardiazol em pacientes esquizofrênicos, descrevendo o choque cardiazólico. Partindo do mesmo princípio, Nyirio (*apud* Kalinowsky e Hippius, 1972) tentou, sem êxito, tratar esquizofrênicos com transfusões de sangue de epilépticos. Em Roma, em 1939, Ugo Cerletti e Lucio Bini introduziram a eletroconvulsoterapia, seguindo esse mesmo princípio.

Na Índia, há muito tempo, antes dos tratamentos de choque, um derivado da planta *Rauwolfia serpentina* era usado como remédio tanto para a hipertensão como para a "insanidade", substituída posteriormente em todo o mundo por neurolépticos mais eficientes (Stone, 1999).

Em 1891, Paul Ehrlich observou os efeitos antimaláricos do azul de metileno, um derivado fenotiazínico. Mais tarde, as fenotiazinas foram desenvolvidas por suas propriedades anti-histamínicas. Em 1951, Laborit, Huguenard e Alluaume, cirurgiões franceses administraram, devido ao potencial anestésico, mais potente que dos barbitúricos, uma fenotiazina alifática (a clorpromazina) para pacientes durante cirurgias (Shen, 1999).

Laborit, em 1952, utilizou também a clorpromazina em soldados gravemente feridos para transportá-los do campo de batalha até o hospital. Frequentemente, esses soldados entravam em choque e morriam. A reação do organismo, nesses casos, era excessiva, não tanto pela gravidade das lesões, mas pela incapacidade do organismo em suportar as próprias reações. Laborit procurou diminuir os efeitos dessa síndrome geral de adaptação, combatendo a temperatura alta com lençóis molhados e aplicando a clorpromazina, atenuando, assim, reações orgânicas exageradas e permitindo o tratamento das feridas. Chamava esse procedimento de hibernoterapia (Sonenreich, Estevão e Silva Filho, 1999a).

Em 1952, Delay e Deniker sugeriram o uso da clorpromazina para combater a agitação psicomotora com a intenção de atenuar a reação do organismo em face da agressão de agentes externos ou internos e à resposta inadequada do indivíduo. O alvo, portanto, era a reação do organismo e não mais a eliminação, neutralização ou substituição de agentes patogênicos, como ditava o método galênico. Pensa-se no mecanismo neurofisiológico para realizar o tratamento: esse é o princípio que separa os neurolépticos da sangria ou do heléboro (Sonenreich, Estevão e Silva Filho, 1999a).

A descoberta dessa fenotiazina, a clorpromazina, inaugura a psicofarmacologia e, a partir de 1955, passa a ser empregada em larga escala nos hospitais psiquiátricos, causando uma revolução farmacológica no tratamento da doença mental e nas características hospitalares. Tratava-se do primeiro medicamento efetivo no combate à psicose. Entre 1954 e 1975, cerca de quinze drogas antipsicóticas, a maioria derivada da fenotiazina, foram introduzidas nos Estados Unidos e cerca de quarenta em todo o mundo (Shen, 1999).

Apareceram outros neurolépticos derivados da fenotiazina que, de acordo com as respectivas estruturas químicas, foram divididos em três subgrupos: alifáticos (clorpromazina); piperidinas (tioridazina) e piperazinas (trifluorperazina).

Em 1958, foi sintetizada a butirofenona e seus derivados, como o haloperidol. Os antipsicóticos típicos têm uma preponderância para receptores D2, antagonistas da dopamina. Aparecem também os tioxantenos. Surgem antagonistas específicos de receptores D1/D2: sulpirida, pimozida etc.

São lançados novos neurolépticos atípicos, conhecidos como antagonistas de serotonina-dopamina, com relativa preponderância para antagonistas de serotonina (5HT2) sobre os de dopamina (D2), e associados a antagonistas de dopamina (D1 e D4), como: clozapina, em 1990; risperidona, em 1994; olanzapina, em 1996; e quetiapina, em 1997 (Shen, 1999). A diferença clínica entre um neuroléptico típico e um atípico está nos efeitos colaterais: os típicos, antagonistas de dopamina (D2), estão associados a efeitos colaterais no sistema nervoso, como acatisia, distonia, parkinsonismo e discinesia tardia. Já os atípicos têm efeitos colaterais mínimos, principalmente neurológicos, que, na prática, pouco se revelam.

Para o tratamento das psicoses, a indústria farmacêutica busca, em seus laboratórios, neurolépticos cada vez mais potentes quanto à atividade bloqueadora de receptores dopaminérgicos e 5HT2, e com menor número de efeitos colaterais.

Os antidepressivos também foram descobertos acidentalmente, por meio da observação dos efeitos euforizantes de algumas drogas utilizadas no tratamento de tuberculosos, como a iproniazida. Daí surgiram os inibidores da monoaminoxidase (IMAOs). Em 1957, pesquisando as possíveis propriedades neurolépticas da imipramina (que não se demonstraram), Kuhn descobriu os efeitos antidepressivos da droga. Surgem, então, os antidepressivos tricíclicos tipo imipramina e os IMAOs. Verificou-se, posteriormente, que esses medicamentos aumentavam a concentração sináptica de aminas neurotransmissoras, seja pela inibição de seu metabolismo (IMAOs) ou pela inibição da recaptação pré-sináptica da serotonina e da noradrenalina (tricíclicos). Esses fatos levaram à formulação de hipóteses sobre a fisiopatologia das depressões e sobre os possíveis mecanismos de ação dos psicofármacos.

Em 1965, Schildkraut formulou a hipótese noradrenérgica das depressões. Em 1967, Coppen levantou a hipótese serotoninérgica. Essas pesquisas culminaram com a síntese dos inibidores seletivos da recaptação de serotonina (ISRS) como a fluoxetina, a sertralina, a paroxetina, o citalopram, o escitalopram, e dos inibidores seletivos da recaptação da noradrenalina (ISRN), como a reboxetina, e, ainda, os inibidores seletivos da recaptação de serotonina e noradrenalina (NaSSA), como a mirtazapina e a venlafaxina, a desvenlafaxina, a duloxetina etc.

Até a década de 1950, não existiam medicamentos específicos para ansiedade. Eram usados principalmente sais de brometo. Em 1951, foi desenvolvida uma droga relaxante muscular: o meprobamato, muito usado como ansiolítico. O clordiazepoxido, primeiro benzodiazepínico, surge em 1957, e o diazepan, em 1963. Ambos passam a ser muito utilizados no mundo inteiro. A maioria dos tranquilizantes e hipnóticos benzodiazepínicos é fabricada a partir da década de 1960: lorazepan, clonazepan, bromazepan e, mais recentemente, alprazolam, entre muitos outros.

Em 1843, o lítio passa a ser utilizado pela medicina. Inicialmente apenas no tratamento das doenças causadas pelo ácido úrico. Depois, em 1894, Fritz Lange escreveu sobre a eficácia do lítio no tratamento agudo da depressão e em sua profilaxia. Entre 1880 e 1900, o lítio foi empregado em águas minerais e cervejas, considerado bom para os rins, para a gota, reumatismos e inflamações. O psiquiatra australiano John Cade observou, em 1949, o efeito antimaníaco do lítio em pacientes psiquiátricos. Mogens Shou, na Dinamarca, em 1958, confirmou as propriedades antimaníacas do lítio, mas somente em 1969 seu uso foi aprovado nos Estados Unidos, como profilático para o transtorno afetivo bipolar.

A partir da década de 1980, além do lítio, estabilizadores de humor são utilizados em pacientes de transtorno afetivo bipolar, como carbamazepina, oxcarbazepina, valproatos, clonazepam, lamotrigina, topiramato e gabapentina, entre outros.

No tratamento de psicóticos, a farmacoterapia é cada vez mais privilegiada, e os avanços das pesquisas apontam claramente essa direção. O hospital psiquiátrico é influenciado por esse progresso, sendo que, raramente, um paciente permanece internado por mais de seis meses. A média de permanência em internação integral é, atualmente, de quinze a vinte dias.

Como vimos, a eficácia dos novos tratamentos trouxe como consequência uma modificação no panorama do hospital psiquiátrico. O hospital-dia e o hospital parcial surgem como alternativas de internação. Os grandes asilos são pouco a pouco desmobilizados, seus pacientes retornam para casa, para lares protegidos, ou passam a fazer parte de programas de reabilitação psicossocial, a frequentar os Caps (Centros de Atenção Psicossocial). A maioria deles, por falta de planejamento do sistema de saúde dos governos, ficam sem tratamento e passam a aumentar a população dos sem-teto.

Nos Caps, os tratamentos psicossociais são cada vez mais incentivados, e começa a era da reabilitação psicossocial. Inauguram-se unidades psiquiátricas dentro de hospitais gerais (UPHG). Os Caps e Naps (Núcleos de Atenção Psicossocial) tornaram-se as mais importantes formas de tratamento da doença mental.

Em 1963, nos Estados Unidos, o presidente Kennedy criou o Ato de Saúde Mental Comunitária. Tal ato recomenda a transformação dos grandes asilos em pequenos centros regionais para avaliação e tratamento intensivo do doente mental. Sugere, ainda, que sejam criados centros comunitários de saúde mental, leitos psiquiátricos em hospitais gerais, hospitais-dia e hospitais psiquiátricos. Estabelece serviços terapêuticos, preventivos e de reabilitação psicossocial. Como consequência, leva inúmeros hospitais psiquiátricos ao fechamento.

Passa-se, pois, em todo o mundo, a se falar cada vez mais em desospitalização e/ou desinstitucionalização. Na Inglaterra é prevista a redução do número de leitos para doentes mentais de 3,3 por mil habitantes, em 1960; para 1,8, em 1975 (Bennet *apud* Sonenreich, Estevão e Silva Filho, 1995). Nos Estados Unidos aparecem os conceitos de psiquiatria comunitária.

Na Itália, em 1978, é promulgada a Lei 180, conhecida como lei Basaglia, que ordenou o fechamento dos hospitais psiquiátricos. Porém, após vinte anos, essa lei não é mais vista com entusiasmo. Inúmeras críticas são feitas a essa romântica reforma psiquiátrica, pois os doentes acabaram abandonados à própria sorte, nas ruas. Não se construiu uma rede de atendimento adequada à nova situação, com equipamentos de saúde que propiciassem um programa de reabilitação psicossocial e um programa de suporte social. Muitos portadores de transtorno mental grave e prolongado (TMGP) saíram dos asilos sem habilidades suficientes para cuidar da própria vida. Dessa forma, abandonados, passaram a mendigar e engrossar a população de sem-tetos. Algumas vezes eram presos e dormiam em celas de delegacias. As pensões protegidas eram insuficientes para a demanda. O aumento do número de doentes mentais nas ruas torna-se um problema de saúde pública dos anos 1980-1990 (Mello e Baltazar, 1998). Talvez a Lei 180 tenha mérito apenas em alertar as autoridades de saúde para um planejamento mais eficaz ao projeto de desospitalização, pois, como sabemos, é necessária a criação de equipamentos de saúde e suporte social, como Caps e ambulatórios psiquiátricos com equipe multidisciplinar, unidades de internação psiquiátrica em hospital geral e, ainda, leitos psiquiátricos em hospitais psiquiátricos regionalizados.

Em vários países europeus, atualmente, não se fala mais em fechamento de hospitais psiquiátricos. Na China, está sendo desenvolvida a rede de funcionamento de serviços psiquiátricos, incluindo aumento do número de hospitais. Em Cuba, também se fala no aumento de leitos (Sonenreich, Estevão e Silva Filho, 1999b). Na Inglaterra, há notícias de que o Community Care, instituído pelo governo conservador, será abolido e substituído por outro modelo proposto pelo partido trabalhista, estabelecendo maior número de leitos para pacientes psiquiátricos, a criação de novos locais para albergá-los e serviços de emergência (Mello e Baltazar, 1998).

Após alguns anos de tentativas para tornar o tratamento psiquiátrico exclusivamente extra-hospitalar ocorreram vários problemas, entre eles a insuficiência de centros comunitários para atender à demanda. Surge, então, o conhecido fenômeno da "porta giratória" (*revolving door*), em que os pacientes são internados logo após a alta.

O hospital psiquiátrico continua exercendo importante papel no tratamento de pacientes que, por seu quadro psiquiátrico, não têm condições de ficar em suas casas. O hospital psiquiátrico modernamente concebido tem claros objetivos terapêuticos, não havendo argumentos científicos que apoiem seu fechamento.

Com todas essas modificações, a psicoterapia aplicada na enfermaria psiquiátrica também apresentou mudanças metodológicas. Mesmo a comunidade terapêutica, concebida por Maxwell Jones e Thomas Main em 1949, perdeu seu sentido nesse começo de século, pois foi criada para pacientes que permaneciam durante mais de seis meses no ambiente hospitalar. Era uma forma de psicoterapia intensiva que acontecia em todo o *setting* hospitalar. Constituía-se no "tratar pelo viver": o paciente permanecia muito tempo imerso em um clima terapêutico.

Atualmente, o tratamento dos doentes mentais deve levar em conta níveis de atendimento: unidade básica, ambulatório de saúde mental, hospital-dia, unidade psiquiátrica no hospital geral, pronto-socorro, hospital psiquiátrico, centros de convivência e pensão protegida.

Em relação à psicoterapia grupal para o internado, não há mais utilidade no modelo de psicoterapia processual, pois a permanência na enfermaria psiquiátrica é curta, em torno de trinta dias. "Os terapeutas de grupo de pacientes internados devem continuar no desenvolvimento de novas abordagens, pois o tempo é outro, para outro *setting*" (Yalom, 1983).

Vários autores, dentre eles Irvin Yalom (1983), Virginia Brabender (Brabender e Fallon, 1992), Niki Kanas (1996a), Roy Mackenzie (1997), J. Stuart Whiteley e John Gordon (1998) descrevem novos métodos de psicoterapia grupal no ambiente hospitalar em função dessa modificação do hospital psiquiátrico.

Para Brabender e Fallon (1992), é de fundamental importância a criação e sistematização de modelos específicos de psicoterapia de grupo para pacientes internados. Descrevem os benefícios que os modelos estruturados trazem para essa prática, dentre eles, a contribuição do modelo de compreensão do processo e dos eventos grupais, e a percepção da clara e coerente direção do terapeuta de grupo, que tornam seus membros confiantes nesse processo. O modelo também proporciona ao terapeuta estabelecer metas e estratégias na aplicação da psicoterapia de grupo na enfermaria psiquiátrica.

Conforme descrito nesse histórico do hospital psiquiátrico, a psicoterapia sempre esteve presente como tratamento. No início, por meio das formas mágicas, do teatro, dos conselhos e até de condutas de carinho e aconchego. Depois aparece um pouco mais estruturada com o tratamento moral, ou no "pré-psicodrama", de Reil e Pinel. A partir da década de 1920, vem por meio da aplicação de tratamento baseado nas ideias psicanalíticas dos grupos terapêuticos e, a partir da década de 1940, com grupos de psicodrama. Atualmente existe uma grande variedade de grupos com as mais diversas ideologias: grupos de terapia cognitivo-comportamentais, grupos de treinamento de habilidades sociais, grupos operativos, grupos de atividade física, grupos de famílias etc.

Desde o advento da psicofarmacologia e do surgimento de novos medicamentos, modificou-se o panorama do hospital psiquiátrico e novos métodos de psicoterapia de grupo foram criados. Até hoje, buscam-se e se desenvolvem métodos condizentes com essas mudanças.

2. Psicoterapia de grupo: histórico

A psicoterapia de grupo foi iniciada, acidentalmente, em julho de 1905, por Joseph Hersey Pratt (1872-1956), tisiologista americano, sem formação psiquiátrica ou psicológica.

Começou sua prática no Massachusetts General Hospital, em Boston. Observando seus pacientes tuberculosos na sala de espera, Pratt verificou que, entre eles, estabeleciam-se relações emocionais que os tornavam mais animados. Partindo daí, resolveu reuni-los para um curso semanal. Nessas aulas, ensinava regras de higiene e noções médicas sobre cuidados com a tuberculose, discutia as atitudes dos doentes frente à doença e em relação a seus familiares e amigos. Comparava as diferentes maneiras de lidar com a moléstia, dava conselhos e procurava transmitir esperança de cura. Sua intenção era a de provar uma teoria: os pacientes tuberculosos poderiam ser tratados com sucesso em albergues para indigentes enfermos, não somente nos hospitais (Renouvier, 1958).

Pratt utilizava medidas sugestivas nessas "classes coletivas", e seu método foi chamado de "controle do pensamento" ou "repressivo-inspiracional", nome sugerido por um de seus pacientes (Grinberg, Langer e Rodrigué, 1976; Zimerman e Osório, 1997). As classes tinham entre quinze e vinte participantes e, à medida que melhoravam, sentavam-se perto de Pratt. Ele iniciava o grupo com relaxamento coletivo, exercícios de imaginação e, em seguida, orientava sobre cuidados com a tuberculose durante quinze minutos. No final da sessão, os pacientes reconheciam suas melhoras (Pratt, 1992). Continuou seu trabalho em medicina psicossomática no Boston Dispensary, instituindo o método que chamou de "controle do pensamento". Proferia, também, aulas para portadores de transtornos nervosos funcionais. Em 1908, aplicou esse método em portadores de úlcera péptica. Depois, em 1915, utilizou-o com crianças subnutridas, em 1922 com diabéticos e cardíacos, e, em 1934, em portadores de doenças psicossomáticas. Continuou trabalhando com grupos até 1945 (1988). Segundo Corsini (1955) em "Historic background of group psychotherapy: a critique", Pratt negou explicitamente o valor do grupo e atribuiu os resultados à sua própria personalidade.

Em 1920, no St. Elizabeth's Hospital, Washington DC, Edward Lazell, psiquiatra com orientação psicanalítica, utilizou o método de Pratt e o de L. Cody Marsh para ministrar palestras sobre desenvolvimento psicossexual e psicopatologia. Além disso, instruiu portadores de *dementia praecox*, depressão e mania sobre como lidar com a doença. Aplicou, também, essas "classes de instrução" a veteranos da Primeira Guerra Mundial. Assim como Marsh, ensinou conceitos de psicanálise. Alguns tópicos incluíam medo da morte, explicações sobre alucinações e delírios, autoestima, sentimentos de inferioridade e suas causas e vários temas sobre sexualidade (Kanas, 1996a). As palestras eram complementadas com a leitura de textos psicanalíticos, utilizando-se também de conceitos junguianos (Ettin, 1988). Após as conferências, os pacientes compartilhavam seus sintomas. Lazell acreditava que o conflito edípico e os problemas no desenvolvimento sexual eram as bases das doenças. Ele não se preocupava com a interação entre os integrantes do grupo (Renouvier, 1958). O tratamento também continha terapia ocupacional, vocacional e exercícios físicos. Lazell, mais tarde, formou grupos heterogêneos com portadores de demência precoce, mania, neurose de angústia, histeria, neurastenia e psicastenia. As vantagens do método grupal, conforme informou, incluíam a socialização, redução do temor ao psiquiatra e o estímulo para um mínimo contato social. Wender, Klapman e Lazell são considerados os mais influentes representantes desse "método didático" (Stone, 1996). Julius Metzl, em 1927, foi o pioneiro a usar o método com alcoolistas (Rutan e Stone, 2001).

Na mesma época, L. Cody Marsh – um primo do lendário aventureiro Buffalo Bill Cody –, ministro religioso, psiquiatra e um dos pioneiros na moderna abordagem de ambiente (*millieu*), considerado o precursor das comunidades terapêuticas, patrocinava reuniões com todos os membros da equipe no Kings Park State Hospital, em Long Island, Nova York, visando desenvolver um "time terapêutico" (Mello Filho, 2000). Influenciado por Lazell, trabalhou com grandes grupos proferindo palestras sobre as teorias de Freud e Jung. Em seu "método psicoeducacional" estimulava o envolvimento emocional entre os pacientes com base em técnicas de revivência e inspiração, além de música, dança e arte. Mais tarde, no Worcester State Hospital (Massachusetts), recebeu carta branca para utilizar seu método, e organizou grupos de discussão com pacientes e membros da comunidade para desenvolver um "ambiente terapêutico". Marsh aplicou a técnica de palestras em salas de aula, mas ampliou esse processo utilizando auto-falantes para comunicar-se com a população total do hospital (Kadis, 1976). Trabalhou com grupos de pacientes psicóticos, pré-psicóticos e psiconeuróticos e, posteriormente, mesclou todos em um mesmo grupo, acreditando que essa participação nivelaria experiências e uniformizaria interesses e progressos. No Instituto Reeducacional, em Boston, trabalhou com pessoas comuns, clérigos, médicos, educadores, enfermeiros e estudantes. Seu lema no tratamento do doente mental era "pelo grupo-multidão eles foram alquebrados, pelo grupo-multidão serão curados". Segundo ele, a vantagem desse método era promover a transferência positiva do líder e a identificação entre os membros do grupo, estimulando mudanças (Ettin, 1988). Segundo Corsini (1955), nem Marsh nem Lazell tiveram grande influência em outros terapeutas.

Em 1937, Abraham A. Low, em Chicago, considerava mais importantes as entrevistas de grupo que as palestras e narrativas. Em seu trabalho com doentes mentais, usou a técnica que chamou de "treinamento da vontade". Em 1943, organizou com cerca de trinta psicóticos – egressos do hospital, após tratamento de "choque" – uma entidade, a Recovery International. Essa entidade consistia em um programa de autoajuda grupal, que utilizava o debate e a leitura como base para acompanhamento (Blatner e Blatner, 1996). Low empregava a repressão de forma intensa, ostensiva e, por vezes, violenta. O pilar desse programa é a substituição da linguagem usada pelo paciente por expressões afirmativas, ditadas pelos médicos e dirigidas a favor da saúde mental. Para Low, o discurso do paciente é, em si mesmo, uma forma de engendrar tensões emocionais e perpetuar os sintomas. Daí a importância de substituir a linguagem (Zimerman, 1971).

Sigmund Freud (1856-1939) nunca recomendou ou praticou a psicoterapia de grupo. Em sua obra, a única menção que faz ao tratamento foi em relação ao trabalho de Simmel com neuróticos, em 1914, durante a guerra (Martins, 1989). Escreveu cinco trabalhos importantes para o estudo dos grupos humanos, e que evidenciam seu fascínio pelos fenômenos sociais: *As perspectivas futuras da terapêutica psicanalítica* (1910), *Totem e tabu* (1913), *Psicologia das massas e análise do ego* (1921), *O futuro de uma ilusão* (1927) e *Mal-estar na civilização* (1930) (Zimerman, 1993). Freud enfatiza o papel do líder como tela para projeções transferenciais, e considera inevitável a rebelião no grupo como forma simbólica do assassinato e canibalização do líder. A hipervalorização do líder por parte do grupo implica a diminuição das forças egoicas, fazendo-o assumir a função de superego coletivo. Ansiedade e ambivalência afetiva ocorrem em função das relações transferenciais acontecidas no grupo. Freud via o grupo como uma realidade doentia (Ponciano, 1995).

Em *As perspectivas futuras da terapêutica psicanalítica*, escreveu: "o êxito que a terapia passa a ter no indivíduo haverá de obtê-la na coletividade", talvez prevendo o crescimento do movimento de psicoterapia de grupo. Em 1918, no trabalho "Caminhos de progresso na terapia psicanalítica", apresentado no Congresso Psicanalítico de Budapeste (Hungria), afirmou que

> [...] a atividade terapêutica do psicanalista é muito limitada diante da enorme quantidade de sofrimento neurótico que existe no mundo... é uma lástima que as psicoterapias permaneçam restritas a uma fração mínima das classes abastadas... a esperança é que, no futuro, o Estado possa compreender que as classes economicamente menos favorecidas possuam tanto direito aos tratamentos psicoterapêuticos quanto às intervenções cirúrgicas e aos demais tratamentos... então nós nos depararemos com a tarefa de adaptar nossa técnica às novas condições. (Zimerman, 2000, p. 72)

Mas, de fato, Freud nunca valorizou e muito menos trabalhou efetivamente com grupos. O que aconteceu foi a tentativa, por parte dos psicanalistas, de utilizar sua teoria como referência e transportar alguns conceitos para a prática grupal. É importante lembrar, no entanto, que cada um dos membros do grupo pode ter sua psicodinâmica explicada pela teoria de Freud – que não pode ser aplicada ao grupo como um todo, como se esse fosse um indivíduo. O grupo necessita de conceitos nascidos e pensados em sua própria prática.

Trigant Burrow (1875-1950) graduou-se em medicina pela University of Virginia. Foi, depois, para Viena, onde assistiu a seminários com Wagner Von Jauregg e Kraft-Ebing, duas eminentes figuras da psiquiatria no século XIX. Quando retornou aos Estados Unidos, trabalhou com Adolf Meyer no New York State Psychiatry Institute. Participou de seminário com Freud, Ferencsi e Jung, em 1908, na Clark University, e, ainda, acompanhou o trabalho de Jung durante um ano em Zurique. Fundador e presidente da Associação Psicanalítica Americana, foi o primeiro a aplicar métodos psicanalíticos no *setting* grupal. Cunhou o termo "análise de grupo" e foi quem usou pela primeira vez a expressão "grupo como um todo" (Ettin, 1988). Burrow conviveu vários anos no *campus* universitário, onde orientava grupos ao ar livre, com amigos e colaboradores, analisando-se mutuamente. Influenciado por essa experiência, substituiu o divã pelos pequenos grupos de debates ao ar livre, nos quais incluía pacientes, familiares e seus colegas (Scheidlinger, 1996). Desenvolveu uma comunidade terapêutica perto de Nova York, nas montanhas Andirodacks, chamada Lyfwynn (alegria de viver), para estudar a maneira que as questões sociais se refletem no funcionamento do pequeno grupo. Trabalhou com grupos em clínica privada a partir de 1925. As sessões aconteciam uma vez por semana e tinham uma hora de duração. Em um mesmo grupo, havia uma grande variedade de diagnósticos psiquiátricos.

O método de Burrow baseava-se na teoria de que as pessoas vivem e fazem parte da sociedade. Consequentemente, o isolamento do indivíduo em tratamento poderia destruir a relação com o grupo e/ou com a sociedade. Escreveu que um desajuste individual é meramente um desajuste social. Encontrou nos grupos fenômenos de transferência, mecanismos de defesa e outras manifestações semelhantes às encontradas na análise individual. Para ele, o homem não é um indivíduo, mas um organismo social, e deve ser tratado como tal (Amaro, 1984). Burrow procurou estabelecer a ponte entre palavras e ações, entre o sintoma e seu significado, baseando-se não apenas na fala, mas também na dinâmica social de cada indivíduo. O estudo das tensões manifestadas em termos fisiológicos, objetivos e mensuráveis ocupou uma posição central em suas pesquisas, combinando com seu interesse na relação entre o estresse social e o funcionamento do corpo. Suas ideias sobre as conexões entre experiências sociais e função cerebral são atuais e até hoje investigadas. Ele passou da psicanálise de grupo à filoanálise (Ponciano, 1995). Divergiu de Freud devido à falta de interesse da psicanálise em relação aos aspectos sociais que influenciavam o comportamento. Segundo Scheidlinger (1996), Burrow assediou Freud e outros luminares da época com cartas fazendo reivindicações "extravagantes" defendendo seu método, denominado "filoanálise". Talvez esse assédio tenha contribuído involuntariamente para que Freud abandonasse o tema da psicologia de grupo após haver escrito um impreciso tratado a respeito dela. O chamado "pai da psicanálise" considerou Burrows, na época, um "falastrão atrapalhado" (Gay, 1988).

As ideias do americano sobre a conexão entre as experiências sociais e a função cerebral, apresentadas na Phipps Psychiatric Clinics, no Johns Hopkins Hospital, em 1928, são bastante atuais. Burrow considerava que o maior valor do grupo estava em sua capacidade de diminuir a resistência do paciente ao processo de tratamento. No grupo, o paciente percebia que as "fraquezas" que fazia questão de esconder eram apresentadas por outros pacientes. Por isso, libertava-se da necessidade de manter seu segredo e seu isolamento, engajando-se mais no processo psicoterápico. Privilegiava o aqui-agora, deixando de lado as reminiscências.

Louis Wender (1889-1966), nascido na Lituânia e radicado nos Estados Unidos desde os 11 anos de idade, recebeu treinamento psiquiátrico de William Alanson White, no St. Elizabeth's Hospital, em Washington DC, e mais tarde se submeteu à psicanálise com um aluno de Freud, em Viena. Em 1936, ao trabalhar em um hospital psiquiátrico privado com pacientes com distúrbios de personalidade, não psicóticos, descreveu as inter-relações grupais em termos transferenciais, relatando-as como relações simbólicas da família de origem. Tal compreensão explicaria a dinâmica do comportamento, diminuiria a resistência e poderia proporcionar a reelaboração de alguns conflitos familiares não resolvidos, contribuindo para a reorganização da personalidade (Mackenzie, 1992). Wender empregou o método grupal combinando-o ao tratamento individualizado e constatou que os pacientes submetidos à psicoterapia de grupo se expunham mais livremente em sessões individuais. Ele proferia palestras sobre distúrbios de comportamento – consciente e inconsciente – e, ainda, sobre o significado dos sonhos. Acreditava que o grupo incentivava a espontaneidade do paciente, proporcionando maior capacidade de discutir os problemas em relação ao material teórico apresentado (Kadis, 1976). Foulkes, em 1949, assistiu a uma de suas sessões, com dezessete participantes.

Paul Schilder (1886-1940), um colaborador de Freud em Viena e em Nova York, Diretor Clínico do Bellevue Hospital e professor pesquisador da New York University, foi pioneiro, junto com Wender, na utilização de procedimentos psicanalíticos em hospitais psiquiátricos com pacientes adultos (Câmara, 1987). Em 1930, conduzia seus grupos com base em princípios analíticos, que incluíam discussões sobre o desenvolvimento infantil e sexual, análise de sonhos, *insight*, livre-associação, exploração do inconsciente e interpretações transferenciais. Solicitava aos pacientes que escrevessem autobiografias e as interpretava. Baseava-se na ideia de que as ideologias se construíam e se desenvolviam em torno da imagem do "eu" ou do corpo. A psicoterapia permitiria ao sujeito verificar que suas convicções teriam pouca base em fatos. O paciente era estimulado a se perguntar como aceitara determinada ideologia e como suas ações eram influenciadas por ela. A discussão geralmente começava dentro de um registro intelectual para, depois, conduzir às experiências emocionais dos participantes do grupo. Na concepção de Schilder, as ideias e convicções do paciente faziam parte de sua vida na sociedade, e era muito útil discutir esses conceitos diante do grupo, pois o sentimento de isolamento diminuía, proporcionando, assim, a identificação de outros pacientes com o conflito e facilitando o trabalho e a resolução de problemas. Ele enfatizava que o terapeuta deveria ter uma postura honesta, participação ativa e disposição para revelar e justificar a própria ideologia perante o grupo. Schilder escreveu bastante sobre a questão da análise de ideologias. Ele colocava pacientes neuróticos e psicóticos no mesmo grupo, em sessões realizadas duas vezes por semana. Seus pacientes eram analisados antes de participar dos grupos, pois Schilder considerava as terapias, individual e de grupo, complementares. Foulkes (2007) escreve que Schilder não colocava mais de cinco pacientes em um mesmo grupo. E que nunca misturava sexos. Seu método era centrado no *insight*; definido como a habilidade de ver as estruturas do mundo real e atuar de acordo com esse mundo (Kadis, 1976; Amaro, 1984; Stone, 1996; Mello Filho, 2000; Foulkes 2007).

Alfred Adler (1870-1937), médico austríaco, formou-se em 1895 pela Faculdade de Medicina da Universidade de Viena. Em 1902 juntou-se ao grupo que se reunia às quartas à noite com Freud, e foi indicado por ele, em 1910, para presidir a Sociedade Vienense de Psicanálise. Os dois possuíam características e estilos pessoais muito diferentes. Freud era reservado, sistemático, orgulhoso e prepotente. Adler era expansivo, sociável, amante de música e de arte e um bom interlocutor. Foi o primeiro dissidente da teoria freudiana. Uma das principais discordâncias era a de que achava fundamental ver o homem como um todo que reage ao ambiente com seus próprios dotes. Segundo ele, o indivíduo é movido principalmente por instâncias sociais, e todo homem aspira mais à superioridade que o comando ou a atitude de destaque na sociedade. A hipótese de Adler era que a luta pela superioridade era uma consequência da inevitável e universal experiência de fraqueza e inferioridade experimentadas na infância. Sua teoria possivelmente foi influenciada por sua própria experiência; nasceu em Penzing, subúrbio de Viena; vítima de uma infecção por *ricketsia*, ficou impossibilitado de andar até os quatro anos de idade; também teve pneumonia e sofreu vários acidentes na rua, o que o levou a adotar uma vida de doente na infância. Apesar de todas essas dificuldades, resolveu ser médico. Era um voraz leitor de filosofia e ciências e, assim que se formou, passou a fazer parte da vida sociocultural de Viena. Logo tornou-se um expoente das causas sociais e um defensor dos menos favorecidos.

Considerou o homem um ser social e socialmente motivado (em contraste com o método psicanalítico e outros métodos psicológicos), e com um desejo de pertencer (Kadis, 1976). Nesse contexto, o grupo torna-se um *setting* altamente interessante para descobrir e promover mudanças em comportamentos mal adaptados e resultantes de conflitos, pois seus fatores terapêuticos facilitam o encorajamento, o otimismo e o suporte entre os membros. Cunhou os termos "estilo de vida" e "complexo de inferioridade". Para ele, a perfeição, e não o prazer, é a meta principal. Daí a constante luta do homem para superar seu sentimento de inferioridade – orgânica ou social – e a necessidade em compensá-la (Ponciano, 1995). Foi um dos pioneiros na condução de grupos psicoterápicos, mas nunca se autodenominou terapeuta de grupo. Suas teorias contribuíram muito para a conceituação da psicoterapia de grupo e muitos seguidores basearam suas ideias nessa prática. J. L. Moreno (1967) escreve que conheceu Adler pessoalmente, e que ele teria aceitado com entusiasmo a maior parte de suas técnicas. Simpatizava com todas as investigações terapêuticas e sociais, desde que reconhecessem devidamente a "psicologia individual". Moreno reconhece que Adler inspirou teóricos de movimentos neopsicanalistas, que deram mais atenção ao contexto social, como Karen Horney.

Rudolf Dreikurs (1897-1972) foi um seguidor de Adler, com quem trabalhou em Viena. Começou a atuar com grupos de adultos em clínica privada na década de 1920. Ele enfatizava que seu método de grupo era um desenvolvimento natural das ideias de Adler. Levou para os Estados Unidos sua teoria de que o contexto social do comportamento é o foco do tratamento. Seu trabalho privilegiava o enfoque educacional e o treinamento de profissionais do campo da saúde mental em relação aos programas formais de tratamento. Trabalhou em Chicago com grupos de alcoólicos, neuróticos e suas famílias, no período de 1927 a 1934. Lá, fundou o Instituto Adler e foi pioneiro no trabalho com terapia coletiva de pacientes psiquiátricos na prática privada. Seu método consistia em colher dados nas sessões individuais e usá-los na dinâmica de grupo, a fim de facilitar mudanças. Considerava extremamente importante que os pacientes pudessem ser observados em suas condutas com os outros, compartilhando a intimidade. Enfatizou a importância do grupo para diminuir a sensação de isolamento, demonstrando que sintomas e problemas podem ser comuns, e que os pacientes podem aprender uns com os outros. As forças terapêuticas estavam no sentimento de coesão, universalidade e confronto. Foi presidente da American Society of Group Psychotherapy and Psychodrama (Ettin, 1988; Mackenzie, 1992).

Joshua Bierer (1901-1978), também aluno de Adler, saiu de Viena após a invasão dos nazistas, indo para Londres trabalhar no Runwell Hospital. Introduziu, de maneira independente, uma forma de psicoterapia de grupo no hospital psiquiátrico. Inspirava-se em Adler, do qual era contemporâneo, e não tinha nenhuma relação com a psicanálise. Seu método era mais centrado no líder e mais ativo. Na década de 1930, no Hospital Runwell de Doenças Nervosas e Mentais, na Inglaterra, iniciou o "grupo situacional", visando desenvolver conhecimentos partindo das experiências vividas, e provocando mudanças de atitude frente a determinados problemas. O objetivo era alcançar uma experiência viva, resultado dessa mudança de atitude. Criou "clubes sociais", cujas atividades incluíam recreação, esporte, literatura, pintura e discussões. Acreditava que o "clube social" era o primeiro passo para fazer que o paciente deixasse de ser um "objeto" e passasse a ser um "sujeito". O número de participantes do clube de Runwell variava entre cinquenta e cem pessoas. Paralelamente havia grupos menores, uma vez por semana, em que eram discutidos problemas pessoais. Acreditava que nesse programa os pacientes eram capazes de identificar e lidar adequadamente com seus problemas (Kadis, 1976; Câmara, 1987). Em 1946, escreveu trabalhos sobre grupo e psiquiatria social. Iniciou também um programa de hospital-dia em Londres (Mackenzie, 1992). Seu maior mérito, segundo Foulkes, foi destacar o enfoque terapêutico da comunidade hospitalar, incluindo os hospitais-dia e os clubes terapêuticos, assim como sua grande flexibilidade no uso do tratamento situacional.

Bierer acentuou vantagens nessa "terapia situacional", uma vez que:

1. Ela eliminava o abismo entre percepção e a cura que existe na psicanálise individual.
2. No hospital, os pacientes tornam-se mais independentes, ativos e capazes de decidir por si próprios, o que apressa sua cura.
3. Torna-se mais fácil para o paciente resolver problemas sociais que criam conflitos no mundo exterior (Kadis, 1976).

Kurt Lewin (1890-1947), nascido na Prússia (região que atualmente pertence à Polônia), radicado nos Estados Unidos desde 1933, trabalhou em diversas universidades. Inicialmente na Cornell, depois, por vários anos, no Instituto de Pesquisas sobre o Comportamento da Criança da Universidade de Iowa, e, depois, na Universidade de Michigan, onde fundou o Centro de Pesquisa em Dinâmica de Grupo, responsável pela vertente sociológica do movimento grupalista. Foi o criador da expressão "dinâmica de grupo" e do conceito de *feedback*, que é a interpretação e o significado dos atos representados por uma pessoa do grupo. Desde 1936, são relevantes seus escritos sobre a estrutura psicológica das maiorias e das minorias, sobre suas concepções do "campo grupal" e sobre formação de papéis. Ele teorizava que todo indivíduo faz parte do contexto de seu grupo social, influencia-o e é influenciado por ele (Zimerman e Osório, 1997). Definiu "campo psicológico" como o espaço de vida considerado dinamicamente, compreendendo tanto a pessoa como o meio. A teoria de campo de Lewin – que se interessava pela coesão do grupo e a interdependência de seus membros – representou uma contribuição da psicologia social à dinâmica de grupo (Munich, 1996). A maior importância de Kurt Lewin está no esforço de integrar as ciências sociais ao estudo dos grupos e, principalmente, de lhes fornecer um instrumento científico produtivo (Câmara, 1987). Trabalhou em laboratórios sociais e experimentais buscando uma base matemática para suas pesquisas. Entre outras contribuições, estão seus trabalhos conhecidos sobre os três tipos de liderança: autocrática, democrática e *laissez-faire*. Foi um dos contribuintes para a expansão da psicologia da gestalt, método criado por Frederick Perls, que se baseia na ideia de que o todo é modificado com a participação de cada parte. Entende também que figura e fundo sempre se integram, embora funcionem como se fossem coisas separadas.

Lewin trabalhou fora da área da psicanálise, lidando com trabalhadores de indústrias, aprendizado e treinamento. Desenvolveu os *training groups* em relações humanas, muito utilizados nos Estados Unidos nas décadas de 1960 e 1970 (Mello Filho, 2000).

Um de seus alunos, Lelond Bradford, criou o First National Training Laboratory in Group Development (NTL), que trouxe importantes colaborações para a psicoterapia de grupo, como a criação do *T-group*, importante para a psicologia social, pois mostra o quanto o grupo contribui com a exploração e definição do *self*, por meio da interação no aqui-agora. Revela-se também um instrumento útil no diagnóstico de alguns fenômenos da dinâmica de grupo, como as reações de força e sua evolução, que evidenciam a necessidade do grupo de ter um *leadership* e bodes expiatórios.

Bradford deixou outras contribuições importantes a respeito de como o indivíduo está sujeito às influências do meio social e como essas influências determinam a visão de cada um de si mesmo e do mundo ao redor.

William Carl Schutz (Bill Schutz), um colaborador desse laboratório, desenvolveu uma teoria segundo a qual todo indivíduo procura satisfazer três necessidades básicas por meio das relações interpessoais:

- *inclusão*: ser reconhecido como membro de direito da comunidade de que participa;
- *controle* ou *domínio*: necessidade de participar das decisões que lhe dizem respeito;
- *afeição*: necessidade de estabelecer relações profundas com o outro.

Bill Schutz terminou o PhD na Universidade da Califórnia e deu aula em universidades importantes. Tornou-se associado-residente no Esalen Institute, destinado à exploração e à expressão de grupos de encontro.

Harry Stack Sullivan (1892-1949) trabalhou no St. Elisabeth's Hospital de Washington DC, no final da década de 1920, e depois no Hospital Sheppard e Enoch Pratt, em Maryland. Imprimiu a orientação interpessoal no tratamento com pacientes psicóticos, partindo do princípio de que eles apresentam dificuldades de relacionamento mais primitivas em sua ontogênese que os neuróticos. Quebrou o conceito de "tela branca" no tratamento psicoterápico de psicóticos, pois viu a necessidade de o terapeuta participar ativamente da relação, colocando-se pessoalmente, quando necessário, e atuando de forma ativa com sua contratransferência. Enfatizou a importância do vínculo mãe-filho, e dedicou atenção aos problemas dessa relação que poderiam influenciar o desenvolvimento psicológico da criança. A esquizofrenia, por exemplo, poderia ser atribuída à ansiedade materna transmitida ao bebê.

Sullivan influenciou e transmitiu otimismo a grande parte dos psiquiatras americanos que trabalhavam com esquizofrênicos, baseado na teoria de que a esquizofrenia seria uma reação a um estresse psicológico grave, cuja remoção – com psicoterapia – seria acompanhada pela retomada de formas normais do pensamento. Embora reconhecesse a importância dos fatores biológicos na gênese da esquizofrenia, descreveu o aparecimento dos sintomas dessa doença em um *continuum* relacionado ao nível de estresse (Stone, 1999).

Em seu trabalho com esquizofrênicos, Sullivan observou que eles utilizam a linguagem muito mais como meio de defesa que de comunicação: o que falam serve para manter as pessoas distantes, a fim de proteger sua autoestima, já baixa. Assim, isolados, protegem-se também do alto nível de ansiedade que as relações interpessoais provocam (Sullivan, 1979). J. L. Moreno (1967) elegeu Sullivan um dos neopsicanalistas de sua preferência, pela teoria de relações interpessoais no tratamento psicoterápico e por ter trocado o divã pela cadeira.

Jacob Levi Moreno (1889-1974) é considerado um dos pioneiros e um dos mais importantes nomes na história da psicoterapia de grupo. Nascido em Bucareste, com seis anos de idade foi com a família para Viena, onde estudou e completou o curso de medicina. Começou a lidar com grupos ainda como estudante e, em 1910, já atuava com crianças nos parques de Viena. Em 1913, trabalhou com prostitutas em grupos de conscientização e, em 1917, já formado, iniciou suas pesquisas com o teatro. Nessa época, publicou a revista *Daimon*, ligada ao movimento expressionista e, em 1924, lançou o livro *O teatro da espontaneidade*. Em 1925, emigrou para os Estados Unidos.

Nessa época, havia duas únicas publicações sobre psicoterapia de grupo: uma de Pratt, sobre "classes coletivas", e outra de Lazell descrevendo as palestras para esquizofrênicos. Porém, segundo Moreno, nenhum dos dois introduziu um conceito novo, e a psicoterapia de grupo ainda não existia. A literatura sobre grupos tem Moreno como um de seus precursores. Ele escreveu, em 1974, que, desde as civilizações primitivas até as altamente desenvolvidas, a ideia de grupo tem um papel representativo e preponderante na estrutura social.

Pierre Renouvier, (*apud* J. L. Moreno, 1992), afirma que nos anos 1931 e 1932 Moreno cunhou os termos da terapia de grupo e psicoterapia de grupo em conexão com um montante específico de fundamentos os quais descreveu na monografia *Application of the group method to classification*. Tal trabalho foi publicado pelo National Committee on Prisons and Prison Labor e distribuído pelo país, chegando às mãos de psiquiatras, psicólogos, sociólogos e assistentes sociais, culminando na famosa Conferência sobre metodologia de grupo, na Filadélfia. Esse evento marcou o primeiro esforço organizado para chamar a atenção dos membros da Associação Americana de Psiquiatria para a psicoterapia de grupo. Segundo o próprio Moreno, entre 1931 e 1935, ele foi o único a usar o termo "psicoterapia de grupo" (Moreno, 1968). Fez críticas a Mesmer, Pratt e Lazell, dizendo que "eles não sabiam acerca do exame e avaliação dos processos de grupos e de sua patologia, assim como a prevenção e prognóstico". Criticou também Freud, argumentando que "ele nada tinha a oferecer, exceto vagas declarações de que o grupo era mantido junto por laços libidinais, e que o contraste entre a psicologia individual e a psicologia de grupo não merecia ênfase; pensava que tudo era devido à psicodinâmica" (Moreno, 1992).

O procedimento psicodramático, para J. L. Moreno (1968), marca a "transição de métodos verbais para métodos de ação (em que o aspecto verbal do comportamento é apenas um fenômeno) e dos métodos psicológicos individuais para métodos de grupo (em que o contexto do comportamento individual é colocado em um quadro mais amplo de referência)".

Formulou quatro definições para psicoterapia de grupo:

1. Um homem pode ser o agente terapêutico de outro, ou um grupo pode ser o agente terapêutico de outro grupo.
2. Psicoterapia de grupo é um método que combina técnicas de ação com técnicas para desenvolver a espontaneidade.
3. A psicoterapia de grupo trata não só o indivíduo como focaliza o interrelacionamento como causa de mal ajustamento.
4. O verdadeiro procedimento terapêutico não deve ter um objetivo menor que o de tratar todos os homens.

Em 1934, Moreno introduziu o psicodrama no St. Elizabeth's Hospital, em Washington, DC. Em 1936, aos 47 anos, adquiriu o Beacon Hill Sanatorium, hospital psiquiátrico particular, perto de Nova York. Entrou, assim, oficialmente para a psicoterapia e psiquiatria, com um teatro psicodramático e um centro de formação em psicodrama para profissionais de saúde mental. Lá, Moreno criou a sessão aberta de psicodrama, em que cada sessão é, no sentido estrito do termo, um ato de terapia. Moreno introduz as sessões abertas com a participação dos pacientes e da equipe paramédica (esse último grupo dá origem aos egos-auxiliares). Os pacientes que vêm para consulta são incluídos nessas sessões. Moreno, com as sessões abertas, cria a "psicoterapia momento" (Fonseca, 2000).

Em 1941, inaugurou um teatro de psicodrama no St. Elizabeth's Hospital. No ano seguinte, organizou a American Society for Group Psychotherapy and Psychodrama, primeira sociedade de grupoterapia. Nessa mesma década, Moreno publicou inúmeros trabalhos e os livros: *The words of the father* (As palavras do pai) e *Psychodrama*, volume I, e criou o *Journal of Group Psychotherapy, Psychodrama and Sociometry*. Na década de 1950, seguiu com seu trabalho – e com a divulgação do psicodrama – e publicou o segundo volume de *Psychodrama*. Na década seguinte, editou *The international handbook of group psychotherapy* (em coautoria com A. Friedmann, R. Battegay e Z. Moreno), e o terceiro volume de *Psychodrama*. Morreu em 1974, em sua casa, em Beacon, Nova York (Marineau, 1992).

Samuel S. Slavson (1890-1981), russo, viveu nos Estados Unidos desde os 13 anos de idade. Começou seu trabalho como educador progressista e operador de grupo, tornando-se um psicoterapeuta autodidata. Em 1911, passou a se interessar por grupos, desenvolvendo grupos coeducacionais para adolescentes, os *self-culture clubs*. Era engenheiro de formação e, em seus trabalhos, fica evidente a falta de experiência em psicologia, psicanálise ou psiquiatria. Ateve-se estritamente a conceitos psicanalíticos.

Criou e desenvolveu a terapia de grupo de atividade. Estudou a psicodinâmica de crianças com distúrbios de caráter, em um ambiente em que muitas atividades manuais contribuíam para a matriz do tratamento. Esse método terapêutico envolvia a criação de apegos positivos a membros do grupo, ao terapeuta e, oportunamente, a pessoas do ambiente exterior. Os resultados eram atribuídos à atmosfera permissiva em que as crianças podiam manifestar sentimentos hostis e agressivos sem serem punidas. Slavson defendia a tese segundo a qual o uso da interação em um clima permissivo proporciona uma regressão benigna e, consequentemente, a resolução de conflitos. Fantasias e sentimentos seriam mais facilmente expressos – por meio da ação e do brinquedo. Mais tarde, ampliou seu trabalho para tratar adolescentes e adultos (Scheidlinger, 1996).

Para Slavson, tudo o que acontece na psicoterapia de grupo está relacionado ao ambiente em que se faz o tratamento. Esse ambiente envolve uma série de elementos inter-relacionados: a escolha e agrupamento dos pacientes adequados à personalidade, às qualificações profissionais do terapeuta e ao meio físico (Câmara, 1987). Ele acreditava que o paciente deveria ser abordado individualmente no grupo. Alertou sobre o perigo de submeter pacientes psicóticos a psicoterapias orientadas para o *insight* e defendia que as terapias indicadas para os esquizofrênicos deveriam estar mais voltadas à discussão da realidade e ao apoio. Para ele, o crescimento do paciente estava associado à sensação de conforto, intimidade e compartilhamento das emoções ocorridas no pequeno grupo em que estava inserido (Kanas, 1996). Foi ele quem introduziu, na prática, o grupo pequeno, de cinco a oito participantes. Utilizava como método a livre-associação e interpretações, na busca de *insights*. Para ele, o objetivo do tratamento era sempre o indivíduo, e não o grupo. Slavson viu elementos comuns nas psicoterapias de grupo, que eram:

1. transferência;
2. catarse;
3. percepção;
4. prova da realidade;
5. sublimação.

A terapia individual, embora com os três primeiros itens, não contém os outros dois como parte do tratamento. Dentro da situação de grupo, vários tipos de relações podem levar ao apoio mútuo, à possível descarga da agressão ou ao abrandamento de sentimentos de culpa. A formação de subgrupos, que tendem a desenvolver-se no grupo maior, oferece um valor particular aos participantes. É de fundamental importância para a interpretação as relações transferenciais ocorridas no *setting* grupal (Kadis, 1976).

Quanto ao terapeuta de grupo, Slavson acredita que ele deva ter informação adequada sobre a psicodinâmica e psicopatologia de cada participante, além de conhecer a problemática nuclear dos demais membros, a fim de determinar o curso e a intensidade do tratamento a ser seguido com cada paciente.

Ele é considerado um dos pais da psicoterapia de grupo nos Estados Unidos. Além disso, é reconhecido com grande mérito por seu trabalho como organizador e editor. Escrevia com precisão e dogmatismo (Foulkes, 2007).

Moreno e Slavson foram grandes rivais. Um de seus maiores conflitos era a disputa pelo pioneirismo no uso do termo "psicoterapia de grupo". Moreno creditava a si o mérito de usá-lo pela primeira vez, em 1931. Slavson alegava que seus grupos de atividade, de 1934, constituíram-se nos primórdios da terapia grupal, e nesse ano organizou formalmente um grupo de psicoterapia para crianças (Mackenzie, 1992; Scheidlinger, 1996). Ele também depreciou o valor do psicodrama, alegando que era útil apenas com pacientes psicóticos. Em 1954, em Toronto, Canadá, durante o Primeiro Congresso Internacional de Psicoterapia de Grupo, Moreno e Slavson estabeleceram um confronto polêmico, expondo as diferenças conceituais entre o psicodrama e o que viria a ser a chamada de terapia grupal de orientação analítica.

Alexander Wolf (1907-1997) graduou-se em medicina pela Cornell University Medical College, em 1932. Durante mais de 25 anos foi professor associado de psiquiatria do New York Medical College. Lá, dava aula de psicanálise e supervisionava terapeutas iniciantes. Em 1938, influenciado pelas publicações de Schilder e Wender, iniciou a prática de psicoterapia psicanalítica de grupo nos Estados Unidos, aplicou os princípios da psicanálise em grupos e, ao contrário de Slavson, afirmou que a psicoterapia analítica de grupo alcança níveis tão intensos quanto a psicanálise individual e, por vezes, chega a níveis ainda mais profundos. Enfatizou que a psicanálise de grupo funcionava como a individual com cada participante do grupo, com a vantagem adicional da interação (Wolf e Kutash, 1990; Wong, 1995; Millon, 2004).

Wolf descreveu o método para a aplicação dos princípios psicanalíticos no grupo, afirmando que algumas situações explicadas pela psicanálise, como as transferenciais, não são tão afetadas pela situação grupal. Como Schilder, ele colocava os pacientes em interação após uma preparação individual mais ou menos intensiva. Os grupos, que tinham de oito a dez membros, reuniam-se três vezes por semana e, em algumas ocasiões, sem a presença do terapeuta – o que ficou conhecido como sessão alternada. A ausência do terapeuta facilitaria a expressão do paciente, além de oferecer a oportunidade de o grupo funcionar fora da relação de dependência direta com as figuras parentais transferidas para o terapeuta. A ênfase era colocada na transferência do modelo familiar e nos aspectos ortodoxos do processo terapêutico. Utilizava as técnicas clássicas da psicanálise como a livre associação, a interpretação de sonhos e a análise complexa das múltiplas relações transferenciais que emergiam entre os pacientes. O terapeuta afirmou que a exposição e resolução do material inconsciente e do fenômeno transferencial ocorrem mais rapidamente nos grupos que na psicanálise individual (Kadis, 1976; Millon, 2004; Foulkes, 2007).

A partir de 1949, passou a publicar suas experiências, que inspiraram vários psiquiatras americanos. Publicou 113 trabalhos sobre neurologia, psiquiatria, psicanálise e psicanálise de grupo.

Pichon Rivière, psicanalista argentino, com formação kleiniana, foi influenciado pelas ideias de Schilder na década de 1940, época em que, trabalhando em um hospício, pôs em prática os primeiros trabalhos de grupo. Nesses tempos, quando o movimento psicanalista na Argentina dava os primeiros passos, orientou os enfermeiros e lhes deu noções de psiquiatria de grupo e com o enquadre da escola de líderes. Esse trabalho deu início à técnica de "grupos operativos" – o que tornou Pichon Rivière internacionalmente conhecido. Influenciou o trabalho com grupos em hospitais psiquiátricos, principalmente o trabalho com grupos operativos, destinados a operar em uma determinada tarefa objetiva. Nos hospitais psiquiátricos, sua aplicação pretende ajudar pacientes a lidar melhor com a internação hospitalar.

A técnica de grupo operativo centra-se na mobilização de estruturas estereotipadas e nas dificuldades de aprendizagem e comunicação causadas pela ansiedade. Destina-se a provocar mudanças. Para essa mobilização capta-se, no aqui-agora, o conjunto de afetos, experiências e conhecimentos com os quais os integrantes de um grupo atuam, seja no nível individual ou grupal.

Pichon Rivière considera o grupo operativo um instrumento adequado para abordar a doença, na medida em que trabalha a comunicação, o esclarecimento, a aprendizagem e a resolução da tarefa, utilizando esta última como instrumento para resolver a ansiedade.

Na década de 1930, quando ainda era estudante de medicina e trabalhava no Asilo de Torres – instituição para crianças oligofrênicas, Rivière iniciou sua prática com grupos familiares. Na década seguinte, como chefe de admissão do Hospicio de las Mercedes (hoje Hospital J. T. Borda), em Buenos Aires, pesquisou a influência da família na evolução do surto psicótico e no estabelecimento do "hospitalismo". É dele a noção de porta-voz, referindo-se ao doente mental como "depositário" das patologias e ansiedades do grupo familiar (Berstein, 1986).

Pichon escreveu que os quatro papéis mais significativos encontrados no grupo eram:

- porta-voz;
- bode expiatório;
- líder;
- sabotador.

Ainda estudando as lideranças clássicas (autocrática, democrática e *laissez-faire*), descritas por Lewin, Pichon acrescentou o papel de demagógico.

Devido a pressões de ordem política e à intensa resistência de médicos a seu pensamento inovador, Rivière foi obrigado a renunciar (Kononovich, 1984).

Wilfred Ruprecht Bion (1897-1979) nasceu na Índia, perto de Benares, onde viveu até os oito anos de idade, quando foi enviado à Inglaterra para estudar. Foi analisado por Melanie Klein e, influenciado por suas ideias, desenvolveu no Northfield Army Neurosis Centre, em 1948, e, na Tavistock Clinic, em Londres, a teoria da vida de um grupo, descritas em seu livro *Experiências com grupos* (Bion, 1975).

Durante a Segunda Guerra Mundial, a psicoterapia de grupo foi amplamente utilizada nos hospitais militares. Nesse período, a psiquiatria e a psicanálise adquiriram uma enorme importância, pois os distúrbios mentais eram a maior causa das baixas entre os militares. Por isso o Estado incentivava programas de reabilitação. Um exemplo é o Northfield Army Neurosis Centre, na Inglaterra, hospital para adultos jovens neuróticos, que contava com uma equipe de psiquiatras e psicólogos para treinamento e tratamento psicanalítico, entre eles Bion, Foulkes, Joshua Bierer.

Esse hospital militar tornou-se um grande centro de desenvolvimento de técnicas de grupo. Lá, Bion passou a utilizar o recurso grupal por meio de reuniões coletivas, nas quais se discutiam problemas comuns a todos e se estabeleciam programas de exercícios e atividades. No Northfield, que comportava duzentos leitos no pavilhão de tratamento e quatrocentos no de readaptação, desenvolveu uma comunidade terapêutica, concebida pela primeira vez como tal. Entre suas atividades estavam as reuniões diárias nas quais se promoviam discussões grupais com o objetivo de readaptar os pacientes para a vida militar. Constituíam-se, também, grupos menores. O resultado desse programa foi a mudança no clima do hospital. Restabeleceu-se a disciplina, o nível de atividade ocupacional e se criou um "espírito de grupo". Bion trabalhou também com a seleção de oficiais, e redefiniu os critérios sobre o que eram qualidades para a liderança entre os militares (Zimerman, 2000).

Na Tavistock Clinic, em 1948, após a guerra, Bion recebeu uma intensa influência de Melanie Klein, que marcou o tipo de psicoterapia grupal nessa clínica. Utilizou o *setting* grupal, como Burrow, dando ênfase no aqui-agora e nas interações entre membros do grupo. Organizou grupos essencialmente terapêuticos – a partir dos quais fez importantes observações – e publicou trabalhos que influenciaram psiquiatras de todo o mundo.

Bion criou o conceito de "mentalidade grupal", enfatizando que todo grupo adquire uma unanimidade de pensamento e de objetivo, que transcende o indivíduo e se institui como entidade à parte. Assim, do mesmo modo que encontramos, no indivíduo, aspectos de regressão e evolução de personalidade, no grupo, podemos ter uma mentalidade regredida ou primitiva e uma mentalidade evoluída coexistindo simultaneamente.

Outro conceito fixado por Bion é o de "grupo de trabalho" (ou grupo organizado), e se refere aos objetivos que levaram o grupo a se formar. Baseia-se, portanto, na cooperação consciente e racional dos participantes. O grupo de trabalho está voltado aos aspectos conscientes de uma tarefa combinada por todos os membros e se desenvolve por meio de aprendizagem, disciplina e empenho. Seus fundamentos consideram que tanto a mentalidade do grupo de trabalho quanto a mentalidade regredida correspondem a dotações etológicas do homem, visto que este é um animal social (Neri, 1999).

A presença ativa da mentalidade de grupo de trabalho e da mentalidade primitiva, tanto no grupo como em cada membro, impõe ao indivíduo uma situação de conflito que o leva a buscar resoluções, causando transformações. Para Bion, não há crescimento sem a coexistência do aspecto evoluído com o aspecto primitivo.

Bion defendia a ideia de que o homem é um animal que vive em grupo. Como consequência, os fenômenos mentais grupais são inerentes à mente humana. Criou algumas expressões para designar os fatos observados ao lidar com grupos terapêuticos: "mentalidade grupal" – cujo significado evidencia-se no fato de um grupo usualmente funcionar como uma unidade. "Cultura grupal" corresponde ao resultado da inter-relação entre a mentalidade grupal e o desejo dos indivíduos.

Outra expressão cunhada por Bion é "valência", termo extraído da química que indica a aptidão de cada indivíduo para combinar com os demais, em função dos fatores inconscientes de cada um, ou seja, a maior ou menor capacidade de cada indivíduo, dentro do grupo, de participar das "suposições básicas" grupais. Os supostos básicos funcionam nos moldes do processo primário do pensamento, por isso ignoram a noção de temporalidade, de relação causa-efeito, e funcionam como mecanismos defensivos contra ansiedades psicóticas.

"Suposição básica" designa a forma como um grupo organizado se comporta em um *setting* favorável à regressão. A mentalidade primitiva ou regredida corresponde à tendência em dar respostas automáticas. Quanto mais o grupo funcionar segundo a mentalidade primitiva, menor será o espaço dedicado à criatividade do indivíduo. O terapeuta deve estar atento, portanto, para que o grupo não funcione como limite à liberdade de seus membros e deve induzi-los – em níveis emocional e de pensamento – a se adaptar a determinado funcionamento coletivo. Quando prevalecem as forças que tendem a limitar a liberdade de expressão e pensamento, as pessoas perdem a característica de unicidade, tornando-se intercambiáveis. É função do terapeuta trabalhar esses movimentos do grupo, a fim de sublinhar as diferenças e direitos dos indivíduos (Neri, 1999).

Claudio Neri (1999) cita Parthenope Bion Talamo (1991), filha de Bion, que afirma em seu trabalho que "as tentativas feitas pelo homem, reunido em grupo para desenvolver um comportamento criativo, podem vir a ser perturbadas e interrompidas completamente pelo surgimento de emoções e pensamentos que se encontram enraizados em fantasias inconscientes que dizem respeito aos motivos 'verdadeiros' que levaram o grupo a se formar".

Classicamente, são três as principais categorias de fantasias que caracterizam os supostos básicos: "dependência", "acasalamento" e "luta e fuga". Partindo do princípio de que o homem é um animal gregário, ele apresenta padrões de comportamento ligados à sobrevivência da espécie, e esses aspectos essenciais são descritos.

O suposto de "dependência" parte do princípio de que o funcionamento do todo grupal necessita de um líder carismático, eleito a fim de protegê-lo e provê-lo de alimento material e espiritual. O vínculo com esse líder tem características simbióticas. Dentro dessa suposição, o grupo se comporta como se o líder eleito fosse capaz de cuidá-lo.

Como animal predador e, ao mesmo tempo, alvo de outros predadores, o ser humano tem necessidade de estabelecer padrões de comportamento que lhe permitam lutar ou fugir de acordo com as circunstâncias. Esse padrão singular de comportamento encontra-se representado no grupo de "suposição básica" de luta-fuga, que representa a convicção, frequentemente inconsciente, de que existe um inimigo que deve ser combatido ou evitado. O inconsciente grupal está dominado por ansiedades paranoides e o grupo defendido "luta", rejeitando qualquer situação nova, ou "foge", criando um inimigo externo e se unindo contra ele. O líder requerido por esse suposto básico grupal é paranoide e tirânico.

Outro elemento básico de sobrevivência da espécie, a procriação, encontra-se expresso no "suposto básico" de acasalamento e corresponde à crença coletiva e inconsciente de que os problemas e necessidades do grupo serão solucionados no futuro por alguém ou algo que ainda não nasceu. Em função disso, dois elementos do grupo, independentemente do sexo de cada um, formam um par, com a convivência dos membros do grupo. Aqui, as esperanças messiânicas do grupo depositam-se em uma pessoa, uma ideia, um acontecimento que virá salvá-lo. Nesse caso as defesas são maníacas e seu líder deverá ter características messiânicas.

Bion enfatiza a importância de um estado mental favorável à percepção, por parte do analista, das ocorrências emocionais no aqui-agora da situação grupal. Para tanto, o analista deve procurar excluir de si mesmo desejos, memória e compreensão na relação com seu grupo. Liga seus conceitos sobre grupos com os fenômenos emocionais descritos por Melanie Klein, principalmente as teorias sobre objetos parciais, ansiedades psicóticas e mecanismos primitivos de defesa (Py, 1989).

Bion e Foulkes consideraram o grupo uma unidade. Bion, pela influência das ideias de Kurt Lewin e da psicologia da gestalt, e Foulkes, baseado no estudo das redes neuronais, chegam à conclusão de que "o grupo é um organismo vivente, independente dos indivíduos que o compõem. Ele possui temperamento e reações, um espírito, uma atmosfera, um clima" (Neri, 1999).

Sigmund Heinrich Foulkes (1898-1976) nasceu em Baden, na Alemanha, e faleceu na Inglaterra em julho de 1976. Formou-se médico na Alemanha, fez seu treino de psiquiatria e psicanálise em Viena, frequentou as lições de Pötzl, os cursos de Paul Schilder, além de aulas sobre psicologia da gestalt ministradas por Kurt Goldstein e Adhemar Gelb. Com Gustav von Bergman e Kleister aprendeu a visão psicobiológica dos problemas humanos. Em seu trabalho, sofreu, também, grande influência de Freud, de quem foi um grande estudioso, e ainda de Karl Marx, com suas ideias sobre a importância da sociedade. Foi diretor da Clínica da Universidade de Viena Wagner-Jauregg. Trabalhou com o renomado neurologista Kurt Goldstein, que enfatizou a importância não da função de um neurônio, mas da rede de comunicação de neurônios, usando o termo "psicologia gestáltica".

Por volta de 1920, entrou em contato com alguns trabalhos de Trigant Burrow, que lhe inspiraram a ideia de grupoanálise como forma de tratamento. Foi também fortemente inspirado por Kurt Lewin, especialmente na concepção de que o ser humano é eminentemente grupal, social, ligado como um nó à realidade exterior, de modo que deve sempre ser visto no conjunto de sua rede de comunicações. Recebeu influências também de Pirandello e de Máximo Gorki, principalmente de suas reflexões sobre o poder patogênico e terapêutico do teatro na vida cotidiana.

Em 1933, emigrou para a Inglaterra a convite de Ernest Jones, com quem trabalhou por dois anos. No início da Segunda Guerra Mundial, teve sua primeira experiência real com um grupo, na sala de espera de uma clínica privada, em Exeter, onde ocorreu a sessão. Impressionado, quando voltou para casa, Foulkes relatou a sua esposa: "hoje se produziu um acontecimento histórico em psiquiatria, mas ainda ninguém sabe" (Foulkes, 2007).

Nos anos de 1943-1946, na Inglaterra, no Northfield Hospital, ele criou uma comunidade terapêutica conhecida como Northfield Experience, que modificou profundamente a estrutura daquele hospital.

A partir de 1948, Foulkes utilizou um enfoque gestáltico na psicoterapia analítica de grupo e até hoje é considerado referência por seus conceitos e postulados. Um deles diz que as interpretações do grupo terapêutico devem ser dirigidas a todo o grupo. Daí vem sua asserção frequentemente citada: "cuide do grupo que o indivíduo cuidará de si" (Scheidlinger, 1996; Zimerman e Osório, 1997). Em 1952, fundou, em Londres, a Sociedade Analítica de Grupo, que se tornou a maior escola de treinamento de terapeutas de grupo na Inglaterra. Trabalhou também no Maudsley Hospital, onde estabeleceu um programa de psicoterapia de grupo (Kadis, 1976). Na Tavistock Clinic, assinalou as propriedades terapêuticas do grupo.

Considerou o hospital psiquiátrico um grande grupo, do qual os pequenos grupos de terapia eram apenas parte. Descrevia a inter-relação complexa entre grupo e unidade psiquiátrica. O trabalho com o pequeno grupo ajudava a desenvolver, no hospital psiquiátrico, um ambiente terapêutico, da mesma maneira que o pequeno grupo se via influenciado pela comunidade mais ampla (Kibel, 1993b).

Foulkes ressalta que a psicoterapia analítica de grupo é uma forma de psicoterapia, não de psicanálise. É a aplicação dos conhecimentos científicos na análise de grupo, não na análise do psiquismo. Um elemento sempre presente em seu pensamento é o fator cultural como determinante da psicopatologia do indivíduo, ou seja, a doença mental emerge como um processo social e interpessoal. Afirma que os fatores culturais e sociais determinam a estrutura mais profunda do indivíduo. Pensava o grupo como um modelo de rede e estabeleceu que "o grupo se comporta como uma rede, tal qual o cérebro, onde cada paciente, como cada neurônio, é visto como um ponto nodal". Assim, cada ponto que forma a rede pode ser equiparado a uma pessoa interligada a outras e à própria rede, em seu complexo. A rede, chamada de *network*, não é uma simples soma de relações a dois, e sim um conjunto de características que definem as simples relações (Neri, 1999; Zimerman, 2000).

Submissa à rede está a matriz do grupo, que a origina. Para Foulkes (Neri, 1999), o "grupo como um todo forma essa matriz, tal qual uma mãe que gera em seu seio processos novos, diferentes daqueles experimentados no passado por cada um dos participantes", "[...] a matriz é a trama comum a todos os membros; dela dependem o significado e a importância de tudo o que ocorre no grupo; a ela se referem todas as comunicações e interpretações, verbais ou não". Falar de matriz (e não de mãe), para Neri (1999), significa aproximar o grupo da imagem de ovário (onde se encontram inúmeras células-ovo) e à imagem do terreno germinativo. Portanto, é evidente a dimensão geradora do grupo e sua condição de ser o continente de elementos não individualizados que podem tomar forma. A ideia da matriz está também ligada à cultura, no sentido de valores, pensamentos e comportamentos que pertencem ao grupo ou sociedade em que cresceu.

Foulkes também descreveu com propriedade o processo de ressonância, que consiste no fato de que um acontecimento significativo trazido por uma pessoa ressoa de forma significativa nos demais. Outra contribuição consiste na comparação entre a situação do grupo e a de uma "sala de espelhos", onde cada indivíduo pode entrar em contato com seus aspectos psicológicos e sociais refletidos nos demais membros do grupo (Zimerman, 2000).

Ele desenvolveu a psicoterapia de grupo na estrutura da psicanálise clássica, enfatizando a necessidade de coerência no processo de orientação das sessões de grupoterapia. Observou que variações nos processos tendem a criar variáveis que turvam o que acontece no processo analítico, dificultando a compreensão. Acentuou a conveniência de um método estritamente definido para atender ao propósito de intercambiar experiências e também para pesquisa. Foulkes enfatizava que restrições eliminavam variáveis: o paciente deveria assumir seu papel de paciente e suportá-lo durante a sessão de análise. É que as pessoas tendem a desviar-se do *loco*, por isso, segundo ele, é muito importante que os terapeutas padronizem ambientes e processos. "Precisamos saber o que estamos efetivamente fazendo – então poderemos compreender os resultados. Planeje situações simples e apegue-se a elas". Ele próprio procurava evitar variações dentro do grupo em relação à idade, selecionando pessoas com idades variando em, no máximo, dez anos. Selecionava também quanto ao QI e preferia trabalhar com os mais inteligentes. Não aconselhava a inclusão de vários histéricos conversivos em um mesmo grupo, além de afirmar que pacientes com dor de cabeça são mais difíceis (Kadis, 1976).

Descreveu a "reação do espelho" (*mirror reaction*), que consiste no fato de o paciente identificar suas fraquezas, angústias e ideias mórbidas com base em outros membros do grupo. Chamou sua técnica de "análise de grupo" ou "psicoterapia grupo-analítico". Muitos de seus princípios já foram incorporados a outras teorias e hoje fazem parte do conhecimento comum ligado às psicoterapias de grupo (Zimerman, 1971; Ponciano, 1995).

Enfatizou que o método de grupo poderia ser encarado como "um instrumento, talvez o primeiro adequado, para a focalização prática do problema-chave de nosso tempo: a relação tensa entre indivíduo e comunidade".

Em 1975, alguns anos antes de sua morte, escreveu:

> [...] é um método de psicoterapia, iniciado por mim, nos anos 1940, em prática privada e em clínicas. Nasceu e se inspirou nas minhas experiências de psicanalista, porém não é uma psicanálise de indivíduos em grupo, nem um tratamento psicológico de um grupo feito por um psicanalista. É uma forma de psicoterapia feita pelo grupo e uma psicoterapia do grupo, incluindo seu condutor. Donde o nome de psicoterapia grupo-analítico.

Depois da Segunda Guerra Mundial, durante vários anos, foram descritos trabalhos com grupos em hospitais psiquiátricos. Elvin Semrad, no Boston State Hospital, em 1948, descreveu um método em que o terapeuta abandonava seu papel autoritário a fim de facilitar a interação, a aceitação grupal das emoções subjacentes dos pacientes e a tolerância quanto às manifestações psicóticas. Deram ênfase à relação terapeuta-paciente, buscando compreender a comunicação do paciente. Realizavam grupos com o máximo de quinze pacientes, com uma hora de duração, três vezes por semana. Reconheceram quatro estágios no processo do grupo de psicóticos (Kanas, 1996a):

1. Revelação da hostilidade em relação ao hospital e ao grupo.
2. Expressão da ansiedade carregada por material psicótico.
3. Introspecção e trabalho por meio de problemas emocionais.
4. Término do grupo.

É importante lembrar que, em 1929, no Hospital Shepard y Enoch Pratt, Sullivan criou um pavilhão experimental para tratamento de casos agudos de esquizofrenia em adolescentes, desenvolvendo uma série de experiências no campo da ainda incipiente psiquiatria social. Sullivan foi um dos primeiros psiquiatras que, trabalhando com pacientes psicóticos, descobriu a relevância das relações interpessoais e do meio como fator terapêutico. É o primeiro a utilizar a expressão "comunidade terapêutica", sem, no entanto, conceituá-la, como o fizeram Maxwell Jones e Thomas Main (Kononovich, 1984).

Maxwell Jones e Thomas Main, na Inglaterra, desenvolveram separadamente o conceito de "comunidade terapêutica". O primeiro, baseado em conceitos da psiquiatria social e na experiência Northfield, de Bion. O segundo, em ideias psicanalíticas. Main (1946) cunhou o termo "comunidade terapêutica" e escreveu em artigo no *Bulletin* da Menninger Clinic os pré-requisitos do "hospital como uma instituição terapêutica". Simultaneamente, no Military Neurosis Unit em Mill Hill, Maxwell Jones começou a implantar classes didáticas e métodos de discussão que, após a guerra tornaram-se, pouco a pouco, grupos mais analíticos em sua orientação.

Mas foi M. Jones quem popularizou a expressão "comunidade terapêutica" desde o esboço de suas ideias em 1949, até a prática delas, em 1959, quando assumiu a direção da Unidade de Reabilitação Social no Hospital Belmont, na Escócia. Somente a partir de 1962, quando foi para o Dingleton Hospital, em Melrose, também na Escócia, que desenvolveu e aplicou diretamente os conhecimentos a respeito de comunidade terapêutica. Sua meta era simplesmente ajustar o paciente ao ambiente social e ao trabalho, sem nenhuma ambição de programa psicoterapêutico. É nessa meta que estão baseados os princípios da comunidade terapêutica. Jones utilizou conceitos do psicodrama na comunidade terapêutica, dedicou-se à psiquiatria social e ao trabalho institucional. Mais tarde, por volta da década de 1970, tornou-se consultor no The Fort Logan Mental Health Center, em Denver. Em várias instituições psiquiátricas, esse modelo foi – e é – utilizado. Muitos psiquiatras aplicam na "comunidade terapêutica" abordagens socioterápicas e psicoterápicas (Whiteley e Gordon, 1998).

Donald Winnicott (1896-1971), pediatra e psicanalista kleiniano, observando o relacionamento da criança com a mãe e a família, elaborou uma obra adotada por uma parte de terapeutas de grupo. Sua visão do ser humano é a do indivíduo em sociedade e em interação com o outro e com o mundo. Por um estudo pormenorizado do papel do ambiente nas reações infantis precoces, criou uma teoria do desenvolvimento, em que apresenta os conceitos de *holding*, mãe suficientemente boa, preocupação materna primária, ambiente facilitador, realidade compartilhada etc., utilizados para o trabalho e compreensão das terapias grupais.

Winnicott desenvolveu a noção de "objetos e fenômenos transicionais", nos quais a criança se liga para substituir, transitoriamente, a figura materna, da qual precisa para se individualizar. Na década de 1960, escreveu o livro *O processo de amadurecimento e o ambiente facilitador*, com ensaios escritos de 1958 a 1964 (Stone, 1999). O objeto transicional representa, para a criança entre 4 e 18 meses, a "primeira posse não eu". É um objeto real que substitui simbolicamente a mãe. Por causa dessa fantasia de substituição, situa-se em uma área intermediária da experiência que, durante toda a vida, terá por função manter a realidade externa separada da interna. Com o crescimento, esse objeto perde a função simbólica, pois a área de atuação em que se encontrava se difunde, expandido-se para a brincadeira, jogos, criatividade artística, sentimento místico, sonhos etc. O objeto transicional abre as portas para o simbolismo e permite a distinção entre fato e fantasia, realidade interna e realidade externa, criatividade e percepção. Winnicott viu nesses fenômenos uma base para compreender diversas psicopatologias ou a perversão dos *fenômenos transicionais*, como o fetichismo, o roubo, o uso de drogas e o talismã dos rituais obsessivos (Mello Filho, 1986; Neri, 1999).

Outro conceito importante criado por ele é o de "falso *self*", que consiste na fachada criada pelas pessoas a fim de obter um funcionamento efetivo em situações sociais. Criar essa fachada é um recurso utilizado para sobreviver a uma família cujos pais impõem expectativas e insistem em formas de comportamento que estão em desacordo com o *self* verdadeiro. Trata-se de uma defesa contra a "aniquilação", sendo mais usada quando a mãe se afasta da "mãe suficientemente boa".

Outro autor, Heinz Kohut (1913-1981), um imigrante austríaco estabelecido em Chicago, criou um sistema colocando o foco na relação pai-filho nos primeiros anos de vida. De acordo com esse sistema, o princípio organizador no desenvolvimento psíquico é o *self*, que evolui nos sucessivos estágios.

A partir da década de 1960, publicou trabalhos explicando a formação, desenvolvimento, estruturação e desestruturação do *self* como geradores de saúde ou patologia mental. Concentrou boa parte de seu trabalho no estudo das perturbações narcísicas da personalidade, considerando-as fragmentações temporárias do *self*. É o criador da "psicologia do *self*", em que o foco está no amadurecimento do senso de *self*, de seu estado infantil de fragilidade para a estrutura coesa e estável da vida adulta. Nesse desenvolvimento, a criança se utilizaria de um processo combinado de exibicionismo (desejo de ser admirada pelos pais) e idealização dos pais. Ela sente a necessidade de outra pessoa significativa, especialmente a mãe, que é percebida como parte de si mesma, sem a qual a criança se sente incompleta. Essa pessoa é chamada pelo autor de "objeto do *self*", que criou mais conceitos, como o de "*self*-grupal" e "*self*-individual". *Self*-grupal é o sentimento de cada paciente a respeito do grupo, variando com seu momento e com a maneira pela qual o grupo está sendo vivido por ele. O relacionamento que o paciente estabelece com o grupo é responsável pela evolução favorável ou desfavorável de seu processo psicoterápico grupal, e o grupo funcionaria como um *self*-objeto para cada um de seus membros. Além das interpretações individuais, nesse processo, é muito importante a atitude empática do terapeuta em relação ao grupo como um todo e a cada um de seus membros.

Kohut enfatiza, ainda, a importância da empatia do terapeuta para com o paciente, que é semelhante ao entendimento empático idealmente demonstrado pela "mãe suficientemente boa", de Winnicott, com o bebê. O terapeuta idealmente seria um objeto *de self* contemporâneo para o paciente. Para Kohut, a importância que o grupo tem para o indivíduo, o grau de amizade que une um componente ao outro, a ajuda extra-sessão que costuma acontecer fora do consultório, complementariam o trabalho psicoterápico das sessões (Bisker, 1986; Stone, 1999).

Jerome D. Frank, supervisionado por Kurt Lewin quando estudante, foi também professor emérito do Johns Hopkins Medical School. Associou-se com Florence Powdermaker no National Institute of Health, em um vasto estudo sobre psicoterapia de grupo. Frank trabalhou com eminentes psicoterapeutas, tais como Morris Parloff, e Irvin Yalom.

Powdermaker e Frank (1953), na Administração de Veteranos, em Perry Point, Maryland, Estados Unidos, utilizaram uma abordagem psicanalítica eclética para estudar o processo da psicoterapia de grupo, influenciados por diversos modelos contemporâneos, como os criados por Foulkes, Ackerman, Slavson e Wolf. Fundamentaram-se nas influências dos conceitos analíticos de Schilder e na ênfase concedida por Trigant Burrow ao estudo da interação grupal (Scheidlinger, 1996).

Começaram com um modelo baseado em grupos de pacientes de ambulatório, acreditando que um grupo psicanalítico tradicional, não diretivo, ajudaria os pacientes na obtenção de *insights* sobre seus sintomas e causas, mas esse modelo costumava provocar um aumento da ansiedade, prejudicando a terapia. Resolveram, então, enfocar o trabalho do grupo em tarefas e treinamento de habilidades sociais, dando menos importância à psicoterapia verbal.

Frank, no trabalho com pacientes internados, verificou que a qualidade da comunicação se espalha e beneficia a estrutura social do hospital. Explicou como a experiência de estar em grupo era benéfica em si, enfatizou a importância da coesão do grupo, alertou para a necessidade de modelos de papéis para a modificação de comportamentos e destacou o as interações de grupo para ajudar cada paciente a obter uma imagem mais precisa de si mesmo na relação com os outros. Esses autores publicaram o livro *Group psychotherapy* (1953), pela Harvard University Press, que lançou nova edição em 1972. Tal publicação é considerada a monografia mais extensa que existe sobre esse tema (Kibel, 1996).

Beard *et al*. (1958), citado por Kanas (1996a), realizava grupos com pacientes esquizofrênicos crônicos, dando suporte relacional e desenvolvendo atividades como as de resolução de problemas aritméticos no quadro negro e jogos de bola. Davam especial atenção à interação paciente-paciente e acreditavam que esse método diminuía o isolamento social e evitava as re-hospitalizações.

A partir do final da década de 1950, ocorreu uma grande expansão da psicoterapia de grupo. Foi nessa época que se desenvolveram métodos com a gestalt-terapia, criada em 1956 por Frederick (Fritz) Perls. Perls, aos 50 anos, vinha de um percurso na psicanálise, no qual sua postura diferia da adotada pela maioria dos psicanalistas: a de manter uma postura neutra e impassível. Perls era irreverente, criativo e possuidor de grande perspicácia clínica. Suas sessões de terapia levavam rapidamente a grandes catarses e *insights*. Tanto que, na década de 1960, a gestalt-terapia passou a ter grande aceitação nos Estados Unidos (Frazão, 1995; Russo, 1999).

Antes, nos anos 1950, os Estados Unidos acompanharam o nascimento de um movimento para estudar o envolvimento familiar e suas contribuições para o melhor entendimento entre o indivíduo e seu contexto. Daí surgiram várias propostas teóricas, com foco na teoria geral dos sistemas. Nessa época, Gregory Bateson, antropólogo e um dos componentes do grupo de Palo Alto, estudou os paradoxos da comunicação e desenvolveu a teoria do duplo vínculo. Em 1956, publicou o livro *Toward a theory of schizophrenia*, baseado em suas pesquisas sobre cibernética e comunicação. A importância desse grupo de Palo Alto era a de estender a patologia do indivíduo para a patologia do grupo familiar.

Eric Berne (1910-1970), também em 1956, criou a "análise transacional". Em 1957, publicou o artigo "A imagem do ego e estados do ego", criando um sistema tripartido da personalidade (pai, adulto, criança). Desenvolveu uma teoria que chamou de "análise estrutural", na qual mostrava que a teoria de interação era mais compreensível que a psicanálise. Assim, moveu o foco de interesse do fenômeno intrapsíquico para as transações interpessoais. De 1958 a 1970, realizou, semanalmente em seu consultório, seminários em que se desenvolveu a maioria dos conceitos da análise transacional: estados de ego, transações, carícias e argumentos de vida (Souza, 1978). Surgem aí as "maratonas de psicoterapia" com Frederick Stoller, George Bach e Elizabeth Mintz.

Em 1962, Michael Murphy e Richard Price fundam ao sul de Big Sur, na Califórnia, o Esalen Institute, um "centro de crescimento", casamento entre a psicologia humanista e os métodos de sensibilização (*T-groups*). O centro tornou-se um espaço para inovações em técnicas grupais e novas formas de psicoterapia. Nele, foram formados diferentes tipos de grupo: de mulheres, de homossexuais, de despertar da sexualidade, de sexo tântrico, grupos para resolução de problemas pessoais por meio do humor, de musicoterapia, de iniciação xamânica, de gestalt de bioenergética etc. Em Esalem, foram palestrantes Aldous Huxley, Alan Watts, Fritz Perls, Ida Rolf, Virginia Satir, Bernard Gunther, Charlotte Selver, entre outros.

Em 1967, em Santa Mônica, subúrbio litorâneo a oeste de Los Angeles, Charles E. Diederich, um leigo com poderosa vocação para entender e resolver problemas humanos, criou um centro de tratamento para viciados em heroína. Essa comunidade terapêutica, Synanon, funcionava como um grupo de encontro. Seus membros eram confinados e, assim, tratados em um regime que envolvia tarefas de trabalho e situações de confronto. A mudança de atitude é o elemento fundamental. Da nova abordagem surgem os *jogos de Synanon*, na forma de grupos de encontro, que consistiam em uma confrontação violenta entre os membros do grupo. Tais grupos, com dez a quinze integrantes, reuniam-se três vezes por semana, a fim de discutir, dentro de um intenso clima emocional, problemas pessoais e do grupo. Eram dirigidos por leigos synanistas e desenvolveram o que Moreno chamou de comunidade terapêutica total. Chegavam a realizar maratonas com 48 horas de duração (*48-hour-trip*), em que as técnicas psicodramáticas eram utilizadas espontaneamente (Yablonsky, 1981; Golden *et al.*, 1995).

Carl Rogers (1902-1987) recebeu seus primeiros treinos psicanalíticos na Columbia University Teachers College, em Nova York, mas foi no University of Chicago Department of Counseling Psychology (1945-1957) que desenvolveu a maior parte de seu trabalho. Rogers formulou a ideia segundo a qual o organismo possui a inerente tendência de se desenvolver e expandir, assim como o homem é um ser em constante busca do crescimento, não só como indivíduo, mas também como espécie. Segundo ele, é a pessoa quem cria e avalia sua realidade e seu universo, portanto, só ela pode saber como sobreviver e melhorar sua condição humana.

Rogers, em 1960, cunhou o termo "grupo de encontro". Em 1965, apresentou sua obra *Terapia centrada no cliente*, sugerindo uma abordagem na qual se valoriza igualmente o que é intelectual, emocional, intuitivo e visceral, enfatizando a noção do "grupo à escuta de cada um". Em 1970, declarou que experiência organizada de grupo intensivo constitui-se na mais poderosa e fecunda intervenção social.

Rogers propõe um trabalho terapêutico centrado no encontro significativo entre as pessoas, em que o terapeuta tem a função de auxiliar o paciente a criar condições favoráveis para esse desenvolvimento e expansão. Enuncia as condições necessárias e suficientes para que um terapeuta seja eficaz: afeto não possessivo, atmosfera de incondicional aceitação, acurada empatia e um genuíno relacionamento com total ausência de controle. Enfatiza que a atenção do terapeuta deve estar voltada para as vivências, percepção e para a experiência total do paciente, muito mais que para os sintomas.

Em 1969, Alexander Lowen apresenta sua teoria de trabalho na qual enfatiza a importância das relações do paciente com seu corpo. Considera a expressão e a maneira pela qual cada indivíduo se apresenta como elemento-chave revelador de sua personalidade. No Brasil, seu livro *O corpo traído*, publicado pela Summus em 1979, descreve e explica a aplicação de seu método, chamado bioenergética (Russo, 1999).

Em 1970, a bioenergética foi introduzida na França pelo inglês Bill Grossmann. Nessa abordagem, a linguagem considera o corpo como elemento essencial na comunicação com o outro. Formam-se núcleos que trabalham com grupos.

Na década de 1970, o mundo assiste a um crescimento ainda maior do movimento de terapia de grupo. Segundo Robert Dies (1992), citado por Scheidlinger (1996), durante o período de 1977 a 1981, publicações sobre o tema aparecem em quase quatrocentos periódicos. Ainda segundo Scheidlinger (1996), levantamentos abrangentes revelam que pelo menos metade de todos os *settings* de pacientes internados nos Estados Unidos utilizam tratamentos grupais, e que o uso desses métodos expandiu-se para além dos ambulatórios psiquiátricos, alcançando quase todos os serviços que lidam com o relacionamento humano, passando pelos hospitais gerais, escolas, empresas, até chegar a milhares de grupos de autoajuda na comunidade. Em vários países o movimento grupal seguiu caminho semelhante.

Segundo Brabender e Fallon (1992), dois fatores foram fundamentais para as mudanças intensas nos métodos de psicoterapia de grupo para pacientes internados. Um deles foi a descoberta de que as abordagens anteriores não foram tao eficazes quanto a expectativa de seus autores, tanto que houve reflexões e críticas aos textos sobre terapia grupal anteriores à década de 1970. Outro fator foi a mudança nos parâmetros da hospitalização psiquiátrica, principalmente a redução no período de internação, devido ao uso de psicofármacos mais eficientes.

É indiscutível que, a partir da década de 1970, em decorrência do avanço da psicofarmacologia, a permanência no hospital psiquiátrico tornou-se cada vez mais curta. Como consequência, a psicoterapia de grupo apresentou uma fase de declínio em sua utilização na enfermaria, pois os modelos conhecidos eram processuais e de difícil aplicação em hospitais psiquiátricos. Tal declínio atingiu acentuadamente o método psicanalítico de grupo, que passou a ser cada vez menos utilizado, pois requeria um tempo maior, para a aplicação, que o período da internação. Por causa desse impasse, o modelo psicanalítico de grupo passou por um movimento de questionamento, abrindo as portas a contribuições de outras escolas de pensamento. Além disso, dentro do campo da psicoterapia de grupo, as pesquisas demonstravam que as melhoras aconteciam independentemente dos modelos teóricos utilizados. Aconteceu, então, o surgimento de um pluralismo conceitual e o aparecimento de abordagens grupais mais pragmáticas (Scheidlinger, 1996).

Alguns autores defenderam modelos mais tradicionais, que enfocam o debate e a expressão de sentimentos, com modificações importantes para pacientes psicóticos (Klein, 1977). Outros utilizaram abordagens educativas, envolvendo questões práticas e treinamento de habilidades sociais (Maxmen, 1978; Fenn e Dinaburg, 1981). Muitos terapeutas psicodinâmicos enfatizaram a "teoria de relações objetais/teoria dos sistemas" (Kibel, 1996), enquanto outros defendiam a "psicologia do *self*", a análise de grupo, conceitos de *grupo-como-um-todo* e princípios bionianos. Yalom (1983) enfatiza a importância da abordagem dos relacionamentos interpessoais no *aqui-agora* do *setting* grupal

Nas décadas de 1970/1980, outros métodos são desenvolvidos para aplicação dentro desse novo panorama do hospital psiquiátrico, como exercícios não verbais (Cory e Page, citados por Kibel, 1996) e técnicas de ação (Farrell, citado por Kibel, 1996). Outros ainda lançam mão de enfoques didáticos (Druck, citado por Kibel, 1996) ou técnicas educativas (Maxmen, 1978). Certos profissionais aconselham a utilização de um programa grupal em graus, desenhado para o nível de funcionamento do paciente. Por exemplo, o paciente que progredia caminhava de um grupo de apoio para psicóticos regredidos para outro grupo, no qual se utilizavam técnicas diretivas para promover habilidades interpessoais, e, por último, para um grupo composto por pacientes prestes a receber alta hospitalar (Kibel, 1996).

Ainda segundo Brabender e Fallon (1992), a psicoterapia de grupo para pacientes internados adquiriu características próprias e tornou-se independente somente na década passada. Os terapeutas que trabalham em enfermarias psiquiátricas reconhecem que, para ser eficaz, o grupo deve ter metas, uma estrutura e métodos de intervenção sob medida para suas características especiais. Desse reconhecimento surgiu certo número de novas abordagens.

A utilização do apoio e estrutura, do compromisso interpessoal ativo por parte do terapeuta e a identificação e resolução de problemas são comuns à maior parte dos métodos grupais para pacientes internados (Kibel, 1996). A ênfase dada por autores psicodinâmicos do pós-guerra à importância da interação entre os membros do grupo, somada à utilidade de se decodificar o significado das expressões verbais mais a necessidade de se criar uma atmosfera de aceitação dentro do grupo foram posturas incorporadas a abordagens recentes com pacientes internados (Brabender e Fallon, 1992). Essas autoras descrevem alguns modelos de psicoterapia de grupo para pacientes internados: o modelo educativo, criado por Jerrol Maxman em 1978; e o interpessoal, criado por Irvin Yalom em 1983.

Outros modelos têm como base a orientação psicodinâmica, sendo que um deles, desenvolvido por Kibel, é baseado na teoria de relações objetais e na teoria geral dos sistemas, e tem como proposta tratar, no grupo, patologias relacionais por meio da internalização dos aspectos benéficos dos relacionamentos, que substituiriam as relações internas patológicas. Nesse modelo, o pequeno grupo é considerado uma biópsia do hospital psiquiátrico, que seria o grande grupo, em que todos os fatores estariam presentes. No grupo terapêutico se manifestam as forças dinâmicas gerais do hospital, expressas na subcultura do paciente.

Temos, ainda, o modelo de desenvolvimento, que consiste em uma abordagem psicodinâmica na qual a psicoterapia de grupo ocorre em quatro estágios de crescimento, cada um caracterizado por uma série de conflitos que o grupo deve resolver para que prossiga para o próximo. Esses conflitos emergem no aqui-agora das relações interpessoais estabelecidas, constituindo-se obstáculos para relações estáveis e satisfatórias. Sustentado por uma atmosfera de suporte, o grupo participaria da resolução dos conflitos. As metas estão no aumento da autoestima baseada na aceitação de diversas partes do *self*, na visão positiva dos membros do grupo e, ainda, na satisfação gerada pelo desenvolvimento dessas relações.

Outro modelo é o cognitivo-comportamental, metodologia na qual as cognições mal adaptadas podem ser alteradas. Adaptadas para o grupo de enfermaria por Coleman, Freeman e outros, sua aplicação tem como meta ajudar o paciente a enfrentar seus sintomas e problemas da vida. O alvo está na identificação de disfunções cognitivas e em sua correção, por meio de estratégias cognitivas e comportamentais, visando a testar a eficiência e a busca de novos caminhos de pensamento e ação que proporcionem uma melhor função. O modelo de resolução de problemas desenvolve habilidades para encontrar e escolher soluções apropriadas para os desafios do dia a dia. O foco é no treinamento de habilidades sociais.

Nick Kanas (1996;1999) recomenda uma abordagem biomédica e psicossocial para o tratamento da esquizofrenia em uma perspectiva biopsicossocial. Escreve que, embora a medicação antipsicótica seja a principal intervenção terapêutica, nem todos os pacientes respondem bem a essas drogas. Preconiza psicoterapia individual e de grupo, terapia familiar e serviço social como componentes de um completo plano de tratamento biopsicossocial. Enfatiza que a psicoterapia de grupo é particularmente indicada para pacientes com esquizofrenia, devido às características de isolamento social do paciente. No grupo, que representa um fórum, todos compartilham maneiras de conviver com seus sintomas, recebem suporte, testam a realidade do aqui-agora nas sessões e experimentam formas de convivência com outras pessoas.

Kanas denominou sua abordagem grupal de "integrativa", valendo-se de elementos dos modelos educativo, psicodinâmico e interpessoal.

O modelo educativo enfatiza o aspecto biológico e fenomenológico da esquizofrenia. Nesse modelo, o tratamento ajuda o paciente a conhecer, aprender e lidar com problemas de sua realidade que venham a se transformar em fator estressor. Auxilia os pacientes a conviver com seus sintomas e discute tópicos baseados em suas necessidades, além de enfatizar a importância da medicação. Utilizam-se leituras, aconselhamento, sessões de perguntas e respostas, *role-playing*, e também "lições de casa". O foco está nas manifestações da doença e em suas sequelas. Com essas informações, o paciente pode ter o senso de controle e domínio dos sintomas.

Já o modelo psicodinâmico destaca os aspectos psicológicos da esquizofrenia. A meta é ajudar os participantes a entender como os problemas psicológicos e comportamentos mal adaptados interferem em suas vidas, a fim de que se possa diminuir o impacto dessas dificuldades. Nos grupos de integração, utiliza discussões abertas em que os membros do grupo fazem a pauta. A atenção está nos conflitos passados e nos comportamentos mal adaptados que frequentemente afetam os pacientes. São reforçados os testes e o senso de realidade. Nesse modelo, as técnicas incluem discussões sobre a importância dos fatores inconscientes e interpretações das relações transferenciais. O foco encontra-se nos antecedentes, antes da eclosão da doença, e na maneira como eles interferem no momento atual do paciente. Kanas observa que esse modelo, por trabalhar com material difícil, causador de conflitos, às vezes pode desencadear ansiedade, regressão e exacerbação dos sintomas.

No modelo interpessoal ressalta-se a importância aos aspectos relacionais do paciente psicótico. Nesse enfoque, a maior meta é ajudá-los a se tornar menos isolados e estimulá-los ao relacionamento, principalmente no aqui-agora, durante as sessões, nas quais se encorajam discussões sobre relações interpessoais, instigando-os para que relatem suas dificuldades e também para que compartilhem seus sintomas e emoções. A proposta é oferecer dados de realidade e ajudá-los a enfrentar experiências desorganizadoras, estimular habilidades na interação com o outro e, ainda, oferecer conselhos a respeito de assuntos práticos. São utilizadas várias técnicas, como exercícios estruturados, contato olho a olho, interpretação de interações mal adaptadas.

O objetivo dessa integração, com esses três modelos, visa duas metas principais: ajudar o psicótico a aprender sobre sua doença, conviver com os sintomas e trabalhar com dados da realidade. Além disso, ajudá-lo a aprender caminhos novos para lidar com suas relações interpessoais. Esses objetivos são atingidos por meio da discussão, da troca de experiências e da interação com outros membros.

Os enfoques que utilizam exclusivamente a psicodinâmica são poucos. Battegay (1965) trabalhou com pacientes internados em grupos de apoio em nível exploratório. Rice e Rutan (1987), citados por Kibel (1995), consideram importantes os fatores transferenciais, resistências e fatores genéticos do grupo. Esses autores elaboraram princípios gerais e não desenvolveram metodologia específica. Malawista e Malawista (1988) e Cutler (1978), citados por Kibel (1995), também empregaram técnicas psicanalíticas, mas não apresentaram argumentos convincentes que estimulassem maior utilização do método.

Na Argentina, Kononovich (1984) desenvolveu o "psicodrama comunitário", utilizando-o como parte de um programa assistencial – que chamou de integrador –, cujo objetivo era dar maior coerência ao trabalho feito no hospital psiquiátrico, tendo como modelo a comunidade terapêutica. Esse autor assinala a importância de se incorporar, na assistência ao psicótico, técnicas e técnicos de diferentes formações, desde os ligados ao âmbito artístico (em quase toda sua gama expressiva, passando pelos especializados da expressão corporal do educador físico) até técnicos de comunicação e comportamentos. Esse novo caminho foi determinante para redefinir conceitos como o de equipe (interdisciplinar, intradisciplinar e transdisciplinar), de enquadre e de integração terapêutica, entre outros.

O psicótico, antes abandonado e isolado, passou a ser o centro de interesse e de aplicação de uma multiplicidade de técnicas. A crença de que a psicose poderia ser abordada terapeuticamente com algum sucesso, por meio de um planejamento assistencial que colocasse em jogo todos os recursos possíveis – e que abarcasse a maior parte das disciplinas afins – deu origem ao que se denominou *modelo assistencial integral*. Dentro desse modelo prosseguiam a terapia de grupo, a terapia ocupacional e as assembleias de abertura e fechamento, além de outras atividades terapêuticas. Paralelamente a essas abordagens, Kononovich desenvolveu seu trabalho, pensado e desenhado para aplicação na comunidade terapêutica, com características especiais que denominou *psicodrama comunitário*. Basicamente, consistia em uma atividade semanal, com duas horas de duração, em que se reuniam pacientes com objetivo de melhorar a comunicação de tal modo que revertesse o autismo e a fragmentação do discurso comunitário. Nesse psicodrama, o principal objetivo formado por pacientes e terapeutas era o de abordar, em conjunto, os assuntos concernentes à vida dos pacientes – seus conflitos, seu sofrimento e a loucura. Qualquer paciente poderia ser o protagonista e qualquer tema poderia ser abordado com cenas dramáticas. O psicodrama comunitário permitia a abordagem de fantasias individuais, grupais e institucionais, por meio da dramatização e de uma teoria com suporte compreensivo e explicativo da tarefa – a psicanálise – que legitimava essa prática. A dramatização abria espaço para a abordagem de qualquer tema e, com a participação de todos os terapeutas e pacientes – do chefe do serviço, dos enfermeiros, dos terapeutas ocupacionais e demais membros da equipe –, criava-se um território comum e compartilhado, no qual atores e espectadores estavam englobados e interatuando. A ideia era de que a criação desse núcleo cresceria e que esse desenvolvimento possibilitaria a reversão do isolamento e da desagregação assistencial. Cada sessão teria como meta promover a circulação e a discussão aberta de problemas, tanto individuais como da comunidade, tendo eco e continuidade nos outros grupos terapêuticos.

Dessa forma, o psicodrama comunitário tornou-se a principal atividade desse hospital. Foram realizadas setenta sessões durante dois anos consecutivos. Kononovich concluiu esse trabalho considerando-o ponto de partida para repensar e reformular a assistência ao psicótico no hospital. Não deixa claro em seus escritos a razão do término dessa experiência. Acredita-se que tenha acabado por ser utópica e, atualmente, anacrônica, já que não se admitem mais internações de longa duração. O advento de antipsicóticos certamente abrevia a duração da maior parte dos surtos, tornando desnecessária a internação psiquiátrica por longos períodos. De modo geral, a permanência na enfermaria psiquiátrica, hoje, raramente ultrapassa vinte dias. Mas, nos Serviços de Reabilitação Psicossocial, locais de tratamento a longo prazo por atender portadores de transtorno mental grave e prolongado, essas ideias são úteis e devem ser repensadas e desenvolvidas, assim como nos hospitais-dia.

Em 1970, Irvin Yalom, professor de psiquiatria na Stanford University e seguidor de H. S. Sullivan, publicou o livro *Teoria e prática em psicoterapia de grupo*. Nele o autor descreve e teoriza sobre o modelo interpessoal, defendendo de forma eloquente os fatores existenciais na psicoterapia. Yalom preconiza a importância da coesão grupal e descreve os fatores terapêuticos do grupo. Desenvolve um método estruturado e de aprendizagem interpessoal. E enfatiza: a maior força terapêutica para verdadeiras mudanças acontece na interação grupal e tem lugar no *aqui-agora*.

Yalom (1992) desenvolveu também um método de terapia de grupo para pacientes portadores de transtornos mentais graves classificando-os com uma linha divisória, entre *settings*, para pacientes internados e não internados, e subdividiu-os em grupos de alto nível e grupos de baixo nível de funcionamento, de acordo com o grau de regressão e habilidades dos pacientes.

Seguindo suas técnicas, o grupo de maior nível funciona com uma agenda, criada pelos próprios pacientes, que tem como modificar comportamentos mal adaptados. Nos grupos de baixo nível de funcionamento a orientação é mais diretiva, estruturada e orientada para atividades. A meta do grupo de baixo nível de funcionamento é encorajar o contato com a realidade mediante a percepção acurada do ambiente imediato, e incentivar um melhor funcionamento do ego.

O autor descreve que os grupos de pacientes internados têm características próprias:

- Rápidas mudanças na composição do grupo.
- Pacientes submetidos a uma breve hospitalização participam do grupo por poucas sessões.
- Encontros frequentes (grupos diários).
- Pouca ou nenhuma preparação pré-grupo.
- Presença de grave psicopatologia.
- Grande heterogeneidade na psicopatologia dos pacientes.
- Equipe rotativa/falta de continuidade nos líderes do grupo.
- Efeitos variados do ambiente da unidade de internação sobre o processo do grupo.
- Presença de socialização extragrupo.
- Pode ser a única forma de psicoterapia disponível ao paciente.

Sugere que o terapeuta desse tipo de grupo deva seguir três passos:

1. Avaliar a situação clínica: determinar as restrições clínicas do grupo, a heterogeneidade das psicopatologias, o grau de agressividade e agitação dos membros do grupo, e excluir da sessão os pacientes incontroláveis. Angariar apoio da equipe que trabalha na enfermaria.
2. Formular objetivos: desenvolver objetivos apropriados e exequíveis dentro das restrições clínicas existentes, como:

    - Engajar o paciente no processo terapêutico
    - Ensinar que falar ajuda.
    - Ensinar sobre dificuldades, para localizar o problema no comportamento interpessoal mal adaptado.
    - Diminuir a sensação de isolamento.
    - Estimular para que sejam úteis uns aos outros.
    - Aliviar a ansiedade relacionada à internação.

3. Modificar as técnicas gerais para ajustá-las ao *setting* de pacientes internados: estar atento à composição do grupo que irá coordenar em determinada sessão. É importante lembrar que a vida de um grupo para pacientes inter-

nados pode ser de somente uma sessão, e o terapeuta deve esforçar-se para oferecer algo útil para tantos pacientes quanto possível. Para cumprir esse objetivo, deve ter uma postura diretiva e ativa, que estimule a interação dos membros do grupo, além de dar prioridade ao apoio e procurar salientar os aspectos positivos do comportamento dos pacientes. O foco nos problemas inter-relacionais e o reforço positivo devem ocorrer dentro do contexto dessa única sessão do grupo. O terapeuta precisa estabelecer limites de espaço e tempo para o grupo. Tem de apresentar um estilo de comunicação claro, compreensível e confiante, que ofereça segurança aos pacientes ansiosos, e, ainda, estimular um ambiente de tolerância.

Yalom sugere um roteiro: inicialmente, deve-se apresentar os novos membros, explicar a finalidade da sessão, enfatizar que a psicoterapia de grupo auxilia a compreensão de como se estabelecem os relacionamentos no *aqui-agora* e ajuda a corrigir as dificuldades que acontecem no início e desenvolvimento dessas relações. Além disso, ensina maneiras de aproveitar mais os relacionamentos. Em seguida, o terapeuta deve direcionar o grupo para a tarefa que parecer mais apropriada para a sessão, estimulando e encorajando os pacientes nessa participação. No final, é desejável que se faça a síntese do encontro, esclarecendo as interações acontecidas no grupo durante a sessão.

Para Yalom, não interessa trabalhar no grupo a história do paciente. Ele sugere que se restrinja a abordagem, focalizando-a nas interações intragrupais. Enfatiza que a convergência no *aqui-agora* ajuda os pacientes a desenvolver habilidades interpessoais importantes, tais como: a comunicação, formação de vínculos, trocas afetivas etc.

O método de Yalom tem várias características próprias: é estruturado e estilizado, dirigido pelo líder e com foco nos comportamentos apresentados no *aqui-agora*. Trata-se de uma técnica de fácil aplicação, ideal para ser usada em hospitais psiquiátricos ou por terapeutas sem grande experiência no manejo de grupos com pacientes internados (Kibel, 1996).

Outros autores, como Marcovitz e Smith (1983); Maxmen (1984), citados por Kibel (1996), excluem dos grupos os pacientes desorganizados e com psicose ativa, ou seja, trabalhavam com grupos somente formados por pacientes com bom nível de funcionamento. Chazan (1999) realiza grupos com psicóticos visando aprendizado na comunicação. Os pacientes são estimulados a entender e serem compreendidos pelos outros membros do grupo, enquanto o terapeuta procura traduzir a linguagem de seus sintomas em problemas interpessoais. Enfatiza que esses grupos estimulam maior senso de responsabilidade e auxiliam o paciente a se colocar em seu mundo real.

Fenton (2009) escreve que o papel do psiquiatra no tratamento da esquizofrenia varia conforme a disponibilidade de recursos e o ambiente do tratamento. Cita a grande demanda que satura os serviços públicos e os sistemas de saúde que, preocupados com os custos de tratamento, acabam restringindo o papel do psiquiatra ao de "controle da medicação". A American Psychiatric Association publicou, em 2004, o *Practice guideline for the treatment of patients with schizophrenia*, no qual recomenda que o trabalho terapêutico deve ser abrangente, multimodal e adaptado empiricamente à resposta e ao progresso de cada paciente. Os próprios doentes e seus familiares avaliam que os serviços que somam medicação com psicoterapia são os melhores.

Esse autor denomina de "psicoterapia flexível" o amálgama de diversas abordagens clínicas – retiradas da psicoterapia investigativa e da psicoterapia de apoio – com o uso de intervenções específicas, definidas pela medicina baseada em evidências. Exemplos disso estão em ensaios clínicos publicados pelo U.S. Department of Health and Human Services (1999), pela American Psychiatric Association (2004), pelo projeto Schizophrenia Patients Outcomes Research Team (1998) e pelo Cochrane Collaboration (2005). A psicoterapia flexível é uma tentativa de integrar perspectivas clínicas com as evidências disponíveis, em uma estratégia coerente de tratamento.

Fenton conclui que a integração de psicofarmacologia, terapia cognitivo-comportamental, reabilitação psiquiátrica associada com terapias psicossociais e o cuidado na comunidade fornecem os melhores resultados para o tratamento de psicoses.

Como vimos nesse histórico, o apogeu da psicoterapia de grupo compreende principalmente as décadas de 1960 a 1980, coincidindo, como salienta Fonseca no prefácio do livro *Grupos: a proposta do psicodrama*, com a cultura *hippie* e suas propostas de vida comunitária. Esse período marca, também, o movimento da antipsiquiatria, iniciado por Ronald Laing e David Cooper, na Inglaterra, tendência que contribuiu para diminuir o estigma do doente mental e, de certa forma, questionar o hospital psiquiátrico e suas formas de tratamento.

Fonseca enfatiza ainda que, na década de 1980, surgiram novos valores culturais que aportaram no individualismo: o crescimento pessoal estabelecido por meio de práticas individuais. Daí o culto à beleza do corpo e à saúde, orientados por *personals* para quase tudo: *trainers*, *stylers*, *coaches* etc. Enaltece-se o "eu" e, em segundo plano, fica o "nós". Chama-se esse momento de "crise narcísica do século XX".

Nessa década, nos Estados Unidos, surge a figura do *yuppie* – estereótipo do executivo bem-sucedido, geralmente do mercado financeiro, vestido com roupas de grifes, camisas e calças sob medida, relógios caros, sapatos exclusivos, equipamentos eletrônicos de última geração, conhecedor de vinhos, espécies de caviar, restaurantes, artes, e *up-to-date* em tudo que é feito para o consumo. Além de frequentador de clubes fechados, mostra um estilo de vida sofisticado, apresenta-se como metrossexual e inaugura o chamado *yuppismo*.

Fonseca assinala que, dessa maneira, o coletivo é substituído pelo individual, e o público, pelo privado. Essa cultura se espalha pelo mundo ocidental, e as práticas grupais perdem lugar para as individuais. As formas de psicoterapias acompanham essa tendência, e a terapia individual prevalece sobre a de grupo.

Em São Paulo, por exemplo, há uma queda no número de profissionais que buscam formação nas escolas de psicoterapia de grupo, assim como cada vez menos psiquiatras e psicólogos aplicam a psicoterapia de grupo em suas clínicas. Em compensação, nos hospitais e ambulatórios são cada vez mais utilizados os grupos temáticos: de obesos, hipertensos, alcoolistas, diabéticos, impotentes, pré-operatórios de cirurgias etc. Provavelmente porque para a realização desses grupos não é necessário uma formação específica.

Fonseca (1999) traz um dado da Associação Internacional de Psicoterapia de Grupo (IAGP) revelador: na década de 1990, há um decréscimo considerável no número de novas entidades filiadas a essa instituição em relação aos anos 1970, evidenciando uma queda mundial no movimento de psicoterapia grupal. Buscando explicações nas tendências sociais para explicar a queda da utilização das terapias de grupo, Fonseca aposta que os movimentos culturais acontecem em ondas e prevê uma reação contra o *yuppismo* e à síndrome narcísica do final do século XX. Uma nova onda inauguraria a fase *neo-hippie*, em que haveria uma revalorização do grupal, do comunitário e da psicoterapia processual, mas ressalta que tal análise pode representar apenas um mero desejo seu.

Os Estados Unidos, nos anos 1990, alardearam, por meio de seus porta-vozes e de seus governantes, que estávamos vivendo a década do cérebro. Houve grande incentivo para pesquisas em neurociências, e as patologias psiquiátricas foram atribuídas a alterações de moléculas neurotransmissoras. Disfunções das redes neuronais e a influência genética foram enfatizadas. O *pet-scan* mostra alterações funcionais, a ressonância magnética revela alterações anatômicas, mas não há nenhum exame que decifre a mente, pois ela só é revelada na relação com o outro.

Nessa década, a neurociência passou a uma influência significativa na formação de novos psiquiatras, os quais tendem a aderir à chamada psiquiatria biológica, mais próxima do modelo médico tradicional, com o qual o estudante de medicina esteve habituado durante toda a graduação. Na psiquiatria, entretanto, um modelo exclusivamente biológico pode levar a uma visão distorcida e parcial do homem, já que o reduz a um cérebro, cujas redes neuronais seriam as principais responsáveis por seu comportamento e até por suas paixões. Essa visão desvaloriza a subjetividade e dá origem ao tratamento, por vezes com o uso indiscriminado dos psicofármacos, retrocedendo a medicina para tempos primitivos, quando se buscava apenas o que excedia e o que faltava no organismo. O homem, no entanto, é um ser biopsicossocial e assim deve ser entendido.

A partir daí, a psiquiatria passou a ser praticada, cada vez mais, por meio da orientação e da influência dos Manuais Diagnósticos e Estatísticos de Transtornos Mentais (DSMs) e Classificações Internacionais de Doenças (CIDs), que preconizam diagnosticar a doença mental pela soma de sintomas, o que, às vezes, é realizado de maneira simplista devido à predominância do número de sintomas. Feito o diagnóstico, preconiza-se a consulta de *guidelines*, baseados em metanálises, considerados guias fidedignos que indicam o melhor tratamento farmacológico.

Na década de 1990, a medicina baseada em evidência (MBE) foi proposta com o intuito de diminuir a ênfase dada à intuição, à experiência clínica não sistemática e às justificativas fisiopatológicas na tomada de decisões médicas. As decisões terapêuticas seriam válidas apenas quando orientadas pela MBE. As evidências e provas disponíveis não são sempre satisfatórias, mas, sem dúvida, devemos pesquisar e usá-las para tomar decisões. É proposta uma hierarquia dos tipos de estudos dignos de ser considerados fornecedores de evidências. Em primeiro lugar situam-se as metanálises das pesquisas randomizadas/comparadas, depois vem, pelo menos, um estudo randomizado/comparado, seguido de um estudo controlado sem randomização, um outro quase experimental. Então surgem os estudos não experimentais, descritivos, comparativos e, por fim, os relatórios de peritos e a opinião de autoridades (Sonenreich, 2007). Ramadam (2005) salienta que esses itens são seculares, e fontes informativas de todos os médicos honestos e escrupulosos em suas tomadas de decisões.

O Institute of Medicine define a MBE como a integração das melhores evidências de pesquisas com o conhecimento clínico e os valores do paciente. As condutas terapêuticas são tomadas a partir de informações sobre a eficácia (resultados), os custos e a relação custo efetividade de tratamentos alternativos.

Segundo Fenton (2009), uma crítica frequente à MBE é que as vivências não são mais valorizadas. Além disso, essa prática ignora a intuição, a experiência e o julgamento clínico, e coloca pouca ênfase na relação médico-paciente. Elton compara o *guideline* ao livro de receitas de culinária, com a ressalva de que o livro de receitas não é um cozinheiro, da mesma forma que o médico deve aliar a MBE à sua experiência e à forma como conduz a relação médico-paciente. Quando usada sem crítica, essa forma de tratamento leva o estilo *prêt-à-porter* das passarelas ao consultório psiquiátrico.

Inúmeros autores criticam a MBE, desde a validade e superioridade das pesquisas randomizadas/controladas, às falhas metodológicas em grande parte provenientes das revisões sistemáticas que invalidam conclusões e desmascaram interesses de vários tipos – pessoais, profissionais e financeiros –, influenciando a pesquisa de medicamentos. É interessante lembrar que a maior parte dos medicamentos (neurolépticos, antidepressivos, tranquilizantes, lítio) foram introduzidos na prática médica sem estudos do tipo preconizado pela MBE, além do que, medicamentos aprovados por ela foram posteriormente considerados impróprios. As provas não podem substituir o julgamento clínico. Sonenreich (2007), citando Bastos (2000), afirma que experiência clínica e evidência se complementam.

Ramadam (2005) chama a atenção para a mudança de paradigma, na qual escolas de pensamento científico são substituídas por escalas (números), tornando míopes muitos psiquiatras, comprometendo a capacidade de observação cuidadosa dos fenômenos mentais. Prossegue Ramadam (2005, p. 207):

> [...] a psiquiatria moderna, baseada no assim chamado sistema ateórico de diagnóstico norte-americano (DSMs), criou, entre F00 e F99, mais de mil categorias diagnósticas, criou ainda o conceito de "comorbidades" e "sintomas-alvo", dando origem à polifarmácia, na qual cada medicamento mira um alvo específico. Muitos pacientes recebem a prescrição simultânea de vários medicamentos visando a esses "sintomas-alvo", receitados por médicos que renunciaram à exaustiva tarefa de refletir e organizar um diagnóstico mais coerente, que permita uma estratégia terapêutica mais racional.

Essa forma de tratar coloca o médico não diante de seu paciente, mas no estande de tiro, tentando acertar os sintomas. A ilusão é a de que, matando-se os sintomas, combate-se a doença. O sucesso (dos acertos no alvo) é descrito em trabalhos que, analisados em conjuntos, constituem-se na metanálise de determinado tratamento. Ramadam (2005) salienta que a metanálise é uma análise estatística de outros estudos estatísticos (considerados confiáveis) igualmente baseados em constructos, cuja validade é garantida pelo parecer dos *peer-review* dos periódicos de impacto em que foram publicados. "Deve-se notar que a neutralidade desses periódicos está sempre contaminada pelas estampas publicitárias de laboratórios farmacêuticos", complementa Ramadam.

A indústria farmacêutica procura seduzir psiquiatras para angariar francoatiradores: oferece inscrições e viagens para congressos, fins de semana em *resorts,* com direito a palestras sobre o lançamento de medicamento, jantares com direito a apresentações de *data-show* com conferencistas simpáticos, fluentes e especialistas em neurotransmissores, em MBE e profundos conhecedores de metanálises. Além das palestras, oferecem os mais variados brindes, canetas com o nome do remédio em lançamento, sacolas e, é claro, monografia que conta as enormes vantagens dessa medicação sobre os produtos similares etc. Tem-se a impressão de que essa é a "atualização científica" mais sedutora, prática e acessível. Atualmente, o Conselho Nacional de Medicina proibiu essa prática.

Walter Edgard Maffei, grande patologista do Juqueri e professor de patologia da Faculdade de Medicina da Santa Casa de Misericórdia de São Paulo e da Faculdade de Medicina da Pontifícia Universidade Católica, alertava os estudantes de graduação para que não se tornassem camelôs da indústria farmacêutica.

Além disso, hoje em dia os seguros de saúde ditam a duração das psicoterapias, as quais se moldam a essas exigências. De modo geral, com um total de oito a doze sessões, em um tratamento baseado em psicoterapia cognitivo-comportamental, que se propõe a modificar comportamentos por meio da consciência do gatilho – desencadeador de pensamentos causadores de sintomas.

A psiquiatria baseada em números, estatísticas e metanálises, chamada "psiquiatria baseada em evidências", tem a pretensão de ditar os tratamentos. Para Ramadam (2005), essa medicina é cópia do modelo institucional norte-americano, baseado em quatro eixos:

- seguro-saúde dos pacientes;
- seguro médico (quanto a processos judiciais contra médicos e hospitais);
- verbas de fomento para pesquisa;
- investimentos da indústria farmacêutica na produção de novos medicamentos.

Resume esses quatro eixos em: "custo/benefício das empresas x custo/benefício dos pacientes. Dessa equação resulta como fundamental o lucro financeiro em detrimento da qualidade de vida" (Ramadam, 2005).

É evidente que a psicofarmacologia tem um papel fundamental no tratamento dos transtornos psiquiátricos, mas a prescrição deve ser um ato médico, portanto um ato consciente, criterioso e distante de qualquer interesse pessoal e mercadológico. Salientamos ainda que o tratamento psiquiátrico não se resume ao tratamento farmacológico, ou biológico (eletroconvulsoterapia); a psicoterapia, por vezes, ocupa um papel central, e os métodos de reabilitação psicossocial são fundamentais para os portadores de transtorno mental grave e prolongado. É fundamental utilizar todos os recursos conhecidos de tratamento psiquiátrico, priorizando ora um, ora outro, e associando-os quando indicado, visando sempre o bem-estar do paciente e, na medida do possível, ajudando-o a restituir sua saúde mental.

A "atualização" do psiquiatra não pode ficar a cargo da literatura lançada pela indústria farmacêutica, distribuída por seus propagandistas. Ou, ainda, por psiquiatras pseudocientistas, que participam de shows, com brilhantes palestras nas quais exultam as vantagens da droga em questão. Os simpósios promovidos pela indústria farmacêutica nos congressos de psiquiatria têm a finalidade científica e honesta de apresentar, por meio dos palestrantes, uma visão crítica do tema em questão. Os congressos de psiquiatria, as reuniões dos grupos de estudos psiquiátricos e das associações filiadas à Associação Brasileira de Psiquiatria têm como um dos grandes objetivos promover a atualização do especialista. O plano de educação continuada (PEC) da Associação Brasileira de Psiquiatria constitui uma das melhores maneiras de atualização. O psiquiatra deve, ainda, buscar uma atualização contínua na literatura científica.

Fenton (2009) alerta que nenhuma agência científica ou entidade governamental é, por si, responsável por definir a prática "oficial", baseada em evidências, para doenças mentais.

Algumas universidades e centros de formação de psiquiatras estão atentos e, portanto, protegidos da sedução da indústria farmacêutica. Tanto no que diz respeito à verba para reprodução e produção de pesquisas, como no patrocínio de publicações que favoreçam determinadas medicações ou facilidades na concessão de bolsas para cursos fora do país, em troca de artigos que beneficiem determinadas marcas de drogas.

É certo que o progresso da ciência obriga a reformulações críticas e mudanças de métodos. A psicoterapia de grupo tem de se adaptar a essa nova ordem científica, cultural e econômica, na qual se destaca a tendência de comprovação de resultados e a duração rápida do tratamento psicoterápico. Ainda assim a conduta médica não pode, de maneira alguma, sujeitar-se, colocar o cabresto a serviço dos interesses de qualquer espécie.

Atualmente, há uma tendência para a adoção de uma psicoterapia ampla, baseada, em momentos variados, em estratégias investigativas, diretivas, educacionais e de apoio, aplicadas de modo flexível, dependendo do transtorno mental apresentado pelo paciente. Surgem formas de psicoterapias focais, breves, realizadas de maneira mais diretiva e com técnicas de estratégia e ação.

Da mesma forma, nas enfermarias psiquiátricas há uma diversidade de programas de psicoterapia de grupo, com diferentes nomes: grupos de interação, analíticos, grupos multifamiliares, de expressão corporal, de arteterapia, de relaxamento, de dança, de musicoterapia, de conscientização, psicoeducacionais – para medicação e entendimento das doenças –, grupos para planejamento de futuro, de sexualidade, de resolução de problemas, de treinamento, de homens, de mulheres, de atividades, operativos, de alta e grupos de psicodrama, entre outros.

O poder da psicoterapia de grupo está na adaptabilidade, pois é um método flexível e eficiente, que pode ser aplicado em uma ampla faixa de *settings*, com diferentes objetivos e em uma grande variedade de pacientes, em situações clínicas específicas. Os fatores terapêuticos de todos esses grupos são os mesmos: universalidade, altruísmo, catarse, oferecimento de informações e, principalmente, aprendizagem interpessoal (Yalom, 1983; 1995).

O psicodrama de grupo, tal como foi criado, deve ser realizado em uma única sessão. Moreno, seu criador, nunca trabalhou em um *setting* de psicoterapia semanal, com longa duração e com uma sociometria grupal constante dentro de certo tempo (Bustos, 1999). As sessões, realizadas por Moreno, deram origem ao que hoje se denomina "ato terapêutico" ou "sessão aberta de psicoterapia". Trata-se de um método no qual os pacientes dramatizam acontecimentos de suas vidas em vez de apenas falarem a respeito deles. É uma intervenção psicoterapêutica destinada a investigar e trabalhar as vivências do paciente em uma única sessão (Goffi Júnior, 2000).

A estrutura dramática – que tem começo, meio e fim – é realizada por meio de inúmeras técnicas, podendo culminar com a catarse de integração. Nesse modelo de psicoterapia de grupo, a sessão não apresenta a mesma configuração de participantes nas sessões e nem tem o compromisso de continuidade em sessão posterior. É considerada por Jonathan D. Moreno (1998) uma "socioterapia", pois um dos objetivos do "sociodrama" é melhorar o bem-estar do grupo, geralmente pelo encorajamento, pela coesão e pelo potencial para uma atividade cooperativa.

Na sessão aberta, um sociodrama tem a vantagem de incluir todos, pelo menos simbolicamente, na ação, por meio de sua pertinência à cultura que abriga os papéis sociais sendo representados: professor, padre, policial, político, marido, amante, amigo etc. O material emocional que geralmente individualiza os membros do grupo é transformado em conteúdo que energiza e vitaliza a história compartilhada. O resultado salutar é que a solidariedade social é enfatizada, contribuindo para a coesão do grupo (Moreno, 1998).

Vitale e Oliveira (2000, p. 314) assinalam que "as sessões abertas incorporam o sentido do teatro terapêutico correlacionando teatro e vida. Revelam ao público, por meio das cenas cotidianas, a intimidade das relações interpessoais. A *vivência da segunda vez* traz a possibilidade da dimensão terapêutica"

No Daimon, Centro de Estudos do Relacionamento (Daimon-cer), em São Paulo, criado por José de Souza Fonseca Filho, ocorre uma sessão aberta semanalmente, desde maio de 1984 até hoje, dirigida por diferentes psicodramatistas. Segundo conta Fonseca, além de essa atividade ser fascinante, um dos objetivos, na época, era fornecer oportunidade de acesso à psicoterapia a populações que não dispusessem de recursos financeiros para terapias processuais, além de permitir o conhecimento de diferentes formas de direção de atos terapêuticos (Goffi Júnior, 2000).

No Centro Cultural São Paulo, da Prefeitura Municipal de São Paulo, acontece, semanalmente, desde agosto de 2003, sessões abertas com a participação livre e gratuita da população.

A sessão aberta de psicodrama, quando aplicada no hospital psiquiátrico, revela-se um excelente método, pois permite a abordagem psicoterápica no ambiente hospitalar mesmo em internação de curta duração, assim como possibilita à equipe de tratamento compreender o indivíduo portador do transtorno mental.

Moreno enfatiza que a maioria dos pacientes podem ser tratados no teatro terapêutico, ou seja, por meio de sessões abertas de psicodrama. Somente um número muito pequeno necessita de um tratamento particularizado.

No Beacon Hill Sanatorium, ele trabalhou com alguns psicóticos de forma individualizada e aplicou a técnica do "mundo auxiliar", que consiste na criação psicodramática do universo psicótico vivido pelo paciente, com todos os personagens que fazem parte do delírio. E esse mundo auxiliar era aplicado durante o período de permanência do paciente.

Tal tratamento é processual, não tem um número definido de sessões. Promovem-se tantos encontros quanto necessário. No tratamento da paciente Mary, por exemplo, foram 51 sessões por um período de 10 meses. Nesse modelo o psicodrama foi realizado, individualmente, por meio de uma equipe composta do diretor e vários egos-auxiliares. Funciona como um contexto que vai refletir a psicose do paciente de tal maneira e em tal nível, que ele pode ver a vivência psicótica. Nessa realidade imaginária, no palco psicodramático, o paciente encontra um espaço concreto em que todos os pensamentos, sentimentos e papéis alucinatórios e delirantes são válidos, e no qual ele encontra, em uma base comum, os papéis de outras pessoas que complementam o seu, interpretados pelos egos-auxiliares (Fox, 2002). Não há, no Brasil, relato da aplicação dessa técnica da forma como Moreno a descreveu.

Breve histórico da psicoterapia de grupo no Brasil

A psicoterapia de grupo de orientação não analítica é aplicada no Brasil há muitas décadas. Desde 1912, Domingos Jaguaribe utilizava a hipnose em grupos de alcoolistas e Antonio Carlos Pacheco e Silva, em 1946, também a empregava em tratamento semelhante (Amaro, 1984).

A psicoterapia analítica de grupo chega ao Brasil na década de 1950. Alcyon Baer Bahia, em 1951, trabalhando como psicanalista no Serviço Nacional de Doenças Mentais, Rio de Janeiro, constituiu o primeiro grupo terapêutico e, em 1954, publicou na *Revista Medicina, Cirurgia, Farmácia* um trabalho com o título "Experiências psicanalíticas em terapia de grupo", inaugurando as publicações sobre psicoterapia de grupo no Brasil (Zimerman, 1971).

Motta (2008) escreve que Guerreiro Ramos, em 1950, publicou artigos sobre teoria e prática do psicodrama no *Jornal Quilombo*, e praticava psicodrama como forma de psicoterapia.

Bernardo Blay Neto, em 1953, no Hospital Franco da Rocha, em São Paulo, desenvolveu técnicas grupais com doentes mentais internados. Organizava peças teatrais com os pacientes sobre suas próprias histórias, que resultavam em processos terapêuticos interessantes (Weil, 1978). Os pioneiros em São Paulo foram Bernardo Blay Neto, Miller de Paiva, Oscar Rezende de Lima, Nelson Pocci, Richard Kanner, Bachir Aidar Jorge, Darcy de Mendonça Uchôa, Helladio Francisco Capisano (Amaro, 1984), Eduardo Etzel (1963), além de muitos outros no anonimato.

David Zimerman, em 1954, em Porto Alegre, trabalhou com grupos de psicóticos e alcoolistas. Cyro Martins, do mesmo estado, realizou trabalhos com oito grupos no serviço aberto do Hospital Psiquiátrico São Pedro. Em 1956, no Rio de Janeiro, Ernesto La Porta iniciou tratamento intensivo, com orientação analítica, de grupos de psicóticos internados (Zimerman, 1971).

Na década de 1960, o professor Pierre Weil, com supervisão de Anne Ancelin Schützenberger, realiza as suas primeiras experiências com psicodrama aplicado ao treinamento, no Departamento de Orientação do Trabalho (DOT), em Minas Gerais.

No Rio de Janeiro, em 1958, Walderedo Ismael de Oliveira, ao lado de Wilson Lyra Chebabi, Lourival Coimbra e Waldemar Zusmann, emprega a grupoterapia, destacando o *grupo como um todo*, com interpretações dirigidas à totalidade dos participantes. Ainda nesse ano, J. Leme Lopes instalou no Instituto de Psiquiatria da Universidade do Brasil um Setor de Pesquisas Psicanalíticas, e foi fundada a Sociedade Brasileira de Psicoterapia de Grupo (Amaro, 1984). Nessa época, outros médicos passam a utilizar a psicoterapia de grupo com pacientes psicóticos.

Nos anos 1960, em decorrência do panorama cultural da época, os movimentos de psicoterapia de grupo proliferaram. Era um momento de grandes transformações sociais, das quais faziam parte a abertura da censura, a expressão da sexualidade e da afetividade, o surgimento de comunidades e, ainda, a união como forma de contestação e protesto. É importante ressaltar que, por não ser cara, a psicoterapia de grupo, era mais acessível a todos. Nos consultórios proliferavam os grupos terapêuticos, assim como nas instituições psiquiátricas, com a formação de grupos de alcoolistas, com portadores de entidades clínicas específicas, grupos de mães, de casais, de evolução clínica e medicação de quadros psiquiátricos etc.

Entre 1960 e 1965, Anne Ancelin Schützenberger passou a dar formação de psicodrama em Minas Gerais para Pierre Weil e outros profissionais do DOT.

Em 1963, Flávio D'Andrea Fortes publicou o primeiro artigo sobre psicodrama na *Revista Paulista de Medicina* (Weil, 1978). A técnica e seus conceitos chegaram a São Paulo na década de 1960, com um curso de formação ministrado por Jayme Rojas-Bermúdez, médico colombiano, radicado na Argentina (Cesarino, 1999). Em 1967, Pierre Weil publicou o primeiro livro sobre psicodrama, em português, com prefácio de J. L. Moreno (Weil, 1978). Desde então, esse método passou a ser utilizado nos consultórios de psiquiatria e psicologia, assim como em alguns ambulatórios e hospitais-escola, como método de psicoterapia e de treinamento de profissionais.

Ainda na década de 1960, no Serviço de Psiquiatria do Hospital do Servidor Público Estadual (HSPE), a psicoterapia de grupo passou a ser amplamente utilizada em seu ambulatório, gerando inúmeros trabalhos apresentados no Departamento de Psiquiatria da Associação Paulista de Medicina editados, em 1966, por Clóvis Martins (Martins, 1967).

Alguns trabalhos de psicoterapia de grupo, realizados no HSPE, foram também apresentados no VI Congresso Latino-americano de Psicoterapia de Grupo e I Congresso Brasileiro de Psiquiatria, em 1971 (Martins e Assis, 1971). Nesse mesmo Serviço de Psiquiatria, em 1966, foi criado um setor de psicodrama, coordenado por José Manoel D'Alessandro. Ainda nos anos 1960, foi fundado o Grupo de Estudos de Psicodrama de São Paulo, e grande parte de seus integrantes eram psiquiatras e psicólogos do HSPE. O psicodrama é utilizado no Serviço de Psiquiatria do HSPE desde essa época, como método psicoterápico ou na forma de *role-playing*, para treinamento dos residentes e aprimorandos em psiquiatria (Araujo, 1978). Destacam-se nessa atuação: Carol Sonenreich, Vicente Antonio Araújo, José Fonseca, Miguel Peres Navarro, Sergio Perazzo, Manoel Mascarenhas, entre outros.

O Serviço de Psiquiatria do HSPE contribuiu para a literatura psicodramática com várias publicações: "Algumas impressões durante o treino para diretor de psicodrama" (Sonenreich, 1970); "Esboço de uma fenomenologia do psicodrama" (Ramadam, 1970). A revista *Temas*, publicada pelo Serviço de Psiquiatria do HSPE, desde 1971, publicou também vários artigos sobre o psicodrama (Navarro [1976, 1978]; Leite [1977]; Dias [1979]; Perazzo [1980,1982, 1992]; Silva Filho [1981]; Silva Filho, Lima e Kato [1982]; Szalkay [1983]; Abdo [1984]; Costa [1984]; Fonseca [1991, 1992, 1995]; Knappe [1992]; Oliveira Neto [1984, 1992, 1993]; Vargas [1994]).

No IPq-HCFMUSP, em 1965, um grupo de médicos liderados por Jorge W. F. Amaro criou o Setor de Psicoterapia de Grupo, em que se aplicavam psicoterapia analítica de grupo, psicodrama e outras formas de grupoterapia. Ainda no IPq, em 1968, também foi ministrado um curso de psicodrama a médicos e psicólogos (Amaro, 1984). E, na década de 1970, houve uma experiência com comunidade terapêutica em uma das unidades de internação, dirigida por Antonio Carlos Eva (Eva, 1972).

Nesse mesmo ano, José Fonseca iniciou, também no IPq-HCFMUSP, um grupo de psicodrama com psicóticos internados e ex-internados, que durou dois anos. Era um grupo aberto, semanal, e com duração de duas horas. Fonseca (1980) escreve que:

> Com este trabalho procurava, além da investigação de técnicas psicodramáticas, uma instrumentação mais apropriada das mesmas no trabalho com psicóticos e no hospital psiquiátrico. Buscava facilitar a recuperação de papéis mal estruturados, pouco desenvolvidos ou regredidos e, ainda, através da interação grupal, uma melhora da comunicação humana.

O médico transformou esse trabalho em tese de doutorado: *Correlações entre a teoria psicodramática de J. L. Moreno e a filosofia dialógica de M. Buber*, cujo cerne é a teoria do encontro "eu-tu", uma impossibilidade para o paciente psicótico. Nessa tese, Fonseca descreve também o "psicodrama diagnóstico", indicando-o para uma análise clínica mais eficiente, pois estuda o paciente em ação, no jogo psicodramático, permitindo uma visão mais dinâmica de sua personalidade. Realiza a sessão individual de psicodrama diagnóstico com uma equipe de quatro a seis egos-auxiliares. No IPq, também no campo da psicoterapia de grupo e psicodrama foram marcantes as atuações de: Alexandre Saadeh, Aníbal Mehzer, Jorge Amaro, Antonio Carlos M. Cesarino, Antonio Carlos Eva, Antonio Marcelo Campedelli, Arthur Kauffman, Carmita Najjar Abdo, Domingos Lalaina, Dorli Kamkhagi, Eduardo Ferreira Santos, Elisabeth Maria Sene Costa, Geraldo Massaro, Luiz Cuschnir, José Roberto Wolff, Nairo Souza Vargas, Osvaldo Ferreira Leite Netto, Patrícia Lindenberg Shoueri, Plínio Montagna, Rosilda Antonio, Ronaldo Pamplona, Victor Silva Dias, Wilson Castello de Almeida.

No Centro de Reabilitação e Hospital-Dia (CRHD) do IPq-HCFMUSP, há um programa de tratamento visando à reabilitação psicossocial. Seu idealizador e primeiro diretor foi Francisco Greco, depois veio Sergio Vieira Bettarello e, ainda, o autor deste livro, Luis Altenfelder Silva Filho. É destinado a pacientes recém-saídos da unidade de internação integral e a portadores de TMGP, participantes de vários grupos, cada um com uma proposta específica: grupo de psicoterapia com enfoque psicodinâmico, grupo de cidadania, de conscientização, de atividade física, de família, de vídeo, de literatura, de desenho e pintura, grupo de musicoterapia e de psicodrama. Na enfermaria psiquiátrica é possível criar qualquer tipo de grupo, dependendo da necessidade e da dinâmica de cada momento da enfermaria.

Em Ribeirão Preto, Contel e Azoubel, em 1964, acompanharam grupo com psicóticos crônicos durante seis meses em hospital psiquiátrico, visando a reabilitação psicossocial. Contel realizou, em Ribeirão Preto, trabalho com psicoterapia de grupo, com princípios analíticos, na enfermaria psiquiátrica e no hospital-dia.

Na década de 1970, Therese Tellegen publicou um artigo no *Boletim da Sociedade de Psicologia de São Paulo* intitulado "Elementos de psicoterapia gestáltica", e iniciou *workshops* para treinamento de terapeutas em gestalt-terapia. Trata-se de um enfoque inter-relacional, visando trabalhar com grupos dentro de uma visão holística de ser humano, como *ser-em-relação* com seu meio. Esse modelo vem sendo empregado no atendimento de grupos com adultos, adolescentes, crianças e idosos, tanto em consultórios particulares como em algumas instituições.

No final do século XX e início do XXI, as formas de psicoterapia de grupo entram novamente em declínio, isolam-se nos consultórios ou então vão se escasseando por falta de profissionais com formação nesse tipo de terapia, e também por uma queda na demanda de pessoas interessadas. Talvez o maior crédito na neurociência, a influência dos tratamentos farmacológicos, a propaganda na mídia dos milagres do Prozac e similares, e ainda a forma como é ensinada a psiquiatria entre médicos residentes tenham contribuído para a diminuição do número de psicoterapeutas de grupo. Outro fator, também impactante, é o retorno a formas mais individualistas de ser.

3. Psicodrama no hospital psiquiátrico

Nas sociedades primitivas, drama e cura sempre foram inseparáveis e realizados por meio do xamanismo, o que originou, posteriormente, o teatro, considerado a arte da cura desde a Antiguidade. Ritos e rituais dramáticos eram os caminhos pelos quais as comunidades confrontavam medos, buscando um maior senso de controle e poder. Em rituais dramáticos simbolizavam esperanças, celebravam vitórias e preparavam-se para eventos de vida. Os xamãs desenvolveram muitos rituais de cura, como o ventriculismo (simulando vozes de espíritos em cenas dramáticas em que máscaras e bonecos eram recursos utilizados para interagir com as pessoas em outro nível de realidade).

Em rituais religiosos, no estado de êxtase, alguns membros possuídos pelos espíritos falavam em uma língua incompreensível. Máscaras e marionetes representavam a presença de espíritos que se comunicavam por meio dos xamãs. Os rituais eram também utilizados para unir forças e integrar o indivíduo ao grupo. Casson (2004) escreve que desde um tempo remoto o teatro tornou-se o fórum psicoespiritual em que sanidade e loucura são exploradas.

O uso de máscaras e fantasias, a representação de personagens, a personificação de animais e figuras míticas e a representação de histórias e lendas existem desde as mais antigas civilizações. O teatro era uma forma de explorar a sanidade e a loucura. Autores como Beckett (*Esperando Godot*), Shakespeare (*Hamlet*), Goethe e muitos outros escreveram peças nas quais seus personagens têm alucinações reveladoras, que ajudam a tecer o drama (Emunah, 1994).

Alucinar e ouvir vozes são vivências humanas descritas desde a Antiguidade. Xamãs e médiuns ouviam vozes, atribuídas a espíritos, e passavam a mensagem recebida à audiência. Os deuses se comunicavam com os homens por pessoas que podiam escutá-los. Na Antiguidade, muitas decisões eram tomadas após consulta a um alucinado. As vozes representavam um sinal de visita do demônio ou do divino. Muitos santos e líderes religiosos ouviam vozes.

Nas tribos primitivas, os rituais de passagem da infância para a idade adulta realizavam-se, na maioria das vezes, por meio de dramatizações, nas quais o comportamento infantil era ridicularizado e a conduta do adulto enaltecida. As dramatizações visavam preparar para os papéis da vida adulta. As danças de guerra e os rituais de caça podem ser considerados dramatizações de cenas cotidianas, cuja finalidade era preparar para a ação em si (Barrio, 1995).

Thespis (534 a.C.) é considerado o primeiro ator e criador da tragédia, que, nas civilizações grega e romana, fazia o espectador participar – e se identificar emocionalmente – dos dramas que simbolizavam a existência. A dramatização gerava a catarse de ab-reação, fazendo os espectadores sentirem-se aliviados. A era dourada do drama grego foi entre 525 e 406 a.C., e destacou três nomes: Ésquilo, Sófocles e Eurípides, que, além de atores, eram autores de tragédias versando sobre o medo e a submissão do homem aos deuses, com intuito de criar meios de controle social.

A Comédia de Arte italiana conduzia seu espetáculo de acordo com o cotidiano, e os atores improvisavam papéis arquetípicos a fim de mobilizar sentimentos na plateia. A diferença dos gregos é que, em vez de tragédia, os italianos apresentavam comédias (Barrio, 1995).

J. L. Moreno (1974) escreve que civilizações primitivas se valeram de dramatizações como métodos quase psicodramáticos, ou seja, para tratamento de sofrimentos psíquicos.

Em 1668, Grimmelsshausen descreve em seu *Simplissimuis* (livro 2, capítulo 13) a forma como o médico utilizou cenas simbólicas para tratar delírios. Em 1700, durante o classicismo francês, representações teatrais dos próprios internos foram incentivadas nos manicômios. Por esse método, que fazia parte do "tratamento moral", as ideias delirantes eram aceitas e, por isso, dramatizadas.

Johannes Christian Reil (1759-1831), um psiquiatra alemão estudioso da anatomia cerebral, clínico famoso e considerado por Kirchhoff o criador da psicoterapia racional, distinguiu três tipos de cura: química e dietética, mecânica e física (cirúrgica) e psíquica.

Para a terceira, descreve três mecanismos:

1. Estimulação corporal por meio de estímulos, agradáveis ou desagradáveis, para corrigir o tônus vital.
2. Estimulação sensorial, incluindo o estudo de escala musical, com o intuito de reeducar a percepção. Nesse método também é utilizado o "teatro terapêutico", no qual a equipe da instituição joga papéis instruídos pelos pacientes.
3. O método de "sinais e símbolos" é baseado na escrita e leitura escolares. Há, ainda, terapias que compreendem trabalho corporal, exercícios e arte-terapia (Casson, 2004).

Reil *apud* Starobinsky (1962) e Casson (2004); e Mezurecky *apud* Roine (1997), recomendam que:

> Em todo hospital deveria haver um teatro em bom estado, provido de todos os elementos necessários, como máscaras, cenários e guarda-roupa, a fim de distrair e tratar os pacientes. A equipe técnica da instituição deveria ser treinada a desempenhar

diferentes papéis: juiz, carrasco, médico, anjos celestes etc. Ou seja, os papéis contidos no delírio do paciente. O teatro deveria estar equipado com cenários que representassem tribunais, lugar de execução, sala de cirurgia etc. A função deste teatro terapêutico seria eliminar ideias fixas e os sentimentos errôneos.

O autor, contemporâneo de Pinel, trata da influência dos objetos visíveis sobre a alma, e quer que eles sejam empregados de maneira solene e como um cerimonial imponente. Esquirol e Pinel falam da importância da representação teatral no tratamento de pacientes delirantes (Starobinsky, 1962).

Pinel, para quem a dramatização do delírio era uma das formas de tratamento, escreveu que o médico deve travestir-se no personagem do tema delirante, criar o cenário e representar a trama:

> O doente deve ficar convencido de que assiste a um acontecimento real e importante. A palavra a ele dirigida é em sua própria linguagem, é abordado dentro de seu próprio mundo e a ilusão tem de ser total, para que se aplique o golpe que provoque o desenlace da ficção delirante. (Pinel *apud* Starobinsky, 1962, p. 58)

Em sua monografia *História do tratamento da melancolia desde as origens até 1900*, publicada na *Acta Psychosomatica* (1962), Starobinsky cita o artigo, "Mélancolie" (1816), no qual Pinel conta ter feito dramatizações como parte do "tratamento moral": um melancólico, em seu delírio, sentia-se culpado por tudo. Pinel montou um tribunal e o absolveu de todas as culpas. Segundo Esquirol, essa situação foi desmascarada pela imprudência de um indiscreto, que contou a farsa ao delirante. Outro melancólico, em seu delírio, acreditava estar morto e, portanto, não deveria comer ou beber. Fracassados todos os esforços para que se alimentasse, o paciente, já caquético, estava quase à morte. Tiveram, então, a ideia de trazer um ataúde, em que colocaram uma pessoa e, diante do paciente, ofereceram alimento ao "defunto". O melancólico, vendo-o comer, imitou e passou a se alimentar. John Conolly (1830 *apud* Michael Stone, 1999) conta um episódio semelhante. Um príncipe de Bourbon, que se imaginava morto, recusava-se a comer. Para impedir sua morte, foi apresentado a duas pessoas que asseguraram estar mortas como ele. Após algumas trocas de experiências sobre o mundo dos mortos, convidaram-no para jantar com uma pessoa ilustre, também já falecida, o Marechal Tourenne. O príncipe aceitou o convite e, a partir de então, todos os dias era convidado a jantar com algum fantasma renomado.

Outra história contada por Stone (1999) em seu livro e citada também por Blatner (1996) baseia-se em um conto do Rabino Nashman de Bratzlav. Em uma terra distante, um príncipe perdeu a razão. Acreditava ser um galo e, por isso, vivia nu, embaixo da mesa e recusava os lautos banquetes reais, pedindo milho. Desesperado, o rei, que já havia consultado os melhores médicos sem qualquer resultado, chamou curandeiros, mágicos, monges, ascetas, fazedores de milagres, mas todos fracassaram. Certo dia, apareceu um sábio desconhecido que recebeu autorização do rei para tentar curar o príncipe. O sábio ficou nu como ele, foi para debaixo da mesa e começou a cantar como um galo. Desconfiado, o príncipe interrogou-o:

— Quem é você? O que está fazendo aqui?
— E você? — replicou o sábio — quem é, e o que está fazendo aqui?
— Você não vê? Eu sou um galo!
— Hummm! — disse o sábio — que estranho encontrá-lo aqui!
— Estranho por quê? — perguntou o príncipe.
— Você não vê? Realmente? Você não vê que sou um galo exatamente como você? — perguntou o sábio fingindo surpresa.

Conta o Rabino Nachman que os dois declararam sua amizade e juraram nunca abandonar um ao outro. Então, o sábio incumbiu-se de curar o príncipe, usando a si mesmo como exemplo. Ele começou usando uma camisa, para perplexidade do príncipe:

— Você está louco? Você é um galo e quer ser homem?
— Você sabe — disse o sábio com voz suave —, você nunca deveria acreditar que um galo que se veste como um homem deixa de ser galo.

O príncipe teve de concordar e, a partir daí, passou a se vestir normalmente e a se alimentar como todos, convencido pelo sábio de que nunca se deve acreditar que basta um galo comportar-se como um homem para se tornar humano:

— Você pode fazer qualquer coisa com os humanos e até *para* os humanos e, contudo, continuar a ser o galo que você é. — O príncipe convenceu-se e retomou sua vida como príncipe.

Em 1788, no Hospital de Lunáticos, perto de Paris, os pacientes foram encorajados a representar peças teatrais para recuperar a sanidade. Entre 1797 e 1811, no Asilo de Charenton, França, onde esteve internado o Marquês de Sade, Coulmier estimulou os pacientes a fazer teatro. Em 1813 foram construídos teatros em hospitais psiquiátricos italianos: em Aversa, Nápoles e Palermo. Na Escócia, Dumfries, na Crichton Royal Institution, em 1843, e Willian Browne, ex-aluno de Esquirol no Asilo de Charenton, instigaram pacientes ao jogo teatral. Foram representadas as peças *Raising the wind*, de James Kenneyde, e *Twelfth night*, de Shakespeare. O teatro continuou a ser utilizado em alguns hospitais europeus. Alexandre Dumas realizou na Itália, em Aversa, *performances* com pacientes, e, na Inglaterra, no Ticerhurst Asylum, foi construído um excelente teatro (Casson, 2004).

Em Kiev, Rússia, entre 1908 e 1917, Vladimir Ijine, influenciado por Stanislavski, desenvolveu o teatro terapêutico com pacientes psiquiátricos. Publicou, em 1909, *Improvising theatre play in the treatment of mood disorders*, e, em 1910, *Patients play theatre: a way of healing body and mind*. Em 1922, encontrou-se com Sandor Ferenczi, em Budapeste, que lhe contou como utilizou um procedimento semelhante ao *role-playing* em psicanálise.

Nicholas Evreinnoff (1879-1953), diretor de teatro russo, escreveu, em 1927, *The theatre in life*, em que recomenda o desenvolvimento da "teatroterapia", apesar de nunca ter trabalhado com portadores de doença mental (Casson, 2004).

A história do psicodrama está ligada à história de Jacob Levi Moreno, seu criador. Em 1910, J. L. Moreno (1992), ainda estudante de medicina, conta:

> Certo dia, estava eu por Augarten, jardim próximo ao palácio do arquiduque, quando avistei um grupo de crianças brincando. Parei, então, e comecei a contar-lhes histórias. Para minha surpresa, outras crianças interromperam seus jogos para se juntarem a nós e ainda babás com seus carrinhos, mães, pais e policiais montados em seus cavalos.

A partir daí, e durante algum tempo, Moreno continuou a frequentar o Jardim Augarten, conversando com os grupos de crianças, improvisando representações e plantando as sementes da psicoterapia de grupo (Moreno, 1974). Marineau (1992) escreve que Moreno abandonou a atividade porque a polícia e a administração da escola das crianças passaram a procurá-lo, com a suspeita de que era pedófilo e exercia influência sobre as crianças.

Entre outras atividades, o futuro criador do psicodrama estava envolvido com o teatro e encenava peças de sua autoria no Teatro das Crianças de Viena. Durante a apresentação, na condição de espectador, fazia intervenções nas cenas, testando a espontaneidade dos atores e estimulando o auditório a acompanhá-lo. Chamou essa experiência de "teatro de auditório".

Em 1913, logo que terminou o curso médico, observou uma prostituta sendo advertida por um policial, que a impedia de atrair clientes na rua durante o dia. A cena o deixou perturbado e envolvido. Passou a frequentar – junto com os amigos dr. Wilhelm, especialista em doenças venéreas, e Carl Colbert, editor do jornal *Der Morgen* – um gueto de prostitutas: o quarteirão Spittelberg, em Viena. Procurava organizar as mulheres em um "sindicato", para que defendessem sua profissão e fizessem uma poupança para emergências como doenças, desemprego e velhice. Mais tarde, incluiu um advogado para resolver problemas legais. Moreno reunia grupos de oito a dez garotas, duas a três vezes por semana, como se fossem grupos de conscientização. Foi assim que se deu conta do efeito transformador que as pessoas podem ter umas sobre as outras quando estimuladas cooperativamente. Percebeu, nessa atividade, que "um indivíduo poderia vir a ser um agente terapêutico para o outro". No final de 1913, entretanto, um encontro marcado por prostitutas gerou um grande conflito com os membros da sociedade puritana. O encontro foi encerrado pela polícia (Moreno, 1992; Marineau, 1992; Fox, 2002; Knobel, 2004).

Em 1915, como não conseguira se alistar no exército por não ter nacionalidade definida, Moreno trabalhou durante dois anos como médico em Mittendorf, na Áustria, local onde o governo segregou austríacos de origem e língua italiana, pois o país estava em guerra contra a Itália. No campo de Mittendorf, junto com Ferruccio Bannizone, um psicólogo clínico autodidata, líder no funcionamento do campo, iniciou uma pesquisa sobre os relacionamentos entre as pessoas de cada barraca e as de diferentes barracas e, ainda, entre indivíduos de diferentes setores de trabalho no campo. Essa pesquisa levou-o a descobrir o sentido e a importância dos grupos e das afinidades e incompatibilidades pessoais como elementos articuladores da vida social. Aos poucos, percebeu que os relacionamentos, a comunicação e o poder fluem por canais muito diferentes dos constituídos pelas estruturas oficiais do campo. Com base em suas informações, começou a reagrupar e transferir famílias nos alojamentos, tendo como critério as afinidades entre elas. O resultado foi uma diminuição dos desajustes e um aumento na cooperação e ajuda mútua (Knobel, 2004).

J. L. Moreno (1974) considerou o grupo de prostitutas e suas observações e estudos no campo de refugiados de Mittendorf a continuação de suas experiências para criar a psicoterapia de grupo.

Na Faculdade de Medicina, Moreno estudou diagnóstico e patologia básica com os professores Stransky, Berze e Redlich, além de fazer um seminário de duas horas semanais durante um semestre com o professor Pötzl, especialista em neuropatologia, na época assistente do poderoso e tirano Wagner von Jauregg, inimigo de Freud e hostil à psicanálise. Pötzl era mais aberto. Paul Shilder (psiquiatra americano e um dos introdutores da psicoterapia de grupo em hospital psiquiátrico), um de seus assistentes, ajudou-o na pesquisa sobre sonhos. Moreno, como assistente de Pötzl, atuou na clínica da Universidade Lazarettgass e, no Hospital Psiquiátrico Steinhof, teve sua primeira experiência com doentes mentais. Fez críticas a essa instituição, argumentando que os pacientes permaneciam lá até a morte e eram objetos de uso e abuso nas pesquisas. Não havia terapia alguma.

Ele ainda não fazia ideia de que viria a trabalhar no campo da saúde mental. Na verdade, preparava-se para se tornar médico de família. Escreveu que não se impressionou com a psiquiatria kraepeliniana e nem com a psicanálise. Em 1917, aos 28 anos, recebeu o diploma de médico pela Universidade de Viena (Moreno, 1992; Marineau, 1992).

Moreno decidiu, então, morar no campo e clinicar para pessoas simples. No início, fixou residência em Kottingbrunn, nos arredores de Viena. Mais tarde foi para Bad Vöslau, a convite do prefeito, para substituir o chefe de saúde pública municipal, que havia morrido. Lá, Moreno morou e trabalhou como médico de família, discutindo abertamente com as pessoas suas dificuldades e conflitos familiares. Trabalhou-os buscando possíveis soluções. Chamou essa abordagem de "teatro recíproco" (Marineau, 1992; Knobel, 2004).

Em Bad Vöslau, tratou um paciente que lhe trouxe alguns ensinamentos relativos à saúde mental. Esse senhor procurou Moreno para pedir que o ajudasse a cometer suicídio. O médico iniciou o tratamento entrando sem rodeios em sua vida íntima e, durante semanas, conversou sobre seu plano de morte. O homem escreveu suas últimas vontades e passou a comer com grande apetite, como se fossem as suas últimas refeições, e atuou em diferentes roteiros. Moreno trabalhou com uma assistente, Marianne Lörnitzo, fazendo o papel que, no psicodrama, seria chamado de ego-auxiliar. O paciente era o protagonista; Marianne, a ego-auxiliar, e Moreno, o diretor. Ele referia-se a esse caso como o de seu primeiro "paciente internado". De fato, essa pessoa passou muito tempo em Bad Vöslau, vivendo em um hotel. Sem saber, Moreno estava desenvolvendo, pela primeira vez, um tratamento psicodramático, descobrindo o valor de uma atuação imaginária (Marineau, 1992).

O teatro passava por transformações importantes. Stanislavski, em 1898, criou em Moscou o Teatro das Artes e revolucionou a representação teatral: propôs que o ator criasse os personagens com base em seus próprios sentimentos, com espontaneidade, visando a maior autenticidade. Reinhardt levou o teatro às praças públicas, às igrejas e aos circos, iniciando o teatro popular de massas. Pirandello, em 1921, publicou *Seis personagens à procura de um autor*, dando início ao teatro psicológico, de motivações pessoais e subjetivas, que denominou "teatro da loucura". Influenciado por esses movimentos, o médico passou a considerar a investigação da espontaneidade no plano experimental como um recurso possível (Almeida, 1991).

Em 1921, acompanhando todo o movimento cultural da época, Moreno fundou o Teatro da Espontaneidade (*Das Stegreiftheater*). Desejava testar o teatro tradicional livrando-o de suas conservas culturais e viu essa oportunidade na criação de um grupo. Sua proposta era dramatizar peças espontâneas. De acordo com o proposto pelo público, fazia algumas "redramatizações" de notícias diárias usando uma técnica chamada "jornal vivo", ou ainda improvisava sobre temas propostos. Para a realização desses espetáculos, alugou um espaço grande, para cerca de 75 pessoas, na Maysedergasse, nº 2, em Viena (Marineau, 1992).

Essa forma de fazer teatro apresentava as seguintes características:

- Palco aberto, com plena visibilidade de qualquer ponto do auditório.
- Eliminação do dramaturgo e do texto escrito.
- Participação do auditório, sendo todos potencialmente atores e autores.
- Improvisação: a obra, a ação, o tema, as palavras, o encontro e a resolução dos conflitos, tudo é improvisado.
- Tudo ocorre no "aqui-agora" da apresentação.

Em 1º de abril de 1921, alugou o Komödienhaus, em Viena e, com o teatro lotado de políticos, autoridades, gente comum, atores e seus amigos, fez a primeira demonstração do que chamou de sociodrama, definindo-o como "um método de ação profunda que lida com relações intergrupais e ideologias coletivas" (Marineau, 1992).

Nesse dia, ao se abrirem as cortinas do Komödienhaus, Moreno apareceu no palco vestido de bobo da corte. No cenário havia somente um trono vazio, um manto púrpura e uma coroa dourada. Apresentou-se ao público e disse que procurava um rei, um tipo de pessoa que não se coroa a si própria, mas emerge naturalmente da multidão, uma pessoa cuja sabedoria a indica como escolha natural para liderar. Fez um convite para que alguém da plateia ocupasse esse lugar e desse uma solução política para a Áustria – ninguém conseguiu. Poucas pessoas subiram ao palco, talvez por não estarem habituadas a esse tipo de encenação. O público ficou impaciente, inquieto e irritado, e muitos deixaram o teatro, principalmente as autoridades. A imprensa criticou Moreno, e essa encenação lhe trouxe problemas, pois, não sendo austríaco, não poderia envolver-se publicamente em questões políticas. Nesse sociodrama, tentou descobrir alternativas organizacionais para os austríacos e dar poder a qualquer voz dentro do espectro político e social (Marineau, 1992).

Durante cerca de três anos, no Teatro da Espontaneidade, Moreno ofereceu aos vienenses produções dramáticas improvisadas. Aos poucos, essa forma de teatro evoluiu até chegar ao teatro terapêutico, que se constituiu em uma ação orientada, pública e fincada na realidade imediata. Trouxe o público para a cena como parte essencial da terapia. Era uma abordagem nova, orientada para a ação e que tomava o grupo como base para mudanças. Por meio dela, elaborou o método do psicodrama como um recurso que explora a "verdade" pessoal (Marineau, 1992).

Em 1923, com o exemplar caso de Bárbara e George, inaugurou o psicodrama. Moreno contou que Bárbara, uma atriz de seu elenco, desempenhava muito bem papéis nos quais se mostrava meiga, dócil e ingênua. Um dia foi procurado por George, marido de Bárbara, e ouviu queixas de que ela não era nada daquilo que se via no palco. Em casa, segundo ele, era uma megera, intolerante, irritada e agressiva. Moreno resolveu mudar as características dos papéis de Bárbara, dando-lhe papéis mais agressivos, violentos e antipáticos. O resultado foi uma mudança de comportamento, trazendo harmonia temporária na relação do casal. Depois, Marineau (1992) completou a história contando que o casal se separou e, cinco anos mais tarde, George se suicidou. Esse incidente perturbou Moreno e ele começou a elaborar técnicas psicodramáticas, mostrando, em seguida, os poderosos efeitos de desempenhar papéis no *setting* terapêutico.

Marineau (1992) escreve que Moreno criou o psicodrama por meio de um processo gradual de descobertas que explorava alternativas variadas. Acreditava que as mudanças pessoais ocorreriam pelo *insight* da ação, um processo de experimentação e re-experimentação do comportamento com a subsequente reflexão, ao contrário da psicanálise, na qual a reflexão precede a ação, ressaltando que a "atuação" ocorre no palco.

O Teatro da Espontaneidade não obteve grande sucesso de público e Moreno o modificou criando o "Jornal Vivo", mais tarde "Jornal Dramatizado", no qual público e atores dramatizavam notícias dos jornais da cidade. Mesmo com essa mudança, não obteve sucesso de bilheteria e os atores começaram a abandoná-lo, procurando emprego no teatro "tradicional". Marineau (1992) explica que esse abandono aconteceu, também, porque os atores de sua companhia eram solicitados, no palco, a se envolver com suas próprias vidas, e isso os constrangia. Percebeu que a dramatização espontânea, ao fazer muitas exigências, é adequada a pessoas que desejam realmente mudar suas vidas e assumir total responsabilidade por elas. Segundo Fox (2002), sua contribuição ao teatro limitou-se à influência em poucas pessoas, que comungavam ideias semelhantes e que procuravam produzir trabalhos teatrais criativos e dramas espontâneos, "como eles aparecem no dia a dia, na mente de pessoas simples".

Após esse fracasso comercial, Moreno, já formado em medicina e frequentador da clínica psiquiátrica de Otto Pötzl, decidiu fazer improvisação com pacientes psiquiátricos, realizando-a em "clima terapêutico" (Gonçalves, Wolff e Almeida, 1988; Almeida, 1991). Assim como no teatro em Viena, realizava eventualmente trabalho espontâneo em sua casa de Bad Vöslau. Até o fim de 1924, não tinha sistematizado o psicodrama. Nesse ano, publicou o livro *O teatro da espontaneidade*.

Em 1925, emigra para os Estados Unidos e, em 1927, trabalhando como psiquiatra no Mt. Sinai Hospital de Nova York, desenvolve o psicodrama e a psicoterapia de grupo.

Publicou vários livros, entre eles *Quem sobreviverá? Uma nova abordagem do problema das inter-relações humanas*, considerada sua obra mais importante. Lançou *Psychodrama*, vol. 1, em 1946; vol. 2, em 1959; e vol. 3, em 1969, estes dois últimos volumes em coautoria com Zerka Moreno. Em 1966, editou *The international handbook of group psychotherapy*, em coautoria com A. Friedmann, R. Battegay e Zerka T. Moreno. Ao todo publicou 308 escritos, entre livros e artigos (Hare, 1986).

Em 1932, com uma pesquisa sociométrica feita na penitenciária de Sing-Sing (Nova York), apresentada em reunião da Associação Psiquiátrica Americana, cunhou o termo "psicoterapia de grupo". Publicou essa pesquisa com o título *Classificação de prisioneiros segundo o método de grupo*.

Durante as décadas de 1930 e 1940, estabeleceu sua prática em algumas instituições. Em 1936, fundou o Beacon Hill Sanatorium, posteriormente denominado Moreno Sanatorium. Em 1942, criou o Instituto Sociométrico e o Teatro de Psicodrama – entre seus alunos estavam Fritz Perls, Eric Berne e Marion Chace (Fox, 2002). Fundou a Sociedade de Psicodrama e Psicoterapia de Grupo, rebatizada, em 1951, como Sociedade Americana de Psicoterapia de Grupo e Psicodrama. Em 1973, fundou a International Association of Group Psychotherapy (IAGP). Foi professor universitário no Instituto do Professorado da Universidade de Columbia e na New School for Social Research. Em 1942, foi construído um teatro psicodramático no St. Elisabeth's Hospital, em Washington, DC, e, nessa mesma década, inaugurou um teatro na Universidade de Harvard.

O Beacon Hill Sanatorium funcionava como um modelo de comunidade terapêutica. Lá realizou tratamento psiquiátrico com a técnica do "mundo auxiliar". Em seu teatro, os pacientes eram convidados a explorar seus sintomas e pensamentos. As regras da realidade mudavam para o "como se" e permitia-se explorá-las sob novas perspectivas. Funcionava também como local de formação psicodramática para profissionais em saúde mental. Após 1950, passou a se chamar Moreno Sanatorium. Foi sede do Centro Mundial para o Psicodrama, posteriormente denominada Academia Moreno, atualmente extinta. Nesse teatro, o psicodrama começou a ganhar vida com a utilização sistemática de egos-auxiliares e um diretor, em treinamento, a serviço de um protagonista (Goffi Jr., 2000). Karl Menninger, após visitar Beacon, instalou um teatro psicodramático no Winter General Hospital em Topeka. Moreno participou de inúmeros congressos internacionais de psicoterapia de grupo e criou os congressos internacionais de psicodrama, que atualmente não existem. A IAGP engloba todas as correntes de psicoterapia de grupo.

Em 1954, Moreno participou, em Toronto, do 1º Congresso Internacional de Psicoterapia de Grupo. Em 1957, no 2º Congresso Internacional de Psicoterapia de Grupo, presidiu a sessão de psicodrama, em Zurique. Em 1963, em Milão, presidiu o 3º Congresso Internacional de Psicoterapia de Grupo. Em 1964, foi presidente honorário do 1º Congresso Internacional de Psicodrama em Paris, sob os auspícios da Faculdade de Medicina de Paris e presidido pelo psiquiatra Paul Silvadon, que contou com a presença de 1.200 participantes de 26 países. Em 1966, houve o 2º Congresso Internacional de Psicodrama, organizado por Ramon Sarró, em Barcelona. Esses dois congressos provocaram um grande impacto, resultando em um maior alcance do movimento psicodramático na Europa. O 3º Congresso Internacional de Psicodrama aconteceu na Áustria, em 1968, tendo J. L. Moreno como presidente honorário. Nessa época, importantes acontecimentos ocorreram na Europa, como a Primavera de Praga, quando os russos invadiram a então Tchecoslováquia, obrigando a transferência do Congresso para a Áustria. Houve também o histórico movimento dos estudantes de Paris em maio de 1968. Nesse mesmo ano, em Viena, durante o 4º Congresso Internacional de Psicoterapia de Grupo, Moreno criou a International Association of Group Psychotherapy (IAGP). E, em agosto de 1973, durante o 5º Congresso Internacional de Psicoterapia de Grupo, em Zurique, Moreno inaugurou oficialmente a IAGP. O 4º Congresso Internacional de Psicodrama aconteceu em Buenos Aires; o quinto, em 1970, em São Paulo, e o sexto em Amsterdam, em 1971. Desde então, os congressos internacionais de psicodrama, por sugestão de Moreno, não aconteceram mais separados dos de psicoterapia de grupo. A IAGP congrega todas as formas de psicoterapia de grupo.

Entre 1952 e 1973, Moreno foi poucas vezes à Europa para participar de congressos, conferências, demonstrações de psicodrama, quase sempre acompanhado de Zerka Moreno. Em 1954, jantou com Jacques Lacan, em 1956 foi filmado por Roberto Rosselini para um documentário da televisão francesa *Centre de Recherches de Radio – Télévision – ORTF*. Em 1958, encontrou-se com Rollo-May e Lopez Ibor, em Barcelona, no Congresso de Psicoterapia Existencial. Em 1959, a convite da Academia Russa de Ciências, fez demonstrações de psicodrama em Moscou e Leningrado (Schützenberger, 1998). Em 1969, recebeu o Título Honorário da Universidade de Viena. Em sua casa de Bad Vöslau, onde viveu e trabalhou como agente de saúde pública, foi colocada uma placa em sua homenagem (Fox, 2002).

Moreno morreu em 14 de maio de 1974 e quis que colocassem um epitáfio em sua lápide: "Aqui jaz aquele que abriu as portas da psiquiatria ao riso e à alegria".

Inúmeros psicodramatistas em todo o mundo continuaram a desenvolver e pesquisar o psicodrama, dando seguimento à corrente de Moreno. Em vários países, particularmente Brasil, Argentina, Espanha, França, Inglaterra, Itália e Suécia, o psicodrama cresceu em popularidade e foi escrita uma rica literatura sobre o tema. Alguns textos seguem de perto a base teórica de Moreno, outros adaptam o psicodrama a orientações teóricas diferentes. Didier Anzieu (em 1956), Serge Lebovici, René Diatkine e Evelyne Kessemberg (em 1969), entre outros, lideraram uma escola psicanalítica de psicodrama, com crianças e adolescentes, utilizando equipe de terapeutas múltiplos. Paul Lemoine (em 1978), psicanalista lacaniano, mescla o psicodrama com a abordagem analítica grupal. Gennie e Paul Lemoine, lacanianos, descreveram e publicaram, em 1972, o tratamento de um psicótico com psicodrama individual.

Kononovich (1984), em seu livro *Psicodrama comunitario con psicóticos*, escreve que na Argentina, antes da década de 1960, o trabalho terapêutico com psicóticos era por meio da psicoterapia de grupo verbal-interpretativa. Na década de 1940, Pichon Rivière e Krapf, no Hospital de las Mercedes, hoje Hospital Nacional J. T. Borda, iniciaram trabalho terapêutico com psicóticos. Em 1951, Raul J. Usandivaras coordenou o primeiro grupo terapêutico, utilizando o modelo de Schilder. Nessa mesma época, S. Resnik e J. J. Morgan também passaram a trabalhar com grupos terapêuticos nesse hospital – seguidores de Foulkes, são conhecidos como membros da "escola inglesa". Desde então, diversos analistas passaram a interessar-se pela terapia de grupo com psicóticos, dentre eles E. Rodrigué, que, em colaboração com M. Langer e L. Grinberg, edita o primeiro livro argentino sobre o tema. Diversos outros terapeutas continuaram o trabalho de grupo em hospitais e clínicas psiquiátricas. Entre eles destacam-se J. Rojas--Bermúdez, E. Pavlovsky, C. Martínez Bouquet, Carlos Quintana, Dalmiro Bustos, Glasserman, Fidel Moccio etc. Kononovich (1984) assinala que a maior parte das experiências de trabalho com psicóticos se desenvolveu entre 1965 e 1975 nos hospitais psiquiátricos nacionais, serviços de psicopatologia de hospitais gerais e em diversos centros de saúde.

Rojas-Bermúdez foi pioneiro nesse campo, primeiro como psicodramatista analítico para, logo depois, desenvolver sua própria teoria sobre o esquema de papéis e o núcleo do eu. Criou, no Hospital Nacional J. T. Borda, o Centro de Investigações Psicodramáticas e, com isso, enriqueceu a abordagem psicodramática por meio das marionetes e da pintura, entre outros recursos. Ligados a Bermúdez estiveram Ariel Bufano, com os jogos dramáticos e seus títeres como objeto intermediário, e Carlos Quintana, que continuou com o trabalho de grupo no hospital-dia do Hospital Borda. Lá, Gastón Mazieres trabalhou com psicodança incorporada ao psicodrama, e Dalmiro Bustos realizou uma experiência com psicóticos internados no Hospital Neuropsiquiátrico Melchor Romero, intimamente ligada à ideia de comunidade terapêutica. Kononovich assinala que o hospital psiquiátrico foi o marco mais importante para o desenvolvimento da prática e das técnicas psicodramáticas, tanto nas enfermarias como no hospital-dia e no atendimento ambulatorial.

A partir da década de 1980, inúmeros autores publicam livros que contribuem para a teoria psicodramática além das ideias de Moreno. Entre os mais importantes destacam-se Zerka Moreno, Dalmiro Bustos, Jayme Rojas-Bermúdez, Carlos Calvente, Bernardo Kononovich, Eugenio Garrido Martin, Eduardo Pavlovsky, Fidel Moccio, Pablo Knappe, Carlos Menegazzo, Ernesto Fonseca Fábregas, Pierre Weil, José de Souza Fonseca, Alfredo Naffah Neto, Moysés Aguiar, Alfredo Correa Soeiro, Sergio Perazzo, Victor Souza Dias, Geraldo Massaro, José Roberto Wolff, Wilson Castello de Almeida, Anna Maria Knobel, Rosa Cukier, Espina Barrio, Adam Blatner, Márcia Karp, Peter Felix Kellermann, Paul Holmes, Jonathan Fox, Eva Røine, Marineau, James Saks e vários outros.

É óbvio que a raiz do psicodrama está nas ideias de Moreno, mas o psicodrama é aplicado de acordo com a formação, ideologia e cultura de cada psicodramatista. Considerar-se moreniano ortodoxo é uma atitude antimoreniana, pois isso seria perpetuar a conserva cultural sem adequar-se de forma criativa às mudanças socioculturais.

Marguerite Sechèhaye, do hospital Burghözolzli, em Zurique, trabalhando com esquizofrênicos, desenvolveu uma técnica que chamou de "realização simbólica", descrita pela primeira vez em 1947 em um livro com o mesmo nome. A autora descreve um tratamento aplicado em uma jovem de 13 anos, que havia ficado afastada de sua família durante dois anos, internada com anorexia e tuberculose. Após a alta, desenvolveu quadro alucinatório-delirante, diagnosticado como crise hebrefeno-catatônica. Em uma das sessões de psicoterapia, revelou à Madame Sechèhaye que haviam lhe tomado seus bens mais preciosos: as maçãs. A terapeuta, então, lhe ofereceu a fruta, mas a jovem disse que só poderia receber de volta as verdadeiras maçãs: as de sua mamãe. Intuindo o simbolismo, cortou um pedaço da fruta e o ofereceu, dizendo: "É hora de beber o bom leite das maçãs de mamãe". A jovem, deitada em seu colo, comeu a maçã como se estivesse mamando. Essa atitude maternal, mediada por um símbolo (o da amamentação), constitui a realização simbólica (Stone, 1999).

Pierre Bour, na França, influenciado pelo trabalho de Madame Sechèhaye, realizou trabalhos com esquizofrênicos crônicos utilizando objetos com valor simbólico, além dos conceitos de John N. Rosen a respeito de sua "análise direta" e das ideias de Gaston Bachelard com sua psicanálise dos quatro elementos.

Jean Franchete, colaboradora de Pierre Bour, enfatizou a necessidade da criação de dois grupos distintos de psicodrama, a fim de adequá-los às necessidades dos pacientes. Em um dos grupos, composto basicamente de esquizofrênicos crônicos, trabalhava com o "psicodrama dos quatro elementos". O outro grupo era composto de pacientes com critérios diagnósticos amplos ou convalescentes de quadros psicóticos ainda em tratamento com neurolépticos. Nesse grupo, eram realizadas dramatizações com protagonistas ou com todo o grupo, tudo acontecendo em função da dinâmica grupal e da inter-relação entre os indivíduos (Fuentes, 2003).

Lewis Yablonsky (em 1981), professor de sociologia, combinou o psicodrama com a abordagem da comunidade terapêutica. Norman Polannsky (em 1991) integrou o psicodrama com a psicologia do ego (Saks, 1996).

Vários outros métodos psicoterapêuticos adotam uma abordagem voltada à ação que inclui o desempenho de papéis. Geralmente constituem-se em terapias breves e focais, e apresentam bons resultados. As terapias comportamentais incluem técnicas de ação e utilizam recursos do *role-playing*. A gestalt-terapia incorporou alguns princípios básicos do psicodrama, em especial a técnica da cadeira vazia. As técnicas corporais, a arteterapia, a musicoterapia e a dançaterapia utilizam recursos psicodramáticos. Os trabalhos de Alexander, Rolf, Feldenkrais e, particularmente, a análise bioenergéitica de Alexander Lowen, com grande influência de Reich, são, com frequência, abordagens eficazes para a mobilização de afetos e recordações. A programação neurolinguística (PNL) inclui princípios psicodramáticos. Várias outras terapias alternativas – como a terapia de resolução de conflito de Philip, a terapia do grito primal de Janov e muitas outras – contêm elementos de ação e desempenho de papéis da terapia psicodramática.

Dramaterapia é o uso intencional e sistemático do processo drama/teatro a fim de promover mudanças e estimular o crescimento psicológico. Os instrumentos são derivados do teatro e as metas têm raízes na psicoterapia. Foi criada em 1933 por Peter Slade, na Inglaterra, que a utilizou no tratamento de uma mulher que ouvia vozes. Entre 1937 e 1939, usou o método dramático para facilitar a psicoterapia com adultos e trabalhou em conjunto com o dr. Kraemer (junguiano). Teve contatos com Moreno por meio de cartas e de dois encontros em Londres, em 1951 e 1954. Em 1941, no Military Wing of the Crichton Royal Institution, Dumfries, ao tratar um paciente com a dramaterapia, conta que um jovem oficial internado veio ao seu encontro e disse:

— Eu sou o Fantasma Sagrado e tenho como missão de Deus matar todos os novatos.

Slade pensou e respondeu:

— Você não pode me matar, pois sou o anjo Gabriel.

Durante algum tempo, o oficial só se dirigia a Slade como o Anjo Gabriel e o reverenciava. No papel de anjo, Slade sugeria comportamentos que melhoravam sua conduta na enfermaria e, aos poucos, o oficial foi melhorando, suas alucinações auditivas enfraquecendo e seu quadro remitiu. Slade foi solicitado a tratar outros pacientes e obteve sucesso.

Na Argentina, Rojas-Bermúdez, Carlos Quintana, Dalmiro Bustos e Bernardo Kononovich são psiquiatras e psicodramatistas que incluíram o psicodrama como método de tratamento de pacientes psiquiátricos (Fuentes, 2003). Segundo Barrio (1986), a revisão bibliográfica nos últimos anos mostra que o psicodrama nas instituições segue sendo praticado com as mesmas indicações de Moreno.

Entre nós, em levantamento realizado até 2009 pela Federação Brasileira de Psicodrama (Febrap), foram publicados 84 livros, nenhum específico sobre sua utilização na enfermaria psiquiátrica. Em 2001, publicamos o livro *Psicoterapia de grupo: o psicodrama no hospital psiquiátrico*, que foi base para este atual livro.

4. O PSICODRAMA E A PSICOSE

Ernst von Feuchtersleben (1806-1849) publicou, em 1845, em Viena, o *Tratado de psicologia médica* e introduziu na medicina o termo "psicose", que sofreu muitas modificações de conceito com o passar dos anos. Atualmente, a maioria dos psicopatologistas conceitua "a psicose como sendo a ruptura das regras e limites que presidem o intercâmbio entre a realidade percebida e pensada pelo sujeito, e a realidade comum, acessível aos demais, sendo as manifestações esquizofrênicas, em sentido amplo, o modelo mais representativo desse fenômeno" (Ramadam, 1978).

As manifestações sintomatológicas consistem na alteração da comunicação lógica das associações de ideias e no rompimento da barreira fantasia/realidade, incluindo, ainda, sintomas afetivos, alteração da vontade e da atividade. Sadock (2007), em seu *Compêndio de psiquiatria*, enfatiza que o psicótico perde a capacidade para o teste de realidade (avaliação e apreciação objetiva do mundo fora do *self*) e apresenta limitações no funcionamento mental – manifestadas por delírios, alucinações, confusão e perda de memória. Sinaliza, também, que o uso psiquiátrico mais comum do termo tornou-se sinônimo de limitações graves no funcionamento social e pessoal, caracterizadas por retraimento e incapacidade de cumprir papéis domésticos e ocupacionais comuns. Segundo o *American psychiatric glossary*, da American Psychiatric Association, o psicótico apresenta uma ampla limitação no teste de realidade, avaliando de forma incorreta a exatidão de suas percepções e pensamentos, e faz inferências equivocadas sobre a realidade externa, mesmo diante de evidências contrárias.

Nos manuais de classificações de transtornos mentais, CID-10 e DSM-IV, o termo permanece indicando a presença de alucinações, delírios, discurso desorganizado ou um número limitado de anormalidades de comportamento, tais como excitação, hiperatividade e comportamento catatônico.

Para Ramadam (1978), a doença mental é um "acontecimento": sua ocorrência se dá em um "espaço" (real ou virtual) e apresenta uma "duração" (tempo) determinada. O espaço se refere ao grau de interioridade (espaço virtual, subjetivo) ou exterioridade (espaço real, objetivo) que o paciente e o observador "atribuem" aos fenômenos. Um paciente com alucinações tem a convicção de que tal acontecimento se dá no espaço exterior, ao passo que o observador tem a certeza de que o acontecimento se situa no espaço interior do paciente alucinado.

Os sintomas de primeira ordem da esquizofrenia, descritos por Kurt Schneider (1975), são fenômenos típicos da exteriorização do espaço interior e subjetivo.

Schneider escreve que a exteriorização dos fenômenos do espaço interior são fundamentos não só da esquizofrenia como também da maior parte das psicoses. Portanto, o que caracteriza a psicose é o "vazamento" da subjetividade, quando se desfaz a linha que separa o espaço virtual do espaço real. Essa linha demarcatória entre os dois espaços, na concepção dos psicopatologistas, emerge como verdadeiro divisor de águas entre a razão e a loucura, no sentido mais amplo (Ramadam, 1978).

É importante lembrar que o conceito de psicose é muito mais amplo que o da esquizofrenia – desordem mental difícil de ser definida, caracterizada por uma longa série de transtornos do comportamento e da vivência, cuja fronteira com outros transtornos mentais, atualmente, é bastante discutida, tornando-se o maior paradigma da doença mental grave (Sonenreich e Estevão, 2007).

As psicoses dependem de fatores genéticos e de desenvolvimento, e têm em comum a presença desses sintomas (delírio, alucinações), pensamentos e percepções anormais, e ainda, em alguns pacientes, sintomas negativos (embotamento afetivo, pobreza de discurso).

A Classificação Internacional de Doenças encontra-se na décima edição (CID-10) e foi realizada para todas as áreas da medicina. As patologias psiquiátricas foram agrupadas sob o índice "F". Essa classificação teria como objetivo constituir instrumento internacional de comunicação, educação, pesquisa, e permitir estatísticas internacionais sobre mortalidade e morbidade.

O DSM é uma classificação elaborada pela Associação Psiquiátrica Americana (APA) e encontra-se na quarta versão (DSM-IV), inicialmente publicada em 1994, com versão revisada no ano 2000 (DSM-IV-TR). Essa classificação é feita por mecanismo matemático, que tabula sinais e sintomas. Para obter diagnósticos, lança mão de programas de computador utilizados para estabelecer algoritmos e árvores de decisão. É formado por critérios operacionais de todos os diagnósticos psiquiátricos e discutido por grupos de trabalho designados pela APA. Apresenta, portanto, importante influência da escola psiquiátrica americana.

Esses códigos oficiais de classificação têm como objetivo conhecer e formular adequadamente o conceito de doença mental. Porém, eles não cumprem sua meta, pois não permitem um real conhecimento da doença mental, já que, tanto as classificações CID-10 como DSM-IV descrevem apenas os sintomas, fazendo crer que são realidades. A soma dos sintomas designa diagnósticos, cada vez mais numerosos. Por isso, o outro objetivo das classificações – a unificação diagnóstica – não é alcançado. Mais uma crítica é a de que esse tipo de critério não dá lugar à subjetividade, ferramenta básica do trabalho do psiquiatra. O DSM-IV, embora tenha seu sucesso internacional, também é criticado. Seus critérios explícitos apresentam falta de coerência teórica e são influenciados por forças ideológicas, políticas e mercadológicas. Além disso, algumas falhas na configuração desse sistema permitem interpretações errôneas ou mal uso de critérios (Andrade, Humes e Wang, 2007).

Sadock (2007) enfatiza que os pacientes são mais que simples conjuntos de sinais e sintomas. Esse autor adverte que "a descrição dos sinais e sintomas é a ciência da psiquiatria, enquanto a habilidade dos observadores, suas imaginações criativas e sua capacidade de ter empatia é a arte".

Diagnosticar é muito mais que classificar, colocar em categorias. Essa função é importante para fins de saúde pública e epidemiologia. É dever do psiquiatra entender a doença de seu paciente, seus mecanismos tanto fisiopatológicos como psicogênicos. Essa classificação não serve, simplifica, não leva em conta a subjetividade. Cada paciente é único, tem sua singularidade, não pode ser massificado. Por essa classificação, qualquer indivíduo familiarizado com a informática é capaz de realizar um diagnóstico, por soma de sintomas, e procurar um tratamento em *guidelines* dirigidos pela psiquiatria baseada em evidências. O psiquiatra deve estar diante do paciente com sua sensibilidade, com sua cultura médica e psiquiátrica apenas para diminuir o sofrimento, caso não possa curá-lo.

Para Zerka Moreno, a palavra "diagnóstico" pode ser decomposta de duas maneiras: dia-gnóstico e di-agnóstico, sendo que a primeira versão significaria "conhecimento por meio da percepção", e a segunda, "retirar o não saber". Ressalta que a palavra deveria descrever um processo, mais que um produto final e, na verdade, é usada como categorização. Moreno, quando criticado por essa posição, dizia que o diagnóstico em psicodrama é muito claramente iluminado pelo próprio processo, e que o diretor toma decisões terapêuticas e dramáticas com base nos achados à medida que o psicodrama se desenrola. O diagnóstico é feito espontaneamente e usado para decidir cenas e interações.

Fonseca (2000) salienta que Moreno nunca deu ênfase aos diagnósticos psiquiátricos tradicionais. Em seus trabalhos, o diagnóstico clássico aparece como uma apresentação sem importância. Sua preocupação estava na maneira como o paciente age e expressa seu mundo. Naffah Neto (1997, p. 215), reinterpretando Moreno, escreve:

> Saudável é o indivíduo espontâneo-criativo, capaz de relações télicas, continuamente lançado no presente e podendo retomar e transformar suas formas de existir em relação a cada situação de vida; saudável é o indivíduo capaz de catalisar a imaginação com vistas à transformação da realidade, de retomar os papéis sociais cristalizados e fixos que o circunscrevem e recriá-los, invertê-los, transformá-los na vivência das próprias relações em que se vê lançado; saudável, em síntese, é o indivíduo capaz de viver numa unidade entre o real e o imaginário, podendo fluir livremente entre essas duas dimensões, sem, contudo, fixar-se em nenhuma delas.

E prossegue nessa interpretação dizendo que

[...] enfermo é o indivíduo aprisionado ao passado, à repetição de relações conservadas e com um repertório de argumentos e ações baseados nas conservas culturais, aprisionado a vínculos transferenciais, ao fechamento diante de situações reais e presentes, à incapacidade de inverter, recriar e transformar papéis; em síntese, o desencontro e a clivagem entre o real e o imaginário que cinde o sujeito em duas funções deslocadas uma da outra: o papel e a pessoa, daí a impossibilidade da imaginação ser catalisada e retomada pelo corpo robotizado, daí a circunscrição da subjetividade e do imaginário a um âmbito solitário e sem possibilidade de trocas. (Naffah Neto, 1997, p. 215)

Essa maneira de ver a saúde e a doença não significa a descrição de psicopatologias específicas, e sim a uma visão da doença como patologia da espontaneidade e, em última análise, uma patologia da liberdade. Moreno acreditava no tratamento como uma maneira singular e individualizada a cada pessoa. Para ele, diagnóstico e tratamento deveriam formar um só corpo e apoiar-se nas características específicas que emergem e se revelam na relação terapeuta-paciente, evitando rótulos e descrições abstratas (Naffah Neto, 1997).

Moreno tinha como referência um modelo de saúde e não de patologia, e não fazia uso da categorização diagnóstica psiquiátrica em seus textos mas, segundo Zerka Moreno, ele, como diretor de hospital psiquiátrico, tinha de usar essas categorias para documentar os casos. Ainda segundo ela, era um excelente diagnosticador em ambas as acepções da palavra; quando rotulava um paciente com um *diagnóstico* psiquiátrico era fiel ao significado "retirar o não saber" (Moreno, Blomkvist, Rützel, 2001).

Kellermann (1998) escreve que no psicodrama existencial não existe um conceito de saúde, de normalidade ou patologia. O diagnóstico, no sentido clínico, é desnecessário, pois o psicodrama não é terapia no sentido médico do termo, mas sim uma experiência emocional que se dá em um contexto especial, de um encontro interpessoal, com os valores espirituais que lhe são próprios. Portanto, a meta não é a cura, mas o estímulo para que o indivíduo se torne o mais espontâneo e criativo possível dentro das próprias limitações.

Fonseca (2000), baseado em alguns autores como Moreno, Kernberg, Kohut e Fiorini, e em suas próprias observações, propõe para o diagnóstico quatro grupos sindrômicos: psicóticos, portadores de distúrbios da identidade, neuróticos e normóticos. O neurótico apresenta sintomas clínicos, desencadeados pela descompensação de *traços principais* da personalidade em proporções variáveis. Assim, quando predominam traços obsessivos na personalidade, na descompensação teríamos o portador de transtorno obsessivo-compulsivo (TOC). Quando predominam traços histéricos no normótico, se há uma descompensação, temos o transtorno dissociativo e assim por diante. Fonseca salienta que há sempre uma combinação de traços principais, acarretando, na descompensação, a psicoplastia de traços combinados: obsessivo-fóbico, histero-fóbico etc. Psicóticos, para esse autor, são os indivíduos que apresentam surtos (quadros alucinatórios e/ou delirantes), mas salienta a necessidade de analisar o sujeito não somente durante o surto, mas também fora dele, que é o estado em que vive a maior parte de sua vida. Com isso, tem-se um diagnóstico global do funcionamento do indivíduo. Chama ainda a atenção para a distinção entre dinâmicas psicóticas e estados psicóticos. As primeiras podem aparecer em qualquer pessoa, enquanto os segundos são processos clínicos estruturados e com elementos diagnósticos específicos.

O diagnóstico formal nos dá pistas do funcionamento do indivíduo. Por exemplo: quando o paciente é portador de um quadro de ansiedade, seus processos psíquicos são regidos por um ritmo acelerado em um campo vivencial estreitado – na mania o ritmo é acelerado em um campo vivencial alargado e na depressão os processos psíquicos estão lentificados em um campo vivencial estreitado – e é claro que os procedimentos e técnicas utilizados para a abordagem psicodramática são aqueles que não provocarão a acentuação dessas características, da mesma forma que os procedimentos adotados têm de ser coerentes e indicados para a situação. Compreender os mecanismos básicos pelos quais os transtornos mentais se estabelecem possibilita fazer da psicoterapia um ato pensado e, consequentemente, facilita a criação de estratégias de abordagens para se chegar às raízes dos conflitos e à busca de resoluções e, principalmente, restaurar as possibilidades de escolha que se transformarão em ações para a vida.

Sabemos que existem características de comportamento que predominam em determinados tipos de personalidade e até mesmo em algumas patologias. A relativa importância desse conhecimento é que podemos intuir determinadas tendências na forma de se estabelecer o relacionamento. O risco encontra-se em querer enquadrar a pessoa na tendência da forma de ser, daí rotular ou tipificar a pessoa de histérica, obsessiva, psicopata ou depressiva. Dessa forma, o indivíduo fica aprisionado a uma única visão, e o terapeuta que o rotula dessa forma também passa a utilizar técnicas "específicas" para o tratamento do histérico, do obsessivo, do psicopata e assim por diante. Esse aprisionamento limita a espontaneidade do terapeuta, restringindo-o a procedimentos específicos recomendados ao manejo das características com que essas pessoas foram rotuladas. Alguns terapeutas utilizam essa forma com o intuito de formar grupos de terapia, então, em um mesmo grupo, tentam equilibrar a quantidade de histéricos, obsessivos, depressivos, psicopatas, psicóticos etc. Claro que essa visão parcial do ser humano acaba por não trazer nenhum benefício. Ao contrário, é um enquadre empobrecedor para o tratamento, pois deixa de lado a subjetividade e a inter-relação terapeuta-paciente, priorizando um raciocínio mecânico, centrado na má-formação da personalidade e no mecanismo da doença descrito pelos manuais e não revelados pela relação terapêutica.

Vieira (1999) chama a atenção para que o terapeuta não utilize o diagnóstico como um rótulo ou uma conserva cultural, pois dessa forma inibe a criatividade e a espontaneidade, tanto dele mesmo como do paciente. Seu temor é de que se focalize muito mais a doença do que a pessoa. Salienta, ainda, que as pessoas encaminhadas para psicoterapia são portadoras dos mais diferentes diagnósticos, e que concorda com Kellermann quando refere que o psicodrama parece especialmente indicado para o que o DSM-IV (1994) denomina de "condições não atribuíveis a doença mental, mas que são foco de atenção e tratamento". Por exemplo, quando o problema é o foco do diagnóstico ou tratamento e o indivíduo não é portador de doença mental, como nos conflitos de casal, em que nenhum dos parceiros tem sintomas que levem a diagnóstico psiquiátrico, ou, ainda, no luto não complicado. Outro exemplo é quando a pessoa é portadora de transtorno mental, mas o foco de atenção ou tratamento pode estar em uma condição não atribuída a esse transtorno. O exemplo é de uma pessoa que tenha transtorno do pânico e que apresenta problemas conjugais, sem que esses dois problemas estejam relacionados.

Esse autor, após o estudo de 23 trabalhos de investigação metodológica, publicados entre 1952 e 1985, conclui que o psicodrama teve influência positiva nas seguintes variedades: transtorno de personalidade, alterações do comportamento, reações de ajustamento e perturbações antissociais relacionadas.

O diagnóstico psiquiátrico sugere a forma como a doença se manifesta e, algumas vezes, as defesas do paciente. Por exemplo, sabemos que uma pessoa portadora de transtorno do pânico costuma ter medo de situações em que possa perder o controle. Assim, é claro que inicialmente estaremos atentos para não utilizar procedimentos que tragam desconforto, medo e consequente aumento da resistência à psicoterapia e às técnicas psicodramáticas. O paciente portador de TOC tende a ser meticuloso, detalhista e organizado. Nesse caso, tomaremos cuidado para não ter comportamentos invasivos, que tragam desconforto e aumentem a resistência. Sabemos que os diagnósticos indicam tendências de comportamentos, na maioria das vezes mostrados no decorrer do processo psicoterápico, bastando que o terapeuta tenha cultura psiquiátrica e sensibilidade. Ainda Vieira (1999) escreve que "o melhor diagnóstico para o psicodrama será aquele que realçar os mecanismos de defesa, estratégias de *coping* ou comportamentos estereotipados rigidamente aprendidos e usados de forma inadequada, bloqueando a espontaneidade".

Jaime G. Rojas-Bermúdez (1970), psicodramatista colombiano, tomou por base alguns aspectos da teoria moreniana da matriz de identidade (como a concepção de que o "eu" se formaria com base nos papéis psicossomáticos) e desenvolveu a teoria do Núcleo do Eu, que consiste, segundo o autor,

> [...] num esquema teórico, genético e estrutural que condensa em si os fatores biológicos, psicológicos e sociais participantes na individuação do ser humano. Seria a resultante da integração das três áreas: mente, corpo e ambiente, com os três papéis psicossomáticos: ingeridor, defecador e urinador. Seria um modelo evolutivo de desenvolvimento da personalidade na qual destaca a interação entre o organismo e o meio ambiente, e ainda ressalta a importância da complementaridade dos papéis, tomando por base as funções somáticas da alimentação, defecação e micção.

Naffah Neto (1997) salienta que os papéis psicossomáticos definem as funções biológicas da espécie: comer, dormir, urinar, defecar etc. Além disso, destaca que esses papéis sejam muito mais que meros automatismos fisiológicos, funcionando como leis mecânicas e exteriores ao sujeito, sendo que alguns deles requerem uma certa dose de espontaneidade. São os primeiros papéis a exigir, do ser humano, uma colocação perante a própria existência.

Para Bermúdez (1970), o papel do ingeridor se estrutura durante os três primeiros meses de vida extrauterina e delimita as áreas corpo e ambiente. O papel do defecador estrutura-se entre o terceiro e o oitavo mês, delimitando as áreas ambiente e mente. Entre o oitavo e o vigésimo quarto mês são delimitadas as áreas mente e corpo, com a estruturação do papel de urinador.

Para esse autor, a estruturação desses papéis, em cada indivíduo, resultaria em diferentes marcas mnêmicas. Porosidades revelariam descontinuidades na estruturação dos papéis psicossomáticos, que dificultariam as delimitações das áreas, estabelecendo-se regiões de confusão, o substrato da doença mental. Os sintomas surgiriam como tentativas reparadoras das porosidades. A partir daí, Bermúdez procura agrupar os principais tipos de patologia segundo alterações formacionais dessas áreas no desenvolvimento.

Os quadros neuróticos decorreriam da supervalorização de uma dessas áreas. A histeria surgiria em consequência de porosidades na estruturação do papel de ingeridor que ocasionaria uma confusão nas áreas corpo e ambiente. A porosidade ocorrida durante a estruturação do papel de defecador confundiria as áreas mente e ambiente, resultando em alterações da personalidade ou depressão; e, finalmente, quando a porosidade acontece na estruturação do papel de urinador, a confusão estará entre as áreas mente e corpo, resultando nas ideias e rituais obsessivos (Soeiro, 1995). Naffah Neto (1997) observa que essa ideia de Bermúdez perpetua a crença de que as patologias teriam sua causa na má-formação do "núcleo-do-eu", deslocando, dessa forma, a ênfase das relações subjetivas para uma entidade psicológica.

Para Soeiro (1995), as psicoses ocorreriam quando processos difusos atingissem todo o sistema nervoso central (SNC). Nesses casos, as características tipológicas se tornariam exacerbadas ou desapareceriam. Assim, se um indivíduo é tipologicamente histérico, na psicose poderia apresentar uma exacerbação de sintomas histéricos. Se obsessivo, poderá ou não, no surto psicótico, exacerbar sintomas obsessivos. As psicoses seriam o resultado da existência de porosidade em dois papéis psicossomáticos, causando confusão entre as três áreas e fazendo o indivíduo funcionar com o papel psicossomático que estiver íntegro. Dessa maneira, quando a porosidade acontece no desenvolvimento dos papéis de defecador e urinador, o papel íntegro é o de ingeridor e, como resultado, a patologia é a melancolia. Quando o papel íntegro é o de defecador, surgiria o paranoide. Quando o papel íntegro é o do urinador, a patologia resultante seria a mania. Soeiro (1995) ressalta a utilidade de colocar as psicopatologias em um esquema simples.

A teoria do Núcleo do Eu é engenhosa e permite um raciocínio fácil e prático no manejo da doença mental. Trata-se de uma teoria que se preocupa com o motivo dos comportamentos. É objeto de críticas e pouco utilizada pela maioria dos psicodramatistas atuais, que preferem as teorias de base fenomenológica-existencial. Trata-se, para Naffah Neto (1997), de uma teoria que prioriza construtos neurofisiológicos e estruturas genéticas e que, de certa forma, condiciona um determinismo psíquico. Kellermann (1998) observa que, na medida em que se busca uma explicação "científica" dos eventos comportamentais, cairemos no determinismo psíquico, uma posição oposta ao psicodrama existencial, que é não determinista e busca o entendimento das intenções e motivações do indivíduo. Perazzo (1994), citando Souza Leite, salienta que uma das críticas a essa teoria é de que ela minimiza o conteúdo das palavras e seu valor simbólico no que diz respeito à estruturação do sujeito.

No Brasil, essa teoria marcou o início do psicodrama, pois Bermúdez foi quem primeiro deu formação psicodramática aos psicoterapeutas brasileiros. Posteriormente, com a vinda de Dalmiro Bustos ao Brasil, iniciou-se outra fase do psicodrama, dessa vez com ênfase nas ideias de Moreno.

Tentativas de construir tipologias facilitam a instrumentação da ação psicoterápica, mas quem leva ao pé da letra essa forma de ver a pessoa sem dúvida terá uma visão simplista, empobrecida e parcial da grandeza que é a existência humana e da complexidade do processo do adoecer.

A CID-10 agrupa os quadros esquizofrênicos, esquizotípicos e delirantes sob a rubrica F2. A esquizofrenia recebe a classificação F20, sendo considerada um distúrbio que apresenta distorções características do pensamento e da percepção, além de afetividade inapropriada ou embotada.

As psicoses funcionais (não orgânicas), na classificação da CID-10, compreendem os códigos:

F20 a F20.9: Esquizofrenia em suas várias formas.

F21: Transtorno esquizotípico. O portador deste transtorno apresenta comportamentos excêntricos e alterações de pensamento e afeto semelhantes aos da esquizofrenia, sem que os sintomas característicos dessa doença estejam presentes.

F22: Transtornos delirantes persistentes. Inclui quadros de delírio persistentes, sistematizados e de longa duração.

F23: Transtornos psicóticos agudos e transitórios. Têm início abrupto, associado a uma situação de estresse. Geralmente remitem em um período de dois a três meses. O quadro clínico é variado, com sintomatologia exuberante e instável, incluindo delírio não sistematizado e alucinações, além de alterações do humor.

F24: Transtorno delirante induzido. Trata-se de um transtorno pouco frequente e consiste em um quadro delirante partilhado por dois ou mais indivíduos que tenham vínculo emocional intenso. Um dos participantes é genuinamente delirante e aqueles que compartilham o delírio invertem o quadro rapidamente se separados do primeiro. Os psicopatologistas franceses denominavam este transtorno de *folie a deux*.

F25: Transtornos esquizoafetivos. Trata-se de transtornos episódicos nos quais sintomas afetivos e esquizofrênicos estão presentes de forma proeminente, simultaneamente ou separados por dias, dentro de um mesmo episódio. Geralmente esses quadros remitem completamente.

F28: Outros transtornos psicóticos não orgânicos. São os que não satisfazem os critérios para esquizofrenia, para os tipos de transtorno do humor ou para transtorno delirante persistente.

F30: Neste grupo estão os portadores dos quadros hipomaníacos e maníacos, que apresentam, fundamentalmente, um campo vivencial alargado e expandido e uma velocidade acelerada dos processos psíquicos.

F31: Transtorno afetivo bipolar. Caracterizado por episódios repetidos (pelo menos dois) nos quais o humor e os níveis de atividade do portador estão significativamente perturbados. Essa alteração consiste na alternância de elevação do humor e aumento de energia e atividade (hipomania ou mania) com ocasiões em que há rebaixamento do humor e diminuição de energia ou atividade. Em outras palavras, é um estreitamento do campo vivencial e uma diminuição na velocidade dos processos psíquicos (depressão).

F32: Episódios depressivos. O indivíduo usualmente sofre de humor deprimido, perda de interesse, tem sua energia de prazer reduzida, o que leva a uma fatigabilidade aumentada e atividade diminuída. Cansaço marcante após esforços leves é comum. Outros sintomas frequentes são concentração e atenção reduzidas, autoestima e autoconfiança diminuídas, ideias de culpa e inutilidade, pessimismo, ideação suicida e perturbações do sono e do apetite.

F32.0/F32.1/F32.2: Os episódios depressivos podem ser considerados leves, moderados ou graves, mas sem sintomas psicóticos.

F32.3: Episódio depressivo grave com sintomas psicóticos. Trata-se de um transtorno depressivo grave, em que estão presentes delírios, alucinações ou estupor depressivos. Os tipos de delírio são de ruína financeira ou moral, doença, culpa, morte ou aniquilação. Geralmente o portador deste transtorno apresenta alucinações auditivas (vozes acusatórias). Ainda pode haver outras alterações da percepção, como a sensação de ouvir ruídos na casa, ouvir chamarem seu nome etc.

F33.3: Transtorno depressivo recorrente grave com sintomas psicóticos. Esse transtorno é caracterizado por episódios repetidos de depressão. Pelo menos dois episódios separados por meses, sem nenhum episódio de hipomania ou mania.

Há um extenso grupo de portadores de doença mental grave e de longa duração, com sequelas de psicoses funcionais e orgânicas, para as quais Bachrach (1988), preocupada com o estigma negativo que carrega o termo doença mental crônica, criou o termo "transtorno mental grave e prolongado" (TMGP), incluindo em sua classificação os pacientes portadores de transtornos psicóticos (excluiu os orgânicos) e transtornos de ansiedade grave, com duração da doença e do tratamento por período superior a dois anos, além da presença de incapacidade: disfunção moderada a grave do funcionamento global, medida por uma escala chamada Global Assessment of Functioning (GAF) – presente no DSM-IV-TR – que avalia o funcionamento profissional, social e familiar. Esses pacientes são os indicados para os programas de reabilitação psicossocial, junto com vários tipos de grupos terapêuticos e psicoeducacionais.

Há outros tipos de transtornos psicóticos, como os induzidos por drogas, por medicamentos ou por doenças: da tireoide, tumores do cérebro, HIV, neurossífilis, doenças autoimunes etc. Alguns portadores de transtorno *borderline*, sob influência de intenso estresse, podem apresentar sintomas psicóticos. Nesses casos são tratados visando à correção da alteração de base.

Na época de J. L. Moreno (2006), não havia uma base lógica ou uma teoria científica consistente sobre a origem das psicoses. Então ele construiu a sua. Para ele, a psicose é gerada, em nível evolutivo, na fronteira entre a matriz de identidade indiferenciada e a matriz de identidade diferenciada. A confusão que se estabelece entre fantasia e realidade é uma das características da psicose, e uma de suas consequências é a perda ou inibição de papéis exercidos antes da eclosão do surto psicótico.

Sonenreich publicou inúmeros artigos e alguns livros, entre os quais *Psiquiatria: propostas, notas e comentários* (1999a), em coautoria com Estevão e Silva Filho e outro com Giordano Estevão: *O que os psiquiatras fazem: ensaios* (2007). Neles, os autores apresentam temas e conceitos de forma original, dentre eles o de depressão como "estreitamento do campo vivencial e lentificação dos processos psíquicos" e o de mania como "alargamento do campo vivencial e aumento da velocidade dos processos psíquicos". A ansiedade, para ele, seria o "estreitamento do campo vivencial, com aumento da velocidade dos processos psíquicos".

O delírio é pensado, por Sonenreich, como a manifestação da perda da comunicação lógica. Esse conceito contribui de maneira fundamental para pensar e instrumentalizar o tratamento do doente psicótico. Esse autor, por sua importância no cenário da psiquiatria e pela influência em minha formação e prática profissional, terá sua teoria sobre o delírio aqui resumida (Sonenreich, Bassitt e Estevão, 1982; Sonenreich, Bassitt e Estevão, 1983; Sonenreich, 1984; Sonenreich, Estevão e Silva Filho, 1999a; Sonenreich e Estevão, 2007).

Na psicose, o doente perde a capacidade plena de perceber o outro. Sua noção de realidade torna-se particular, dificultando a comunicação e impossibilitando o compartilhamento. Perde, portanto, a capacidade de comunicação lógica.

Sonenreich (2007) não considera essa perda da comunicação lógica um "sintoma": vê como um qualificativo para o modo como o delirante estrutura seu relacionamento com o outro, ou melhor, para o abandono da relação, já que, sem formulação lógica compartilhada, não há como ser compreendido e compreender. O importante é analisar o sintoma como consequência da percepção e da forma como se imagina o mundo. O autor escreve: "A comunicação lógica é expressão da reciprocidade, é um tipo de contrato implícito com o outro, de participação de um sistema compreensível para os dois". É a comunicação lógica, portanto, que permite que os papéis sejam jogados de maneira efetiva e eficiente, pois o contrato implícito na complementaridade dos papéis é regido por essa comunicação.

O paciente paranoide não estabelece relações saudáveis, pois não participa de um sistema de comunicação compreensível. Utiliza-se quase exclusivamente de mecanismos transferenciais, constituindo relações projetivas. Não considera a verdade do outro. Dessa forma, perde a capacidade de comunicação lógica e, em sua solidão, não estabelece diálogos. Limita-se a afirmar suas ideias (Sonenreich, Estevão e Silva Filho, 1999a).

É fundamental para o tratamento pensar nos mecanismos pelos quais a doença se estabelece. O indivíduo constitui-se durante toda a vida: é um processo de autoconstrução. A lógica é adquirida ao longo dessa existência por meio de fatores genéticos e essenciais. É claro que são importantes os fatores genéticos, mas o fundamental para se entender o ser humano são os fatores que expressam sua liberdade, singularidades e suas escolhas.

A doença mental acontece quando a organização falha, quando um dos fatores essenciais se altera. Os restantes buscam um novo equilíbrio, procuram restituir a unidade. Não é o sintoma que conta, mas o fundamento do qual procede.

Diagnosticar doença mental por soma de sintomas é um método que não possibilita entender a totalidade, proporcionando um raciocínio incompleto para compreender a doença. Dessa forma parcial, o psiquismo é visto somente como produto da atividade neuronal, como uma função do cérebro, sem subjetividade.

Essa maneira "prática" de diagnosticar estimula a manutenção das conservas culturais, subtrai a criatividade e não considera a subjetividade do paciente. A fórmula é quase sempre estabelecer o diagnóstico pela soma de sintomas por meio dos manuais CID-10 e/ou DSM-IV. Depois disso, recorre-se à MBE, que se utiliza de trabalhos de metanálise sobre o transtorno em questão e da consulta de *guidelines* que orientam os algoritmos para planejar o tratamento. De modo geral, a recomendação para as psicoses aponta os antipsicóticos, terapia cognitivo-comportamental ou a chamada psicoterapia flexível. Para depressão: antidepressivos e as mesmas formas de psicoterapia. Quando os primeiros tratamentos não funcionam, o algoritmo guia as maneiras subsequentes.

Essa forma de tratamento tem como objetivo combater os sintomas com remédios. Utiliza o arsenal terapêutico para escolher os psicofármacos de acordo com os vários sintomas. Metaforicamente, o método representa o estilingue e o remédio, a pedra. O psiquiatra, utilizando o método, mira no sintoma e, se para cada sintoma há uma pedra, é óbvio que o paciente corre um sério risco de "politraumatismo". Combatem-se os sintomas, mas o indivíduo sofre, fica combalido. Mal comparando, o caipira diz: "quiseram matar o berne e mataram o boi".

A MBE é uma corrente que surgiu como paradigma de tratamento das doenças. É definida como soma da integração das melhores evidências de pesquisas com o conhecimento clínico – e os valores – do paciente. As condutas terapêuticas são tomadas com base em informações sobre a eficácia (resultados), os custos e a relação custo-efetividade de tratamentos alternativos. Sonenreich e Estevão (2007) salientam que não há um conjunto de evidências que demonstre que a MBE é mais apta a gerar informações que a medicina pré-MBE. Suspeita-se de interesses comerciais de corporações que permitiram a aprovação de produtos farmacêuticos favorecidos pela MBE.

A doença só é bem tratada quando entendida em seus mecanismos. Tratar pela forma como se pensa o estabelecimento do transtorno mental possibilita um raciocínio tanto neurofisiológico, psicogenético, como psicossocial e, portanto, um tratamento mais coerente, global e eficiente.

Moreno, em 1943, postulou que "o conceito biológico de *indivíduo* coloca o psiquismo dentro do corpo (como um epifenômeno)". No conceito sociométrico de indivíduo (pessoa), o psiquismo aparece como algo exterior: o corpo é circundado por ele, e entrelaçado com os átomos sociais e culturais (Moreno, 2000).

Sonenreich e Estevão (2007) consideram que o psiquismo pode ser entendido como expressão da atividade de um sistema que inclui cérebro e cultura. O cérebro é constituído por cerca de cem bilhões de neurônios, cada um com toda a estrutura e informações do conjunto, sem exercer funções psicológicas específicas e comunicando-se por meio das sinapses. Em conjunto, organizam-se sob a forma de redes complexas. Estabelecem combinações e consequentes funções que formam circuitos de excitação e inibição, que geram atividade cerebral específica para cada ato e seu contexto. Essas redes se modificam ou desaparecem, sempre em interação com outras redes. Os neurônios são unidades anatômicas do sistema nervoso, mas não são os elementos básicos de seu funcionamento – tais elementos ainda não foram definidos. Memória, consciência e inteligência, por exemplo, residem na organização em redes neuronais. Os pensamentos constituem padrões de uma atividade complexa dessas redes, que se interconectam e resultam em uma lógica que determina a comunicação e a ação (Sonenreich e Estevão, 2007).

Outra qualidade do cérebro é a plasticidade, ou seja, a mobilidade na formação de sinapses e sistemas de redes que se constituem a partir de estímulos externos. Essa neuroplasticidade é um processo que inclui uma remodelação dos dendritos, a formação de novas sinapses, a proliferação de axônios e a neurogênese (processo de nascimento de novos neurônios). A neurogênese, por sua vez, é estimulada ou inibida por fatores ambientais, conforme eles contribuam, ou não, para a harmonia psicobiológica. Esse processo é regulado por uma variedade de moléculas do cérebro, chamadas "fatores de crescimento". Os novos neurônios surgem principalmente no hipocampo, região importante para a assimilação de novas informações. Admite-se que a proliferação de neurônios nessa área incentive a formação de conexões entre os novos e antigos neurônios, incrementando a capacidade de processar e armazenar informações. Alguns estudos com mapeamento cerebral mostram que pacientes com depressão crônica têm uma redução do hipocampo e que a utilização de antidepressivos estimula a neurogênese. Também se diz que algumas vivências podem regular a sobrevivência de neurônios recém-formados e sua capacidade de integração às redes existentes. Acredita-se, ainda, que haja uma relação entre neurogênese e atividade física e mental.

Os estímulos captados pelo sistema nervoso são processados, identificados e categorizados por essa complexa rede. O contexto determina a codificação dos estímulos recebidos do ambiente, que – associados a expressões simbólicas da linguagem – ganham significados e constituem-se em representações das mensagens. O êxito das atividades, orientadas por mecanismos de retroalimentação, faz que elas sejam repetidas e traduzidas, em aprendizado. Esse movimento das redes sinápticas codifica os estímulos incessantemente, formando mapas cerebrais que correspondem às atividades psíquicas, incluindo a tomada de consciência.

Um estímulo decodificado determina uma ação, que, por retroalimentação, o inativa, por exemplo: o organismo com necessidade de água desencadeia um estímulo, decodificado pelo cérebro como sede (desejo específico), e a ação determinada para cessar esse estímulo é tomar água. Isso fecha um circuito de atividade cerebral. As ações são realizações de decisões mentais, de aplicação de programas complexos dirigidos a um objetivo. Caso algum motivo impeça a decodificação correta do estímulo pelo cérebro, o circuito não fecha, pois não promove a ação que inativaria o estímulo. Essa atividade cerebral disfuncional, entretanto, não cessa, e sua tradução, além de uma experiência fracassada no plano corporal e no psíquico, é a perda da capacidade de distinguir o que atingiria o objetivo.

O acúmulo de experiências fracassadas leva a disfunções, ocasionando uma atividade dopamínica descontrolada nas redes e sistemas neuronais – desencadeada por estímulos identificados ambiguamente e processados inadequadamente –, não fechando circuitos e resultando possivelmente em transtornos mentais. O tratamento, tanto com psicofármacos quanto com psicoterapia, pretende corrigir essa invasão indiscriminada do sistema neuronal e também promover a correta identificação e processamento dos estímulos, resultando na ação satisfatória. Com isso, é possível restabelecer as experiências de sucesso que reconstituirão o indivíduo, contribuindo, dentre outras metas, para fechar a brecha entre fantasia e realidade e resgatar a subjetividade, a comunicação adequada com o outro e o eficiente desempenho de papéis.

A relação da pessoa com o mundo gera estímulos que podem modificar essas redes neuronais e também o cérebro como um todo – pois o psiquismo é um produto não só do cérebro, mas também do sistema cérebro/cultura e, por isso, apto a criar atividades psíquicas. Portanto, a relação da pessoa com o mundo pode ser patogênica ou saudável, pois, do mesmo modo como o estímulo desarranja o psiquismo, a resposta adequada e espontânea a ele o arranja. A psicoterapia, como forma de relação humana, contribui para corrigir os desarranjos, por meio da resolução de situações e conflitos, com consequente desenvolvimento da adequação de condutas, da espontaneidade e da criatividade.

O início do quadro psicótico é caracterizado por elementos e fatos estranhos – psicologicamente incompreensíveis e que quebram a linha evolutiva da personalidade –, que evidenciam um processo psíquico caracterizado por um conjunto de sintomas, expressivos da invasão da doença.

A dinâmica da psicoterapia, ao valorizar a distinção entre a ação adequada/inadequada, promove o desenvolvimento da capacidade de restabelecer escolhas. Ajuda o paciente a entender vivências emocionais e a ligá-las a situações de vida que provocaram o colapso do sistema. A vivência é um estado que implica a memória dinâmica das atividades dos sistemas de redes neuronais, dos circuitos selecionados, cujo nível superior de atividade é englobado no conceito de consciência (Sonenreich e Estevão, 2007). Uma das causas do transtorno mental é o entendimento ambíguo das relações interpessoais, com o consequente estabelecimento de conflitos que paralisam algumas ações.

A psicoterapia, ao atuar como estímulo externo estruturado, desvenda vivências, procura causalidades internas e, em última instância, pode promover mudanças na neurofisiologia cerebral – consequentemente, no psiquismo.

As manifestações psíquicas podem ser compreendidas e explicadas. No psicodrama, procuramos compreender a maneira como um fenômeno é produzido. Vinculamos fatos e buscamos conexões psíquicas como objeto de compreensão, a fim de chegar à "causalidade de dentro". A razão lógica é o instrumento da compreensão racional, que, aliada à compreensão empática e emocional, nos leva a entender a elaboração de um evento por outro, e como vários fatos são vinculados na base de uma mesma experiência. A dramatização de cenas sequenciais age seguindo esse princípio. Dentro da visão unitária da vivência do psiquismo, a compreensão existencial é uma iluminação da existência (Sonenreich e Estevão, 2007).

A tarefa do psicoterapeuta é ajudar o paciente a compreender o delírio como derivado da vivência. A formulação do psiquismo como atividade desse sistema cérebro/cultura permite conceber o delírio como um colapso da comunicação lógica. Portanto, muito mais que um sintoma: uma característica da relação do delirante com seu mundo. As manifestações psicóticas devem ser encaixadas em uma visão geral para que possamos atribuir significados.

Uma das explicações possíveis para a perda da comunicação lógica pode estar ligada a experiências fracassadas. O fracasso, por sua vez, pode ter origem em fatores de estrutura ou funcionamento do sistema nervoso, por exemplo: focos inertes de excitação no encéfalo ou lesões localizadas perturbam a dinâmica cerebral e alteram não só a formação de redes neuronais ativas como a relação entre processamento de estímulos e organização de atividades-respostas. A ação não é mais adequada ao fim. O programa de ação pode também levar ao fracasso se o tônus, a intenção investida, for subestimado.

Pessoas que adotam opções não autênticas assumem linhas de controle que não lhes convêm intimamente e, por isso, estão expostas ao que chamamos de experiências fracassadas. Escolhas falsas ou equivocadas não satisfazem a necessidade, muito menos o desejo. Ao contrário, provocam o estado de carência, que baixa o tônus mental. Por causa de suas decepções e dúvidas, muitas pessoas passam a não acreditar na possibilidade de separar o positivo do negativo, de se comprometer com o que lhe serve ou não serve. Tornam-se inseguras, medrosas e apresentam manifestações psicológicas que disfarçam essas dificuldades, distanciando-as da tomada de decisões que comprometem a mudança.

Esse processo pode levar à perda da subjetividade, pois a pessoa tem de disfarçar de si mesma os desejos e necessidades insatisfeitos. Nesse estado, o paciente busca fórmulas comuns para compreender o que vive: procura explicações externas para sua estranheza por meio da cultura popular, pela superstição, pelos espíritos, pela tecnologia, pela religião, pela mídia etc. Usa vários mecanismos de defesa, mas o conflito permanece embrulhado neles. Por isso, podemos pensar que "quem tem sintomas não tem problemas", pois, refugiado e limitado nessa forma de vida, o paciente isola-se e seu sofrimento é assim disfarçado por manias, compulsões, medos, pânico, ideias delirantes e somatizações. Enfim, atitudes que evidenciam a mudança do relacionamento com o mundo e com os outros.

Esse fracasso de experiências cria um modelo de conceber a vida: não há "valores" próprios, diferença entre bem e mal, o acesso ao outro não depende mais de normas comuns de comunicação, não há fórmulas adequadas para estabelecer relações.

A lógica construída ao longo da vida – e desvalorizada pelas vivências fracassadas – priva o indivíduo de seus valores e objetivos, sendo substituída por formas primitivas e menos elaboradas de comunicação. Com o sistema lógico prejudicado, o delirante não argumenta, afirma, sem adequar-se à compreensão do outro. Não porque se projeta fora ou acima da realidade, mas porque para de funcionar como sistema aberto. Não se alimenta mais de interações e trocas com o real, com os outros, pois essas trocas seriam fontes de reações aleatórias, portanto, de novidade, de renovação, de mudança. Torna-se empobrecido, nutrido por um só canal de comunicação (Sonenreich e Estevão, 2007).

Por isso, o delirante não tem a plena capacidade para o encontro. Refugia-se e isola-se em seu "eu" e, nessa solidão, fabrica um "tu" delirante para acompanhá-lo. "A doença mental, nesse enfoque, é a patologia do encontro, uma patologia entre o *eu* e o *tu*, uma patologia da comunicação, uma patologia relacional" (Fonseca, 2000).

Fonseca (2000) enfatiza Moreno quando fala que o átomo social do psicótico se vê inundado e coberto por um novo átomo social, no qual entram os papéis oriundos do mundo delirante. Frequentemente, seu "eu" se vê obrigado a desempenhar vários papéis delirantes, como se surgisse um outro "eu". Essa mudança brusca nas relações do átomo social provoca reações importantes no paciente e em seus familiares, daí a indicação de abordagem psicoterápica familiar em casos de psicose. Para Moreno, o átomo social é a configuração social das relações interpessoais que se desenvolvem desde nascimento, ampliando-se no decorrer da vida.

É importante salientar que estar psicótico, perder a razão, não é uma desorganização transitória das referências existenciais, da qual o indivíduo emergirá mais experiente para a vida. Pelo contrário, a psicose não liberta. Limita e aprisiona.

O tratamento pelo psicodrama pretende reconstruir o panorama da psicose, a fim de que as relações transferenciais possam ser trabalhadas psicoterapicamente, resgatando a comunicação lógica, e, portanto, "redescobrindo o outro", para que haja a possibilidade da relação "eu-tu", matriz do encontro.

O processo psicoterápico reorganiza redes neuronais na medida em que ajuda a reajustar o pensamento, a buscar opções de vida mais autênticas, a restabelecer "valores", a contribuir para o desenvolvimento da capacidade em estabelecer escolhas e a assumir responsabilidade pessoal. A psicoterapia ajuda a corrigir crenças erradas e a procurar explicações que permitam controlar o investimento afetivo, explicações essas desvendadas e construídas no decorrer das dramatizações de sintomas, que conduzem a cenas de situações reais de vida, corrigindo experiências fracassadas.

Garrido Martin (1996), reinterpretando Moreno, assinala que "o psicodrama proporciona ao paciente uma experiência nova e mais ampla da realidade, um *'plus* de realidade'". Moreno apresenta três razões para esse *plus* de realidade do psicodrama. Primeiro: amplia as possibilidades da vida cotidiana, que às vezes nos sufoca e nos obriga a ser o que não somos. O espaço vital, na realidade, é frequentemente estreito e constritivo. Porém, na cena do psicodrama podemos nos encontrar conosco, liberando-nos de opressões insuportáveis ou experimentando a liberdade de expressão ou de vivência. O cenário é uma ampliação da vida, pois ameniza os limites impostos pela realidade.

Prossegue Garrido Martin (1996):

> [...] a segunda razão é que também nossas ilusões são reais, têm existência em nós próprios. Com frequência surgem pacientes cujo problema consiste na luta entre sua fantasia e realidade, entre o que sonham ser e o que são. O que é real psicologicamente pode expressar-se no psicodrama e na vida cotidiana. A terceira razão pela qual o psicodrama supera a realidade é porque dá oportunidade de aumentar a vivência real a quem a tem diminuída, e oferece realidade a quem dela necessita, como o psicótico que pode, com o método psicodramático, encenar seu mundo aparentemente incompreensível e ir ganhando uma noção mais ampla da realidade.

Na técnica, o "espaço virtual" do paciente transforma-se em espaço real no palco. Dessa forma, o mundo interno é desnudado. Uma alucinação – percepção sem objeto – pode adquirir uma existência "real", tornando-se uma percepção com objeto e podendo ser trabalhada psicoterapicamente. Vieira (1999) escreve que com as técnicas psicodramáticas procura-se transformar o drama interior do psicótico em um drama exterior, mais "leve" e operacionalizável. Zerka Moreno salienta que no palco psicodramático o paciente é encorajado a dar substância a seu mundo e a encenar sua forma de percebê-lo. Os membros do grupo podem participar desse "mundo alucinatório" e, por isso, esse mundo passa a ser menos ameaçador.

Essa relação paciente/grupo, e do grupo com o "mundo alucinatório", é o agente terapêutico (Moreno, 2000).

Na dramatização, uma voz ouvida pelo paciente alucinado pode ser ouvida por todos, de modo que o que é alucinatório passa a ser "real" e compartilhado pelos membros do grupo. No trabalho psicodramático o paciente concretiza a alucinação, ou seja, personifica-a mostrando o seu conteúdo, trabalhado em cenas sucessivas e encadeadas, até chegar a cenas mais estruturadas com personagens de seu átomo social, importantes na gênese dos conflitos. Nesse desempenho de papéis, a vivência alucinatória é compreendida. Entende-se a formação do sintoma e é estabelecido seu nexo com a vida do paciente. Muitas vezes, na enfermaria, há dramatizações com pacientes psicóticos, resultando na perda da exuberância dos sintomas e chegando, em alguns casos, a remitir completamente o surto –, principalmente quando os fatores psicogenéticos são os essenciais para a gênese do transtorno.

Vieira (1999) tem, segundo seus relatos, experiências de trabalhos semelhantes às de vários autores, inclusive às minhas, quando escreve que as alucinações podem ser dramatizadas e até desaparecerem – ou então ser controladas pelo paciente, aliviando, dessa forma, o sofrimento. Esse autor explica como emprega as diferentes técnicas do psicodrama, e guarda uma similaridade com meu trabalho.

A teoria básica do psicodrama baseia-se no fenômeno de que cada um de nós pode criar o que se passa em nossa mente e de que a experiência é maleável: se você é o criador, você pode recriar (Blatner e Blatner, 1996).

Marineau (1992) conta que Moreno foi chamado por uma família rica para tratar de um de seus membros que estava psicótico, julgando-se Jesus Cristo. Ele internou-o no Beacon Hill Sanatorium e utilizou técnicas psicodramáticas, como o *mundo auxiliar*, com uma equipe de egos-auxiliares desempenhando personagens de seu mundo alucinatório e entrando em seu sistema delirante. Moreno atribuiu o sucesso do tratamento ao fato de ter sido feito em uma instituição não convencional, com métodos nada convencionais, que permitia até cenas de nudismo. Para Moreno, essa experiência representou a importância da liberdade de usar um tratamento heterodoxo em benefício do paciente. Os hospitais psiquiátricos dessa época, e com certeza os atuais, não admitiriam essa forma de tratamento.

Mesmo com seu hospital, Moreno afirmava que o melhor ambiente para tratar o grupo não é a clínica, mas a casa, a fábrica, enfim, o ambiente em que vive: "Não se trata um indivíduo separadamente, mas *in situ*, no contexto natural em que se encontra: na família, no local de trabalho, na comunidade ou nas clínicas, como membro de um grupo sintético. É isto que torna possível a análise direta de sua situação vital" (Garrido Martin, 1996).

Na década de 1930, a psiquiatria era bastante limitada em relação aos tratamentos biológicos e farmacológicos. Eles se davam por meio de purgantes, vomitórios, sangrias, tratamentos de choque, eletroconvulsoterapia (ECT), choques químicos, insulinoterapia e poucos medicamentos. Em alguns hospitais empregava-se o tratamento moral. Essa limitação em relação ao tratamento de psicóticos, mais o desejo de ter seu próprio hospital, fez que Moreno comprasse um imóvel em Beacon, uma pequena cidade às margens do rio Hudson. Lá, em 1936, instalou o Beacon Hill Sanatorium, mais tarde Moreno Sanatorium, denominado por ele sanatório psicodramático, pois foi construído em torno de um teatro – o principal recurso terapêutico. Ali, o teatro não ocupava um edifício especial: era, na verdade, uma extensão da casa principal. Explica que

> essa disposição é uma duplicação simbólica do básico e permanente histórico psicológico do homem, que desde a tenra infância está dividido entre as dimensões de fantasia e as da realidade. Uma vez que essa divisão emergiu no homem, ele nunca mais conseguiu superá-la. Mas, em seu comportamento social, o ser humano age como se nunca houvesse uma brecha entre fantasia e realidade. Procura dar ao mundo circundante, se não uma impressão perfeita, ao menos uma ilusão de unidade pessoal. (Moreno, 2006)

No Beacon Hill Sanatorium, os pacientes podiam experimentar sua liberdade por meio da exploração de seus comportamentos e sentimentos, mesmo que fossem confusos e incoerentes. Ter o próprio hospital foi, para Moreno, uma libertação do sistema. Poderia tentar curar os pacientes por meio do psicodrama. Em 1978, escreveu; "[...] a realidade, tal como é habitualmente experimentada, no psicótico, é substituída por elementos delirantes e alucinatórios. Quando muito comprometido, o paciente necessita mais do que um ego-auxiliar; um mundo auxiliar", que consiste em criar um mundo "real", baseado em toda produção alucinatório-delirante do psicótico.

Nesse "mundo auxiliar", o paciente passa a viver em um ambiente adaptado a sua percepção psicótica do mundo. Os egos-auxiliares desempenham papéis, baseados nos personagens que fazem parte da trama delirante ou das alucinações do paciente. Cria-se concretamente um mundo particular que é seu universo psicótico. A intenção é de que o paciente viva esse psicodrama total, exercendo atos espontâneos, interagindo com personagens de seu delírio e de suas alucinações, representados pelos egos-auxiliares. Sua rede de relacionamentos é, então, mapeada, e o quadro psicótico poderá ser decodificado. No decorrer do tratamento, os egos-auxiliares desempenham outros papéis, até que apareçam os papéis de pessoas reais, pertencentes a seu átomo social, e que tenham ligação com a formação dos sintomas. Posteriormente, os egos-auxiliares assumem a própria identidade e compartilham com o paciente suas vivências.

Moreno chamou esse método de "realização psicodramática", dividindo-o em três períodos. Em uma primeira fase, chamada de "período de realização", o paciente realiza, na sessão de psicodrama, a vivência psicótica, e seu imaginário passa a ter uma existência real. Nessa fase, o delírio pode ser vivido como real. Em uma segunda fase, chamada de "período de substituição", os egos-auxiliares, que representavam os personagens do mundo delirante, passam a sair desse papel para ter também uma existência real, possibilitando ao paciente um contato maior com a realidade. Evolui-se, então, para a terceira fase, chamada de "período de análise ou esclarecimento". Aqui, a equipe, juntamente com o diretor, dramatiza os acontecimentos mais importantes da vida do paciente a fim de que, com comentários e análises, se desfaça o mundo delirante – mostrando que o dramatizado só teve existência naquele contexto. Esse processo terapêutico é baseado na oferta de percepções intuitivamente corretas e sobre suas relações baseadas no fator tele.

Para ilustrar a aplicação da técnica do mundo auxiliar, vamos recorrer ao "Caso Mary", em que Moreno descreveu o tratamento psicodramático de um caso de paranoia, que teve a duração de dez meses, com 51 sessões de psicodrama.

Mary, uma jovem de 23 anos, desenvolveu um delírio em relação a John, um homem que havia conhecido de vista em uma festa de Natal. Apaixonada, passou a procurá-lo obcecadamente por todos os lugares da cidade, chegando até a invadir casas. Esse comportamento estranho fez que fosse parar na polícia, sendo inúmeras vezes internada em sanatórios sem qualquer resultado. Mary não se considerava doente e, por isso, não aceitava nenhum tratamento.

A família procurou o Beacon Hill Sanatorium. Moreno desenvolveu uma estratégia que envolveria a família, incluindo o mundo auxiliar de Mary. Para tanto, realizou inúmeras entrevistas com seus familiares até sentir-se capacitado a juntar as peças de sua história psicológica.

Como Mary não se considerava doente, Moreno teria de montar com a equipe de egos-auxiliares uma estratégia para que ela fosse até Beacon. Aconselhou os familiares que mudassem sua atitude em relação a ela, aceitando sua "realidade" e ajudando-a a procurar John. Eles assim fizeram. Após alguns dias contaram que haviam encontrado um médico, velho amigo de John, morador de Beacon, que recentemente recebeu sua visita e que tinha consigo um telegrama para ela. Mary, então, concordou em ir a Beacon.

A estratégia de Moreno era: John jamais existiu, mas com o método do psicodrama poderia produzir John.

Na primeira entrevista, realizada conjuntamente com suas irmãs, Moreno mostrou-lhe o telegrama: "Aparecerei aí antes de sair a lista de convocação para o exército, partirei amanhã e chego em dois dias", assinado John. Mary leu e disse: "Não é maravilhoso?". Moreno e a equipe tiveram dois dias para planejar a situação.

Moreno iniciou dessa forma a construção do mundo auxiliar, expandindo o contexto dramático para além do palco, indo para todo o sanatório onde Mary viveria durante o período de seu tratamento. Apresentou-lhe um amigo de John, o ego-auxiliar William, que passou a ser o ponto de contato entre Mary e John. Começa, então, uma "troca" de correspondências entre os dois. Nas sessões de psicodrama, William é sempre escolhido por Mary para ser John e nas inversões de papéis, quando vive o papel de John, tem possibilidade de vivenciar sua criação delirante. Na sequência, John escreve que ainda não pode ir a seu encontro, pois foi convocado pelo exército e está na frente de batalha. Mary vai ficando cada vez mais angustiada pela impossibilidade de vê-lo. Um dia, ouve no rádio que os militares que estão na guerra podem se casar por procuração. Conta à equipe seu desejo, e esta resolve realizar seu casamento com John, representado na cena psicodramática por William. Nela, Mary aparece vestida de noiva e é beijada por William/John: sua angústia diminui, assim como a expectativa da chegada do noivo. Nessa "fase de realização da psicose", Mary vive concretamente seu delírio, encaminhando a realização de seu desejo em encontrar John. A participação dos egos-auxiliares como ponto de contato faz que fique ligada e dependente deles, que convivem com ela no sanatório, interagindo como personagens do delírio.

Moreno orienta a equipe de egos-auxiliares para que, progressivamente, tomem seus próprios papéis. Assim, para Mary, John vai tomando a fisionomia de William (ele é John com traços de William), dessa maneira vai acontecendo a "fase de substituição": William passeia com Mary, vai ao cinema, conversa, e, à medida que se relacionam, ele vai perdendo cada vez mais os traços de John.

Ao perceber, um vínculo mais sólido entre os dois e com a equipe de egos-auxiliares, Moreno resolve tomar uma atitude ousada: dar a notícia de que John morreu na frente de batalha. Assim o faz. Mary vive um verdadeiro luto, fica isolada e triste. Mas, após esse período, nas diversas sessões seguintes, os egos-auxiliares foram se tornando pessoas reais e não mais personagens de seu mundo delirante.

Quando Moreno encontrou oportunidade, realizou uma sessão conjunta com as irmãs da paciente e revelou a verdade: John nunca existiu realmente, foi uma criação de sua mente. Mary revolta-se, agride a todos e, quando se acalma, pede desculpas. A partir daí, Moreno prossegue o trabalho psicodramático visando à diluição de seus delírios e alucinações. É a "fase de esclarecimento".

Mary obteve alta hospitalar e seu contato com William foi diminuindo. Perdeu seu interesse por ele, mas continuava indo a Beacon para as sessões de psicodrama. Moreno, por meio das irmãs, convidou para as sessões um jovem, George, que há muito tempo sentia atração por Mary. Aos poucos ela foi se interessando por ele, até que começaram a namorar. A "fase de substituição" foi então finalizada: John substituído por William e, este, por George.

Mary se casou com George e teve um filho, o qual chamou de John. Viveram em uma fazenda e ela teve uma vida como a de todas as mulheres de seu tempo. Sobraram alguns resquícios do quadro psicótico, mas ela soube lidar com eles. Quinze anos depois do tratamento, Moreno teve contato com ela e a questionou por não tê-lo procurado mais. Ela respondeu que não era mais necessário, pois, segundo ela: "você se tornou uma parte de mim mesma e eu converso com você em sua ausência".

Segundo J. L. Moreno (1974): "Nosso fim deve ser o de reintegrar na cultura o nosso cliente e suas normas de comportamento aberrante, como se tudo fosse compreensível e natural; dar-lhe possibilidade de se revelar em todos os campos da atividade criadora".

Moreno utilizou esse método pelo menos duas vezes: com Mary e com outro paciente chamado William, portador, segundo Moreno, de demência precoce, sem contato com a realidade, afeto embotado e agressivo, que se proclamava Cristo. Para entrar no universo de seu delírio, Moreno pensou que deveria aprender a gramática de sua lógica e tomar os papéis que coincidissem com seu mundo. Assim, os egos-auxiliares representaram os personagens sagrados do Novo Testamento, como os apóstolos Pedro, Paulo, Mateus e Marcos. Moreno orientou sua equipe para que ficasse atenta a seus interesses e preferências. Seus alimentos eram escolhidos pela cor – legumes e frutas verdes, por exemplo. Com o mesmo critério, elegia as cores das roupas vestidas pelos egos-auxiliares, dando preferência ao azul e branco. Isso constituía sua tele, e era o fio condutor do tratamento. De etapa em etapa foi delineando seu psicodrama e o resultado foi uma melhora do seu comportamento, como consequência da atenuação dos estímulos que chegavam a sua estrutura psíquica, os quais eram traduzidos em sintomas. Após um ano de tratamento psicodramático, William foi para uma fazenda, onde levou uma vida isolada, mas aceitável (Moreno, 1974, 2006; Fonseca, 2007).

Moreno transformou seu pequeno hospital em um laboratório de ideias e hipóteses. Desenvolveu o palco psicodramático e descreveu técnicas especiais para a aplicação do psicodrama com pacientes psicóticos. Em 1939 escreveu o artigo "O tratamento psicodramático das psicoses", no qual revela suas ideias sobre a psicose e faz sugestões quanto ao papel do psicoterapeuta que trabalha com psicóticos.

Explicou ainda o procedimento a que chamou de "choque psicodramático", que consiste em reconduzir um paciente que saiu de um surto a uma segunda psicose, dessa vez experimental, no ambiente protegido da dramatização. Afirmou que o momento ideal para a aplicação do método é logo após a remissão do surto psicótico, quando ainda estão muito vivas as experiências psicóticas que, se dramatizadas, possibilitam uma compreensão profunda do surto psicótico, pois estabelece um nexo com a história de vida do paciente. O diretor do psicodrama explica ao paciente que não se trata de meramente reviver a situação, mas sim de aprender a ter controle sobre ela, e esclarece que a redramatização irá ajudá-lo a obter recursos contra a recorrência do fenômeno (Wolff, 1985; Silva Filho, 1993; Moreno, 2006).

Segundo Fonseca (2000), Moreno nunca deu ênfase aos diagnósticos psiquiátricos, sua preocupação era muito mais compreender o modo como o paciente agia e expressava seu mundo. Dirigia seus esforços ao planejamento terapêutico, não tentava debelar o quadro delirante, mas realizá-lo psicodramaticamente e, a partir daí, atuar terapeuticamente. Por sua facilidade de entrar no mundo imaginário das pessoas, Moreno teve sucesso especial com psicóticos (Marineau, 1992).

Barrio (1995) afirma que na terapia psicodramática se realiza uma compreensão existencial da cisão egoica. O paciente aceita suas percepções e, no palco, desempenha papéis em que aparecem seus personagens delirantes e seu mundo alucinatório. Compartilhando com o grupo essas vivências psicóticas, ele tem a possibilidade de desenvolver uma crítica quanto ao sintoma e à doença. Ainda para Barrio, "[...] a confusão, o medo, a divisão do ego vão se recompondo por meio do espelho dinâmico que é a cena, a qual recompõe o corpo fragmentado do indivíduo e marca os limites de identidade do sujeito". Mais adiante escreve: "[...] o psicodrama oferece ao psicótico a possibilidade de exteriorizar e concretizar seu mundo cindido, faz que possa desempenhar na cena psicodramática esse momento caótico até que apareça o sentido, a terapia da psicose é uma arte que ordena o caos e une o cindido". Para esse autor, o psicodrama de grupo é utilizado no hospital psiquiátrico para romper o isolamento, favorecer a comunicação, reestruturar os limites que marcam o espaço interior e exterior, melhorar a percepção pessoal de cada um e ajudar na construção da identidade ao levar em conta o ponto de vista alheio. O desempenho de situações de vida permite ao psicótico restabelecer a comunicação lógica, identificar-se com os outros e adquirir diferentes perspectivas a respeito de suas relações interpessoais.

Bruere-Dawson, citado por Barrio (1995), afirma que é um mito acreditar que psicóticos não possam participar de grupos. Ressalta que o grupo é uma experiência limite entre a realidade, o imaginário e o simbólico, contribuindo para a "rematrização". Buchanan e Dubbs-Siroka, citados também por Barrio (1995), propõem como objetivos do psicodrama no hospital psiquiátrico:

- Ajudar o paciente a resolver situações imediatas e de estresse interno que interfiram em sua vida.
- Examinar papéis e relações interpessoais.
- Desenvolver habilidades que previnam futuras crises.
- Oferecer oportunidade de expressar sentimentos e buscar outras alternativas.

Valcarce (1984) aplicou o psicodrama em uma unidade de pacientes agudos no Hospital Psiquiátrico Nacional Leganês (Madri). Explicou que esse procedimento permite ao paciente entender sua crise e aceitá-la como algo próprio, em oposição ao paciente tratado somente com psicofármacos, que tende a viver a crise como algo alheio a si, estranho e de origem inexplicável.

Peter Slade, em 1940, usou a dramaterapia no Military Wing of the Crichton Royal Institution, Dumfries (Escócia), com um paciente que ouvia vozes. Correspondeu-se com Moreno em 1938 e, entre 1951 e 1954, manteve contato pessoal com ele, em Londres. Slade influenciou inúmeros profissionais, que passaram a utilizar dramaterapia no trabalho com esquizofrênicos a partir de 1940 (Casson, 2004).

Elsie Green, diretora de teatro, realizou, durante trinta e dois anos (1952--1984), sessões de teatro e dramaterapia com psicóticos no Horton Hospital, Epsom, Surrey, Inglaterra, a convite de um psiquiatra, o dr. Rollin.

Sue Jennings, em 1955, convidada pelo dr. Stern Warwick, utilizou drama para auxiliar o tratamento de psicóticos no Hatton Psychiatric Hospital. Verônica Sherborne, em 1950, trabalhando com Irene Champernowne (psicoterapeuta junguiana), aplicou o método Laban de terapia com pacientes psiquiátricos. Em 1964, Marian Lindkvist fundou o Sesame Institute, para dar treinamento em dramaterapia. Seu primeiro curso foi ministrado a terapeutas ocupacionais do York Clinic Guy's Hospital, em Londres. Utilizou também expressão corporal com esquizofrênicos. Entre 1966 e 1986, Dorothy Heathcote conduziu grupos de drama em hospitais de vários países, aplicando-os em portadores de transtorno mental (Casson, 2004).

A dramaterapia é definida pela apropriação da estrutura teatral e dos processos dramáticos com intenção terapêutica. Seus instrumentos são derivados do teatro e sua meta é psicoterápica (Emunah, 1994). A técnica consiste em treinar comportamentos e explorar a dinâmica das relações interpessoais por meio do teatro e do drama. Pode ter como base qualquer uma das teorias psicoterápicas. Mesmo semelhante, distingue-se do psicodrama, que possui um corpo teórico, técnicas e métodos próprios de aplicação. A dramaterapia é aplicada com psicóticos. Langley, citado por Casson (2004), enfatiza que o grupo de dramaterapia maximiza a sensação de segurança, confiança e tranquilidade, e ajudaria a estabelecer limites.

John Casson trabalhou com psicoterapia psicodramática no Bowness High Dependency Unit, Prestwich Hospital, Manchester, na Inglaterra, com pacientes psicóticos. O resultado de sua pesquisa foi publicado em 2004, no livro *Drama, psychotherapy and psychosis*, em que explica o uso do drama e teatro com pessoas que apresentam alucinações auditivas, inclusive as portadoras de esquizofrenia.

No Brasil, são poucos os hospitais psiquiátricos que, atualmente, utilizam o psicodrama grupal como método psicoterápico em suas enfermarias. Acreditamos que uma das causas é a escassez de médicos e psicólogos com formação em psicoterapia de grupo, particularmente em psicodrama. Na residência médica, não há condições para formar psicoterapeutas. Essa formação exige tempo e uma dedicação que o residente em psiquiatria não pode ter em função de diversas outras atividades que fazem parte da especialização.

Em São Paulo, a formação em psicoterapia deve ser procurada nas diversas associações, tais como: Sociedade de Psicodrama de São Paulo, Sociedade de Psicanálise, Sociedade de Psicologia Analítica e Instituto Sedes Sapientiae, entre outras. Essa formação costuma ter um custo financeiro alto, pois implica também a psicoterapia pessoal do residente. O psicodrama aplicado na enfermaria psiquiátrica é uma forma de apresentação da psicoterapia de grupo ao residente, e também uma maneira de iniciá-lo na prática. Penso que todos esses fatores, mais a sedução provocada pela psiquiatria biológica, diminuíram o número de psiquiatras voltados à prática psicoterápica.

A psicoterapia de grupo, como se vê, carece de profissionais especializados para sua prática. A partir dos anos 1980, houve atenção maior para a psiquiatria biológica e, como consequência, os métodos psicoterápicos ficaram relegados a segundo plano. Em decorrência, houve um interesse muito menor de psiquiatras para a formação em psicoterapia. A terapia cognitivo-comportamental, por não exigir formação extensa e ser de aplicação mais prática, passou a ser muito mais utilizada.

Atualmente são poucos os psiquiatras que, com até dez anos após terem concluído a residência em psiquiatria, utilizam o psicodrama de grupo em seu trabalho no hospital psiquiátrico. Houve uma tendência, na última década, a utilizar basicamente os tratamentos psicofarmacológicos nas unidades de internação.

Segundo Alexander e Selesnick (1980), o papel do demônio, antigamente atribuído como causa da doença mental, foi assumido em nossos dias pela química cerebral disfuncional e não pelas próprias experiências de vida da pessoa, criando-se, assim, uma pretensiosa convicção de que a mente perturbada pode ser curada somente por meio de drogas e que o paciente não precisa mais procurar compreender a origem de seus males ou entender seus mecanismos psicodinâmicos. Os neurotransmissores têm, sem dúvida, um papel em todos os processos mentais e na doença mental, mas essa química cerebral não pode ser isolada do homem, do núcleo de sua existência, da personalidade e da construção de suas vivências, cujo patrimônio maior é a subjetividade, única e pertencente a ele. A integração da neurofisiologia cerebral com a mente é um dos objetivos da moderna psiquiatria.

Atualmente, acontece uma atenção maior aos tratamentos psicossociais, incluindo vários métodos de psicoterapia, principalmente a psicoterapia de grupo. Os Caps e algumas unidades de reabilitação utilizam métodos grupais de tratamento.

5. O MÉTODO PSICODRAMÁTICO

As bases teóricas do psicodrama são construídas e reformuladas continuamente desde Moreno, autor que cunhou as primeiras teorias, mas não as transmitiu de forma sistematizada: confusa em algumas ideias, incompleta em outras. Desde então, psicodramatistas de todo o mundo têm procurado ordenar, ampliar, recriar, complementar, revisar e testar essas bases teóricas, cada qual de acordo com a própria formação, impregnando, pois, cada formulação teórica com carga subjetiva e influência da história e da formação de cada autor.

Garrido Martin (1996) salienta que as ideias que sustentam o método psicodramático moreniano foram, em grande parte, desconhecidas e ignoradas. Em 1959, Moreno escreve: "o tempo e as investigações ulteriores mostrarão se os meus métodos podem ser aplicados, de forma eficaz, sem que meus fundamentos teóricos sejam aceitos".

Até 1996, Martin pesquisou e não encontrou nenhuma sistematização das ideias de Moreno, assim como não registrou nenhum conjunto de opiniões de outros autores a respeito das ideias morenianas. Ao contrário, defrontou-se com uma extensa, anárquica e problemática obra, entremeada de vivências de Moreno e remotamente enraizada em experiências místico-religiosas. Escreveu *Psicologia do encontro* a fim de sistematizar essas ideias.

Naffah Neto (1997) observa que a falta de uma teoria psicopatológica dentro das teorias morenianas leva muitos terapeutas a verem o psicodrama como mero conjunto de técnicas, incapaz de fundar a si próprio como método terapêutico. Por não apresentar um corpo teórico sólido, como o desenvolvido pela psicanálise, muitos terapeutas utilizam o psicodrama fundamentados nessa teoria, procurando explicar seu funcionamento em termos kleinianos, freudianos ou lacanianos. Adverte esse autor que, ao utilizar o psicodrama, o terapeuta reincorpora e reinterpreta a psicanálise, e o faz seguindo uma perspectiva muito própria e específica. Assim, as tentativas de desconsiderar a teoria moreniana e de incorporar artificialmente o psicodrama à teoria psicanalítica resultam em concepções deformadas do método.

Visto dessa forma, o psicodrama ficou conhecido mais por suas aplicações que por suas teorias. Dentro do universo de psicodramatistas, uma minoria se dedica ao desenvolvimento da teoria psicodramática, e há também uma quantidade de terapeutas que aplica o psicodrama sem base teórica, por meio da ação espontânea, da experiência emocional e da catarse. Outros justificam sua prática dizendo que se apoiam em teorias adaptadas de outras correntes psicoterápicas, surgindo, então, o psicodrama psicanalítico, o psicodrama rogeriano, o psicodrama junguiano, o da gestalt etc. Assim, qualquer teoria é adaptada à aplicação da dramatização nas sessões de psicoterapia. Temos conhecimento de psicodramatistas, autores de livros, que criaram sua própria teoria psicodramática, porém com parco conhecimento de outros autores psicodramáticos, inclusive do próprio Moreno. A conserva cultural é interpretada por alguns, sem crítica adequada, como a inutilidade do conhecimento e da ciência, justificando, com esse argumento, sua ignorância.

O psicodrama pode ser visto como método e técnica, dependendo da forma como é utilizado. Mas é claro que essas formas de psicoterapia não podem ser consideradas puramente psicodrama. As raízes do psicodrama estão no método fenomenológico existencial e nos conceitos das teorias da espontaneidade e criatividade, na teoria do momento e nas teorias dos papéis e das relações interpessoais. Utilizar o referencial psicanalítico como método terapêutico, no psicodrama, não faz sentido, pois a psicanálise defende o determinismo psíquico e o método fenomenológico existencial é essencialmente antideterminista. A psicanálise é um método fechado; o psicodrama, não.

Almeida (1982) defende que o psicodrama, por ser um método fenomenológico, permite acompanhar um mundo em movimento, que contém as conservas culturais mas não se atém somente a elas: a própria espontaneidade induz a criação de novas teorias e técnicas psicodramáticas. O método fenomenológico faz do psicodrama uma psicoterapia aberta, ou seja, comporta várias leituras que dependerão do referencial teórico de quem o aplica. O psicodrama como método tem regras que impedem a participação irresponsável, desinformada, narcísica e autoidolatrada. Almeida salienta que toda literatura psicológica, psiquiátrica, filosófica e religiosa, por exemplo, enriquece o psicoterapeuta, pois o método fenomenológico não admite que se analise a personalidade humana apenas por meio de uma estrutura única, universal. Desse modo, a leitura de um ato psicodramático comporta qualquer teoria, e a condução desse ato depende da intencionalidade do psicodramatista comprometido com o método fenomenológico existencial.

Peter Felix Kellermann (1998), psicodramatista formado no Instituto Moreno de Nova York, dirige o Centro de Psicodrama e Terapia de Grupo, em Jerusalém. O autor fez uma ampla revisão da literatura psicodramática em busca de uma definição abrangente de psicodrama. Propôs:

> O psicodrama é um método psicoterápico no qual os clientes são estimulados a continuar e a completar suas ações, por meio da dramatização, do *role-playing* e da autoapresentação dramática. Tanto a comunicação verbal como não verbal são utiliza-

das. No *aqui-agora*, são representadas várias cenas que retratam, por exemplo, situações vividas de maneira incompleta, conflitos íntimos, fantasias, sonhos, preparação para futuras situações de risco ou expressões improvisadas de estados mentais. Essas cenas tanto se aproximam de situações reais de vida como representam a externalização de processos mentais interiores. Quando necessário, os papéis podem ser desempenhados pelos demais membros do grupo ou por objetos inanimados. São empregadas várias técnicas, tais como a inversão de papéis, o duplo, o espelho, a concretização, a maximização e o solilóquio.

Zerka Moreno (2008) concebe o psicodrama como um laboratório vivo para a experimentação da vida, com todos os obstáculos, exceto a punição, onde se ensaiam novas maneiras de vivê-la.

O psicodrama, tal como criado por Moreno, está inserido na metodologia fenomenológica e no pensamento existencialista, como salienta Almeida (1982) ao se referir à Sexta Conferência com o título de Existencialismo, análise existencial e Psicodrama, no livro *Las bases de la psicoterapia*. J. L. Moreno (1967), nessa conferência, afirma que cada sessão psicodramática é uma experiência existencial que oferece informações para uma sólida teoria da existência. Almeida (1982) vê a base fenomenológica existencial como consistente tecido, que dá lastro metodológico às ideias de Moreno, unindo de forma consequente a teoria e a prática, finalizadas no campo da ação terapêutica. Almeida lembra a todos que

[...] método, etimologicamente, quer dizer caminho, o caminho da ciência é o conjunto de procedimentos teóricos que ordenam o pensamento, estabelecem o objetivo do trabalho a ser executado e inspiram ânimo ao investigador. O método necessita das técnicas para atingir seus objetivos. Técnica é o conjunto de procedimentos práticos que instrumentalizam o método, tornando-o viável na execução de seu objetivo final. Toda técnica tem que ter uma teoria que a embase e a explicite.

Assentado nessa base, o psicodrama traz em si:

- um corpo teórico;
- um conjunto de técnicas e métodos auxiliares;
- um "campo de ação" em que se destacam os contextos, os instrumentos e as etapas.

Corpo teórico

Em relação ao corpo teórico, são fundamentais as noções de:

Teoria do momento
Garrido Martin (1996) sugere que a filosofia do momento é mais uma sensação vital que uma elaboração conceitual. É mais que uma ideia: é uma atitude, um "inapreensível instante e uma ilocalizável situação, eis o momento moreniano".

Moreno dá ênfase ao momento, ao tempo presente, ao aqui-agora, que seria um lapso no tempo que contém passado, presente e futuro. Vivendo cenas no contexto psicodramático, pode-se trazer para o presente e para a realidade aquele que, com suas amargas reminiscências, vive no passado, ou, com sua imaginação fantasiosa, vive quase que só no futuro (Almeida, 1988). Dramatizar no aqui-agora significa entrar no presente e perder-se no tempo, possibilitando a criação e a vivência profunda do encontro. "O momento é a abertura pela qual o homem passará em seu caminho" (Moreno, 1968).

Naffah Neto (1997) escreve: "viver no momento presente não significa viver num momento puro – o momento puro é apenas uma abstração –, mas ser capaz de recuperar o passado em função do presente".

Moreno pretende captar a realidade humana tal como ela é, em suas circunstâncias existenciais, o que implica os conceitos de aqui-agora: cada ser ou cada ato tem uma existência que se realiza em tempo concreto (momento), em lugar concreto (*locus*) e em ambiente também concreto (matriz) (Garrido Martin, 1996).

Bustos (1992) salienta, em *Novos rumos em psicodrama*, que todo fato se encontra marcado por três parâmetros fundamentais, caracterizados como *locus*, matriz e *status nascendi*. Para entender a estrutura de um fenômeno deve-se localizar a situação primária (*locus*), investigar sua origem (matriz) e o momento e circunstâncias em que nasceu (*status nascendi*) (Rolim, 1991; Bustos, 1992).

O *locus* é o lugar onde ocorre o fato. No recém-nascido, o *locus* é o útero e a placenta que o alimenta. Por exemplo, ao abordar um paciente delirante, temos de localizar onde seu sintoma teve origem e de que se alimenta, assim como os fatores condicionantes presentes e passados que nutrem essa conduta. É fundamental compreender a série de circunstâncias que contribuíram para estruturar essa forma de comunicação (sintoma). É fundamental compreender a rede vincular – conjunto de pessoas de seus vínculos ou de personagens fantasiosas – que possibilitou o aparecimento do delírio.

O *locus* é um referencial diagnóstico importante para a compreensão de um fato. Bustos (1992) sublinha que, sobre o *locus*, não se pode operar, já que não está no campo terapêutico. Seria como querer trabalhar, na psicoterapia, o comportamento e conduta das pessoas pertencentes à rede vincular do paciente, responsabilizando-as pelas dificuldades dele. Essa forma de trabalhar a rede vincular só reforça defesas e exime o paciente de responsabilidades, fazendo-o se sentir vítima de um sistema que não o compreende. Frente a um ambiente adverso, o paciente tem de mobilizar recursos para entender o "seu entorno" e mobilizar recursos internos para modificá-lo. Para alguns terapeutas, é tentador fazer uma "aliança" com o cliente para enfrentar o "inimigo". Mas essa forma de conduzir um trabalho pseudopsicoterápico pode acarretar desavenças e quebras desnecessárias de vínculos. Muitas vezes, o vínculo distorcido está na relação terapeuta-cliente, em que o terapeuta, seduzido pelo poder de proteção, assume seu paciente e, assim, o submete. Dessa forma, a supervisão do trabalho psicoterápico é esclarecedora e fundamental, principalmente para o psicoterapeuta iniciante. Para os mais experientes, quando a terapia não se desenvolve e as sessões se tornam repetitivas, monótonas e hipnóticas, deve-se procurar um terapeuta mais experiente para ajudar a esclarecer o ponto cego.

No psicodrama, monta-se o cenário com os personagens que compõem a cena, mas permite-se que no jogo dramático surja um novo "personagem", resultante dessa rede vincular: o *locus* não está formado pelos personagens reais, mas por novas personagens fantásticas, criadas, no jogo de cenas, pela interação entre os personagens reais.

A matriz é a conduta gerada como resposta aos estímulos do *locus*. Constitui o elemento gerador do sintoma e é para ela que se dirigem os procedimentos terapêuticos, sendo o único aspecto passível de modificação. Daí vem o termo "rematrizar", usado em psicodrama. O paciente não produz as circunstâncias (*locus*), mas produz a resposta (matriz), e sobre ela operamos terapeuticamente. Bustos (1992) sugere que, na investigação da matriz de uma conduta defensiva, é mais produtivo perguntar "para que" o faz, do que perguntar "por quê".

Status nascendi é o processo de desenvolvimento de algo que tem um ponto de partida. Em relação ao sintoma, não basta ter localizado o *locus* e reconhecido a matriz. É importante conhecer o desenvolvimento e as vivências provocadas pelo sintoma, ou seja, o *status nascendi* (Bustos, 1992).

Na investigação psicodramática de um paciente com quadro alucinatório-delirante, por exemplo, montamos a cena com o paciente ouvindo vozes. Ele, por meio do procedimento da concretização, passa a ser a própria alucinação e, nesse papel, investigamos o *locus*: como apareceu o sintoma, em que lugar, em que circunstâncias. Investigamos a matriz: por que apareceu, qual sua função, para que permanece. E ainda pesquisamos o *status nascendi*: desde o aparecimento até as vivências provocadas por esse distúrbio, que acabaram condicionando fatos posteriores na vida do paciente.

Teoria da espontaneidade-criatividade

A espontaneidade é a capacidade de agir adequadamente diante de novas situações, criando uma resposta inédita, renovadora, ou, ainda, transformadora para as situações estabelecidas (Moreno, 1968). A modificação de uma situação, ou uma nova resposta a uma situação antiga, implica o ato de criar. A criatividade, portanto, é indissociável da espontaneidade (Gonçalves, Wolff e Almeida, 1988).

Moreno explica a espontaneidade como um catalisador que desencadeia a criatividade, cria uma nova situação e, por sua repetição sem modificação, produz as conservas culturais. A espontaneidade não é mais que um simples desencadeante, um intermediário ou catalisador que explica o produto acabado, porém não se transforma absolutamente nele (Garrido Martin, 1996).

Para Blatner e Blatner (1996) "o ato criativo tem início na capacidade de o indivíduo produzir múltiplas mensagens internas e externas e, em seguida, formular uma resposta que capte a espontaneidade da decisão".

A teoria básica do psicodrama baseia-se no fenômeno de que cada um pode criar o que se passa na própria mente e de que essa experiência é maleável. A reintegração da espontaneidade e da criatividade, como dimensões valorizadas de experiência e do comportamento, é um dos objetivos do trabalho psicodramático (Blatner e Blatner, 1996).

A espontaneidade deve ser estimulada com a aprendizagem e treino de papéis, que pode ser feito por meio da repetição de um ato no mesmo papel, criando um hábito que adapta a resposta para as situações. Dessa forma, frente a uma situação desconhecida, a pessoa torna-se mais apta a criar uma resposta nova ou, diante de uma situação velha, pode criar uma resposta nova e mais adequada. O que se aprende tem um sentido vital e será evocado sempre que a vida exigir. Aprende-se a atitude espontânea, a atitude em dar resposta adequada e pessoal a cada circunstância e, ainda, a evitar respostas estereotipadas e calcadas no perfeccionismo desprezível da conserva cultural (Garrido Martin, 1996).

A imprevisibilidade é uma condição que gera temor e ansiedade. Algumas pessoas têm dificuldade em conviver com o imprevisível e o imponderável e procuram, por isso, levar uma vida sem surpresas, sem ousadias e com o mínimo risco. Dessa forma, exercem muito pouco a espontaneidade e criatividade, e apegam-se a rituais e a pensamentos mágicos com o intuito de proteger-se. Por exemplo: não passam embaixo da escada, não falam determinado número que representaria o demônio, batem na madeira três vezes etc. Há outros que se apegam a regras rígidas ditadas por alguma religião, impedindo, dessa maneira, a manifestação de atos espontâneos. Quando a pessoa se torna rígida, a quantidade de papéis disponíveis é limitada, o que restringe a capacidade de adaptação a novas situações e causa um engessamento para a atuação em seu átomo social. Tornam-se pessoas totalmente previsíveis, que não vivem a sensação nem a emoção do novo e, dessa forma, seguem a vida cerceando a liberdade.

Uma situação nova pode gerar medo quando há insegurança para enfrentá-la: essa ansiedade inibe a espontaneidade. Nessas circunstâncias, o indivíduo lança mão de respostas estereotipadas, retiradas da mídia ou da cultura popular, ou, ainda, de um pensamento mágico. Essas respostas não necessitam de espontaneidade, pois vêm de um repertório conhecido, chamado de conserva cultural. A criança, em sua educação, aprende condutas por meio de normas, pela imposição à ordem ou, ainda, pela imitação e identificação com os papéis dos adultos. Essa é a base da criação das conservas culturais, que, na verdade, são necessárias e constituem o conjunto de conhecimentos construídos pela humanidade. Uma conserva cultural deixa de ser necessária quando não serve mais ao princípio que a criou e quando, por sua repetição, inibe a ação e impede o conhecimento. Pode, então, ser substituída por meio da mente criadora de um homem. E essa nova conserva cultural terá a duração necessária, e sua modificação enfrentará uma nova resistência, pois o homem resiste ao novo e procura apegar-se a referências, com a ilusão de que elas o protegem. Assim é a história do conhecimento, das descobertas, da ciência, dos comportamentos e da organização social.

Para Moreno, a primeira forma de adoecer deve-se a uma inadequação da espontaneidade, que pode induzir o indivíduo a viver fora da realidade. A falta de adequação ao real gera um estado patológico da espontaneidade que pode chegar ao delírio. Outra forma de manifestação patológica da espontaneidade são os comportamentos impulsivos, pois a espontaneidade deve ser adequada às normas convencionais de conduta. Bischof, citado por Garrido Martin (1996), escreve: "a conservação da normalidade exige ser-se suficientemente espontânea para criar uma conduta adequada às inevitáveis mudanças da vida. O neurótico e o psicótico não conseguem se ajustar, por sua conduta neurótica e não criativa". Moreno afirma que a normalidade psíquica funciona em adequação à realidade mutável e, se não se consegue essa adequação, a ansiedade aparece como evidente sintoma do adoecer psíquico. O paciente ansioso, na medida em que inibe a espontaneidade, realiza inúmeros atos sem sentido, tem dificuldade de estabelecer escolhas e mostra-se instável. O psicótico, na visão de Moreno, não se adequando à realidade de seu ambiente, regride às primeiras etapas de desenvolvimento da "matriz de identidade", ficando, dessa maneira, "protegido" na etapa da "matriz de identidade total e indiferenciada", na qual não há divisão entre o eu e o mundo, entre o externo e o interno, entre fantasia e realidade, sem ameaças, portanto.

O método psicodramático estimula potenciais do indivíduo a fim de desencadear sua criatividade. As pessoas têm a chance de ampliar suas habilidades ao assumir personagens e jogá-los na cena psicodramática. Passam pela oportunidade de se liberar de comportamentos e atitudes estereotipadas, criar novos papéis e liberar-se dos cristalizados. Karp (1998) pressupõe que, à medida que os protagonistas experimentam outros papéis, começam a mudar sentimentos e pensamentos. A ocasião para a emergência da espontaneidade é maximizada na criação de novos comportamentos.

Moreno propõe um método em que confronta o indivíduo com situações chocantes da vida cotidiana: é a técnica da improvisação. O sujeito é analisado e situado para o ponto central do problema. A partir daí, pede-se que improvise situações psíquicas ou circunstâncias externas para corrigi-lo. Não se trata de aprender um fato ou um ato concreto, e sim de buscar uma atitude que o habilite a resolver adequadamente as diversas situações que podem ocorrer na vida real, no desempenho de seu ofício (Garrido Martin, 1996).

Uma da maneiras de estimular as potencialidades é trabalhar psicodramaticamente com o desempenho de papéis (*role-playing*) ou psicodrama didático (Moreno, 2006).

Quando utilizamos o *role-playing* com pacientes da enfermaria, estamos reinventando cenas ou personagens tirados ou inibidos pela doença e, ao mesmo tempo, estimulando soluções criativas para situações da vida, com desempenho de papéis mais claros e sadios. Na enfermaria psiquiátrica utilizamos frequentemente o *role-playing* visando a treinar papéis comprometidos pela doença mental. Por exemplo, com o intuito de ajudar o paciente a retomar sua vida profissional, podemos dramatizar sua volta ao emprego, sua entrevista para admissão em um novo trabalho ou, ainda, sua reinclusão social.

No treinamento de residentes de psiquiatria, utilizamos o *role-playing* para desenvolver a espontaneidade e a adequação na relação com os pacientes.

Segundo Henri Ey, a doença mental pode ser compreendida como a perda da capacidade de estabelecer escolhas, ou seja, como a patologia da liberdade. Para Moreno, o adoecer humano é o adoecer da espontaneidade.

De acordo com o grau de liberdade ou espontaneidade, o processo de desenvolvimento de um novo papel passa por três fases:

- *Role-taking*, tomada ou adoção do papel: consiste simplesmente em imitar o papel de alguém. Aqui, os papéis são aprendidos e revistos com base em modelos. A doença mental pode comprometer o desenvolvimento de papéis, assim como comprometer os já aprendidos.
- *Role-playing*: é desempenhar o papel explorando simbolicamente suas possibilidades de representação.

- *Role-creating*: é o desempenho do papel de forma espontânea e criativa. É a forma saudável do jogo de papéis.

Conceito de coinconsciente

Antony Williams sublinha que, para Moreno, a noção de inconsciente é dinâmica e interpessoal. Ele utilizava o material trazido ao psicodrama não como algo "enterrado" no inconsciente, mas acreditava, sim, que alguns significados, por diversas razões, não estão disponíveis para as pessoas. Por isso, Moreno encarava esse material reprimido como extensão de uma estrutura usual e não como algo que existe em um estado diferente. O psicodrama se prestaria muito mais a enfatizar sua extensão e a criar significado, que a escavar representações ou sentidos sepultados no inconsciente. Ele postulava um inconsciente comum que chamou de "coinconsciente" (Williams, 1994).

Para Moreno (1975), os estados coconscientes e coinconscientes são, por definição, aqueles que os participantes têm experimentado e produzido conjuntamente e que, portanto, só podem ser reproduzidos ou representados conjuntamente. Moreno define o coinconsciente como a ligação inconsciente entre as pessoas que compartilham processos de vida, como por exemplo casais, grupos, famílias, companheiros de trabalho ou terapeuta-paciente. O conceito de coinconsciente refere-se a vivências, sentimentos, desejos e até fantasias comuns a duas ou mais pessoas, e que se dão em "estado inconsciente" (Gonçalves, Wolff e Almeida, 1988). Todas essas relações baseiam-se na tele, um processo de duas vias.

Moreno (1963) escreve que indivíduos que se conhecem intimamente são suscetíveis de inverter seus papéis com muito mais facilidade que os separados por uma larga distância psicológica ou étnica, e a causa dessas variações é o desenvolvimento de estados coconscientes e coinconscientes. Bustos (1990) salienta que conhecemos do outro muito mais que o outro nos revela formalmente. Há múltiplas informações subliminares que decodificamos sem ter consciência, havendo, portanto, um tipo de comunicação não verbal estabelecido entre as pessoas.

O homem desenvolve sua vida em sucessivas matrizes – genética, materna, de identidade familiar, social e cósmica: um corpo contínuo de relações em sua evolução. A partir dessas matrizes, emergirão os papéis que serão os construtores de um ego diferenciado, capaz de formar parte da cadeia de relações que constituirão as redes sociais. Zuretti (1998) escreve: "o tesouro do coinconsciente é formado pela parte não atuada da relação (ou então atuada, mas não nomeada com palavras), não expressa, não conhecida, porque pertence ao domínio secreto do conhecimento genético ou cósmico, mas, sem dúvida, presente na rede formada pela soma de diferentes matrizes".

Mónica Zuretti (1998) escreve que o termo "grupo" foi usado originalmente na Itália para descrever uma série de esculturas que retratavam, cada uma de forma específica, um tema criado com base em diferentes perspectivas, mas todas convergindo para uma única mensagem, que dependia do modo como as esculturas estavam colocadas e da relação entre elas. Caso elas estivessem separadas, a gestalt desse sistema se desfaria.

Dentro de um grupo, o coinconsciente da rede sociométrica no aqui-agora é a energia que sustenta o processo do grupo. Essa estrutura télica representa a ligação efetiva entre os membros, que se conectarão por meio de atrações, rejeições e indiferenças, assim como terá um coinconsciente baseado nas mesmas formas de relações. Essa estrutura se tornará aparente durante o processo psicodramático que investiga, cria e recria, de forma contínua, a rede sociométrica grupal.

Conceitos de tele e encontro

Moreno cunhou o termo "fator tele", conceituando-o como a capacidade de se perceber, de forma objetiva, o que ocorre nas situações e entre as pessoas. É, também, a percepção interna mútua entre dois indivíduos (Gonçalves, Wolff e Almeida, 1988). Ele afirma que a tele é um interfenômeno, sendo que o prefixo "inter" significa entre. Tele é "percepção", "apreciação" e "sentimento" pela real "constituição do outro". É um processo espontâneo que pertence ao aqui-agora (Williams, 1994).

A tele pode ser definida também como a "distância entre": todas as energias fluindo na distância entre dois ou mais, uma energia que se move "entre" e se relaciona com a espontaneidade, a criatividade e a ação (Moreno, 2000).

A transferência, em termos psicodramáticos, é a patologia do fator tele e acontece quando a percepção do outro está distorcida ou equivocada, influenciada pela revivência de situações vinculares ausentes na relação vivenciada no momento. Transferência também pode ser o reconhecimento da dinâmica de papéis antigos em papéis atuais (Almeida, 1988). A técnica da inversão de papéis elucida, investiga e recria papéis saudáveis. Nessa técnica a percepção do indivíduo, quando está no papel do outro, começa a mudar, pois coloca a si mesmo de lado. Com a inversão do papel, pode-se chegar muito próximo à essência do outro, na medida em que se olha o mundo através dos olhos dele. Para Zerka Moreno (2000), a inversão de papéis significa olhar para si mesmo pelo olhar de outra pessoa, ou a partir de outra perspectiva.

Para Moreno (1975) o termo "encontro" significa que "duas pessoas não apenas se reúnem, mas vivenciam e se compreendem, cada uma com todo o seu ser". Por isso chama a psicoterapia de grupo de "terapia pelo encontro". O encontro está na raiz, na base do conceito de tele.

Transferência é um fenômeno interpessoal, e a contratransferência é meramente a transferência em "mão dupla". Terapeuta e cliente são iguais como seres humanos, mas existem elementos estruturais nos papéis de terapeuta e de cliente que definem a relação.

Para Fonseca (2000), tele e transferência fazem parte de um mesmo processo, denominado por ele como "teletransferência". A culminância da tele é o encontro, o máximo de liberação espontâneo-criativa. É a saúde. O pico da transferência é a regressão completa, a doença. Fonseca, mais adiante, escreve que o sistema teletransferência é mutável no tempo e no espaço, assim como em uma mesma relação há uma variação contínua de teletransferência. Observa, ainda, que a introdução de um ou mais elementos modifica o sistema de teletransferência existente entre duas pessoas.

Fonseca (2000) constrói um interessante raciocínio clínico, partindo do princípio de que um mesmo indivíduo apresenta uma plêiade de papéis latentes e emergentes (atuantes) dentro de si, e de que a personalidade (eu) é composta de uma infinidade de "eus parciais", que se expressam por meio de papéis. A interação dos diferentes eus parciais entre si estabelece relações teletransferenciais internas. Da mesma forma que Moreno fala de autotele, Fonseca permite-se falar de autotransferência, dando como exemplo a percepção delirante que o paciente faz de si mesmo, quando se julga Napoleão. A correção desse estado de autotransferência se faz por meio da psicoterapia, que, pelos *insights* – visões instantâneas de aspectos antes não visualizados de eus parciais internos –, amplia a autotele e diminui a autotransferência. A autotele-autotransferência é o sistema que estuda as relações do indivíduo consigo mesmo. A teletransferência estuda as relações interpessoais. O sistema teletransferência estuda as relações do indivíduo consigo mesmo e com os outros (Fonseca, 2000).

**Teoria do desenvolvimento infantil, com base
no conceito de matriz de identidade**

Matriz de identidade é um conceito formulado por Moreno, fundamental para entendermos o mecanismo da formação de papéis.

Esse é o lugar em que a criança se insere desde o nascimento, relacionando-se com objetos e pessoas em determinado clima (Gonçalves, Wolff e Almeida, 1988). É o lugar preexistente, modificado pelo nascimento do sujeito e ponto de partida para seu processo de definição como indivíduo. Durante essa evolução, a criança internaliza as características e peculiaridades de suas relações primárias. Esses fatores ambientais, unidos aos psicológico-sociais e os hereditários, constituem a estrutura básica de sua personalidade. Para Fonseca (1990), a matriz de identidade envolve a formação da identidade, e é o berço da consciência de quem somos e da capacidade de autoavaliação que possuímos. É da matriz de identidade que surgem os papéis e a base psicológica para todos os seus desempenhos. A teoria da matriz de identidade, escrita por Moreno, é uma maneira de entender o registro das primeiras vivências do bebê em sua mente e a formação de seus primeiros vínculos, que continuarão a se desenvolver em uma ampla gama de papéis, que nada mais são que uma estrutura de relação (Aguiar, 1990).

Ao nascer, a criança entra em um mundo a que Moreno chamou de "primeiro universo".

Inicialmente a criança não diferencia pessoas de objetos nem fantasia de realidade. A visão de mundo é de total confusão: fantasia e realidade, interno e externo, tudo é uma coisa só. O intrapsíquico e o interpsíquico (vincular) configuram um todo indiferenciado (Bustos, 1999). Corresponde à matriz de identidade total indiferenciada. Esboça-se, aqui, a estrutura organizadora de conduta: o papel de mãe e o contrapapel de filho. Os papéis psicossomáticos incluem atividades como comer, dormir, urinar, defecar e hábitos pessoais. Seu desenvolvimento se inicia no primeiro universo, antes do desenvolvimento da linguagem. O desempenho desses papéis, que são funções vitais inerentes à própria vida, não necessita de complementaridade, daí Bustos (1999) chamá-los de protopapéis. Ao serem desempenhados, ajudam a criança a experimentar o que denominamos "corpo".

Em um segundo momento, a criança começa a distinguir objetos de pessoas, e pessoas entre si: já diferencia o *eu* do *tu*. Corresponde à matriz de identidade total diferenciada.

O segundo universo corresponde à matriz de identidade da brecha entre fantasia e realidade. A partir desse momento, o indivíduo começa a desenvolver dois novos conjuntos de papéis: sociais e psicodramáticos.

Os papéis sociais surgem na passagem para o segundo universo, quando ocorre a brecha entre fantasia e realidade. Formam-se quando a criança já tem seu sistema nervoso mais desenvolvido. Incluem papel profissional, racial, sexual, familiar, entre outros. Contribuem para a inserção social e se desenvolvem na inter-relação com as pessoas. Alguns desses papéis sociais se automatizam pela repetição com que são exercidos, tornando-se papéis com reduzida parcela de espontaneidade. Os comportamentos sociais assentam-se sobre essas matrizes preestabelecidas que, ao longo do tempo, são estruturadas pelo meio sociocultural, constituindo o que J. L. Moreno (1968) chama de conserva cultural – papel automatizado, desempenhado sem espontaneidade-criatividade.

Os papéis psicodramáticos, também chamados "psicológicos", correspondem à dimensão mais individual da vida psíquica. Esses papéis surgem quando são atingidas as condições para a "separação" entre produções imaginárias e realidade. Nessa categoria, também se incluem os personagens de nossa imaginação. Seu desempenho ajuda a criança a experimentar a psique (Bustos, 1999).

Nos papéis sociais operam predominantemente a função de realidade e, nos psicodramáticos, a fantasia ou função psicodramática.

Teoria dos papéis

O conceito de papel vem do teatro. Passou do rolo em que estavam escritos os dramas aos personagens que os representavam. Evoluímos para outra acepção: papel é a posição que a pessoa assume na sociedade, é o aspecto dinâmico do *status*. Na convivência social, o indivíduo se adapta a certas normas de convivência e, consequentemente, de conduta, que integram o papel (Garrido Martin, 1996).

Clayton (1998) refere-se a essa teoria como o corpo de conhecimentos associado ao funcionamento interativo entre os seres humanos. Para o psicodrama, essa conceituação tem um valor mais ou menos semelhante ao de uma teoria da personalidade. As teorias morenianas sempre se referem ao homem dentro de uma situação, imerso no social, e buscam transformá-lo por meio da ação. O conceito de papel pressupõe inter-relação e ação. A intenção de Moreno era que o conceito de papel pudesse funcionar como ferramenta da psicoterapia, no trabalho em grupo e no dia a dia.

O papel pode ser definido como uma unidade de experiência sintética em que se fundiram elementos privados, sociais e culturais. Moreno conceitua "papel" como a menor unidade observável de conduta, e escreve: "O papel é a forma de funcionamento que o indivíduo assume no momento específico em que reage a uma situação específica, na qual outras pessoas ou objetos estão envolvidos. [O papel é o aspecto tangível do eu], o que surge primeiro é o papel; o Eu surge dos papéis" (Moreno, 1968).

Moreno compreende o papel como a primeira unidade ordenadora. Primeiro aparece a ação (papel de ingeridor de alimentos) que vincula o bebê à mãe. Esse primeiro ato cria um princípio de ordem no caos de percepções, que constitui o universo do recém-nascido.

Por volta dos três anos de idade, com a integração dos papéis precursores – psicossomáticos, sociais e psicodramáticos –, a criança dispõe de um "eu" que possibilita que ela se relacione com os outros. Gradualmente adquire a experiência da realidade, iniciada com a adoção de papéis psicossomáticos, e se amplia para as várias possibilidades de interação dos papéis sociais e psicodramáticos (o primeiro ligado ao mundo social, e o outro, a um mundo de fantasia).

Os papéis são contratos sociais por meio dos quais se estabelecem trocas, ou então constituem um conjunto de ações cristalizadas em uma determinada área de operação, ou seja, em função de um projeto específico (área de operações) a pessoa envolvida já sabe, de antemão, a resposta que deve dar (ações cristalizadas). É uma complementaridade conhecida e, portanto, pode se tornar automatizada: uma ação e reação sem a plena consciência do ato. O complemento é o outro, e essa consciência é fundamental para o estabelecimento do vínculo. O complemento é definido como a vinculação harmônica (ou não) de duas unidades com existências independentes (Bustos, 1992).

A cada papel corresponde um contrapapel, que é o papel complementar, por exemplo: mãe-filho, professor-aluno, empregado-patrão, marido-esposa, médico-paciente etc. Para que haja essa complementaridade é essencial a consciência da existência do outro, condição fundamental para a formação do vínculo – a ponte que une os indivíduos. As pessoas se vinculam mediante papéis complementares, dos quais nasce uma interação, com influências recíprocas. O papel lida especificamente com o campo interpessoal, porque, entre duas ou mais pessoas, há um acordo explícito ou subentendido sobre cada papel.

Quando não há essa consciência plena do outro, não se estabelece a complementaridade do papel e forma-se, então, o papel suplementar, em que cada pessoa comporta-se como parte de um todo, sem solução de continuidade, formando o vínculo simbiótico e não possibilitando o "estar com o outro", mas a fantasia de ser parte do outro (Bustos, 1997). Vínculos patológicos são os estabelecidos por meio de papéis suplementares.

Para Ramadam (1978) a expressão "patologia do vínculo", usual entre psicodramatistas, seria incorreta, pois o que se observa na prática são vínculos de patologias que não são aparentes devido ao estereótipo dos papéis desempenhados. Cita, como maior fonte de papéis e relacionamentos estereotipados, o núcleo familiar, de onde se origina o conceito de mãe esquizofrenogênica. A teoria do duplo vínculo pode ser entendida pelo estudo da dinâmica de papéis, estruturando um vínculo patológico e, como consequência, uma patologia do vínculo.

O papel adoece fundamentalmente por duas razões. Uma delas origina-se no fato de ser imposto pelas circunstâncias externas quando não há desejo em desempenhá-lo, o que leva a pessoa a um estado permanente de frustração, pois seu comportamento se desenvolve de acordo com as expectativas do outro e não com seus desejos. Moreno dá a entender que a doença mental resulta, dentre outras causas, das imposições externas que subtraem da pessoa a própria espontaneidade, levando-a à excessiva preocupação com a opinião e julgamento dos outros, o que resulta em uma queda da energia psíquica, um estado de astenia que traduz um baixo tônus mental. Outra razão do adoecer do papel é quando, ao ser desempenhado, fica aquém do idealizado. O psicodrama tem como função fazer o paciente compreender que, por diversas razões, ele mesmo se impôs desempenhar inadequadamente esses papéis. Portanto, da mesma forma que o assumiu, poderá abandoná-lo.

Observar o desempenho dos papéis sociais nos dá a possibilidade de avaliar o processo psicoterápico. Quanto maior o número de papéis desempenhados com consciência, maior será o grau de liberdade do indivíduo e, portanto, mais saudável ele será.

A ação psicoterápica consiste em clarear vínculos restabelecendo o desempenho de papéis de maneira mais ampla. Os papéis, quando trabalhados no contexto dramático, podem ser conscientizados, ter suas contradições reconhecidas e outras possibilidades experimentadas em seu jogo. Para Aguiar (1990), a desalienação corresponde a uma desamarração, ou seja, uma folga no emaranhado de cordas e nós, que impedem a livre movimentação do sujeito. O trabalho psicodramático liberaria a criatividade e flexibilizaria o desempenho de papéis. A essa transformação das relações se denominaria rematrização (Aguiar, 1990).

Garrido Martin (1996) escreve que a cura do desempenho de papéis se identifica com a cura da espontaneidade criadora. No psicodrama, por meio do desempenho de papéis, o paciente adquire o domínio e o poder de recriação de sua personalidade que, enquanto fator tangível, se identifica com o papel.

Tomar consciência dos fatores dinâmicos e das diferentes formas de desempenho dos papéis nos dá pistas para diagnósticos. Um diagnóstico da dinâmica do papel inclui uma análise das variedades e componentes de papéis formados em determinado indivíduo, em um relacionamento ou família (Moreno,1968).

Blatner e Blatner (1996) ainda integraram as ideias da teoria de papéis de Moreno, ampliando e sistematizando um princípio a que chamaram de "dinâmica do papel". Nesse sistema, os papéis são objetivados, por isso, podem ser examinados, renegociados e, ainda, experienciados em diversas maneiras de jogá-los. É estimulada a consciência e a criatividade na escolha das formas do jogo de papéis para que haja potencialização da liberdade nas relações interpessoais.

Os autores salientam que um diagnóstico da dinâmica do papel inclui uma análise das variedades e componentes de papéis que atuam em determinado indivíduo, em um relacionamento ou família. O termo "análise de papel", criado por Blatner e Blatner (1996), refere-se à análise de um sistema para saber se o papel está ou não atingindo seu objetivo, e o que seria necessário para que funcionasse adequadamente. Nessa doutrina, torna-se uma ferramenta importante para o diagnóstico, pois lida com o campo interpessoal e o papel implica o subentendimento do código, no contrato implícito e também no entendimento explícito das regras de cada papel exercido com o outro.

Max Clayton, psicodramatista do Australian College of Psychodrama, em Melbourne, formado no Moreno Institute, em Beacon, aplica a teoria de papéis desde 1971 e escreve:

> O objetivo da análise de papéis é encontrar um sentido nos sistemas de papéis representados por indivíduos, por grupos de indivíduos, nas relações entre grupos ou entre culturas e, com base nessa análise, planejar meios pelos quais os papéis possam desenvolver-se mais, de modo que os objetivos dos indivíduos e dos grupos possam ser atingidos. (Clayton, 1998)

Para esse autor, a teoria de papéis ajuda na avaliação do funcionamento dos indivíduos, dos grupos e relações intergrupais. A análise de papéis funciona como subsídio para identificar meios que aumentem a eficiência das relações humanas. Clayton usa essa teoria para pensar cada fase da sessão de psicodrama. Na fase de aquecimento, fica atento aos papéis que emergem no grupo, pois acredita que eles expressam sistemas culturais e valores diferentes, e que podem contribuir para o processo de escolha do protagonista mais adequado àquela sessão. Na dramatização, uma análise de papéis esclarece que aspectos da vida do protagonista são mais auxiliados e, no final, a análise de papéis indica se o protagonista chegou ou não a uma resolução satisfatória. Na fase de compartilhamento, a observação dos papéis de cada membro do grupo e sua relação com o diretor, com o protagonista e entre eles, indica qual o benefício obtido com o psicodrama e que áreas devem ser enfocadas nas próximas sessões.

A dinâmica do papel é uma abordagem clínica e teórica, que admite que um distúrbio deve ser fruto tanto de uma falta de habilidades compensatórias saudáveis, quanto de mera reação a um grupo de diferentes formas de estresse. Em resumo, a dinâmica do papel representa uma forma clinicamente relevante da teoria, instrumentalizada para se pensar de modo flexível sobre uma série de papéis disponíveis para renegociação ou desenvolvimento criativo (Blatner e Blatner, 1996).

Conceito de catarse de integração
Segundo Moreno, esse é o fenômeno que dá sentido terapêutico ao psicodrama. Esse tipo de catarse acontece quando, por meio da dramatização, o indivíduo vive profundamente emoções e sentimentos ligados a determinados acontecimentos de sua vida, que, compreendidos profundamente em suas motivações, levam à integração do psiquismo, restabelecendo a reorganização e harmonia existencial. O indivíduo tem a sensação de uma reordenação de fatos, sentimentos e emoções, que se reintegram como uma nova figura do caleidoscópio existencial. Essa catarse ocorre somente em momentos cruciais do processo terapêutico, e é quando perce-

bemos nitidamente a mudança do indivíduo, que passa a agir com mais espontaneidade e, assim, transforma suas relações com as pessoas e com o mundo. Poderíamos dizer que a pessoa muda de fase, como no *video game*, e passa a viver seu cotidiano com liberdade (Naffah Neto, 1997; Wolff, 1981).

Para Bustos (1992), o objetivo da dramatização está na abertura à ordem simbólica de conflitos antes fora do alcance da consciência, em busca da catarse que elimina tensões desnecessárias e reordena experiências divididas. A catarse de integração representa um momento em que ocorre uma reorganização existencial, resultante da consciência de uma estrutura oculta que influencia a experiência do momento.

Técnicas e métodos auxiliares do psicodrama

O psicodrama utiliza-se de meios psicológicos para promover a superação de dificuldades e sintomas, ou para modificar formas desfavoráveis de relacionamento interpessoal. Os meios, os caminhos, constituem o método que inclui técnicas.

No psicodrama, as técnicas – maneiras de fazer ou de agir – estão relacionadas à arte teatral, à encenação do drama (Gonçalves *et al.*, 1988). Essas técnicas são encontradas na cultura, na literatura e no teatro. Moreno, acompanhando seus pacientes, viu uma maneira de trabalhar com o mundo interno deles.

Zerka Moreno escreveu um artigo em 1959, contido no Group Psychotherapy e publicado no livro *Psicodrama: terapia de ação e princípios da prática* (Moreno, 2006), em que estabeleceu algumas normas, descreveu algumas técnicas para o procedimento psicodramático e argumentou que o psicodrama não é uma simples técnica, mas uma metodologia, um método sintético no qual muitas dimensões da experiência são mobilizadas a favor do paciente.

Zerka Moreno (2006) ressalta que certo número de regras básicas é vital para servir de orientação aos que praticam psicodrama. Eis um resumo das regras que descreveu:

1. O sujeito encena seus conflitos, em vez de falar deles.
2. O sujeito atua no aqui-agora, independente da época em que ocorreu o incidente, se ele é uma fantasia ou, ainda, se a situação crucial ocorreu de fato. O protagonista é instruído a fazer do tempo seu servo e não seu patrão, a "atuar como se isso estivesse ocorrendo agora, de modo que você possa sentir, perceber e atuar como se acontecesse com você pela primeira vez".
3. O sujeito deve encenar "sua verdade" da forma que a sente e a percebe, de maneira inteiramente subjetiva (sem se importar com o quão distorcida ela possa parecer ao espectador).

4. O paciente é encorajado a ampliar ao máximo toda expressão, ação e comunicação verbal, em vez de resumi-la. Com essa finalidade, delírios, alucinações, pensamentos, fantasias e projeções são permitidos como parte da produção dramática.
5. O processo de aquecimento caminha da periferia ao centro.
6. Sempre que possível, o protagonista escolherá o tempo, o lugar, a cena e o ego-auxiliar requeridos na produção do psicodrama.
7. O psicodrama é, ao mesmo tempo, um método de contenção e um método de expressão. Em pacientes agitados ou acelerados, utilizamos para o desempenho de papéis técnicas que requerem contenção, como a inversão.
8. É permitido ao paciente ser ou não tão espontâneo ou inexpressivo quanto ele o é no momento. Aceitamos sua incapacidade e o ajudamos a aceitá-la. Gradualmente tentamos liberá-lo de seus limites por meio de vários métodos, como apartes ou solilóquios, uso do duplo e outras técnicas.
9. A interpretação e a aquisição de *insight* no psicodrama são de naturezas diferentes das obtidas nos tipos de terapia verbal.
10. Mesmo utilizando-se da interpretação, a ação é fundamental. Não pode haver interpretação sem ação prévia.
11. O aquecimento para o psicodrama deve se adequar a cada *setting* e a cada cultura, devendo-se fazer mudanças apropriadas na aplicação do método.
12. As sessões de psicodrama constam de três partes: o aquecimento, a dramatização e o compartilhamento do grupo.
13. Nunca se deve deixar no protagonista a impressão de que ele é o único a ter esse tipo de problema. Após a ação dramática, no compartilhamento, o diretor precisa conseguir identificações dos membros do grupo com o protagonista.
14. O protagonista deve aprender a fazer o papel de todos aqueles com quem se relaciona significativamente, a experimentar a condição das pessoas de seu átomo social, sua relação com ele e com outrem. A troca de papéis é um dos métodos para atingir essa meta, de maneira que ele possa reintegrar, digerir novamente e crescer para além das experiências de impacto negativo, liberar-se e tornar-se mais espontâneo ao longo de caminhos positivos.
15. O diretor deve confiar no método como árbitro final e guia do processo terapêutico.

Para aplicação do psicodrama utilizam-se algumas técnicas básicas e outras que são modificações dessas, ou desenvolvidas em função da necessidade ou da criatividade do psicodramatista. São descritas inúmeras técnicas para a realização da dramatização (mais de quinhentas). Blatner e Blatner (1996) afirmam que o leque de técnicas psicodramáticas é potencialmente infindável.

Moreno, baseando-se nas etapas do desenvolvimento infantil na matriz de identidade, criou três técnicas básicas:

a. Técnica do duplo

Relacionada ao estágio da identidade total, da matriz de identidade indiferenciada, em que a mãe e o mundo constituem um todo inseparável em completa e espontânea identidade (Gonçalves, Wolff e Almeida, 1988). Nessa fase, o bebê é completamente dependente de sua mãe e seu primeiro ego-auxiliar, provê todas suas necessidades. Para Fonseca (1980), essa fase de identidade cósmica serve como fundamento teórico para a técnica psicodramática do duplo.

Essa é uma técnica de difícil aplicação, pois exige grande sintonia entre o terapeuta e o protagonista, que busca evidenciar elementos e sentimentos não expressos pelo paciente. Funciona como ajuda para a expressão de sentimentos e emoções do protagonista. Para sua aplicação, o ego-auxiliar adota a postura corporal do protagonista à procura de uma sintonia emocional (fase imitativa) e, a partir daí, expressa questões, perguntas, sentimentos e ideias (fases interrogativa e afirmativa), com a intenção de fazer o paciente se identificar com esse duplo, possibilitando o *insight*.

Fonseca (1980) conta que, em um psicodrama individual com um rapaz em estado delirante, aplicando a técnica do duplo, o ego-auxiliar entrou em grande sintonia com o paciente e, quando deixou de ser o duplo e voltou a seu próprio papel, o paciente reclamou dizendo que eram dois contra um na sessão. A estreita sintonia com o duplo promovia a sensação de unidade.

Moreno utilizava a técnica do duplo com psicóticos, pacientes solitários e crianças isoladas, visando proporcionar um vínculo facilitador de comunicação. Essa técnica pode ser utilizada com qualquer paciente e em qualquer momento da sessão, desde que seja contextualizada.

b. Técnica do espelho

Embasada na fase do reconhecimento do eu, ou fase do espelho da matriz de identidade. A criança nesse estágio passa pelo reconhecimento de si mesma, descobrindo sua própria identidade e separando-se dos outros indivíduos. Na experiência dela, sua imagem refletida em um espelho inicialmente causa estranheza e espanto, mas, na medida em que vai reconhecendo a imagem refletida como sua, vai se identificando. A técnica consiste em que o paciente possa se ver por meio da atuação do ego-auxiliar, como se olhasse em um espelho. Com essa técnica, Moreno transformava o paciente em espectador de si mesmo, fazendo-o permanecer na plateia e assistir à cena em que um ego-auxiliar o representava, da maneira mais fiel possível, em seus relacionamentos representados por outros egos-

-auxiliares. Essa técnica pretende despertar uma vivência semelhante à primitiva vivência infantil, possibilitando ao protagonista reconhecer a si mesmo e também se identificar, por meio do olhar dos outros membros do grupo, que lhe devolvem sua imagem, permitindo-lhe que tenha uma percepção de si mesmo na interação.

O uso de vídeo no psicodrama está fundamentado nessa técnica. Ela pode ser usada em sessões com interação familiar em que as relações podem ser espelhadas. Outra forma de aplicação é na sessão psicodramática, quando pedimos a um pai que observe uma cena a partir de sua própria infância, como forma de obter *insight* em relação ao papel de pai.

Em minha prática, solicito ao paciente que permaneça no espaço da dramatização, ligeiramente afastado da cena, observando a situação que desejamos espelhar. Para Fonseca (1980), essa fase do espelho embasa também outra técnica básica, a do solilóquio, utilizada para que o protagonista expresse sentimentos e pensamentos ocultos em uma determinada situação ou na própria dramatização.

c. Técnica de inversão de papéis

Trata-se de um recurso no qual o protagonista toma o papel do outro e este toma o seu papel. Só há uma verdadeira inversão de papéis quando o outro está presente. Utiliza-se essa técnica em situações de confronto no grupo. Quando o papel a ser representado pertence ao mundo interno do protagonista, a técnica se chama "tomar o papel do outro". Com ela, o paciente pode conscientizar-se do distanciamento que se encontra das pessoas significativas de seu relacionamento. Pode também vivenciar o mundo a partir do ponto de vista do outro, perceber como é visto pelo "outro" e, nesse papel, fazer observações a seu próprio respeito. A técnica também é utilizada para ajudar a desenvolver o autocontrole. Em situações de conflito no grupo, os protagonistas são colocados um diante do outro e, com a inversão de papéis, investiga-se o conflito inter-relacional, os sentimentos agressivos, e as emoções podem, então, ser compreendidas e tratadas.

Zerka Moreno, Dag Blomkvist e Thomas Rützel (2001) contam que, no papel de diretor de psicodrama, constataram muitas vezes que o protagonista, ao assumir o papel de alguém que deteste, o faz com prazer cheio de malícia e maldade. Sai de si mesmo e encena aspectos que jamais permitiria que fossem exibidos de outra forma, transformando a encenação em uma caricatura.

Fonseca (1972), em sua tese de doutorado, relaciona a capacidade de inverter papéis com a saúde mental. Afirma:

> Não conseguir inverter papéis na vida adulta significa um corte comunicacional com o *tu* do momento. Há que se averiguar se essa incapacidade é para um *tu* específico, para vários, ou se é mais global, como observamos nos quadros psicóticos. Obser-

vo em minha prática que o paciente não consegue inverter papéis com pessoas nas quais deposita grande carga transferencial, ou seja, pessoas com quem o vínculo estabelecido se torna patológico por não conseguir diferenciar o *eu* do *tu*. O paciente psicótico preserva essa capacidade com pessoas não incluídas em seu quadro delirante. Essa técnica é fundamental para a compreensão de vínculos formados por meio de papéis suplementares.

Muitas vezes, esse exercício de inversão de papéis nos psicodramas realizados na enfermaria de psiquiatria do HSPE proporcionou uma correção da percepção do outro, restabelecendo a comunicação, contribuindo para o tratamento do paciente paranoide que se utiliza de mecanismos projetivos na produção de seus sintomas.

São dessas três técnicas básicas (duplo, espelho e inversão de papéis), que surgem todas as outras, pois qualquer derivação contém, ao menos, o princípio de alguma delas (Gonçalves, Wolff e Almeida, 1988). J. L. Moreno (1974), no livro *Psicoterapia de grupo e psicodrama*, fala em 351 técnicas psicodramáticas, e é quase certo que todo psicodramatista experiente já criou em seu trabalho alguma nova técnica.

Campo de ação

O tempo total de uma sessão varia entre uma hora e meia e quatro horas, ou mais, e essa duração depende da preferência do terapeuta e do contrato com o grupo. Na enfermaria do HSPE, realizamos sessões com uma hora e meia de duração, uma vez por semana. No CRHD, as sessões têm o mesmo tempo de duração, mas a frequência é de duas vezes por semana.

O psicodrama também se utiliza de métodos auxiliares para sua realização, por exemplo, choque psicodramático, psicodrama didático e *role-playing*, psicodrama familiar e terapia familiar, psicodrama interno, psicograma (Silva Filho, 1981) entre outros.

Instrumentos básicos

Para realização do psicodrama, Moreno descreveu cinco instrumentos básicos:

Protagonista: é o sujeito-foco da sessão, e aquele que tem os problemas explorados por meio da dramatização.

Diretor: é o terapeuta que dirige o grupo e a dramatização.

Egos-auxiliares: chamados também "auxiliares", são coterapeutas e constituem um dos instrumentos básicos na construção do mundo psicodramático de um paciente. Têm a função de representar pessoas ausentes, delírios, alucinações, símbolos, ideais, animais e objetos. Eles fazem o mundo do protagonista se tornar real, concreto e tangível. Esse termo foi originalmente utilizado por Moreno para designar os assistentes terapêuticos do psicodrama. Blatner e Blatner (1996) afirmam que Zerka Moreno prefere usar o simples termo "auxiliar", sem o complemento ego, mas o termo "ego-auxiliar" é adotado por quase todos os psicodramatistas e dificilmente será modificado. Qualquer membro do grupo pode representar esse papel, desde pacientes a terapeutas experientes.

Plateia: constituída pelos membros do grupo que não participam diretamente da dramatização, mas estão presentes na sessão.

Palco: espaço onde ocorre a dramatização.

Contextos

O psicodrama apresenta três contextos:
Social: correspondente à realidade social de onde vêm os componentes do grupo.
Grupal: constituído pelo próprio grupo.
Dramático: o que ocorre a dramatização.

Etapas

A estrutura das sessões é relativamente simples e tem três etapas: aquecimento, dramatização e conclusão ou compartilhamento. Como o psicodrama realizado em nossa enfermaria tem também uma função didática, acrescentamos uma quarta etapa, o processamento. A duração de cada uma delas é bastante variada, dependendo da situação, do tamanho e da dinâmica do grupo. As três primeiras etapas são igualmente importantes:

a) Aquecimento: é a etapa em que o terapeuta, diretor, investiga a preocupação grupal, formula hipóteses e promove a interação entre os membros do grupo, criando um clima de confiança e integração. Tem também, como finalidade, promover uma atmosfera que favoreça a espontaneidade e a criatividade, além de dar origem ao grupo e construir um continente para receber o protagonista. Antes do aquecimento, em uma sessão aberta, o que temos são várias pessoas na mesma sala, com uma proposta comum, mas sem uma interação organizada. O movimento protagônico tem início nessa etapa, em que podem ser usados, inclusive, exercícios de dinâmica de grupo e jogos dramáticos a fim de integrar os participantes e investigar a sociometria grupal, o que ajuda a descobrir o "verdadeiro" protagonista, cujo tema a ser dramatizado terá relação com todos. Esse protagonista será o paciente mais aquecido, motivado e com maior apoio do grupo. Ao final do aquecimento, os participantes já estão motivados para trabalhar os problemas identificados e ajudar no psicodrama do protagonista.

b) Dramatização: a segunda etapa consiste na própria representação de cenas das vivências trazidas pelo protagonista. Os participantes sentam-se em círculo, e a dramatização ocorre dentro desse espaço. Alguns terapeutas o fazem em um palco, mas qualquer lugar pode ser utilizado, basta ser acolhedor e haver espaço suficiente para a ação. Alves (1994) ressalta que é nesse contexto dramático que se dará o surgimento do protagonista, que, com o auxílio do diretor, monta cenas de seu mundo interno que serão representadas. O terapeuta pode selecionar os demais membros do grupo como egos-auxiliares, para desempenhar papéis de pessoas designadas pelo protagonista. Outros membros da equipe terapêutica têm a função específica de egos-auxiliares.

Escolhida a cena inicial, ela é planejada com o protagonista e montada no palco. O que foi descrito passa a ser vivido, adquire uma existência real e o espaço subjetivo do paciente se mostra a todos. A plateia pode enxergar ou ouvir o que é "alucinado", ou ainda tomar contato com os "perseguidores", personagens da trama delirante do paciente paranoide (Moreno, 1995). Blatner e Blatner (1996) comentam que "descobrir" em conjunto um diagnóstico, um processo de criar uma teoria compreensível que se aplique à situação, é, por si só, parte do tratamento.

Por exemplo, em um psicodrama com um paciente que apresenta alucinações auditivas: montamos a cena com o paciente no local onde ocorre o evento, recebendo uma ordem por meio de uma alucinação auditiva. Depois, utilizamos a técnica da concretização; para isso, colocamos um ego-auxiliar no lugar do paciente, e o paciente passa a representar a própria alucinação, fazendo-a adquirir personificação. O sintoma se concretiza no espaço exterior. A alucinação, então, pode ser ouvida por todos e transforma a percepção em objeto, ou seja, nesse momento, deixa de ser uma alucinação, para ser um sintoma que pode ser trabalhado psicodramaticamente. Por meio desse procedimento, investigamos o *locus*.

Personificado na alucinação, o paciente responde a perguntas do diretor, que investiga o conteúdo alucinatório, seu surgimento e seu sentido – a mando de quem, para quê etc.

Em seguida, o ego-auxiliar assume o papel da alucinação e fala ao paciente como se fosse a voz alucinada. A cena desperta a memória do paciente com outras cenas da mesma ordem, até que, por meio das perguntas do diretor, identificam-se as primeiras ocasiões em que a voz foi ouvida, e vai sendo decifrado o mandato que a fez surgir. A partir daí, entramos em contato com personagens de seu mundo real e com partes de seu átomo social. As cenas jogadas contêm personagens de sua vida e situações que geraram conflitos. Estamos ordenando o veio histórico do problema apresentado até que chegamos a uma cena que chamamos de nuclear: é a vivência primitiva na qual se encontra uma das fontes originais do conflito apresentado.

Nesse jogo de cenas, como vimos, há um momento em que o sintoma é substituído por figuras reais da vida do paciente, podendo ser então identificadas as patologias vinculares.

Essa investigação possibilita a realização de um trabalho psicoterápico mais profundo, na matriz do conflito. Para Holmes (1992), cada cena é ligada à seguinte por uma lógica específica da psicologia e das dificuldades do protagonista. A função da dramatização é encontrar vivências que possam ter contribuído com a eclosão do quadro psicótico, ou então entender a formação do conflito dramatizado, manifestado no sintoma.

Holmes (1996) observa que, embora todo o processo psicodramático seja importante, o meio da fase de dramatização pode ser destacado como o período de maior influência sobre o protagonista, pois é nesse momento que o paciente se mostra mais suscetível a estímulos externos, mais emocionado e, portanto, mais aberto a mudanças. Fazemos uma analogia do clima emocional vivenciado no psicodrama ao calor do fogo que incandesce o ferro, permitindo que seja moldado e tenha sua forma modificada. As mudanças no protagonista ocorrem mais facilmente quando vêm acompanhadas de um clima emocional intenso, daí a frase de Moreno: a segunda vez verdadeira liberta a primeira. Karp (1998) comenta: "se a fumaça emocional for autêntica, então a espontaneidade entra em combustão, condição básica para promoção de mudanças".

Em um psicodrama podemos ter no palco uma cena estruturada, com personagens em interação em determinado lugar e determinado tempo, por exemplo, uma cena de almoço de família.

Outras vezes, como em nosso exemplo, o protagonista não traz imagens, e sim a alucinação. Nesse caso, a cena é menos estruturada, sem representação simbólica, e está presente somente a expressão do sintoma, requerendo a utilização de técnicas psicodramáticas para elaborar cenas mais estruturadas, que levem à manifestação do conflito. Geralmente, em psicodrama, segue-se a regra: "do superficial ao profundo, da periferia ao centro, partindo-se do mais cotidiano e evidente para, lentamente, procurar a aproximação de níveis mais profundos de significação" (Bustos, 1992).

A cena dramatizada possui o valor da metáfora que pretende espelhar um fato, ampliando-o e buscando um espaço de múltiplas significações. Não há *script*, a dramatização segue o relato do protagonista e é transformada em cena por meio da arte do diretor, com o auxílio dos egos-auxiliares.

Massaro (1996) escreve:

> Toda cena psicodramática é um ato de loucura, porque traz à tona um Eu alienado. Nesse sentido, é também um ato de cura. Toda cena psicodramática é uma bruxa-

ria, um encantamento, pois liberta um SER de seu feitiço. Toda cena psicodramática é uma poesia, pois expressa uma crise. Toda a cena psicodramática é uma corporificação, pois devolve seu corpo a seu legítimo dono.

c) Conclusão ou compartilhamento: na terceira e última etapa da sessão, o diretor estimula os participantes a compartilhar sentimentos e pensamentos com o protagonista, além das vivências ocorridas com cada um durante a dramatização. Essa etapa conclui a sessão, e é nela que ocorre, para Moreno, a verdadeira psicoterapia de grupo.

Os membros do grupo, estimulados pelo diretor, compartilham as vivências e emoções despertadas durante a dramatização. Nessa etapa, os egos-auxiliares podem contar seus pensamentos e sentimentos ocorridos enquanto desempenhavam os papéis designados pelo protagonista. Outros membros do grupo, muito mobilizados, podem dramatizar, nesse momento, cenas que fecham esse psicodrama pessoal, compartilhando com o grupo suas emoções. Quando ocorrem dramatizações curtas após a atuação do protagonista, costumamos dizer que é um psicodrama que deu "filhotes" de minidramatizações.

Para Mascarenhas (1996), o psicodrama promove um fluxo associativo de cenas na plateia. Chama de "consoar", ou *sharing*, a cena realizada durante o compartilhamento. Distingue-a da "multiplicação dramática", que conceitua como forma de pensar o dispositivo grupal como se fosse uma máquina de produção de sentidos. Na multiplicação dramática, o grupo cria cenas no *sharing*, sem necessidade de uma ligação direta com a cena dramatizada pelo protagonista. Chama isso de ressoar.

Holmes (1992) conta que Zerka Moreno, em comunicação pessoal, descreve essa etapa como "um modo de viver sem ser punido por cometer enganos".

d) Processamento: como as sessões de psicodrama na enfermaria têm também uma função didática, então, como última etapa da sessão do psicodrama, aponto a etapa de processamento. Consiste em discussões didáticas, seguidas da sessão. Porém, reúne somente os membros da equipe. Nessa etapa o trabalho do diretor é avaliado, assim como o dos egos-auxiliares, e se observa cada passo da sessão, além de se discutir aspectos diagnósticos e evolutivos de alguns dos pacientes presentes na sessão, particularmente do protagonista. Para Kellermann (1998), o processamento pode propiciar oportunidade para uma profunda experiência de aprendizado, contribuindo com a compreensão dos complexos processos ativados no psicodrama. Os membros da equipe – residentes e aprimorandos das áreas de psicologia, terapia ocupacional e outras áreas afins – têm também a oportunidade de aprender, discutir e treinar o método.

Aproveitamos para analisar o desempenho dos membros que exerceram o papel de terapeutas auxiliares. Nessa etapa, dão *feedback* não apenas sob a perspectiva dos papéis que desempenharam (*role feedback*), mas também como coterapeutas envolvidos ativamente no trabalho. Aspectos contratransferenciais, surgidos na sessão, também são analisados. O diretor, ainda, tem seu trabalho analisado e avaliado pela equipe.

Os outros membros da equipe, que não participaram ativamente, avaliam a sessão, dizem o que fariam se estivessem no papel de diretor ou no de terapeuta auxiliar, além de formular perguntas específicas ao diretor. Tecem-se comentários sobre diversas questões, desde o diagnóstico do paciente, revisto pelo método de ação, à construção das cenas, às técnicas empregadas, ao inter-relacionamento das pessoas do grupo e, por fim, impressões pessoais. Podemos jogar cenas que não foram inseridas nesse psicodrama, ou seja, uma ação diferente daquela acontecida.

No final, o diretor faz uma apreciação geral, acompanhado de análises teóricas sobre as técnicas empregadas e as etapas da sessão de psicodrama.

Como vimos, o foco do processamento está no aprendizado, na compreensão e na análise da sessão.

Mecanismos de cura no psicodrama

Zerka Moreno considera o psicodrama como "um laboratório não punitivo", onde se aprende como viver. Em comunicação pessoal a Kellermann (1998), falou que "os fatores terapêuticos do psicodrama são: fator relacionamento real (tele), autoexposição, catarse de integração e *insight* de ação".

Para Bustos (1975), são quatro os principais mecanismos de ação do psicodrama: introjeção do modelo relacional, *insight* dramático, catarse de integração e elaboração verbal. Para a maioria dos autores esses mecanismos principais são a catarse, o *insight* e as relações interpessoais.

O psicodrama de grupo tem como fatores terapêuticos os mesmos descritos nas psicoterapias de grupo. Esses fatores são relacionados por diversos autores, que, desde o princípio da aplicação do método, pesquisam e o descrevem. Yalom (1995), utilizando-se desse conhecimento e da própria observação, cita onze tópicos como fatores terapêuticos na psicoterapia de grupo, citados e comentados pelos psicodramatistas Blatner e Blatner (1996):

1. A instilação de esperança: ocorre quando o paciente entra em contato com outros que já se beneficiaram do processo e testemunharam essa melhora no grupo, e também pelo contato positivo com o terapeuta, que acredita na eficácia do tratamento. Os Alcoolistas Anônimos (AA) usam o testemunho de ex--alcoolistas, recuperados, para instilar esperança em novos membros, assim

como o fazem os grupos de autoajuda. Em nosso grupo de enfermaria, é usual constatarmos esse fator terapêutico, dando como exemplo o comentário de um paciente – cujo quadro delirante alucinatório tenha remitido recentemente – a outro em plena vigência do surto psicótico, relatando com grande aflição as alucinações e delírios que o acometiam. "Fique tranquilo, eu já passei pelo que você está sentindo, toda essa perseguição e essas sensações de estar sendo atingido por raios laser que você sente e essas vozes que só você ouve vão embora rapidinho, com Haldol e psicodrama".

2. A universalidade: um dos princípios terapêuticos da terapia grupal é mostrar a universalidade das preocupações pessoais e a semelhança das pessoas entre si, mas com diferentes motivações. É comum o paciente sentir vergonha de seus sintomas, que denunciariam suas fraquezas. No grupo, o paciente fica muito aliviado quando descobre que outros apresentam sintomas ou ideias que por muito tempo procurou esconder de todos. As ideias obsessivas, as fobias, as alucinações, temas de conteúdo sexual etc., quando compartilhados, por si só já aliviam os pacientes.

3. O fornecimento de informações: no contexto grupal, podemos dar informações sobre a doença mental, seus sintomas, seu tratamento, e promover a troca de experiências. O aconselhamento e informações quanto à doença e seu tratamento têm grande valor nos grupos de enfermaria, assim como podem ser dadas informações sobre a medicação e eletrochoque, seus efeitos colaterais e benefícios. Nos grupos de autoajuda realizam-se palestras, discutem-se textos e os membros são estimulados a trocar informações – constituem os grupos psicoeducacionais, quando formados exclusivamente com esse fim.

4. O altruísmo: o paciente alienado por sua doença costuma ficar voltado para si, autocentrado. No grupo, entra em contato com as necessidades e o sofrimento do outro e descobre que pode ajudar, o que contribui com sua autoestima e com a inclusão do outro em seu mundo. A técnica da inversão de papéis é fundamental para despertar o altruísmo, o "interesse social" ou "sentimento comunitário", termos esses criados por Alfred Adler, que acreditava ser esse sentimento de altruísmo a melhor alternativa para canalizar as poderosas lutas pessoais, bases da maioria das psicopatologias (Blatner e Blatner, 1996).

5. A recapitulação corretiva do grupo familiar primário: a psicoterapia pode ser pensada como uma vivência emocional reparadora, pois, no grupo, o paciente tem a chance de reproduzir padrões próprios de comportamento evocados pelos sentimentos que afloram na dinâmica grupal, que passam a ser trabalhados nesse ambiente protegido. No grupo, pode-se reproduzir parte da dinâmica das famílias originais dos pacientes e, com isso, tratá-los: esses fenômenos transferenciais, e a própria identificação com aspectos da cena dramatizada,

podem surgir e ser conscientizados, esclarecidos e corrigidos. Com o psicodrama, temos a possibilidade de trabalhar com a dinâmica de papéis, possibilitando o desenvolvimento dos antigos e a criação de novos papéis.

6. O desenvolvimento de técnicas de socialização: os jogos dramáticos e a dramatização de cenas constituem um importante fator de integração e socialização, na medida em que auxiliam no desenvolvimento e desbloqueio da espontaneidade.
7. O comportamento imitativo: um dos mecanismos que ocorrem nas psicoterapias é a internalização de modelos relacionais. Uma das etapas do desenvolvimento de novos papéis é a imitação. No grupo, o paciente tem a possibilidade de adquirir novos papéis ou desenvolver antigos. A técnica do *role-playing* é também utilizada com essa intenção.
8. A aprendizagem interpessoal: no grupo, os pacientes aprendem, uns com os outros, a expressar sentimentos. Observar dramatizações pode fazer com que, à distância, o paciente identifique situações de sua vida e descubra soluções para elas, assim como aprenda outras maneiras de expressar sentimentos, positivos ou negativos, com mais eficácia e ter acesso a múltiplos níveis de *insight*.
9. A coesão grupal: o grupo promove essa coesão na medida em que os pacientes têm a sensação de se sentir aceitos e pertencentes ao grupo, quando, então, desenvolvem habilidades para manter relações interpessoais, melhorando consequentemente a qualidade de relacionamento com seus familiares e amigos. Essa sensação de pertencer pode ser multiplicada quando o paciente procura participar de outros grupos sociais.
10. A catarse: é a expressão emocional libertadora. O método psicodramático estimula a catarse e procura integrar os conteúdos emocionais liberados nesse processo. Conteúdos do pensamento aparentemente desordenados se ordenam de modo a promover um sentido esclaredor do tema dramatizado, ocasionando uma reorganização mental. Blatner e Blatner (1996) descrevem a "catarse de inclusão", que pode acontecer quando o paciente se percebe aceito pelo grupo. Funciona, portanto, na intenção de integrar, no âmbito social, os avanços alcançados na psicoterapia.
11. Os fatores existenciais: o grupo ajuda o indivíduo a assumir responsabilidades. No decorrer da psicoterapia, o paciente pode se dar conta de que há um limite para orientação e apoio que pode receber do terapeuta e dos companheiros de grupo. As mudanças só podem ser realizadas por ele. Percebe que é ele mesmo o responsável pela condução de sua vida. Na psicoterapia de grupo, o relacionamento que mantém com os demais membros tem um valor intrínseco, já que oferece presença e o "estar com alguém", em face das realidades existenciais (Vinogradov e Yalom, 1992).

Kanas (1996) realizou uma resenha da literatura produzida entre 1951 e 1991, para avaliar a eficácia da psicoterapia de grupo com pacientes esquizofrênicos. Dentre outras conclusões, viu que 67% dos estudos de pacientes internados revelaram que a psicoterapia de grupo era significativamente melhor para esquizofrênicos que (na respectiva condição) para um grupo controle. As abordagens orientadas para a interação foram mais eficazes que as orientadas para o *insight*. Fuhriman e Burlingame, citados por Dies (1995), concluíram, com base em uma análise comparativa, que, apesar de existirem muitos paralelos entre as modalidades de tratamento grupal, há propriedades inerentes nas intervenções de grupo, que criam um ambiente terapêutico de aprendizagem com qualidades únicas: *insight* e catarse, esperança e revelação, além de prova de realidade e identificação.

6. Sistematização do uso do psicodrama na enfermaria psiquiátrica

Descrição do contexto social em que se desenvolveram as sessões

O HSPE é um hospital geral composto de diversas clínicas, abrangendo todas as especialidades médicas. Esse hospital presta serviço médico aos funcionários públicos do Governo do Estado de São Paulo. É também um hospital-escola, com programa de internato para alunos de medicina, programa de residência e estágios nas diferentes especialidades médicas, além de programa de pós-graduação em algumas disciplinas, entre elas, a psiquiatria.

As atividades do Serviço de Psiquiatria podem ser enquadradas no que se chama de UPHG. Desde 1964, quando foi criado o Serviço, Carol Sonenreich, um de seus principais idealizadores, estabeleceu como diretrizes

> [...] encarar os distúrbios mentais do ponto de vista médico e, portanto, tratá-los mediante conceitos e recursos elaborados pela medicina e disciplinas adjuvantes; praticar a psiquiatria ao lado dos outros ramos da medicina, sem omitir as características específicas da psiquiatria e associando-a a outras especialidades médicas dentro do hospital geral. (Sonenreich, Estevão e Silva Filho, 1999b)

O Serviço de Psiquiatria conta, além do ambulatório e hospital-dia, com uma enfermaria, no segundo andar do prédio central, com capacidade para trinta pacientes de ambos os sexos. A equipe de trabalho da enfermaria é composta de residentes de primeiro ano (R1), residentes de segundo ano (R2), estagiários e preceptores. Cada paciente é cuidado por um residente, supervisionado por um dos preceptores. Compõem também essa equipe enfermeiros, psicólogos, terapeutas ocupacionais e assistentes sociais. O Serviço de Psiquiatria ainda conta com aprimorandos nas áreas de enfermagem, terapia ocupacional e psicologia.

A internação do paciente ocorre por um período médio de duas semanas e raramente dura mais de dois meses, de modo que o *turnover* é alto. Esse é o período médio em que um surto psicótico remite com o tratamento psiquiátrico adequado.

Por ser uma enfermaria para tratamento de pacientes psiquiátricos agudos, encontramos nela uma heterogeneidade de quadros psiquiátricos: descompensação de transtornos neuróticos, esquizofrênicos, transtornos delirantes, quadros psicóticos de etiologia variada, transtornos maníacos ou depressivos, dependentes de substâncias psicoativas com descompensações psicóticas, transtornos de personalidade, quadros psiquiátricos de etiologia orgânica etc.

A partir de agosto do ano 2000, o hospital-dia, ou seja, a internação em período parcial, passou a funcionar em dependência própria, com programa específico e atividades preponderantemente grupais.

São realizados todos os tipos de tratamento preconizados pelos conhecimentos atuais da psiquiatria: psicofarmacológicos, biológicos, entrevistas individuais com enfoque psicoterápico, entrevistas familiares, terapia ocupacional, grupo de psicodrama e outras modalidades de grupo etc.

A sessão de psicodrama

De 1979 a 2004, semanalmente, realizamos sessões de psicodrama nessa enfermaria. Essas sessões ocorriam em forma de ato terapêutico psicodramático, também chamados por Fonseca (2000) de "grupos-momento". Segundo esse autor, o psicodrama público, ou sessão aberta, ou ato terapêutico psicodramático, é o verdadeiro psicodrama de Moreno, que, desde 1936, quando fundou o Beacon Hill Sanatorium, passou a realizar sessões diárias com os pacientes internados e com os que retornavam para dar continuidade ao tratamento.

Não há uma sala destinada exclusivamente a sessões de psicoterapia de grupo. Utilizamos uma das salas que serve como sala de estar e como local para as atividades da terapia ocupacional. Nessa sala retangular, de cerca de 70 m², há cadeiras encostadas nas paredes. É nesse espaço que tem lugar o psicodrama. Não contamos com nenhum recurso especial para as dramatizações, como palco, luzes coloridas, almofadas, aparelho de som etc. Apesar da falta desses recursos, os psicodramas são sempre bem-sucedidos.

Participam desse grupo médicos-residentes e estagiários de psiquiatria, aprimorandos de terapia ocupacional, psicologia e enfermagem, e estudantes dessas disciplinas. A responsabilidade pela direção do grupo é minha, os demais membros da equipe têm a função de coterapeuta e de ego-auxiliar. Por vezes, algum residente dirige o grupo e eu exerço o papel de coterapeuta, retomando a direção em situações mais críticas.

O grupo é aberto a todos os pacientes internados, cuja participação é voluntária. Não há critério de seleção, seja por diagnóstico, idade, nível sociocultural ou sexo. São contraindicados a participar pacientes com alto nível de descontrole, principalmente quanto à agressividade. Também contraindicamos a presença de crianças, deficientes mentais e pacientes dementados. Não há nenhuma preparação prévia do paciente para sua participação no grupo. Durante a semana, os próprios pacientes comentam sobre o psicodrama e, dessa forma, o paciente novo entra em contato com a atividade. Em nossa experiência, diferentemente de outros autores, não contraindicamos pacientes com agitação maníaca ou francamente delirante. Observamos, nesses casos, benefício terapêutico do grupo.

As sessões ocorriam todas as quartas-feiras pela manhã, com duração de uma hora e meia. Como o *turnover* de pacientes na enfermaria é alto, o grupo sempre teve composições diferentes, e a média de participação de um mesmo paciente no psicodrama foi de duas sessões. Por essa razão, o psicodrama na enfermaria é realizado nos moldes de sessão aberta, em que cada sessão é considerada única, com começo, meio e fim, não pressupondo, obviamente, a realização de um processo psicoterápico.

No dia do psicodrama, os pacientes são convidados a participar. Geralmente, o convite é aceito. Os mais inibidos ou melancólicos raramente comparecem espontaneamente à sala de grupo e, por isso, necessitam de estímulo. A grande maioria dos internados se interessa pelo psicodrama. Há uma expectativa por parte dos pacientes quanto ao dia da sessão e, por vezes, combinam, durante a semana, a escolha do protagonista da sessão psicodramática. O grupo, quase sempre, é composto de mais de trinta pacientes. Para Saks (1996), a presença de uma grande plateia pode ter um efeito positivo para muitos protagonistas, pelo fato da autoexposição pública aliviar culpa e vergonha.

O contrato para participação da sessão, tendo em vista o grau de comprometimento psíquico dos pacientes, é bastante simples:

- a participação é voluntária;
- pode-se entrar e sair da sala a qualquer momento;
- não se admite comportamento explicitamente agressivo;
- não é permitido fumar.

Fonseca (2000) escreve que os cinco instrumentos, as três etapas da sessão e as técnicas do psicodrama são o trilho por onde correrá o trem da espontaneidade.

Assim, apitamos a partida do trem. A sessão tem início, como qualquer sessão de psicodrama, com o processo de aquecimento, cuja finalidade é criar uma estrutura na qual o grupo possa atuar e uma área de interesse que ocupará a atenção dos presentes durante a sessão (Williams, 1994).

Geralmente há, no início da sessão, um entra e sai da sala, mas, aos poucos, os pacientes se organizam, sentam-se e ficam prontos para o trabalho. Sobram os mais desorganizados, que continuam no entra e sai, ou, então, ocupam o centro da sala, com condutas bizarras, ora deitados no chão, ora atuando em franca atividade delirante ou confusional. Também acontece de a organização do grupo começar antes do início formal da sessão, quando os pacientes ajudam a arrumar a sala. De maneira geral, os pacientes apresentam alto grau de tolerância com aqueles que se apresentam muito desorganizados. Tratam-nos com carinho e tolerância e, muitas vezes, protestam e impedem que sejam postos para fora.

Na maior parte das vezes, iniciamos a sessão perguntando o nome dos participantes e formulando, também, uma pergunta sobre seu estado atual ou sobre os motivos de sua internação. Essas perguntas aparentemente banais pretendem fazer que o paciente reafirme sua identidade diante do grupo e abra o caminho para que se sinta pertencente a esse grupo. Além disso, as respostas funcionam como uma espécie de permissão para que a pessoa seja ela mesma, considerando sua presença importante.

Quando o paciente relata o motivo da internação, isso o estimula a entrar em um processo crítico e desencadeá-lo no próprio grupo, além de propiciar identificações e curiosidades entre os participantes. Formulamos essas perguntas a todos. Qualquer tema pode ser trazido ao grupo, que será trabalhado, tendo como prioridade a abordagem no aqui-agora. O enfoque é trabalhar o indivíduo no grupo, e não o grupo como um todo.

Dependendo da psicopatologia apresentada pelos pacientes e principalmente quando predominam pacientes acelerados ou em fase maníaca, o grupo começa de maneira bastante caótica. Algumas vezes ficamos com a impressão de que será impossível realizar a sessão de maneira produtiva. O aquecimento, realizado de forma bastante dirigida, é fundamental para promover uma organização grupal.

Em uma das sessões em que não conseguíamos uma forma de organização, pois predominavam pacientes em fase maníaca, com o grupo completamente caótico, usamos como estratégia eleger um dos pacientes em estado de mania para organizar a sessão. O clima de perplexidade fez que os pacientes acalmassem uns aos outros e solicitassem que o terapeuta retornasse à direção do grupo, na busca de uma referência mais segura. Outras vezes, a própria conduta bizarra de um dos pacientes fez que toda a atenção ficasse voltada a ele e a sessão transcorreu em torno disso, tendo o paciente como protagonista. Nesse caso, seu psicodrama buscou desvendar e compreender a razão do comportamento.

Em outras ocasiões, o próprio relato do paciente prendia a atenção de todos, promovendo uma grande identificação, tornando-o protagonista natural. Quando, por qualquer motivo, o clima da enfermaria é tenso, o próprio grupo torna-se protagonista, e a sessão ocorre na forma de sociodrama.

De modo geral, o grupo de enfermaria não necessita de exercícios ou jogos dramáticos para a etapa de aquecimento. É possível que, pelo fato de estarem vivenciando uma grave crise em suas vidas, apresentem níveis de resistência e defesa muito menores que os frequentemente encontrados nos grupos processuais. O período de aquecimento para a escolha de protagonista costuma ser breve, e é comum encontrarmos alguns pacientes já ansiosos e prontos para realizar seu psicodrama.

Assim, o aquecimento inicial depende sempre do tipo de grupo formado no dia da sessão. E o tipo de grupo que se forma depende do predomínio das patologias entre os pacientes internados. Por exemplo, se há maior número de pacientes acelerados (em mania), o grupo é, no início, desorganizado e caótico. Quando predominam pacientes depressivos, o grupo é silencioso e, de modo geral, são levantados temas relacionados à morte, a perdas ou a medos. Quando a maioria dos pacientes é de não psicóticos, o diálogo é sobre sintomas relacionados à ansiedade, medos, rituais obsessivos etc. Quando há algum paciente delirante, com uma história fantástica ou comportamento bizarro, este é o protagonista, pois prende a atenção de todos e, conforme vai desnudando seu interior, promove identificações secretas entre os membros do grupo.

Encerramos a fase de aquecimento quando temos o grupo mais organizado e atento, ouvindo o paciente que realizará seu psicodrama. Além disso, se o tema for de todo o grupo, o trabalho será realizado em forma de sociodrama e, assim, o grupo se torna o protagonista.

Em outras ocasiões, o grupo é trabalhado verbalmente e pela técnica do *role-playing*, principalmente quando o tema da sessão é sobre aspectos teóricos da doença mental, do estigma social causado pela internação psiquiátrica, ou mesmo a importância da medicação, sua forma de ação, efeitos colaterais etc. Trata-se, nesse caso, de um grupo com enfoque mais educacional, porém sempre centrado na experiência dos participantes.

A etapa de aquecimento é para o grupo todo: diretor, terapeutas auxiliares e pacientes que se constituem no propósito do grupo. J. L. Moreno (2006) salienta que:

> o aquecimento do diretor, quando objetivo, com a espontaneidade de sua presença e a disponibilidade em relação às necessidades do paciente e do grupo, ou, em outras palavras, quando não existe ansiedade em seu desempenho, então o psicodrama se torna flexível, todo o meio circundante leva sistematicamente ao âmago do sofrimento do paciente, capacitando o diretor, o protagonista, os egos-auxiliares e os membros do grupo a se tornarem uma força coesiva, unindo-os no máximo de aprendizado emocional possível.

Passamos para outra fase, a do aquecimento específico. Nessa fase preparamos o protagonista e o grupo para a dramatização. Uma das regras é encorajar o paciente a ampliar ao máximo sua expressão, ação e comunicação verbal. O grupo está, então, atento ao relato do paciente e o diretor vai escolhendo a cena inicial do psicodrama. Monta-se o cenário. O círculo central, delimitado pelos participantes, constitui o palco, que aos poucos é preenchido por objetos, elementos da cena. Por exemplo, uma cadeira da própria sala pode representar uma cama, um sofá, uma pia de cozinha, um carro, um caixão etc. O cenário pode ser qualquer um; desde a sala de jantar, o quarto de dormir, uma sala de parto, uma cela, o céu, o inferno etc. Qualquer objeto ou lugar pode ser imaginado e colocado no cenário psicodramático. Cabe ao diretor atuar com força dramática e fazer que os demais membros do grupo abstraiam-se dos objetos colocados no cenário, enxergando somente o que é descrito pelo protagonista.

Com o cenário montado, o protagonista escolhe entre os participantes do grupo, ou entre os membros da equipe, as pessoas que representarão os personagens de seu psicodrama (em linguagem psicodramática: o seu átomo social). Quando percebemos que um dos personagens tem uma influência muito grande na vida do paciente, preferimos escolher um terapeuta auxiliar treinado, que dará maior força dramática ao papel.

Não há limite nítido entre uma etapa e outra do psicodrama, pois elas se encadeiam. Montado o cenário e com os personagens escolhidos, já estamos em plena etapa da dramatização. Utilizamos as técnicas psicodramáticas, sempre escolhendo a mais adequada a determinado passo da dramatização, e lembramos que cada passo se dá por meio de um pensamento e uma intenção do diretor, que busca seguir o roteiro construído pelo protagonista, visando à expressão de elementos de seu mundo interno, por meio de cenas encadeadas, como a concretização de uma livre-associação.

A seguir, estão descritas as técnicas mais utilizadas nas dramatizações com pacientes portadores de transtorno mental grave, a população das enfermarias psiquiátricas.

Na técnica do solilóquio – que é um monólogo do protagonista –, o "falar alto com seus próprios botões", há a exposição de diálogos e ações paralelas, de pensamentos e sentimentos ocultos e reprimidos acompanhando pensamentos e ações abertamente expressos. Uma outra forma de utilizar essa técnica é pedir ao protagonista que converse com seu animal de estimação, ou, então, que converta esse diálogo interno em um encontro com uma cadeira vazia ou com um terapeuta auxiliar, representando o próprio paciente diante de uma outra dimensão do tempo; passado ou futuro. Outras vezes, um aparelho de televisão descreve a cena cotidiana (Blatner e Blatner, 1996).

Aconselhar: nessa técnica, o protagonista dá ou recebe conselhos de outra pessoa importante em sua vida, pode ser uma pessoa falecida ou viva.

A apresentação do papel é a técnica na qual o protagonista pode representar qualquer papel, até o de um objeto, como um aparelho de televisão da família. Animais de estimação, filho que não chegou a nascer ou a ser concebido, Deus. Esses papéis adquirem realismo psicológico no psicodrama. Na autoapresentação, o protagonista apresenta-se, apresenta seus familiares ou os locais significativos de sua vida.

Autorrealização: ato complementar ou gratificação pelo ato. Nessa técnica, o protagonista pode vivenciar psicodramaticamente a satisfação de uma vontade, a resolução positiva de um sonho, de um conflito ou a felicidade do êxito de um plano anteriormente fracassado.

A "realidade suplementar" define aqueles momentos em que cenas e eventos "que nunca aconteceram, nunca acontecerão ou nunca poderão acontecer" são dramatizados. O psicodrama geralmente começa com o problema do protagonista e, durante a sessão, o drama, por vezes, retorna a experiências da infância, intentando curar antigas feridas. Nesse tipo de dramatização, a realidade suplementar é utilizada como técnica para completar a cura, buscando um efeito integrador sobre o ego, de forma que o protagonista se sinta melhor ao reparar esse passado. A vivência dessas cenas é uma das forças mágicas do psicodrama, e é considerada um dos potenciais terapêuticos específicos do método (Moreno, Blomkvist e Rützel, 2001).

Cena de morte: é uma técnica poderosa, que exige bom aquecimento. Aqui, o protagonista fala com uma pessoa significativa, representada pelo ego-auxiliar ou por um membro do grupo, no leito de morte, no caixão fúnebre ou em qualquer lugar imaginado pelo protagonista – céu, inferno ou purgatório.

Cena de julgamento: é utilizada quando o protagonista se sente culpado, julga a si mesmo severamente, muito comum nos pacientes deprimidos. O jogo de papéis com juiz, promotor e advogado de defesa é praticado e, com isso, investiga-se o conflito.

Duplo: aqui o paciente representa a si mesmo e um terapeuta auxiliar é solicitado a representá-lo também. A função é dar um suporte aos sentimentos e estabelecer uma identidade com o protagonista. Por meio de sua ligação empática, o duplo expressa pensamentos e sentimentos que o protagonista possa estar escondendo ou reprimindo em cena.

Espelho: é a técnica na qual o protagonista é retirado da cena que representou e essa cena é jogada com um terapeuta auxiliar em seu lugar, que a redramatiza, copiando o comportamento do protagonista e procurando expressar seus pensamentos em palavras e movimentos, possibilitando ao paciente ter uma visão mais objetiva de si mesmo na interação com os outros.

Concretização: aqui, afirmativas abstratas podem ser convertidas em algo mais concreto, por exemplo, conflito de autoridade se transforma em uma cena com pai, professor ou patrão. Também possibilita converter a metáfora em realidade. Exemplo: meu casamento me prende; encenado como cena de prisão e com todo o jogo de papéis. Outra forma do uso dessa técnica é no trabalho com sintomas, que, concretizados, podem apontar os conflitos subjacentes. É um dos procedimentos mais usados na investigação de sintomas. Na enfermaria, grande parte dos pacientes traz ao grupo queixas das mais variadas: dores no peito, de cabeça, generalizadas pelo corpo, falta de ar, palpitações, alucinações sinestésicas, auditivas, olfativas, visuais, sensações de influência corporal etc. Todos esses sintomas podem ser concretizados e, a partir daí, trabalhados.

Inversão de papéis: é importante quando estão presentes familiares e pacientes. Colocar-se no lugar do outro pode explorar e corrigir distorções de percepção interpessoal na ação dramática. No grupo com pacientes da enfermaria, o protagonista representa o "outro", e o terapeuta auxiliar, o paciente. Uma das funções dessa técnica é ajudá-lo a desenvolver autocontrole e proporcionar uma experiência mais objetiva de si mesmo. É uma técnica de contenção. Já a utilizei em pacientes maníacos, que, no papel do outro, dirigido por mim, controlava sua euforia e jogava com relativa adequação.

Psicodrama da alucinação: neste caso, o paciente encena as alucinações e delírios que apresenta. Na representação das vozes, elas são personificadas pelo paciente e, quase sempre no início, são figuras fantasmagóricas ou míticas, mas que, no jogo de cenas, com os terapeutas auxiliares, transformam-se em personagens de seu mundo real.

Projeção de futuro: aqui o paciente retrata a maneira como vê o futuro. É muito útil no trabalho com portadores de transtorno mental grave e prolongado, que não põem perspectivas em seu futuro e vivem um presente sem esperança do amanhã. Para eles, o tempo deixa de ser importante.

As técnicas auxiliares são o hipnodrama, o choque psicodramático, a improvisação para avaliação da personalidade, o *role-playing*, psicodrama familiar e terapia familiar.

Hipnodrama: encena-se um psicodrama após a indução de um leve estado de transe no protagonista. Pode ser usado também com todo o grupo.

Podemos trabalhar com "choque psicodramático", que consiste em solicitar a um paciente que se situe novamente em uma vivência alucinatória, para ele significativa, enquanto essa experiência está ainda viva na memória. "Não se lhe pede que a descreva; ele deve representá-la e o faz" (Moreno, 1974). Trata-se de um procedimento psicodramático que busca, como vimos anteriormente, reconduzir um paciente que saiu de um surto psicótico a uma segunda psicose, agora experimental, no ambiente protegido da dramatização. Moreno afirma que o momento ideal para aplicação do método é logo após a remissão do surto psicótico, pois as vivências alucinatórias, delirantes e de estranheza apresentadas durante o surto psicótico ainda estão vivas (Silva Filho, 1994). Outras vezes aplicamos o "onirodrama", que consiste na dramatização de sonhos, e pode, inclusive, desencadear o choque psicodramático (Wolff, 1981;1985).

Na "improvisação para avaliação da personalidade" criam-se situações para avaliar a conduta do paciente, assim como seu potencial para a ação. Por exemplo: o diretor cria uma cena na qual o paciente é abordado e paquerado por uma mulher na fila do ônibus, ou então é perseguido pela polícia e preso. Qualquer cena pode ser criada; nesse jogo criativo, é avaliado o perfil da ação potencial da pessoa e, consequentemente, sua espontaneidade.

Psicodrama didático e *role-playing*: muito usado no treinamento da equipe de tratamento do hospital psiquiátrico. Um membro da equipe representa o papel de determinado paciente e toda a equipe interage com ele, buscando formas de melhor compreendê-lo e tratá-lo. Usado também em sessões na qual o objetivo é psicoeducacional.

Psicodrama familiar: é muito útil no trabalho com pacientes que apresentam alguma forma de dependência. Os portadores de transtorno mental grave quase sempre vivem condições de extrema dependência, razão pela qual o psicodrama familiar assume um importante papel no tratamento, pois podemos trabalhar situações de alta emoção expressa, estigma da doença mental, manejo de situações difíceis no ambiente familiar etc.

Qualquer das técnicas do repertório psicodramático pode vir a ser usada, ou então o diretor pode criar alguma, em função da necessidade da dramatização.

J. L. Moreno (1974) assim descreve a etapa da dramatização:

> O terapeuta, depois de se ter esforçado de pôr em marcha o grupo e o protagonista, retira-se da cena, transforma-se em um observador passivo e não toma parte na dramatização. A primeira fase terminou e a segunda começa com o drama. Do ponto de vista do paciente, o objeto de sua transferência, o diretor é colocado fora de cena. A 'retirada' do diretor dá ao paciente a sensação de que é o vencedor. Realmente a retirada do diretor não é senão a preparação estratégica para o grande combate. Para satisfação do paciente, outras pessoas que lhe são próximas (sua mãe, sua esposa ou a personificação de suas ilusões e alucinações) entram em cena por meio de papéis desempenhados pelos egos-auxiliares. O paciente os conhece muito melhor que esse desconhecido, o terapeuta. Quanto mais ele aparece, mais esquece o terapeuta, que quer ser esquecido, pelo menos durante essa fase do psicodrama. A dinâmica desse esquecimento é fácil de explicar. O terapeuta não deixa a cena só para deixar lugar aos egos-auxiliares, com os quais o paciente estabelece relações importantes. Eles personificam símbolos e figuras de seu mundo particular. Enquanto o paciente participa da representação e se aquece para essas figuras e símbolos, atinge uma enorme satisfação, maior que jamais experimentou; investiu, no curso de sua moléstia, muita energia pessoal nesses sonhos interiores, nas imagens de seu pai, mãe, esposa, filhos, assim como em certas imagens que vivem nele uma existência particular: nas ilusões e alu-

cinações. Nelas desperdiçou grande parte de sua espontaneidade, produtividade e força. Elas levaram suas riquezas, ele ficou pobre, fraco e doente. Agora lhe dá o psicodrama, como uma bênção divina, devolve-lhe tudo o que tinha alienado nas formulações estranhas ao seu espírito. Ele interioriza seu pai, sua mãe, sua amante, seu delírio e suas alucinações, e a energia que aí havia investido morbidamente lhe é devolvida quando ele pode 'viver' realmente o papel de seu pai, seu patrão, seu amigo, seu inimigo. Pela inversão de papéis com eles descobre muitas coisas sobre os mesmos que a vida não lhe tinha mostrado. Quando, finalmente, encarna as pessoas de suas alucinações, perdem elas não só sua força e energia, mas ainda incorpora essa força em si mesmo. Seu próprio eu tem a oportunidade de se reencontrar e se reordenar; de reestruturar os elementos dispersos por forças malignas, de com eles formar um conjunto e, com isso, ganhar um sentimento de força e alívio, uma catarse de integração, de purificação pela 'complementação'. Pode-se dizer que o psicodrama enriquece o paciente com uma experiência nova e alargada da realidade, uma 'realidade suplementar' pluridimensional, um ganho que ressarce, pelo menos em parte, o sacrifício que teve de fazer durante o trabalho de produção psicodramática.

Fonseca (2000) também afirma que há um embate do protagonista com o diretor, que não é um adversário, e sim aliado contra o inimigo comum: o conflito ou a doença. Descreve de forma poética o psicodrama: "quem vencerá? Eles começam o trajeto psicodramático. Esquivam-se das resistências. Esgueiram-se pelos labirintos 'transferenciais'. Recebem o *'click* télico', chegam à 'espontaneidade'. Algo é posto fora (*acting-out*) e reorganizado na 'catarse de integração'".

Após a dramatização ocorre o "compartilhamento", etapa em que os integrantes do grupo são estimulados a compartilhar suas emoções, impressões, sentimentos e pensamentos, assim como as semelhanças e identificações com o protagonista da dramatização. O processo de compartilhamento permite ao protagonista sentir-se ligado aos outros membros do grupo, diminuindo sua sensação de isolamento. O paciente, que se abstraiu do grupo durante a dramatização, agora toma a consciência da presença de cada um de seus membros. Diante deles revelou seus mais profundos segredos pessoais, e seus sentimentos de culpa e vergonha podem atingir seu ponto máximo. Aqui, uma outra reorientação de forças se inicia, sua dramatização promoveu identificações entre os membros do grupo, permitindo que aqueles muito mobilizados compartilhem sentimentos, pensamentos e a própria vivência de conflitos semelhantes. Para Yalom (1995), "o término é mais do que um ato significativo do final da terapia; é a parte integral do processo terapêutico, e, quando adequadamente compreendido e administrado, pode-se constituir em um importante fator para a realização de mudanças". Para J. L. Moreno (1974), os pacientes atingem um novo tipo de catarse, uma "catarse de grupo". Nessa etapa, os demais integrantes compartilham com o protagonista suas próprias preocupações, seus sentimentos de culpa e vergonha, da mesma forma que o protagonista compartilhou sua vida com eles. Aos poucos, a catarse pode atingir todos os presentes. Esse processo permite ainda que o diretor identifique membros do grupo que ainda estão se sentindo vulneráveis. Surgem, então, outros protagonistas que, já aquecidos e envolvidos, realizam pequenas dramatizações centradas no foco da emoção mobilizada. A proposta é a integração de vivências da sessão em busca da catarse de integração. Enfatizo aos participantes que trabalhem com seu médico as questões levantadas com o psicodrama. O compartilhamento estimula e facilita o apoio, os cuidados e a compreensão entre os membros do grupo (Holmes, 1992). Quase sempre, nessa etapa, o grupo mostra-se completamente organizado, diferente do início da sessão. Podemos afirmar até que é outro grupo, resultante do trabalho psicodramático realizado na sessão. Alguns aprimorandos, que participaram do grupo, muitas vezes falaram que nem parecia um grupo de psicóticos internados, mais se assemelhava a um grupo de pacientes neuróticos no ambulatório ou a seu próprio grupo de psicoterapia.

É mediante a representação psicodramática da vida de um indivíduo (passada, presente e futura) que ele é capaz (usando sua própria criatividade e espontaneidade) de se reconciliar com eventos passados ou desenvolver instrumentos para a vida futura (Holmes, 1992). Para J. L. Moreno (1974), é principalmente no tratamento de pessoas psicóticas que o psicodrama atingiu admiráveis resultados por meio da catarse, nascida do encontro de pessoas igualmente sofredoras.

Psicodrama na reabilitação psicossocial

Descrição do contexto em que se desenvolvem as sessões

No Instituto de Psiquiatria do Hospital das Clínicas da Faculdade de Medicina da Universidade de São Paulo (IPq-HCFMUSP) passou a funcionar, desde abril de 1996, o Centro de Reabilitação e Hospital-Dia (CRHD).

O CRHD oferece amplo tratamento para pacientes com transtornos mentais que exigem uma atenção mais intensiva e coordenada como alternativa à hospitalização total, além de servir como transição entre o hospital e a comunidade. No programa de reabilitação, participam os pacientes que apresentam sequelas de sua doença mental, que prejudicam sua reinserção social.

A população atendida no CRHD é composta de adultos de ambos os sexos com diferentes síndromes psiquiátricas, todos portadores de TMGP. A maioria é constituída de psicóticos com grave comprometimento psicossocial, predominando esquizofrênicos residuais, a maior parte com pragmatismo comprometido, com sintomas negativos, outros com alta recente das enfermarias ou ainda sob tratamento ambulatorial. Não há restrições quanto à idade, nível cultural ou diagnóstico psiquiátrico a não ser deficiência mental moderada ou grave e quadros demenciais. São contraindicados para o programa pacientes que não exerçam controle sobre a agressividade e impulsos antissociais.

O tratamento no CRHD é feito por uma equipe interprofissional, composta por psiquiatras, psicólogos, terapeutas ocupacionais, enfermeiros, educadores físicos, assistentes sociais e acompanhantes terapêuticos. A capacidade é de trinta pacientes.

O paciente chega ao CRHD mediante encaminhamento feito pelos diversos setores do Instituto de Psiquiatria: enfermarias, ambulatórios, setor de psicoterapia etc. Nesse encaminhamento, o médico fornece um breve histórico do paciente com diagnóstico, a intenção e indicação do tratamento.

Nas entrevistas iniciais da equipe com o paciente e acompanhante(s), vários aspectos da vida pessoal do enfermo são abordados para que se estabeleça um diagnóstico e uma análise de papéis comprometidos – o que possibilita um planejamento terapêutico. Desenvolvemos um contrato formal com o paciente e seus familiares para esclarecer as regras do compromisso com o CRHD, além de servir como referência para o paciente. São regras simples, tais como a assiduidade nas atividades e responsabilidade pelas atitudes.

É estabelecido um programa terapêutico inicial – composto de várias atividades grupais para o paciente e familiares –, que poderá ser mudado durante sua permanência ou em função de sua evolução clínica. Tais atividades são propostas nas entrevistas iniciais e nas reavaliações. O tempo de permanência no CRHD é cerca de seis meses. As atividades terapêuticas são, em sua maioria, grupais.

Dibella *et al.* (1982), citados por Kennedy (1995), afirmam que, "por definição, o programa de hospitalização parcial consiste essencialmente na formação de um grupo. O uso deste como método de tratamento implica a adoção de uma teoria acerca da origem dos problemas psicológicos e a melhor maneira de abordá-los".

Esses autores listam as vantagens do tratamento em grupo:

1. O indivíduo tem a oportunidade de receber apoio não apenas dos terapeutas, mas também de seus companheiros de internação.
2. Os grupos estimulam interações mais saudáveis, ajudando os mais tímidos, os silenciosos e os retraídos, colocando limites nos mais agitados e agressivos.
3. O grupo proporciona uma oportunidade com uma prova da realidade.
4. O grupo estimula o desenvolvimento de diversos papéis.
5. A experiência grupal favorece múltiplos modelos de conduta, proporcionando maiores oportunidades de identificação.

6. A orientação de realidade é forte, devido ao fato de as relações transferenciais estarem sob maior controle.
7. As relações contratransferenciais são mais atenuadas pelo grupo.

No programa do CRHD, os pacientes realizam várias atividades em grupos, como grupo de cidadania, de conscientização, de terapia ocupacional, de literatura, de atividade física, de desenho e pintura, de vídeo, de psicoterapia verbal e de psicodrama.

Em 2008 (Betarello *et al.*), publicamos *Fundamentos e prática em hospital-dia e reabilitação psicossocial*, que traz informações detalhadas sobre nosso trabalho no CRHD.

Grupo de psicodrama com pacientes do CRHD

Como já foi dito, o psicodrama ocorre duas vezes por semana, em sessões de uma hora e meia de duração. Como a permanência no programa do CRHD é de cerca de seis meses, os grupos são diferentes dos grupos de enfermaria, em que a permanência do paciente é bem mais curta e, portanto, cada sessão de psicodrama deve ser considerada única, realizada no modelo do "ato terapêutico". Aqui podemos realizar o psicodrama mais como um processo, pois há continuidade dos assuntos levantados de uma sessão para outra. Dessa maneira, nem sempre utilizamos dramatizações. Algumas vezes trabalhamos de forma verbal, outras com trabalhos dramáticos grupais, utilizando jogos dramáticos, sociodramas, *role-playing* ou realizando um psicodrama tradicional com protagonista.

De modo geral, iniciamos o aquecimento da sessão fazendo perguntas a cada paciente sobre seu estado, ou a respeito de algum tema relatado, ou trabalhado em sessão anterior. O tema que despertar o maior interesse do grupo será o eleito para a sessão, e pode ser desde um tema geral com a participação de todos até uma sessão centrada em um protagonista. Por exemplo, como a maioria dos pacientes tem suas habilidades comprometidas e, portanto, também seu pragmatismo, em uma das sessões em que a apatia e a falta de assunto predominavam, propusemos ao grupo a seguinte dramatização: estavam todos em um barco, que bateu em uma pedra, furou o casco e estava para afundar, como o *Titanic*, e então, eles teriam de se organizar para que se salvassem. Estimulávamos os pacientes com comandos, do tipo: "vocês têm pouco tempo, a água já invadiu todo o barco e ele vai adernar". Os mais ativos tomavam iniciativas, comandando os mais apáticos. O clima era de descontração, e eles faziam piadas. O navio afundou, tomaram um bote salva-vidas e então tiveram de se organizar para a sobrevivência pescando, armazenando água da chuva e remando até encontrar socorro. Esse tipo de dramatização abrangendo todo o grupo contribui com a integração entre os membros e com a melhora da apatia, sendo consequente o avanço no que diz respeito ao pragmatismo, ao ânimo e à capacidade de resolver as próprias dificuldades. Em algumas sessões, trabalhamos com a técnica do *role-playing* – situações comuns de vida –, como: entrevista de emprego, situações de paquera, timidez para conhecer pessoas, travessia de ruas, reencontro com parentes e amigos após a alta hospitalar, preconceito em relação à doença mental, ida ao banco, pagamento de contas, valor do dinheiro etc. Em outras sessões, trabalhamos a doença mental e seus sintomas (como alucinações ou delírios, fobias e obsessões) apresentados na fase aguda da doença, ou ainda persistentes, utilizando as técnicas de dramatização com protagonista e concretizando os sintomas, na busca do nexo com situações de vida. Após a dramatização, na terceira etapa da sessão de psicodrama, os pacientes compartilham pensamentos, emoções e situações levantadas pela dramatização (CRHD, 2008).

As sessões de psicodrama transcorrem de maneira semelhante às realizadas na enfermaria do HSPE, por isso não serão relatadas.

Grupo de psicodrama com familiares e pacientes

A importância das intervenções familiares no tratamento dos portadores de TMGP cresceu com base na observação de que 30% a 40% dos pacientes com esquizofrenia, medicados, continuam a ter recaídas, e aqueles que recebem alta e vivem com famílias caracterizadas por um alto nível de "emoções expressas" (EE) têm acentuado risco de recaídas psicóticas (Birchwood e Spencer, 2005).

Segundo esses autores, a maioria das intervenções familiares compartilha de uma série de pressupostos comuns:

1. A esquizofrenia é considerada uma doença cujo curso é influenciado por uma variedade de fatores psicossociais.
2. A família é vista como um aliado valioso na reabilitação do paciente, e a formação de uma aliança terapêutica com os familiares é essencial.
3. Apesar de a família não estar na etiologia da doença, presume-se que tentativas de alterar positivamente o clima emocional familiar alterem a doença de forma favorável.
4. As intervenções familiares são consideradas complementares, e não alternativas aos tratamentos medicamentosos, sendo normalmente realizadas no contexto de um pacote de cuidado psicossocial abrangente.

No CRHD, compartilhamos e agimos com esses pressupostos. Por isso, na primeira semana do mês ocorre um psicodrama em que reunimos os familiares e os pacientes em um grande grupo, objetivando discutir aspectos da convivência familiar e compartilhar dificuldades comuns, além de fornecer informações sobre a doença mental, seu tratamento, os medicamentos, sua importância, sua ação e os efeitos colaterais.

A inclusão dos familiares no programa de tratamento do CRHD é considerada importante no processo de reabilitação psicossocial, pois, nesse momento, existe a oportunidade de tratar no aqui-agora os conflitos familiares, o que possibilita a compreensão sobre a doença e formação dos sintomas no contexto da história de vida do paciente.

Esse trabalho pode desmitificar o sintoma, fazendo-o perder a exuberância e importância tanto para o paciente como para os familiares. Os familiares também se reúnem semanalmente, em um grupo, sem a presença dos pacientes, com a finalidade de receber informações e discutir aspectos do transtorno mental, da convivência familiar e das dificuldades.

Na literatura, a maioria dos serviços de reabilitação psicossocial realiza intervenções familiares abrangentes em que se inclui educação formal, normalmente na forma de palestras acompanhadas de recursos didáticos (como material impresso ou audiovisual, instruções didáticas em técnicas de enfrentamento e resolução de problemas) e treinamento explícito em habilidades de comunicação. As intervenções familiares reduzem as taxas de recaídas em 12, 18 e 24 meses, assim como reduzem a quantidade de internações hospitalares em períodos de *follow-up* de até 18 meses (Birchwood e Spencer, 2005).

A vantagem do grupo multifamiliar com a presença do paciente está diretamente ligada à participação de um maior número de indivíduos envolvidos na solução de problemas e no desenvolvimento de uma rede de apoio social. A convivência familiar melhora consideravelmente, assim como a intensidade de sintomas psicóticos e, consequentemente, a dose de neurolépticos prescrita aos pacientes. Com isso, cai a taxa de recaídas.

Birchwood e Spencer, 2005, em artigo no qual revisaram as evidências da efetividade das intervenções familiares, concluem que:

- A educação familiar, sozinha, não reduz as taxas de recaídas psicóticas, mas proporciona um meio inofensivo de envolvimento, aumenta o conhecimento, reduz, a curto prazo, o sofrimento dos cuidadores e eleva o otimismo.
- Materiais impressos e vídeos, bem como sessões educacionais ao vivo, são eficazes para aumentar o conhecimento.
- Intervenções psicoeducacionais abrangentes e baseadas em desenvolvimento de habilidades retardam a ocorrência de recaídas psicóticas e de reinternações se durarem, no mínimo, nove meses, já que a maioria dos benefícios ocorre durante as fases mais intensivas da intervenção.
- Os efeitos benéficos da intervenção familiar para prevenir recaídas são mais evidentes em pacientes de lares com alta EE.

No CRHD, fazemos essa intervenção familiar por meio do psicodrama multifamiliar com a presença do paciente. Comparecem pais ou irmãos de quase todos os pacientes do programa de reabilitação, resultando em mais de sessenta pessoas. Realizamos esse grupo em uma grande sala, que é utilizada, também, como refeitório e sala de terapia ocupacional. Os pacientes sentam-se ao lado de seus familiares. Costumamos iniciar o trabalho perguntando sobre o relacionamento familiar – como estão passando, como cada um dos membros está com o outro, como vai a convivência familiar, se há alguma proposta de trabalho para a sessão etc.

Na etapa de aquecimento, é comum ouvirmos queixas dos familiares em relação a comportamentos que atrapalham a convivência familiar: paciente nunca quer levantar da cama, perde a hora, tem preguiça para tudo, toma muito café, fuma exageradamente, não ajuda em casa, não quer tomar remédio etc. Falam também da evolução do paciente. Outras vezes, os pacientes queixam-se de seus familiares, que os prendem muito em casa, não os deixam sair, ficam o tempo todo "em cima". Queixas existem de ambos os lados, pois a convivência com o doente costuma ser difícil, assim como a convivência dos pacientes com os familiares. A perda da comunicação lógica torna o vínculo disfuncional. Alguns vivem uma realidade particular, diferente da compartilhada pela família, o que os leva a apresentar comportamentos bizarros e não entendidos, ditados pelas alucinações e/ou delírios. Outros apresentam alterações de pensamento, o que torna seu discurso pouco compreensível.

O sintoma é a forma de apresentação da doença, tornando o paciente a própria doença, pois é visto muito mais por seus sintomas.

O entendimento da formação do sintoma, no contexto da história de vida, faz que ele perca sua exuberância e importância tanto para o paciente como para sua família. Por isso é importante abordar os sintomas com pacientes e familiares. Nesse contexto, o sintoma pode ser mais bem entendido, contribuindo com a compreensão do paciente. Por exemplo, a mãe reclama que o filho fica falando sozinho, como se estivesse conversando com alguém. O filho, presente na sessão, é convidado a explicar o que acontece.

Realizamos, nesses casos, um psicodrama familiar, com a cena montada pelo grupo familiar (o paciente e sua mãe). O paciente em seu quarto, e a mãe, na sala, por exemplo. Com a técnica da inversão de papéis, a mãe toma o papel do filho, no quarto fazendo solilóquios, diz estar ouvindo vozes e responde a elas. O filho, no papel de mãe, na sala, diz não entender o que acontece. Acha que deve ser uma doença, porque falar sozinho não é normal, e as vozes devem vir da cabeça, pois ninguém mais em casa as ouve, além dele.

Enquanto a dramatização se desenvolve, ela estimula (e revela) aspectos críticos da doença. Outros grupos familiares que vivenciam situações semelhantes ficam atentos à dramatização, contribuindo algumas vezes. A dramatização exerce, para os familiares, um papel explicativo, na medida em que perseguimos, com outras cenas, a formação do sintoma alucinatório, sempre buscando cenas do surgimento para, depois, estabelecer o nexo do sintoma com a vida do paciente. Os vários grupos familiares, dentro desse grande grupo, compartilham as dificuldades com a família protagonista, e muitos pacientes têm a sensação de serem compreendidos. Procuramos dramatizar em todas as sessões.

No grupo, os familiares solicitam informações quanto à doença, seu curso e, principalmente, sobre o tratamento e prognóstico. Todas essas questões são discutidas em situações reais, com base em casos concretos vivenciados pelos familiares e pacientes.

Utilizamos o método psicodramático montando também cenas que retratem a convivência, como, por exemplo, a hora da refeição com a família à mesa. O psicodrama oferece a possibilidade de se trabalhar os relacionamentos e conflitos familiares, além de permitir que cada membro da família experimente o papel do outro.

Em uma das sessões, com o grupo reunido na sala e com sua formação costumeira, ou seja, cada paciente com um familiar sentado ao seu lado, um paciente, a quem chamaremos de Nildo – sorridente e com fisionomia que denotava um sério comprometimento cognitivo –, na fase de aquecimento, sugeriu que se trabalhasse a origem da família. O grupo, com predominância de pacientes com sintomas negativos, respondeu à sugestão com silêncio. Quando a sessão passa por essa postura é muito importante adotar uma atitude diretiva e animada para que o grupo não se desaqueça. Na ocasião, assumimos a proposta de Nildo: a da origem da família. E propusemos começarmos com a história de Adão e Eva. Pedimos a Nildo que tomasse o papel de Adão e passasse a andar pelo Jardim do Éden. Assim ele fez, descrevendo em solilóquio o que via enquanto andava pela selva e, por entre os animais, apreciava a "belezura" da natureza. Enquanto isso, fazíamos perguntas ao grupo, que acrescentava características ao papel de Adão, e assim recriamos a história bíblica. Adão se cansou de estar só e Deus o fez dormir para retirar-lhe uma costela e criar Eva, representada na cena pela esposa de Nildo. O casal passeou pelo Éden, namorou e namorou até cair na tentação da serpente, fazer sexo e ser expulso do paraíso. Tudo foi representado com seriedade e humor. Após algum tempo, o casal sentiu falta de filhos e abriu espaço para que entrassem Abel e Caim, representados, espontaneamente por um paciente e seu irmão. O grupo atribuiu valores a Abel e Caim. O primeiro era bondoso, amoroso, ajudava os pais, era trabalhador e possuidor de todos os valores do bem. A Caim foram atribuídos valores do mal, como inveja, agressividade, desonestidade, desobediência etc. Nesse momento, falamos ao grupo que essa é a família de origem, mas que iríamos fazer uma viagem através dos tempos, chegar a 2009, e a família representada seria a nossa. Os integrantes do grupo, indistintamente familiares ou pacientes, desempenharam os papéis de pai, mãe, Caim e Abel, até que um paciente, visivelmente emocionado, disse que só poderia ser Caim, pois continha em si todo o mal, que lhe era revelado por meio da acusação de uma voz que não o deixava em paz e que, além de acusá-lo, dava-lhe ordens para que ele matasse sua esposa e seus filhos, e que jamais seria perdoado. O grupo, silencioso e assustado, acompanhou o relato de Josino. Por haver tolerância, prosseguimos com o psicodrama e, no jogo de cenas, a voz que apareceu era a de Deus, que o condenou por ter deixado seu pai, contra a sua vontade, no hospital, quando ele se encontrava em fase terminal de um câncer de pulmão, vindo logo a falecer. Após algum tempo, Josino passou a apresentar o quadro psicótico com a presença dessas alucinações auditivas que, pela gravidade do caso, levaram-no à internação psiquiátrica. Prosseguimos com o jogo de cenas, agora com a presença dos personagens reais e não mais com as alucinações. No papel de pai, Josino disse que não perdoaria o filho, pois desejava morrer em casa e no hospital tinha certeza de que abreviariam sua vida. Disse também que seu filho teria de carregar essa culpa para sempre, representada na cena por uma grande bola de borracha. Josino se agarrou à bola e disse que não podia se desfazer dela. O grupo interveio e muitos falaram de suas culpas representadas por essa bola vermelha. Foram menos severos que Josino e resolveram trocar essa bola grande por uma menor – a grande seria jogada para fora da sala por todos os que trabalharam sua culpa. Vários participantes seguraram a bola vermelha, dirigiram-se à porta da sala de grupo e, por nossa sugestão, jogaram a bola para fora acompanhada por um grito que representava a exorcização dessa culpa. Assim o faziam: abriam a porta e com um berro forte em uníssono atiravam-na para fora. Aliviados, fechavam a porta. Demos por terminada a dramatização e iniciaram-se os comentários. Todos os presentes, pacientes e familiares, falaram sobre situações que os deixaram com sentimentos de culpa, contaram sobre o mal e os sentimentos ruins que carregavam em si. Salientamos a todos que o bem e o mal fazem parte de nós, que cada um pode escolher como deve agir e que, algumas vezes, o bem e o mal são valores relativos – nós é que atribuímos esses significados às nossas ações. Explicamos também como as nossas escolhas e indecisões influenciam nosso sistema nervoso, e como os conflitos podem se transformar em doenças. Os integrantes do grupo, muito interessados no tema, formularam diversas perguntas e comentários.

Nas avaliações realizadas pela equipe, é consenso de todos que o psicodrama familiar contribui para o entendimento das dinâmicas familiares, assim como para o fortalecimento da aliança família-paciente-CRHD, tríade que consideramos fundamental na reabilitação psicossocial do doente mental.

Avaliações

A pesquisa em psicoterapia tem apresentado uma série de dificuldades. Uma das maiores é encontrar uma metodologia para avaliar adequadamente seus resultados (Mintz, 1981).

Na maioria das revisões de literatura sobre pesquisa em psicoterapia de grupo, os críticos assinalam o número insuficiente de estudos, o que compromete a compreensão do tema. Segundo Dies (1995), pesquisadores internacionais foram consistentes em mostrar que o conhecimento sobre o resultado e o processo terapêutico está longe de ser completo, devido à complexidade da investigação em psicoterapia de grupo. Ao longo dos anos, têm criado e aperfeiçoado metodologias experimentais para investigação, e mesmo assim só é possível analisar um campo estreito, um recorte do resultado do processo (Shoueri, 2008).

Para Sonenreich e Estevão (2007), o termo "subjetividade" é definido com sentidos diferentes: para uns, subjetivo é o que não ocorre por uma causa definida e; para outros, representa o que é particular, individual, portanto não quantificável. Seria a noção que garante a autonomia da psicopatologia perante o neurológico e o social.

É difícil desenvolver sistemas ou escalas para avaliar aspectos referentes à psicoterapia, pois é uma atividade centrada na subjetividade e na inter-relação terapeuta-paciente, o que torna problemática a tarefa de objetivar, pelo menos parcialmente, alguns aspectos do trabalho psicoterápico. As escalas serviriam a essa tarefa quando usadas principalmente no campo da pesquisa clínica, visando à detecção de fatores preditivos de bom prognóstico em psicoterapia e à avaliação dos resultados obtidos após o término do tratamento. No entanto, a pesquisa em psicoterapia não apresenta, de forma conclusiva, "provas empíricas" de efetividade.

Kellermann (1998) analisa a intenção das pesquisas: se for a obtenção de informações sobre processos objetivos, deve-se lançar mão de uma abordagem lógico-empírica do psicodrama. Se o motivo for o autoentendimento emancipatório, a abordagem a ser adotada poderá ser descritiva, fenomenológica e/ou orientada para o processo. O autor observa que, quando o psicodrama se orienta para a avaliação de comportamentos, o estudo torna-se quantitativo e a pesquisa controla resultados, mas, se está voltado para a compreensão das motivações humanas, a avaliação será qualitativa e orientada para o processo psicoterápico.

Sonenreich e Estevão (2007), citando Herman, sugerem três gêneros de pesquisa nessa área: a investigação clínica, o comentário teórico e a pesquisa empírica, sendo que, para essa última, protocolos e estatísticas não compõem o espírito da disciplina, pois falta rigor em face do campo em que são buscados os dados. Deve-se ficar atento para não "quantificar" coisas não quantificáveis. Para esses autores, o homem é pura subjetividade e liberdade; para definir e conhecer os mecanismos psicopatológicos devemos usar a noção de subjetividade, um modo particular de assimilar o mundo e a experiência vivida.

Os fatores terapêuticos estão intimamente relacionados tanto a processos internos do paciente como a intervenções do terapeuta. Portanto, uma quantidade de variáveis influencia – individualmente ou em conjunto – os resultados da terapia.

Os fatores básicos que mais influenciam a psicoterapia dependem da corrente terapêutica eleita por quem a adota como método. Assim como para os psicanalistas é importante o *insight*, revelado na interpretação ou na livre-associação, os rogerianos valorizam as qualidades do terapeuta, especialmente seu olhar positivo, sua empatia acurada e sua congruência. Já os comportamentalistas entendem que a mudança terapêutica deve ser entendida apenas no sistema conceitual da aprendizagem, por meio do reforço e da punição. Muitos outros autores citam a influência de fatores não específicos.

Diferentes trabalhos nos fazem pensar em um denominador comum às várias abordagens terapêuticas, como aprendizado, aumento da esperança, mobilização da emoção e busca de alternativas para resolução de conflitos, reduzindo a pressão emocional e melhorando o relacionamento interpessoal. Corsini e Rosemberg (1958), citados por Kellermann (1998), revisaram trezentos artigos sobre terapia de grupo e definiram três categorias de fatores terapêuticos: 1) emocional: aceitação, altruísmo e transferência; 2) cognitiva: terapia do espectador, universalização e intelectualização; 3) ativa: teste de realidade, ventilação e interação. Piper (2004) destaca como mecanismos terapêuticos: a aliança terapêutica, o consenso sobre os objetivos, a disponibilidade para autoexposição e a coesão grupal.

Kellermann (1998) escreve que os aspectos terapêuticos do psicodrama abrangem uma ampla gama de experiências humanas, inclusive a aprendizagem emocional, cognitiva, interpessoal e comportamental. A combinação desses fatores contribui para a diminuição da tensão, para a restauração da homeostase e para uma recuperação do sentido de controle, podendo restaurar defesas adaptativas e produzir a cura de sintomas. Esse mesmo autor argumenta que são tantas as variáveis envolvidas no estudo científico dos resultados do psicodrama, que é impossível controlá-las, por isso os resultados são apresentados por meio do relato de casos e sessões. As conclusões tiradas com base nesses relatos, assim como a avaliação feita pelos participantes do psicodrama, têm se mostrado amplamente positivas. Salienta ainda que, por serem poucos os estudos de acompanhamento de participantes, não se pode avaliar claramente como ele contribuiu para mudanças na vida dessas pessoas. Kellermann, em sua experiência, percebe o efeito da técnica muito tempo depois do final da terapia e cita Polansky e Harkins (1969): "a situação psicodramática pode ser utilizada para colocar em jogo poderosas forças psíquicas.

Em alguns pacientes, quando se consegue ativá-las, podem-se obter resultados surpreendentes no sentido de eventual cura".

Garrido Martín (1996) escreve que é evidente que os efeitos terapêuticos de uma psicoterapia com esquizofrênicos não podem ser mensurados quantitativamente. Moreno diz que cada ciência ou cada tendência cultural exige um conjunto próprio de critérios de convalidação, e propõe três métodos fundamentais: o estético, o existencial e o científico.

A validação estética é baseada na impressão subjetiva, a convalidação existencial é necessária quando alguém experimenta, em si próprio, os efeitos vivenciais de uma terapia. Moreno diz que, na convalidação existencialista, os números nada expressam com relação à vivência, e até a desvirtuam.

> Sem dúvida, quando a complexidade de um agregado social se traduz em configurações de vida de grande riqueza com tudo o que pode implicar de processos mentais plenamente desenvolvidos, o tratamento estatístico corre o risco de simplificar excessivamente as condições de investigação a ponto de seus resultados se tornarem inaceitáveis e sem valor científico. Daí, frequentemente, técnicas de investigação tomadas da arte, como o psicodrama, parecerem mais apropriadas que os métodos estatísticos. (Garrido Martín, 1996)

Moreno insiste que uma validação existencial não precisa de estatística, bastando o próprio depoimento dos pacientes para lhes conferir valor científico.

Mas o autor também é contraditório. E Garrido Martin (1996) aponta essa evidência ao mostrar que ele buscava apresentar resultados pelo sistema quantitativo. Chegou mesmo a apresentar fórmulas para calcular a probabilidade de eleição ou rejeição de um sujeito. Fórmulas para medir a expansividade afetiva, a introversão ou extroversão sociométrica de um grupo, porcentagens de atração etc. Garrido Martin escreve que Moreno ficou escravizado a dados quantificáveis da vida. Talvez tenha se preocupado demais com a aceitação social de suas técnicas e com acusações por falta de rigor científico e, por tudo isso, tenha ficado vulnerável ao verificável.

Pope e Mays (2009) relembram que boa parcela da literatura qualitativa está publicada em monografias, capítulos de livros ou teses, bem como em artigos de periódicos. Também é importante ressaltar que a pesquisa aqui realizada com outros autores não constitui uma evidência rigorosa que valide a utilização do psicodrama no tratamento do transtorno mental. Trata-se de uma síntese narrativa com finalidade de buscar conhecimentos ao agrupar achados preexistentes da abordagem psicodramática da doença mental.

Fernando Vieira, psicodramatista, escreveu em 1994 um artigo para a *Revista da Sociedade Portuguesa de Psicodrama*, chamado "Avaliação em psicoterapia por psicodrama", em que salienta a dificuldade de avaliar os resultados da psicoterapia principalmente pela escassez de instrumentos de avaliação fidedignos, sensíveis e aceitos por todos os psicoterapeutas; e ainda pela quantidade de variáveis impossíveis de se controlar em sua totalidade. Nesse artigo, sugere uma avaliação para o psicodrama: avaliação clínica "antes de começar", "depois de o grupo acabar", "no intervalo das sessões" e, ainda, "no contexto dramático". Após cada sessão, o paciente se reunia com seu ego-auxiliar e ambos faziam um *briefing* da sessão, avaliavam o desempenho de seus papéis de diretor e ego-auxiliar, além de proceder a uma análise detalhada de cada um dos participantes do grupo e do grupo em sua totalidade. Discutiam o protagonista dentro de vários aspectos, desde o desempenho dos papéis ao grau de espontaneidade, e utilizavam uma tipologia (de Soeiro) para classificá-lo. Eram tecidas considerações sobre a psicopatologia do protagonista. Em relação ao grupo, discorriam sobre o grau de coesão e, principalmente, sobre o sentimento de pertencer a ele. Examinavam os vínculos entre os participantes e a sociometria grupal. Nessa reunião, o diretor e o ego-auxiliar faziam uma avaliação dos procedimentos técnicos e planejavam estratégias de ação, objetivando a coesão grupal por meio do trabalho sociométrico.

Vieira (1999) informa sobre trabalhos portugueses que versam sobre o psicodrama. Entre eles o de Marques Teixeira, de 1990, em que avaliou os *scores* das escalas de Hamilton de depressão e ansiedade antes e após terapia psicodramática, com conclusão de melhoria dos perfis sintomáticos após o tratamento. Pio Abreu e Cristina Oliveira, em um trabalho do mesmo ano, descrevem a melhoria de uma paciente com diagnóstico de "neurose dissociativa em uma personalidade histérica". Outros dois trabalhos, um de 1993 e outro de 1994, de Vieira, Carnot e Canudo, usaram escalas de avaliação para ansiedade e depressão em uma pequena amostra de pacientes submetidos ao psicodrama. Vieira apresentou tese de mestrado à Universidade de Coimbra, na qual se avaliam as variações dos perfis sintomáticos medidos pela Subescala de Ansiedade do Symptom Checklist (SCL-90) antes e após um ano de terapia psicodramática, concluindo que houve eficácia na redução dos vários sintomas psicopatológicos.

Yalom (1995), utilizando-se de questionários respondidos pelos pacientes, chegou a uma lista de doze fatores de cura, mas enfatizou que o aprendizado pessoal, juntamente com a catarse, a coesão e o *insight*, são os fatores mais valorizados. Devemos lembrar que as autoavaliações são aspectos subjetivos e, portanto, os resultados dessas pesquisas são válidos pela experiência, mas cientificamente inconclusivos.

Zerka Moreno, em comunicação pessoal a Kellermann (1998), mencionou os seguintes fatores terapêuticos: o fator relacionamento real (tele), autoexposição (validação existencial), catarse de integração e *insight* de ação.

Em nossa experiência pessoal, aplicamos o psicodrama no tratamento com pacientes internados desde 1975 e, ao longo desse tempo, observamos resultado positivo para o tratamento de pacientes psiquiátricos. Com outros médicos da enfermaria, conversamos sobre a participação dos pacientes no psicodrama e foi frequente ouvirmos que há uma contribuição tanto para o diagnóstico como para o tratamento do internado, na medida em que ele é visto também na inter-relação com os outros, o que revela aspectos que não apareceriam em entrevistas individuais.

É claro que essa avaliação é subjetiva, pois é produto das observações dos profissionais de saúde da equipe de psicodrama na enfermaria psiquiátrica. Os próprios pacientes também avaliam o tratamento na enfermaria psiquiátrica e, na maioria das vezes, enfatizam que o psicodrama contribuiu com a melhora.

Não estabelecemos avaliação com grupo-controle, pois todos os pacientes internados na enfermaria, do programa de hospital-dia, ou do programa de reabilitação psicossocial, podem participar do psicodrama. Não há, portanto, possibilidade de pensar a evolução do paciente nesse caso.

Além do psicodrama de enfermaria, o paciente é submetido a diversas outras intervenções terapêuticas: entrevistas individuais diárias com seu médico, tratamento farmacológico ou biológico, terapia ocupacional, grupo operativo, entrevistas conjuntas com familiares ou qualquer outra intervenção necessária. Em função dessa forma de tratamento, achamos impossível trabalhar com grupos-controle, ou controles de atenção, ou ainda tratamentos alternativos de controle, da mesma forma que não é possível utilizar técnicas de randomização em pesquisa clínica, por razões éticas e pragmáticas.

Nas entrevistas realizadas com o médico, o paciente fala sobre o psicodrama. Dessa forma acompanhamos o resultado terapêutico do tratamento de grupo na enfermaria. Exercendo a função de médico no local, durante a semana conversávamos com os pacientes e perguntávamos a respeito do psicodrama, ouvindo comentários e opiniões.

Outras vezes entrevistamos, durante a semana, o paciente que foi protagonista do psicodrama, avaliando o resultado em termos do entendimento da doença, dos sintomas e da compreensão da sessão de psicodrama. Ao paciente que foi protagonista, se ainda estivesse internado na semana seguinte, solicitávamos que contasse ao grupo sua experiência e o que pensou a respeito de sua dramatização.

Na enfermaria também avaliamos o psicodrama por entrevistas. De modo geral, os pacientes o consideraram útil durante a internação, principalmente pela possibilidade de identificação com outros pacientes e por perceberem que alguns apresentam sintomas que eles mesmos escondiam de todo mundo, com medo de serem considerados loucos. Além disso, acharam importante discutir seus problemas pessoais no grupo e valorizaram o fato de poder transformar sintomas em problemas em que podem agir ou, pelo menos, compreender o que se passa.

É opinião de toda a equipe da enfermaria e dos plantonistas noturnos que o psicodrama contribui para tornar o ambiente da enfermaria mais amistoso e colaborativo. Os comportamentos agressivos são exceção e a agitação psicomotora restringe-se a poucos pacientes, principalmente aos recém-internados. Não aferimos esses dados por meio de procedimentos estatísticos, mas a prática desse processo tem credibilidade junto aos pacientes, pois muitos comparecem à sessão de psicodrama e solicitam prosseguir com o tratamento de grupo após a alta hospitalar. Aqueles que querem continuar a participar do psicodrama fazem-no nas sessões realizadas no hospital-dia, em local diferente da enfermaria psiquiátrica e, dessa maneira, acompanhamos sua evolução.

Alguns pacientes perdem-se de vista e, por vezes, seu médico de ambulatório informa sua evolução. Há os que são reinternados e outros de quem nunca mais se tem notícia.

A maioria dos pacientes internados comparece à sessão de psicodrama (frisamos que a presença é voluntária). O dia do psicodrama é esperado por muitos e alguns solicitam, durante a semana, para ser o protagonista, chegando a fazer combinações para que consigam seu objetivo. O paciente que foi protagonista de alguma das sessões e teve, dessa forma, o quadro psicótico compreendido, passa a receber maior tolerância tanto de seus companheiros de enfermaria, como da equipe multidisciplinar que trabalha nesse setor.

Graças ao psicodrama, a patologia psiquiátrica dos pacientes é compreendida e o clima na enfermaria torna-se mais acolhedor. Há uma tolerância maior para pacientes com conduta bizarra ou outros distúrbios, ou seja, tanto a equipe de enfermaria como a maioria dos pacientes passam a tolerar mais as alterações de conduta e o relacionamento inadequado apresentado por alguns pacientes.

A sessão é comentada pelos pacientes que a ela comparecem, tanto com seu médico, quanto entre os pacientes nos dias subsequentes à sessão.

Outra maneira de avaliar o psicodrama é o relato dos pacientes. Alguns, por nossa solicitação, fizeram-no por escrito. Escolhemos algumas dessas avaliações:

> Quando se está mergulhado na doença, muitas vezes não temos olhares a não ser para nós mesmos. O psicodrama é um momento mágico, em que cada vivência representada por alguém nos faz enxergar mais amplamente, tornando possível pegar cada experiência do outro e transportarmos em um aspecto positivo para a nossa realidade.

No psicodrama, tem ficado muito clara a trama que nós mesmos criamos, por algum motivo, ao longo da vida, a tal ponto de adoecermos e sermos incapazes de encontrar a saída. A saída é apontada e nos faz refletir.

O psicodrama é o ponto alto do tratamento em termos coletivos, neste hospital. É quando o entendimento da doença mental melhora, o que certamente nos auxilia.

É uma pena que sejam momentos raros (uma vez por semana). (Paciente internada com quadro de anorexia nervosa)

De que valem as 'tabelas', se ao espírito não adentram, mais valem minhas entranhas, vistas estranhas à Luz Solar. (Paciente catatônico, que participou ativamente de uma sessão descrita neste livro)

Tenho prós e contras:
Prós: A representação faz que você se observe e perceba que adotou papéis rígidos, na maioria das vezes imitando papéis aprendidos.
Contras: Quando a maioria dos pacientes estão comprometidos não ocorre a dramatização. (Paciente portadora de transtorno de personalidade, internada por alto grau de irritabilidade e agressividade)

Essa última paciente era pouco tolerante ao caos que reinava nas sessões, principalmente no início e quando predominavam pacientes com quadro de mania.
A participação no psicodrama é uma forma de aprendizagem em psicoterapia de grupo e faz parte do programa de residência em psiquiatria no HSPE, assim como do programa dos aprimorandos de terapia ocupacional, psicologia e estagiários de enfermagem. O psicodrama também é aberto a estudantes de psicologia e medicina, assim como dele participam psicodramatistas com interesse na área.
Avaliamos também o psicodrama por meio dos relatos de membros da equipe de residentes e estagiários que participam das sessões. Selecionamos alguns relatos de residentes e estagiários:

O psicodrama na enfermaria é uma inovação no cuidado do paciente internado; não conheço experiência semelhante.
Nota-se que os pacientes aguardam com grande expectativa o dia do psicodrama.
Os benefícios que traz são notáveis, particularmente no que se refere a compreender a crise. (Residente A)

Muito produtivo, tanto para os pacientes quanto para os residentes. Entramos em contato com as técnicas psicodramáticas e notamos a melhora dos pacientes internados. (Residente B)

No psicodrama, nós estamos em contato com os pacientes de uma outra forma, derruba-se o muro existente entre o médico e o paciente. (Residente C)

Importante como instrumento diagnóstico e como uma vivência terapêutica e também de interação entre pacientes. (Preceptor de residentes do Serviço de Psiquiatria, HSPE)

7. Análise de sessões de psicodrama com portadores de transtorno mental grave

Relatamos, aqui, algumas sessões de psicodrama ocorridas na enfermaria do HSPE e outras no consultório, todas com pessoas portadoras de limitações em função do transtorno mental. Por razões éticas, os nomes dos pacientes são fictícios.

Psicodrama com paciente delirante

Em uma sessão, na etapa de aquecimento inespecífico, a conversa inicial, sobre sintomas psiquiátricos, concentrou-se em alucinações. Os pacientes comentavam a respeito das vozes que ouviam (alucinações auditivas) quando uma senhora, com cerca de cinquenta anos, de cabelos grisalhos, obesa, vestida com a camisola do hospital e chinelos, chama a atenção do grupo. Em seu relato afirma conviver, há sete anos, de forma ininterrupta, com um computador que se manifesta em sua mente pela voz de um pastor evangélico. Mesmo com fisionomia serena e discurso inteligível, percebe-se uma moderada desagregação em seu pensamento e é clara a perda da comunicação lógica, como se pode notar, por exemplo, no momento em que ela responde à pergunta do terapeuta sobre como o computador a atingiu:

> Eles atingem as pessoas para irem para a Igreja Evangélica. É bem provável que até o ano 2000 as Igrejas se acabem. Eu estou bem, eu estava trabalhando até o dia 17/4/1992, quando fui atingida por esse computador e, desde então, fico ouvindo a voz do pastor Djair, que fica me dando ordens, me censurando, comentando coisas a meu respeito.

O interesse que seu relato desperta no grupo conduz a sra. Kate como protagonista da sessão. Na etapa de aquecimento específico, a paciente continua contando sua vida ao grupo, que se mostra atento, enquanto dirijimos perguntas a fim de organizar melhor seu discurso e preparar todos para a fase de dramatização.

Montamos a cena de 17/4/1992, na qual a paciente ouviu a voz do pastor pela primeira vez e, aos poucos, ela vai mostrando quando e como sentiu-se atingida pelo computador.

Bustos (1992,1997) enfatiza que é importante localizar onde o sintoma teve sua origem e onde se alimenta, assim como todos os condicionantes presentes e passados que o nutrem. Ou seja, é necessário investigar o *locus* ou o grupo de fatores condicionadores em que esse algo foi criado. O *locus* é só um referencial, não se pode operar sobre ele, um orientador diagnóstico ante a situação conflitiva muito importante para a compreensão profunda de um fato.

É fundamental, também, conhecer a rede vincular que possibilitou o aparecimento da conduta. Vamos em busca da série de circunstâncias que estimulou a conduta defensiva.

Uma das operações fundamentais em psicodrama consiste na busca de condutas empobrecedoras, as quais, em algum momento, funcionaram como condutas adaptativas adequadas, proporcionais ao estímulo. A defesa é eleita de forma ativa dentro de um repertório de saídas possíveis. Tentamos investigar o momento específico em que essa resposta emergiu, isto é, o *status nascendi*. Uma das principais operações terapêuticas volta-se para a responsabilidade diante da defesa – conduta gerada. Devemos entender e centrar a atenção no sintoma como a saída eleita pelo paciente diante do conflito. Por isso, na investigação da matriz, é mais conveniente perguntar ao protagonista "para que" ele fez isso ou aquilo que perguntar "por quê".

Cena 1

A sra. Kate está na sala de aula da quinta série, ensinando educação sexual, quando repentinamente sente uma tontura. Para de escrever na lousa, senta-se e percebe que foi atingida "espiritualmente" em sua mente. Colocamos um ego--auxiliar (EA) em seu lugar, escrevendo na lousa, e pedimos para a sra. Kate reproduzir corporalmente, no ego, as sensações que sentiu no momento em que foi "atingida". A paciente segura a cabeça do EA e lhe dá um impacto, seguido de uma girada.

A técnica da concretização é utilizada como forma de acesso a outros conteúdos. Nesse caso, a cena é menos estruturada, ainda sem representação simbólica, com a presença somente da expressão do sintoma, a tontura, requerendo a adoção de outras técnicas psicodramáticas em busca de cenas mais estruturadas que levem à manifestação do conflito. Conversamos com a paciente no papel dessa sensação concretizada, a fim de investigar o sintoma.

> Dei-lhe um solavanco, para retirar o espírito dela e colocar o do pastor no lugar, e vou ficar encaixado e vou dirigir a sua vida para que tudo entre nos eixos.

A concretização, seguida de entrevista, possibilitou a emergência da divisão interna: sra. Kate autônoma em sua vida *versus* o computador a dirigir sua vida.

Nesse momento, outra cena se anuncia. Estamos buscando desvendar o sintoma, transformando-o em cenas que possam ser instrumentalizadas terapeuticamente.

Cena 2

Sra. Kate, no papel do pastor, na igreja evangélica, em frente ao computador, envia a mensagem que a atingirá na sala de aula. A cena é montada com os objetos da sala e a paciente assume o papel do pastor Djair, sentado em sua mesa. Passo a entrevistá-la nesse papel:

P. DJAIR Tem um projeto no ano 2000, para todos serem crentes, tem um plano... foi desenvolvido um projeto no computador para que as pessoas que têm seu nome nele virarem crentes.

TERAPEUTA Para que você colocou o nome dela no computador, pastor?

P. DJAIR Para ela ir para minha igreja, porque ela é esposa de um evangélico, mas não quer ir para a igreja evangélica porque é católica. Foi feito este programa no computador que está aberto para cada cidade...

TERAPEUTA O sr. é tão poderoso assim?

P. DJAIR Eu acredito que isso é bom, essa mulher tem duas personalidades; uma é normal, boa mãe, boa esposa, boa professora, e a outra que não cumpre seus deveres para com o marido. Estou programando colocar o nome dela no computador para que ela vire evangélica e tenha uma única personalidade.

Enquanto um EA permanece em cena desempenhando o papel do pastor Djair, outro EA desempenha o papel da sra. Kate na sala de aula. Solicitamos que a paciente seja o computador.

A intenção é investigar sua fantasia a respeito da máquina, que considera tão poderosa e passará a puni-la e a dirigir sua vida para que entre no caminho certo. O pastor julga, pune e penitencia através da má   .a. A dramatização pode, além disso, propiciar que atue, experiencie, viva ativamente uma sensação de potência, mesmo que seja apenas no desempenho do papel de computador. São forças internas suas, pouco atualizadas, desde a instalação do sintoma.

TERAPEUTA Como você vai agir nela?

COMPUTADOR Todos temos uma parte espiritual, ela é muita complexa... Eu tiro o espírito de dentro dela e coloco o espírito do pastor. Vou comandá-la, é só mandar a mensagem. Vou à escola que ela trabalha e encaixo o espírito do pastor nela, com um solavanco. Vou mandar a ordem já. E escreve: "Vá até a sra. Kate, dê um solavanco nela e retire todo o seu espírito, e coloque o espírito do pastor".

Nesse momento interrompemos a cena, para que a sra. Kate possa esclarecer alguns elementos surgidos até aqui.

TERAPEUTA Como o computador fez isso, como ele vai até lá?

SRA. KATE Através do espaço. Quando eu fui atingida, foi tudo mostrado para mim.

Espontaneamente, assume o papel de pastor Djair, contracenando com o EA que atua no papel dela mesma no momento em que foi atingida.

P. DJAIR (encaixado pelo espírito e vai dirigindo o EA, no papel do pastor, em círculos pela sala, segurando-a pelo ombro e falando): Eu vou tirar o seu diploma, porque o meu plano é levar você para a minha Igreja e você só se libertará quando eu tirar todos os seus dados do computador e transformar nos meus dados.

SRA. KATE (dirigindo-se ao terapeuta): Ninguém acredita em mim, todos acham que é uma loucura, o meu marido pensa isso, ele diz que é impossível o pastor ter feito isso.

É o primeiro indício de estarmos conversando em uma mesma lógica, parece ter esboçado uma crítica de seu delírio, estimulada pelo jogo de papéis.

Cena 3

Coloco outro EA para fazer o papel de seu marido. Peço a sra. Kate que entre no papel de seu marido, a fim de investigar como pensa ser vista por ele.

SRA. KATE Fica muito difícil, o meu marido não me acredita.

TERAPEUTA Sr. Hélio, o que aconteceu com a sua mulher? (dirigindo-se a ela, estimulando-a para que entre no papel do marido)

SR. HÉLIO Isso é loucura, eu não acredito, ela está maluca, estou casado há trinta anos, foi péssimo o meu casamento. Faz muito tempo que a gente não tem relacionamento normal. Não tive outra mulher, nem ela outro homem, faz dezoito anos que não temos vida sexual. Temos quatro filhos.

(Sra. Kate, no papel do sr. Hélio, coloca-se na sala bem distante do EA que desempenha o seu papel)

Cena 4

ESPÍRITO (COMPUTADOR) (EA falando como pastor, através do computador): Quero que vocês sejam um casal normal, que ela tenha um relacionamento normal.

SRA. KATE Mas já faz tanto tempo... eu não tenho mais vontade, meu marido que ainda insiste e foi falar com o pastor... e ele resolveu colocar o meu nome no seu computador e passou a querer me dirigir...

ESPÍRITO (COMPUTADOR) Você tem que ter um relacionamento com o seu marido, vai na igreja ou eu tiro o seu diploma.

SRA. KATE É isso mesmo, o pastor vai ao computador, dá a ordem e eu ouço o seu espírito. E faz um tempão que eu vivo dominada, ouvindo o pastor, sem paz.

TERAPEUTA E como é que você pode se livrar disso?

SRA. KATE (fala que vai para o computador, para desprogramar tudo, já tem um projeto pronto para recolher os computadores): Eu falei com professores inteligentes, mas eu não sei como fazer... Só se eu procurar o pastor.

TERAPEUTA O que é que você quer falar com o pastor?

SRA. KATE (dirigindo-se ao pastor Djair): Pastor, eu quero que você desprograme tudo, quero uma coisa bonita, não quero mais ter relação sexual com meu marido.

É o momento de fazer que a sra. Kate entre em contato real com suas dificuldades, uma delas é a inibição ou retraimento para falar com seu marido sobre a convivência e o relacionamento sexual.

TERAPEUTA Fale isso aqui, aqui e agora, para seu marido, explique o seu desejo, suas razões, procure fazê-lo entender o que você quer do seu relacionamento.

SRA. KATE (dirigindo-se ao marido): Hélio, eu vou me aposentar, quero ficar com você como irmão, já estamos velhos e não precisamos mais dessa porcaria, eu não quero mais fazer sexo com você e nem com ninguém.

A cena é com seu marido, personagem real, figura importante em sua rede vincular. Sra. Kate, agora no papel do pastor Djair:

P. DJAIR Eu vou desprogramar, senão vou para a cadeia, vou falar com os outros dois pastores da igreja, o Edmundo e o Valter.

A sra. Kate está, nesse momento, em uma confusão, no limite entre fantasia e realidade.

No papel do pastor Djair, dirigindo-se aos dois pastores e mandando desprogramar o computador:

P. DJAIR Nós vamos desprogramar tudo para que fique livre.

P. EDMUNDO Nós vamos desprogramar.

TERAPEUTA Você vai acabar com essa corrente de espírito?

P. VALTER Vamos desprogramar, para todos viverem em paz.

P. EDMUNDO Valter, desprograme o computador.

P. DJAIR Vamos desprogramar.

Sra. Kate, no papel do pastor Djair, senta-se em frente ao computador e manda a ordem:

Computador: Desprograme, tire o espírito do pastor, devolva o espírito de Kate para que ela viva em paz.

P. VALTER Desprograme, Djair, desprograme o computador, pegue o espírito e tire tudo.

TERAPEUTA Está preparada?

SRA. KATE (falando para o marido): Vamos viver como amigos, só para nossos filhos.

TERAPEUTA Tire o espírito do pastor Djair de si e o devolva.

SRA. KATE (gritando): Vá embora!!!

TERAPEUTA Mande-o embora, ajude a levar o espírito de volta para o pastor Djair. Coloque-o de volta no computador. Vamos desmanchar tudo isso?

A sra. Kate vai ao computador e o desprograma.

O que a mente fez pode desfazer, o que uma vivência fez uma revivência desfaz. Esse foi o trabalho psicodramático realizado nessa sessão.

Terminada a dramatização, voltamos aos nossos lugares, e iniciamos a terceira etapa da sessão, o compartilhamento e comentários:

sra. kate Eu estava dando aula de educação sexual, era aula sobre o órgão sexual masculino, era o que estava colocando na lousa, mas eu estava acostumada a dar essas aulas de orientação sexual para adolescentes... Eu tenho muitas dificuldades com o meu marido, mas eu vou ficar com ele como amiga, obrigada por tudo.

terapeuta Você estava falando de um tema sexual, que é um tema conflitante, já devia estar preocupada com o assunto. Você fez uma criação, talvez pela dificuldade em conversar com o Hélio, talvez pela culpa de não estar cumprindo com o que você acha que é seu dever como esposa, acho que essas preocupações passaram a atuar dentro de sua mente, alterando seu funcionamento, e você criou esse delírio, e ficou parecendo uma loucura, por isso ninguém acreditava em você. Estava sensível ao tema e achava difícil poder discuti-lo com seu marido, aí reprimiu o assunto, que ficou em sua cabeça de outro modo, isso é a doença.

sra. kate Mas eu vivi tudo isso.

cristina (paciente) Ela foi levada a essa situação, foi uma coisa que ela aguentou mais de dezoito anos.

paulo (paciente) Isso foi um bloqueio emocional dessa situação. É uma autossugestão. O problema fundamental é o sentimental.

terapeuta Você tem algum problema igual na sua vida?

cristina Eu tive também um bloqueio, porque eu tive medo de sofrer de novo.

paulo Eu também sou professor. Para estar na frente passando a matéria você tem que estar preparado muito bem. Inclusive para dar aulas sobre a sexualidade. Até o professor tem uma dificuldade sexual, que ele não se sente muito à vontade. Eu tenho dificuldade para falar disso com meus alunos. Acho que é porque sou homossexual e tenho vergonha.

cristina Ela deparou com um conflito muito grande, mas ela não tinha estrutura para se confortar. Eu me vi muito...

paulo O que eu percebi é que você tenta dar aulas de educação sexual, e você não está muito bem na sua vida. E tem essa coisa da rigidez dos pastores, mas tem também o seu livre-arbítrio e, aí, você não achou um jeito de fazer esse caminho, e criou esse delírio na sua cabeça.

A sra. Kate ouvia atentamente os comentários e falava de seu relacionamento conjugal.

Assim terminou a sessão.

Comentários

Nessa sessão, pode-se perceber como a dramatização mapeou as vivências delirantes da sra. Kate, abrindo espaço para aspectos conflitantes que determinavam sua desorganização interna, levando-a à perda da capacidade de comunicação lógica, revelada por seu delírio. No psicodrama, a trama delirante é interpretada sem qualquer preocupação com a realidade comum. O que vale é o relato vivido no palco, interpretado como uma ficção compreendida e trabalhada no decorrer da dramatização.

A sra. Kate, tomando o papel do pastor, revelou a si mesma e ao grupo aspectos conflitantes de sua relação conjugal, conduzindo a outras cenas que vão desvendando a trama delirante até chegar às cenas reais, com personagens de sua rede vincular. Nas últimas cenas com o marido, fala do cansaço em relação ao casamento e da vergonha e culpa que sente pela falta de desejo sexual. Por fim, retorna à cena inicial, quando pode, ela mesma, desprogramar o computador que construiu, falando consigo mesma e legitimando seus desejos e seu momento de vida. Desprogramar o computador, em sentido metafórico, é desconstruir o delírio e reinventar outra forma de vínculo, atualizado para outro momento de vida.

Sonenreich, Estevão e Silva Filho (1999a) escrevem:

> Condições de fracasso das experiências de vida podem causar colapso da lógica, e esse fracasso das experiências corporais pode ser provocado por alterações do sistema nervoso ou por distúrbios dos processos neurofisiológicos, ou, ainda, por mal uso dos instrumentos, das práticas com as quais procuramos resolver nossas necessidades.

Os conflitos psicológicos dificultam a escolha e consequente tomada de decisões. Sabemos que atitudes concretizadas encerram um circuito (desejo/necessidade/escolha/ação), e que o circuito não encerrado mantém o cérebro constantemente excitado, sem repouso, aprofundando o estado de astenia, que é uma das condições que favorecem o colapso da comunicação lógica, cuja expressão é o delírio.

Em colapso, a pessoa passa a viver em um sistema isolado, sem trocas com o outro e com o mundo. Portanto, sem possibilidade de encontro, de entendimento e de inter-relação adequada. O delirante procura explicações externas para suas vivências pessoais, sensações estranhas e razões para os sintomas fora de sua subjetividade. Utiliza-se de interpretações populares dos fatos, do mundo e dos fenômenos alucinatórios. Para explicar-se, recorre a "verdades" comuns, propagadas por religiões ou pelos meios de comunicação, que influenciam a formação do pensamento e das condutas.

Recentemente, trabalhamos outra paciente no psicodrama, portadora de transtorno delirante persistente. Apresentava um delírio no qual se sentia atingida, na cabeça, por "raios *laser*", e em seu genital, por "raios *man*", que lhe provocavam orgasmos. Para defender-se desses raios, confeccionou uma touca com câmaras de pneus. Colocava-a na cabeça, enrolando pedaços de câmaras em partes do corpo, seios e genitais. E andava assim, sem demonstrar qualquer preocupação quanto ao que poderiam pensar a respeito de sua aparência.

Essa senhora do capacete de borracha mora em uma pequena cidade do interior, dorme muitas vezes fora de casa, na rua, embaixo de pontes, vaga por outras cidades, frequenta delegacias de polícia buscando refúgio e proteção. De nada adiantam os argumentos de sua filha, de policiais, advogados e psiquiatras. Permanece perambulando pelas ruas vestindo uma camiseta na qual escreveu com letras grandes e coloridas seu pedido de socorro. Conta que, na cidade, todos a consideram "louca", mas é por estarem mancomunados na trama de seus perseguidores. Foi internada a pedido de seus familiares para ser tratada, mas não se considera doente, não busca e nem aceita tratamento psiquiátrico. Quer somente proteção policial.

Compareceu certa vez ao grupo de psicodrama, vestida com seu capacete, atraindo a atenção e a curiosidade de todos, que lhe perguntavam e especulavam quanto a seu estranho modo de se vestir e sobre a história fantástica que contava. Ela, sem qualquer crítica, falava dos "raios *laser*" e "*man*" que a atingiam.

Um dos pacientes pediu para ver o capacete, pegou-o, colocou-o na cabeça e, assim, desfilou pela sala entre risadas de todos, inclusive da paciente, que dizia que ele estava ridículo. Logo depois, o capacete lhe foi devolvido e ela o pôs de volta na cabeça, sem nenhuma preocupação com os presentes. Na inversão de papéis e na técnica do espelho, realizadas espontaneamente, pareceu ter percebido seu estado ao ver outro paciente vestindo o capacete. Foi feito um exercício espontâneo, que resultou na consciência da existência do outro e do grupo, condição básica para a reestruturação da comunicação lógica.

A doença evidenciada pelos sintomas sinaliza uma alteração não revelada, mas que diz respeito ao sistema nervoso. O sintoma se constrói com fatos e vivências do indivíduo. É supostamente resultante complexa dessas vivências. Para o esclarecimento, buscamos o caminho de sua formação, ou seja, pesquisamos por meio da dramatização seu *locus*, a matriz e o *status nascendi*. Assim atuamos psicoterapicamente.

O psiquismo é um conjunto de processos que têm origem em uma estrutura que abrange cérebro e cultura. Nesse sistema, os acontecimentos constituem um fenômeno que influencia a fisiologia cerebral de maneira determinante, ocasionando manifestações psíquicas (sintomas). Por isso, comportam uma abordagem psicológica.

O tratamento das alterações funcionais do cérebro é, além de medicamentoso, psicoterápico. As alterações funcionais da pessoa – em relação aos outros – também podem ser corrigidas com psicoterapia: um encontro humano realizado mediante um método (Sonenreich, Bassitt e Estevão, 1982).

"Associar intervenções psicoterapêuticas e biológicas é legítimo e de utilidade provada. A psicoterapia cria situações corretivas para o relacionamento com os outros. Retifica, pela adequação de condutas, as atividades cerebrais, agindo sobre o funcionamento neuronal, sobre sinapses e redes" (Sonenreich, Estevão e Silva Filho, 1999a, p. 193). O psicodrama retifica as atividades cerebrais por meio da criação de situações corretivas para o relacionamento com o outro e da adequação de condutas. Promove, por meio de uma experiência emocional intensa, a reinserção de fatos no psiquismo de maneira integradora, restabelecendo a harmonia psicobiológica.

A catarse psicodramática, para Naffah Neto (1997),

> [...] representa um momento onde ocorre toda uma reorganização do sentido do existir, oriunda da expressão e explicitação de uma estrutura oculta, desconhecida, mas presente – na medida em que persiste modelando a experiência atual – e cuja revelação produz uma nova síntese existencial: desbloqueio da espontaneidade e transformação das relações sujeito-mundo.

Leutz (1985), citado por Kellermann (1998, p. 104), escreve que: "quando se faz que um conflito se torne tangível, concreto e visível, ele se torna dispensável e, assim, a pessoa pode mudar".

O trabalho psicodramático também carrega, por isso, a função de reconstruir a comunicação lógica, restabelecer uma linguagem comum de uma realidade universal, possibilitando a comunicação, o contato e o encontro com o outro.

Sociodrama na enfermaria

Em uma sessão os pacientes reclamavam: da enfermaria, do tratamento, dos médicos e especialmente de uma enfermeira. Diziam que ela era bruta, não tinha amor pela profissão, agressiva, tratando-os piores que animais.

A sessão começa, como sempre, com todos na sala, o entra e sai, alguns sentados em silêncio. No ambiente um burburinho e, no ar, um clima de expectativa. Após um pequeno silêncio, Maria toma a palavra:

MARIA Tenho saudades de meu filho de dez meses.

TERAPEUTA Por que veio para o hospital?

MARIA Eu estava com depressão forte, tentei o suicídio, com uma faca, aí a médica me internou. Estaria melhor se estivesse com o meu filho.

TERAPEUTA A sra. sente segurança em voltar para casa?

MARIA Eu me sinto melhor com a diminuição do remédio. Ficar o dia todo aqui é muito chato, eu prefiro ir para a praia.

Outra paciente, interrompendo:

JOANA Sonhei com você hoje, que você me dava alta!

TERAPEUTA Que sonho bom!

Em seguida, outra paciente prossegue:

LAURA Eu já achava que estava boa, eu queria que suspendesse o eletrochoque, eu escrevi um monte de coisas, eu fui sincera... O sr. já sabe que médico homem eu não posso ter, nessa minha médica eu perdi a confiança. Quem me provoca essa fé é a dra. Adriana, ou o dr. Fábio. Eu pedi para me mudar para a dra. Adriana, se eu não me abrir com a minha médica, com quem eu vou me abrir?

O grupo fica silencioso, então retomamos o aquecimento:

TERAPEUTA E você, José, como está?

JOSÉ Eu sofri ontem um trauma muito sério. A Cacilda me ajudou muito. Eu só vou contar metade desse assunto. A outra parte eu deixo em *off*. Essa médica preferiu acreditar mais na auxiliar do que em mim. Eu não estou acelerado, eu estou deprimido. Eu disse a ela que ela estava agravando o meu estado e que meu cunhado era advogado, e podia até fazer cassação de seu CRM.

LAURA Eu observo tudo se o médico é dado ou fechado. Eu preciso de uma médica tipo Simone ou Adriana. A dra. Cláudia, eu não consigo chegar nela.

JOSÉ Eu acho que falta ética médica. Abrir uma calúnia, como ela abriu ontem, não é correto.

LAURA Na minha família, a maioria morreu de coração. E se eu morrer na mesa do eletrochoque? Eu tenho medo.

TERAPEUTA É feito com todo o cuidado, é um bom tratamento.

LAURA Eu estou com medo de embarcar.

TERAPEUTA Eu estou com dúvidas. O tema é falar dos médicos do hospital? Da enfermaria? Do tratamento? Quem tem queixas?

CLÁUDIO Prefiro falar do hospital, assim tratamos do conjunto.

MANOEL Eu gostaria que a diretora de enfermagem fosse trocada.

TERAPEUTA Quem tem queixa da enfermaria?

MANOEL Eu ainda não fiz o meu *breakfast*.

JOSÉ O meu companheiro de quarto, a médica não veio vê-lo. Eu acho que está faltando ética médica. O dr. Fábio é ótimo e a dra. Angélica também. Eu acho que alguns não fizeram o juramento médico, eu exijo que me tratem como um ser humano. Se todo mundo fosse como a dra. Angélica... Mas largar um paciente que está com ECT (eletrochoque) e deprimido, não sei não...

CACILDA Eu inverto o papel e falei que só vai dar certo se eu fizer o papel de médico. Eu acho que o que devemos discutir e pensar é na questão do medo de ECT da Laura, do problema do José. A gente anda muito junto. Tem outras questões da Lúcia e da Valnice que foram transferidas. Existem algumas coisas que podem ser discutidas. No caso da Lúcia e da Valnice, eu acho que só é possível ficar nesse hospital quando tem uma equipe de apoio bem estruturada. Eu não discuto o tratamento que estou recebendo, a gente sabe que tem profissionais muito bons e outros péssimos. Eu acho que tem coisas para serem melhoradas.

ROBERTO Eu acho que aqui estou sendo muito bem tratado.

CACILDA Eu não acho que estou sendo maltratada. Aqui não é lugar para pacientes agudos, principalmente do sexo feminino.

TERAPEUTA A Lúcia não tem condições de ficar aqui, a enfermaria é mista e ela corre o risco de engravidar.

JOSÉ Acho que os R1 estão ótimos; para os R2, estão indo embora.

LAURA O que eu tenho a dizer sobre o Hospital do Servidor, aqui a gente tem aquela noção de ver. Aqui a gente aprende a conviver com a doença e com o doente, com o paciente. Se o homem e a mulher nasceram para viver juntos, por que não aqui?

TERAPEUTA A Lúcia foi transferida, porque ela corria risco de engravidar. A Valnice disse que iria se atirar pela janela. O que a gente fala para a Laura, que tem transtorno bipolar, é que nós temos concluído que o ECT pode controlar a doença dela. A Laura vai para o ECT com medo, mas não forçada.

JOSÉ O que você me diz do meu amigo?

TERAPEUTA Eu não sei o que se passou com o seu amigo, eu acho que nós estamos discutindo o que dá para ser melhorado. Você tem coisas para dizer, Joana?

JOANA Tenho do passado e também da Leda, enfermeira.

ROBERTO Às vezes eu acho que a ameaça é o melhor remédio. Eu não gosto de tomar injeção.

JOANA A outra vez que eu estava com depressão, as atitudes dos médicos eram um pouco de falta de ética.

JOSÉ Foi o que eu presenciei, ontem, com a Gilda.

LAURA A Gilda não tem educação, ela trata os outros como cachorro, ela fala que vai restringir, amarrar. Todos os pacientes falam mal dessa enfermeira. Ela não tem vocação.

TERAPEUTA Vocês concordam com a Laura?

CLARA Eu fui ajudar a fazer algo e ela gritou comigo. É impossível ser tratada assim.

JOSÉ Vou mandar a minha mãe falar com o dr. Carol.

TERAPEUTA O que vocês acham que podem fazer?

CACILDA Uma carta com vinte, trinta pessoas assinando e mandando para a enfermeira-chefe e a diretoria do hospital.

GRAÇA (paciente internada): Sou enfermeira da Secretaria de Saúde, quando há queixas, não faço nada. Quando tem reclamações, eu somente as classifico.

TERAPEUTA O que você pode fazer, Cacilda?

CACILDA (paciente internada, que trabalha em hospital psiquiátrico): Eu investigo, a gente apura e toma as medidas. E se não conseguir apurar, vira sindicância. Eu queria contribuir, a ideia é contribuir com a discussão. A maioria das coisas foi percebida através da observação, para estar contribuindo para melhorar.

EDNA (enfermeira presente na sessão): Só a conversa adianta, quando não há conversa, não podemos saber das coisas que acontecem na enfermaria.

TERAPEUTA É importante que se faça uma queixa?

EDNA A gente vai levar em consideração e tentar melhorar.

ROBERTO O problema para ela é que tem sempre um nervosinho, mas ela é pior que todas, é mais nervosa que todos os pacientes.

GRAÇA Como que uma médica chefia uma estrutura? A Gilda obedece a quem?

DORA Aqui está parecendo a novela *Torre de Babel*.

PACIENTE Eu sou a Angela (personagem dessa novela).

ROBERTO Prazer, eu sou Clementino.

TERAPEUTA Eu acho que, se vocês quiserem ter uma força, vocês devem efetivar esse protesto. Não adianta reclamar se não fizerem de sua reclamação uma coisa efetiva. O que me preocupa é ficar em uma reclamação que vai cair no vazio. Aí dificilmente conseguiremos agir em situações que estejam causando um mal-estar.

GERALDA Eu acho que é uma coisa individual, eu fui bem tratada.

JORGE Eu acho que temos que nos unir.

A sessão termina com os pacientes se organizando para fazer uma carta, com as diversas queixas apresentadas na sessão, solicitando condições melhores para a enfermaria. Na semana seguinte, em outra sessão, mostram a seguinte carta, escrita e assinada pelos pacientes da enfermaria, entregue à diretora da enfermaria e à chefe de enfermagem:

> *São Paulo, 14 de janeiro de 1999*
> *Gilka*
> *Prezada*
> *Conforme discutido no Psicodrama de 13.1.99, nós abaixo-assinados vimos solicitar providências administrativas com relação ao exposto a seguir:*
>
> *O hospital tem oferecido um serviço de boa qualidade, onde nós, pacientes da Enfermaria de Psiquiatria, manifestamos nossa satisfação.*
>
> *Como se sabe, um dos importantes aspectos no tratamento é a sua relação inter--humana, no caso, principalmente, a relação dos pacientes com os profissionais do serviço.*
>
> *Neste sentido, estamos manifestando nosso descontentamento em relação a Gilda, auxiliar de enfermagem, na forma de tratamento para com os pacientes: agressividade verbal, autoritarismo, intransigência, incompreensão, causando muitas vezes constrangimentos ou outros tipos de problemas, o que com certeza, não é proposta da Instituição.*

Alguns de nós, embora não tivéssemos sofrido tal tipo de destrato, estamos demonstrando nossa solidariedade e apoio principalmente em prol dos que não estão em condições de defesa no momento.

Salientamos que o restante do corpo de enfermagem, com raríssimas ressalvas, apresenta um alto nível de qualidade, auxiliando-nos diretamente em nossa recuperação.

Diante do exposto, aguardamos providências.

Respeitosamente

Pacientes da Psiquiatria

(Assinado por 13 pacientes.)

Com essa carta-reclamação, a auxiliar de enfermagem foi transferida para outra clínica do HSPE e a diretora da enfermaria reuniu-se com eles para ouvir as reclamações.

Comentários

Nessa sessão, realizada na forma de sociodrama, trabalhou-se com uma realidade objetiva e, por meio de uma ação terapêutica efetiva, o grupo tornou-se pragmático.

O sociodrama aborda questões gerais que dizem respeito às pessoas do grupo. Essa abordagem possibilita o exercício criativo e efetivo dos vários papéis sociais. Para Yalom (1983), o aqui-agora grupal facilita o desenvolvimento de habilidades sociais. O grupo ainda incrementa a coesão e estimula condutas altruístas.

A importância dessa sessão foi mostrar aos pacientes que eles podem gerir suas vidas e que, em uma interação maior, podem adquirir força para ajudar a alcançar objetivos, o que, por sua vez, aumenta a autoestima, promove organização interna e aprimora o pragmatismo. É importante reforçar o exercício da cidadania, muitas vezes perdido com a doença mental, pois há um estigma de que tudo o que o doente mental fala "é coisa de louco", e o paciente acaba se conformando com a situação. Correa (1998) afirma que, no hospital psiquiátrico, há uma hierarquia de poder em que o louco ocupa sempre o último lugar.

Goffman (1961), criticando o hospital psiquiátrico, denuncia que o doente, quando internado, é despojado de sua liberdade, de seus objetos, do controle de seu tempo, de seu corpo, das informações que concernem a seu destino, de suas relações na comunidade, além de seus atos e pontos de vista serem desconsiderados, invalidados e menosprezados em seu sentido. Suas afirmações sobre a identidade são desqualificadas. Atualmente, há uma preocupação maior em alguns hospitais psiquiátricos, para respeitar o doente como pessoa, restringindo sua liberdade somente em função da própria proteção (risco de suicídio) ou dos outros, principalmente quando o paciente apresenta-se descontroladamente agressivo.

O hospital psiquiátrico moderno não é comparável a instituições asilares, onde o paciente não tinha qualquer direito, limitava-se a obedecer e seguir normas, muitas vezes ditadas arbitrariamente.

O bom hospital psiquiátrico é composto de uma equipe interdisciplinar, com coerência de pensamento e voltada ao tratamento do doente mental. Não é admissível compactuar com posturas e condutas ditatoriais, motivadas por questões emocionais dos membros da equipe de tratamento ou por uma obsessiva necessidade em manter a disciplina. Há que se ter tolerância para trabalhar e conviver com o doente mental. Nesse sentido, o grupo exerce uma função importante no ambiente da enfermaria, funcionando como um fórum permanente de debates a respeito do tratamento. No grupo, acontece uma exposição não só do paciente, mas de toda a equipe de tratamento.

O paciente deve ser estimulado a acreditar que pode ser um agente de mudanças na estrutura em que vive e em seu próprio mundo, e que deve lutar para ser respeitado.

Essa sessão demonstrou como o sentido de coesão grupal pode trazer benefícios. Trabalhar com questões reais, no aqui-agora, agir dentro da realidade tem função terapêutica. O aqui-agora do grupo é estendido para o aqui-agora das circunstâncias de vida dos pacientes (Mackenzie, 1997).

Psicodrama: interação entre paciente catatônico e deprimido

Em uma sessão de psicodrama, passada a etapa de aquecimento, já na dramatização, um paciente deprimido representava, no palco, a sua vida antes da doença e depois dela. Fez essa demarcação, das duas fases, por meio de um muro, construído com os terapeutas auxiliares, lado a lado, unidos pelo entrelaçamento dos braços. Quando veio a doença, fez-se o muro, e o mundo ficou dividido em dois. Em um dos lados, a vida plena, com dinheiro, mulheres, prazeres, amigos e disposição para tudo. Do outro lado estava a depressão, o vazio, o tudo devastado.

Na cena, colocou-se do lado da depressão. Em solilóquio disse que o muro era tão alto que nem parecia existir outro lado. Esse lado pesado, escuro e devastado era o todo. Não vislumbrava e até esqueceu-se de que havia outro lado.

Seguia dizendo que havia muitos anos estava assim, desesperançoso, sempre desanimado e sem coragem para nada. O muro representava sua doença.

No jogo de cenas, desconstruímos o muro e pedimos que nomeasse alguns dos tijolos (representados pelos EAs) que o compunham: dificuldade no emprego, falta de dinheiro, reprovação na faculdade, briga com a companheira e uma série de fracassos e perdas. Pedimos que tomasse o lugar de cada um dos tijolos e, no jogo de papéis, entrevistamos cada um dos tijolos, para tomar contato com vários aspectos de sua vida (profissional, financeiro, afetivo, familiar) e de suas habilidades sociais. Como resultado dos fracassos, foi-se afastando de tudo e de todos, vivia isolado, quieto, desanimado, triste e sem esperança.

O grupo, atento, acompanhava a dramatização. Em pé, encostado à parede, encontrava-se um paciente internado havia uma semana. Desde que chegou ao hospital não se comunicava, não se alimentava, mostrava-se negativista, permanecia longo tempo em pé, imóvel, em estado de catatonia.

Durante o jogo de cenas desse psicodrama, o protagonista concluía que só resgataria o ânimo do passado se enfrentasse aquela barreira, se derrubasse o muro, recuperasse o que havia perdido e misturasse os lados. Fez várias tentativas para derrubá-lo, lançando-se sem muito ânimo em cima do muro: logo desistia à menor resistência dos EAs que representavam os tijolos.

O grupo, aflito, incentivava-o aos gritos, mas o paciente não aplicava força e logo desistia. Até que, em determinado momento, o paciente catatônico foi para o centro do cenário e, ensaiando passos de capoeira, investiu em direção ao muro. O paciente deprimido, incentivado pelo catatônico, passou a usar mais força, empurrando os EAs e desfazendo a barreira, com os gritos de incentivo e aplausos do grupo. Terminada a dramatização, o paciente não se apresentava mais catatônico e o deprimido parecia mais energizado.

Comentários

Kellermann (1998) enfatiza que o desenvolvimento da catarse, por parte do protagonista, é um importante fator de cura no ambiente terapêutico. Cita que Polansky e Harkins impressionaram-se tanto pela utilização positiva da dramatização para a descarga afetiva, que começaram a especular o psicodrama como o meio específico para o tratamento da inibição afetiva.

A catarse pode ser definida como uma experiência de libertação, que ocorre quando um estado de imobilização interior de longa duração encontra seu escoadouro por meio da ação. Essa liberação não é curativa em si, mas, quando combinada com outros fatores, como o compartilhamento de experiências com o grupo, pode provocar mudanças. Para que a catarse tenha um efeito duradouro, ou seja, de mudança, os protagonistas devem tanto compreender seus sentimentos como sentir o que compreenderam (Kellermann, 1998).

Essa sessão atuou nos pacientes mobilizando energias que estavam inibidas por excesso de estímulos desorganizadores em suas mentes. É sabido que, uma vez promovida essa organização de estímulos, a catatonia remite. É também conhecida a remissão da catatonia por meio da catarse de "ab-reação" promovida pela narcoanálise ou por métodos de relaxamento.

A sessão mostrou como a dramatização, o "fazer psicodramático" tem efeito tanto no protagonista como nos integrantes do grupo, que, acompanhando a interação do terapeuta com o protagonista, identifica-se, mobiliza-se e pode conseguir uma observação crítica da realidade. O sujeito humaniza-se por meio da interação com o outro, a interação institui o sujeito e suas relações.

Atribuímos o resultado final a alguns fatores: a identificação de sintomas, a mobilização emocional, a interação entre os integrantes do grupo e a catarse que reduz a pressão emocional, com liberação de afetos acumulados.

Psicodrama com tema protagônico com dependentes de substâncias psicoativas

O grupo, na etapa de aquecimento, fala de comportamentos compulsivos, como beber, comer e consumir drogas exageradamente. Predominavam, na enfermaria, pacientes dependentes de substâncias psicoativas (cocaína, álcool, anfetaminas, maconha). Particularmente, uma paciente portadora de transtorno obsessivo-compulsivo (TOC) a todos impressionava, pois apresentava várias falhas no couro cabeludo devido a um quadro de tricotilomania (arrancava e comia os cabelos). Foi internada na psiquiatria após cirurgia para remoção de um tumor tipo tricobezoar – formado pela quantidade de cabelos ingeridos e não digeridos presentes no estômago.

Na etapa de aquecimento, o tema predominante era a dificuldade de controlar impulsos, seja para consumo de drogas, álcool, comida, ou para outros comportamentos que poderiam causar algum mal, como cutucar a pele com agulha, beliscar os braços, arrancar cabelos etc.

JAIRO Queria agradecer ter saído das drogas. Com a cocaína eu ficava reformando um quarto, pintando a parede, passava todo o tempo em casa, cheirando cocaína e pintando a parede. Deu para reformar a minha casa toda. Eu já tinha até esquecido a minha família. Passei quase todo o semestre nessa casa, eu entro nessa angústia e não consigo parar, fico cheirando cocaína e pintando parede. Eu vou agora tentar me relacionar com minha família. Eu tenho medo desse rótulo, de pai viciado. Eu me sinto naquele filme: *Um estranho no ninho*. A minha preocupação é não ter esse rótulo de viciado.

TERAPEUTA Como você pensa fazer?

JAIRO Penso levar comigo os meus filhos em todos os lugares que eu for.

TERAPEUTA Você tem preocupação quando sair daqui, que as pessoas saibam que você está internado por drogas?

NELSON (outro paciente dependente de drogas): É, todo mundo saber é horrível.

JAIRO Todo mundo saber é horrível, um tropeço que eu der é um rótulo.

TERAPEUTA Se ninguém soubesse, você continuaria usando?

JAIRO Eu pedi para a minha mulher para me deixar viajar, fora da cidade, mas não pude. Antes de vir para cá eu fiquei na clínica Travessia. Eu estou há 43 dias fora de casa. Eu percebi através dessa distância o quanto foi importante, eu quero sair e ficar com os meus filhos.

TERAPEUTA Você acha a droga boa? (perguntando a Nelson)

NELSON Por um lado sim; por outro, não.

AUGUSTO Tem um lado do momento que você sente aquele prazer, depois você sente uma depressão. Eu já experimentei de tudo.

TERAPEUTA Qual dá mais sensação?

AUGUSTO Para mim foi cocaína, você fica mais ativo, mas depois dá uma depressão. Na hora você se sente feliz; na verdade, é infelicidade.

CECÍLIA Eu estou internada aqui, mas não é por problema de cocaína. Eu tenho vício é de comer cabelo. Eu sinto prazer em comer cabelo, depois de alguns minutos não é mais prazer.

TERAPEUTA O que você sente?

CECÍLIA Deu um bolo no estômago. Eu já fiz uma cirurgia para tirar o bolo de cabelo do estômago, agora estou fazendo tratamento psiquiátrico.

AUGUSTO Quando a gente cheira a cocaína ela vai dentro do cérebro, eu ficava elétrico, mas depois bate a depressão.

As pessoas do grupo mostram grande interesse pelo tema, o que abre as portas para a realização de um psicodrama com a intenção de aprofundar e tornar mais viva a abordagem do tema.

TERAPEUTA Augusto, vamos ver o que acontece quando você cheira? Vamos fazer uma dramatização? Comece nos mostrando como adquire a cocaína. Vocês querem ajudar?

Augusto pede ajuda para os outros três pacientes dependentes de cocaína.

TERAPEUTA Vá comprar a cocaína. Vá conversando com você mesmo, com seus botões. (técnica do solilóquio)

AUGUSTO Você corre para pegar. (dirigindo-se a Jairo)

JAIRO Agora já peguei e está no meu bolso, estou fissurado, só pensando em cheirar.

TERAPEUTA Você só pensa no que está no bolso? Que poder tem sobre você o que está segurando? Vamos decompor este pó, vamos ver que poderes ele tem?

AUGUSTO Euforia.

JAIRO Energia. Eu tenho uma noite inteira para ficar acordado, para ficar acelerado, com muita energia.

AUGUSTO Você tem muitas ideias e uma percepção mais aguçada.

TEREZA Será a paranoia?

AUGUSTO A energia, a paranoia e o medo, a perseguição, têm o prazer momentâneo.

CECÍLIA É parecido com meu jeito de comer cabelo, na hora parece que meu cabelo vai me fazer bem. Na hora eu não penso, eu faço, bate o sistema nervoso, é um impulso, e eu como o meu próprio cabelo, e eu não consigo ir contra essa vontade, e olha que o gosto é ruim, sem graça, acho que acostumei.

TERAPEUTA O seu é impulso e o dele é prazer?

AUGUSTO Eu cheiro por vontade.

TERAPEUTA Como você come o cabelo?

CECÍLIA Eu puxo por debaixo, eu engulo por inteiro, na hora isto me faz bem.

TERAPEUTA Que bem que te faz?

CECÍLIA É uma angústia, parece que alivia.

Um ego-auxiliar da equipe passa a representar Cecília. Utilizo aqui a técnica do espelho, para que Cecília observe sua conduta.

TERAPEUTA Qual o sinal que ela tem para começar a ter o impulso de comer cabelo?

CECÍLIA Os olhos, uma expressão muito dura, ela não gosta das pessoas.

TERAPEUTA Onde ela sente alguma coisa?

CECÍLIA Está tudo dentro da cabeça dela, é o cérebro inteiro.

Peço a Cecília que mostre como essa sensação age nela. Coloca as mãos sobre a cabeça do ego-auxiliar e vai girando as mãos por todo o cabelo, desmanchando-o (técnica da concretização).

TERAPEUTA Acontece assim na sua cabeça?

CECÍLIA Eu estou sentindo um prazer muito grande.

TERAPEUTA Vamos ver o Augusto. Como é que você cheira? Você pode mostrar para todo mundo?

AUGUSTO Esquento bem o prato, acendo o fogo e vou colocando a chama debaixo do prato e quando tiver mais ou menos quente, amasso o pó com uma colher e estico umas carreiras.

TERAPEUTA Vá pensando alto. (solilóquio)

AUGUSTO (pensando alto) Eu vou amassar, aí eu pego uma gilete ou cartão, faço umas seis carreiras, aí eu pego, eu uso.

TERAPEUTA O que você quer com isso que vai cheirar?

AUGUSTO Eu não sei direito, acho que me sentir mais motivado, mais alegre.

TERAPEUTA E você, como faz, Jairo?

JAIRO Eu ponho dentro do jornal, eu falo o que eu tenho que fazer, para mim mesmo, assim eu me dou tarefas, para não cheirar e ficar à toa, aí eu jogo a cocaína no papel de jornal e cheiro.

TERAPEUTA Pense alto, enquanto vai cheirando.

JAIRO Eu tenho que reformar a casa, que tem três quartos e três salas. Eu estou em uma das dependências, dá para "mim" rebocar, depois passar a massa, aí eu pego a cocaína...

TERAPEUTA O que você vai querer quando puser o pó dentro de você?

JAIRO Eu quero a energia de fazer tudo muito rápido.

AUGUSTO Coisa de um minuto ele vai ficar elétrico, eu acho que cada pessoa tem uma reação.

JAIRO Eu já vou pegar no trabalho, já vou lixar.

AUGUSTO Você sente no organismo uma coisa física, uma energia, um medo, uma paranoia...

Solicito a alguns membros do grupo, como egos-auxiliares, que representem cada uma das sensações: a energia, o medo, a paranoia. Tereza representa a paranoia. Ela vai atrás de Augusto, caminha rente a seu corpo sendo a paranoia e falando perto de seus ouvidos.

TEREZA Passou um carro, vamos andando, andando, pode ser um estuprador.

TERAPEUTA (solicitando ao EAs para provocarem as sensações descritas por Augusto): Vá empurrando, vá dando energia, vá dando medo, vá causando nele as sensações.

AUGUSTO Tão querendo me matar, olha os caras aí, mano, olha os caras olhando.

AUGUSTO (saindo do papel) Quando dá essa paranoia, eu fico todo escondido, dá uma depressão.

TERAPEUTA E isso passa logo?

AUGUSTO Se tomar umas três doses de bebida, conhaque, começa a melhorar. Mas isso só melhora mesmo se eu cheirar de novo.

TERAPEUTA Vá lá, cheira de novo.

JAIRO (no papel de medo) Vai mano, vai mano, olha os caras...

AUGUSTO Cheirei, agora o medo vai logo embora...

JAIRO (no papel de medo) Vai mano, vai mano olha os caras...

AUGUSTO Vou lá no bar e tomo, meu coração fica a mil, vou lá e cheiro tudo de novo.

JAIRO (no papel de medo) Vai lá mano olha os caras. Olha os caras...

AUGUSTO Está passando outra vez todo o efeito, volta a sensação de medo e a paranoia. Vou cheirar de novo.

O medo e a paranoia aparecem novamente, personificados pelos egos-auxiliares.

JAIRO (no papel de medo) Cuidado mano, cuidado olha os caras...

AUGUSTO O coração está a mil. Coração está batendo forte, batendo, batendo.

Um terapeuta auxiliar faz o papel da taquicardia, bate no peito de Augusto. As outras sensações de medo e paranoia falam ao mesmo tempo em seus ouvidos.

É tudo confuso e aflitivo. O grupo atento acompanha a dramatização, por vezes até interferindo na cena.

TERAPEUTA O que você está achando de sua vida?

AUGUSTO Estou acabando com ela.

TERAPEUTA Jairo, essa também é sua vida, tem lugar para alguém? Onde entram sua mulher e sua família?

AUGUSTO Só entra traficante, só tem lugar para ele. Eu vendo, eu troco o som, o vídeo, a pessoa rouba, faço qualquer coisa pela droga.

TERAPEUTA Você não vive sem isso?

JAIRO A gente rouba para ter a droga.

TERAPEUTA Como dá para se libertar disso?

AUGUSTO Muita fé, muita força de vontade. Minha mãe sempre me falava que queria me internar. Eu escutava até bicho falando, vozes na cabeça.

TERAPEUTA Você estava tendo alucinações?

AUGUSTO A pessoa que estava do meu lado quieta, eu pensava que a pessoa estava falando.

TERAPEUTA Você confundiu tudo, você tinha enlouquecido. O que você quer colocar em você? Fale para você.

Coloco Jairo no papel de Augusto.

AUGUSTO Augusto você precisa sair dessa.

JAIRO (no papel de Augusto) Eu já estou no fundo do poço, foda-se.

AUGUSTO Você pode sair de casa, largar essa merda. Você vai ver o que você fez até agora, as coisas mais importantes são as crianças. Você largou tudo, gastou o dinheiro do leite das crianças, quando o meu tesão são as minhas crianças.

JAIRO O importante é o meu filho. Eu não quero mais você (a droga).

TERAPEUTA (dirigindo-se a outro paciente, dependente de drogas, muito atento à dramatização) Fábio, você quer sair disso?

FÁBIO Aí mano, acabou, você tem que acabar, mas tem os outros. Eu estou a fim de sair. Aí mano, acabou, você tem de sair, eu tenho certeza que eu não vou mais precisar, eu vou curtir...

Terminada a dramatização, os pacientes mobilizados compartilham experiências.

TERAPEUTA Você acha que tem de sair?

FÁBIO Tem várias vantagens...

TERAPEUTA Quais são as vantagens?

FÁBIO O mundo, as mulheres, os filhos...

TERAPEUTA Você acha que a droga prende?

JAIRO Meu problema são os momentos em que eu uso droga, você tem de manter o cronograma, você tem de ter os objetivos, em parte da própria saúde, mais vale dinheiro no bolso do que droga na cabeça.

CECÍLIA Tenta se controlar, pois isso só vai fazer mal para você.

TERAPEUTA Cecília, o que precisa para se controlar? Coloque dentro de você o que você precisa.

CECÍLIA De carinho. Acho que é a sensação de solidão e angústia que me dá o impulso de comer cabelo.

TERAPEUTA Quer comentar, Augusto?

AUGUSTO Isso é todo o processo da cocaína.

TEREZA A rotina é importante, eu fico impotente quando tenho a paranoia...

AUGUSTO Tem ocasiões em que eu fico querendo comprar tudo. Eu comprava muita cocaína e depois ficava paranoico. Às vezes pegava dois quilos e, depois de um tempo, eu estou sem grana. A paranoia é o excesso do gasto, depois, eu fico me autopunindo, eu tenho náuseas, eu tenho dores. Eu estou fazendo terapia, mas não estou tendo muito sucesso. Outro dia eu cheirei e depois tomei comprimidos. Foi o ápice a que cheguei. A revolta me faz sentir muito mal. Eu nunca me conformei com essa situação. A maioria dos jovens que vi morrer estavam nessa, morreram ou de *overdose*, ou foram assassinados, ou pegaram AIDS, eu mesmo me contaminei com o vírus HIV, essa situação que eu estava simulando é que me deprime.

JAIRO Eu me senti fazendo papel de bobo, foi um papel de palhaço, foi uma situação ridícula. Eu me sinto um fantoche dominado pela droga.

AUGUSTO Para mim a cocaína está nos bastidores.

JAIRO Eu estou curado eu não quero mais usar drogas, eu quero fazer as pazes comigo, espero que a sociedade me aceite.

CECÍLIA Estou vendo que no momento em que o pessoal está tomando drogas, a primeira coisa é tentar esconder das pessoas. Eu também tenho que estar sozinha para comer o cabelo, eu tenho um sintoma, quando eu vou dormir, fico muito aflita, eu sei de todos os sintomas que tenho, só não sei como evitar o pânico.

Comentários

Todo tratamento tem de ser baseado em uma teoria sobre o mecanismo pelo qual se estabelece a doença e determina o modo de existência do indivíduo. Sonenreich e Estevão (2007) propõem uma teoria que compartilhamos e norteia nossa conduta.

No sistema nervoso, as sensações de prazer são moduladas pelo sistema límbico e pelo sistema de recompensa. As dependências químicas estão relacionadas à forte ação de diversas substâncias nessas vias, e os traços deixados por essas ações são de difícil apagamento. O sistema de recompensa passa a gerar secundariamente uma intensa "fissura" quando a droga está ausente, levando a uma busca quase desesperada por ela. O indivíduo só pensa nisso e sua maneira de viver é dirigida pela droga, ocasionando prejuízos sociais, físicos e psíquicos.

Sabemos que experiências de vida modificam o desenvolvimento, a organização, a estrutura e o funcionamento do sistema nervoso. O alcoolismo e a toxicomania constituem um modo de viver, caracterizando as relações do indivíduo com o outro, assim como suas atividades e experiências.

Uma das dificuldades no tratamento psicoterápico do dependente de drogas é a de que ele não conhece uma verdade consistente e persistente, muda de opinião com a maior facilidade, assim como muda sua versão de fatos. Parece não imaginar que a verdade existe e que é consistente para seu interlocutor. Essa forma volúvel de ser e de se comunicar se deve à alteração da percepção da realidade e do mundo pelo efeito das drogas. O mundo é um com as drogas e, sem elas, é outro. Parece ser essa a experiência vivida pelo toxicômano: "posso alterar, imediata e voluntariamente não o mundo, mas o efeito que ele tem sobre mim" (Sonenreich, Estevão e Silva Filho,1999).

O usuário de drogas é imediatista, seu tempo vivido é fragmentado. Vive no presente, sem maior participação do passado e do futuro, mente descaradamente, não tem consideração pela verdade do outro. O uso prolongado de drogas determina o modo de viver e de se relacionar com o outro.

Sonenreich, Estevão e Silva Filho (1998) enfatizam que há consenso, entre psiquiatras, de que a psicoterapia é fundamental para o tratamento do dependente de drogas, pois proporciona um relacionamento mais saudável com o outro e com o mundo, além de reformular a postura clássica do dependente: "não consigo controlar meus impulsos nem minhas angústias, assim como não consigo determinar minhas condutas".

Na psicoterapia de grupo, a verdade do outro é fortemente presente, por isso a "verdade" está confrontada a todo momento. No grupo, o outro se faz sempre presente, aspecto fundamental no tratamento do usuário de drogas.

Essa sessão possibilitou aos protagonistas a oportunidade de que analisassem, na relação com o outro, seu comportamento e tivessem a possibilidade de ampliar a possibilidade de escolhas e ação prática.

O grupo pode ajudar a desenvolver a crítica quanto à dependência de drogas, e sabemos o quanto é difícil modificar a maneira de viver tão arraigada no dependente. É necessário um programa de tratamento sem tempo determinado. Nessa sessão, por meio da dramatização, com um conteúdo emocional forte, esperamos ter conseguido inscrever no psiquismo desses protagonistas uma necessidade de mudança. Uma vivência forte funciona como verdade, inscrita fortemente no indivíduo.

A força terapêutica do grupo também está na coesão, no trabalhar junto e na interação durante as diversas etapas da sessão de psicodrama. A psicoterapia de grupo traz a possibilidade de cada participante funcionar como agente terapêutico do outro, o que causa uma impressão de ser útil, traduzindo uma sensação de força, de poder e de existência para quem se encontra incapacitado e desabilitado. Nesse sentido, o grupo representa a experiência de resgate da força de si mesmo e do grupo como elemento terapêutico.

O paciente dependente, quando internado, "permite" que se estabeleça uma relação terapêutica, pois, nesse momento, encontra-se intoxicado e com as consequências físicas e psíquicas decorrentes do uso prolongado da droga. Mais fragilizado, talvez menos prepotente com suas "verdades", temos a oportunidade de abrir um acesso para discutir sua relação consigo mesmo, com o mundo, e até mesmo com a droga.

Nessa sessão, em que predominavam dependentes de substâncias psicoativas, a identificação entre eles proporcionou o diálogo franco em relação às drogas, o compartilhamento de experiências e a constatação dos prejuízos causados por elas. A dramatização parece ter causado um efeito nos participantes, que, unidos pelo mesmo problema, discutiram alternativas de solução.

Sonenreich, Estevão e Silva Filho (1998) afirmam que para entender e tratar as manifestações decorrentes de abuso de drogas e álcool deve-se conceber uma estrutura psíquica do paciente, caracterizada pela fórmula: "não consigo controlar o impulso de consumir a droga". O objetivo do encontro psicoterápico é limitar o campo dessa negação, ampliar os recursos do paciente para realizar seus objetivos e, por fim, encontrar o outro.

Nosso objetivo não foi tornar conscientes as relações entre sintomas e supostos dinamismos intrapsíquicos que conduziram às drogas, mas estimular um processo crítico, construído pela vivência no aqui-agora e no compartilhamento de problemas relacionados ao uso constante da droga.

Partimos da premissa: um conflito insuperável entre o modo de viver e os próprios projetos pode se tornar insuportável, e a dependência aparecer como uma espécie de justificativa, tirando a responsabilidade do indivíduo. A dependência da droga pode ser interpretada como uma prova do "não consigo"; não consigo resistir ao impulso de usar a droga, não consigo aguentar o mal-estar, a angústia, a carência. O psicodrama, na medida em que estimula a relação com o outro, pode criar uma situação que restrinja o campo do não consigo à sua extensão autêntica, natural, produzindo uma sensação de potência. A essência da psicoterapia é a procura do outro: descobrir pela experiência vivida como transmitir e obter do outro o que deseja. Um os objetivos do psicodrama e das psicoterapias de grupo é estimular contatos mais adequados com o outro e com a realidade, construindo relações mais satisfatórias, baseadas na ampliação do campo de escolhas próprias e da responsabilidade.

É claro que não acreditamos em uma solução mágica para esse grave problema. O indivíduo dependente de substâncias psicoativas; após a alta hospitalar, deve ser encaminhado a um programa de tratamento com intervenções em diversos níveis (familiar, medicamentoso, psicoterápico, social), que o seguirá ao longo de um tempo estendido.

Nessa internação, além da desintoxicação, esses pacientes tiveram a oportunidade de trabalhar psicodramaticamente os problemas causados pelo uso de droga, assim como os prejuízos nascidos em função dessa dependência.

Psicodrama em grupo com predomínio de pacientes portadores de distúrbio bipolar (em mania)

Temos outra sessão, em que predominam pacientes em fase maníaca. O início é completamente caótico. No aquecimento, por meio de procedimentos diretivos, o grupo se estrutura para permitir a realização de um psicodrama com protagonista. Esse psicodrama ajudou a organizar os pacientes mais agitados e acelerados, assim como os desagregados.

O grupo apresenta-se muito inquieto desde o início da sessão. Ivana, paciente portadora de transtorno bipolar, em fase maníaca, toma conta da sessão, fala alto, de maneira acelerada, não dando qualquer importância a observações que o grupo faz sobre seu comportamento, emenda um assunto a outro, comandada pela associação arborizada de pensamentos que a levam à fuga de ideias. É interpelada, de forma irritada, por Áurea, internada com quadro de distúrbio *borderline* de personalidade.

IVANA Eu estou bem. Estou preocupada, com medo de que minha cunhada queira tomar minha parte no inventário. Minha prima e eu fomos procurar um advogado.

ÁUREA Eu orientei você para não passar procuração para o advogado; ele tinha escrito que você abriria mão da herança.

IVANA Eu renunciei à herança. Os advogados podem tomar a herança... (diz tentando se explicar, falando de maneira acelerada e confusa)

ÁUREA Eu fiz um rascunho de um requerimento para ela entrar no Ministério Público.

IVANA Eu fui a um advogado com minha prima...

ÁUREA Quantas vezes você acha que eu vou fazer um favor para você? Que falta de respeito; você não sabe onde está a procuração que eu fiz para você? (grita exaltada)

O grupo não se mostra interessado nesse diálogo, várias pessoas falam ao mesmo tempo, os participantes ficam impacientes e alguns, agitados. Dizemos ao grupo:

TERAPEUTA Todo mundo quer falar hoje.

IVANA Eu pedi licença para falar.

JOÃO Aleluia!

Alguns pacientes entram e saem da sala, outros se levantam e ficam trocando de lugar. Falam ao mesmo tempo, cantam, gritam. Não há grupo, e sim um agrupamento de pessoas desorganizadas, resultando em um clima caótico. Isso requer uma condução essencialmente diretiva, pois, caso contrário, a sessão não resultará em nada e o clima de exaltação na enfermaria só aumenta.

O terapeuta fala muito alto, quase gritando.

TERAPEUTA Escuta, gente! Vamos ficar um pouco quietos! Não estamos conseguindo fazer grupo. Está todo mundo acelerado, tem muita gente agitada. Como a gente faz?

JOÃO Posso sugerir? O senhor fala para essa sujeita calar a boca! O senhor é o chefe, põe ordem aqui. Manda a sujeita (Áurea) do Tribunal das Prostitutas calar a boca. Eu não estou brigando.

IVANA (sem se importar com as intervenções): O advogado do inventário dos meus pais e do meu irmão já está contratado; meu advogado vai ter que se aliar ao dela (da cunhada).

ÁUREA Vocês podem dar entrada no Ministério Público...

Ivana e Áurea retornam ao diálogo anterior, sem se importar com a agitação do grupo, que permanece desorganizado. Continuamos a conduzir de maneira diretiva:

TERAPEUTA Hoje, nós vamos dramatizar. Vamos nos organizar.

IVANA O João deu uma aula de vida na terapia ocupacional.

JOÃO Nós falamos sobre a ciência.

TERAPEUTA Hoje eu vou dirigir um psicodrama. Ninguém aguenta mais essa desorganização.

O grupo ignora a observação e continua falando da mesma maneira.

RAIMUNDA Uma colega nossa contou um problema, de disco voador, ela teve uma visão.

IVANA (levantando-se): Eu que mostro com o dedo, eu vejo.

Continuamos a dirigir de forma bastante diretiva.

TERAPEUTA Com quem a gente trabalha?

A palavra é dirigida a Palmira, uma paciente que se mostrava muito irritada.

TERAPEUTA Vamos trabalhar com você?

PALMIRA Eu não aguento ficar aqui. (diz, saindo da sala)

TERAPEUTA Eu vou fazer a escolha. Sandra, você quer trabalhar seu problema hoje?

Sandra, uma paciente internada com quadro de amnésia dissociativa, é uma pessoa que desperta a simpatia da maioria dos pacientes. É prestativa e carinhosa com todos. Está na sala, quieta, observando o grupo. Por estar mais organizada e calma, e já haver demonstrado interesse em ser trabalhada no psicodrama da semana anterior, é convidada para ser a protagonista:

TERAPEUTA Conte-nos o que foi que aconteceu com você.

SANDRA Eu toco oboé em uma orquestra; meus professores me disseram que eu estava me esquecendo como ler partitura. Eu sou da Banda Sinfônica da Orquestra. Não estava mais conseguindo participar dos ensaios, esqueci como lia as partituras, coisa que sempre fiz, apesar de apresentar dificuldades quando a partitura era mais complicada. Nós temos um maestro...

O grupo mostra interesse pela história de Sandra, todos ficam mais calmos e atentos. A organização se estabelece com o relato. Na etapa de aquecimento específico do protagonista, já pronto para a realização da dramatização, o grupo encontra-se mais atento e preparado.

TERAPEUTA Vamos montar uma cena.

Sandra escolhe a cena do ensaio da orquestra.

TERAPEUTA Escolha alguém para ser o maestro.

SANDRA O Felipe. (residente) Na orquestra temos as flautas transversais; os oboístas; os clarinetistas aqui (aponta já montando o cenário), atrás os saxofonistas; os trombonistas, a percussão.

Monta a orquestra no cenário, e alguns pacientes são escolhidos para o papel dos músicos.

TERAPEUTA Todo mundo vai enxergá-la tocando seu oboé.

SANDRA (já na cena): Tiro da caixa; monto; afino. Preciso me concentrar no meu solo; essa semana tenho uma grande responsabilidade: vou tocar meu solo. Ih! Me esqueci da música!

TERAPEUTA Tente cantarolar a melodia.

Sandra começa a cantarolar. Alguém na plateia bate palmas.

TERAPEUTA É um solo importante para você? O que você sente?

Sandra está emocionada, com lágrimas nos olhos, quase chorando.

TERAPEUTA Vou escolher alguém para colocar em seu lugar.

O escolhido é Herculano, que toma o lugar na orquestra, tocando o oboé.

Utilizando a técnica do espelho, Sandra se vê na orquestra. É solicitado solilóquio e, conforme ela fala, vai despertando em sua memória histórias ligadas a esse fato. A partir daí, várias cenas são montadas.

Cena 1

A primeira, mais atual, é ela na orquestra com o maestro, na hora de seu solo, quando "esquece" como ler a partitura. A relação com o maestro é explorada, por meio de tomadas de papel. O sentimento predominante, nessa relação, é o medo. Mostra-se nervosa, trêmula e suando frio.

A emoção a leva a outras cenas de sua vida.

Cena 2

Lembra uma cena com as irmãs e o pai, em que as irmãs estão tendo aula de música com o pai na sala da casa. Estão aprendendo a solfejar: o pai as ensina e, quando elas erram, ele pisa no pé delas. Sandra, atrás da porta da cozinha, observa escondida. Tem muito medo, pois, apesar de gostar de música, sente muita dificuldade com o solfejo e com a leitura de partitura. Prefere esconder-se e depois ser ensinada por uma das irmãs. Para ela, a partitura era somente "bolinhas pretas".

São investigados seu átomo social, a rede vincular e a relação histórica com todos esses personagens. Como a vivência emocional mais forte é a de Sandra com seu pai, esta é a relação mais pesquisada, podendo levar à reparação de outras vivências. Tal bagagem, carregada de energia, prende-a a esse passado, que transferencialmente é trazido ao presente e deposita sua inibição nas relações que mantém com figuras de admiração.

Cena 3

A cena acontece na cozinha, durante a aula de solfejo, quando Sandra observa por trás da porta. Peço que saia de lá, entre na cozinha e converse com o pai, que na realidade já havia morrido.

Com a idade atual, Sandra sai do esconderijo, entra na cozinha e dirige-se ao pai. Dentre outras coisas, nesse diálogo, agradece ao pai por tudo que a ensinou. Quando questionada se gostaria de dizer algo sobre o jeito dele ensinar ou de possíveis mágoas que porventura tivesse dele, responde que não. Demonstra uma enorme saudade e tem vontade de abraçá-lo. Muito emocionada, abraça-o, chorando em seu ombro. Conta sobre sua vida atual, seu casamento, e diz que também ensina música para as filhas, mas sem puni-las quando erram.

Trata-se de uma cena com realidade suplementar, isto é, foi construída no psicodrama. Não é uma cena que aconteceu, mas que pôde acontecer no momento da sessão, com alto nível emocional, catártico. Foi construída com a finalidade de reparar a figura do pai, atualizando suas vivências.

Almeida (1988) escreve: "O psicodrama permite-nos reviver a cena que não existe, e talvez não tenha mesmo existido, aquela que ainda possa ser idealizada, romanceada, realizada, modificada e, quando não, a cena apenas desejada". Esse autor propõe o termo "revivência" ao processo psicodramático, que busca reparar vivências, permitindo ao indivíduo resgatar sua espontaneidade.

Durante a dramatização, o clima inicial de agitação desapareceu e, durante a sessão, na medida em que crescia o nível emocional, o grupo permaneceu em completo silêncio. Algumas pessoas mostravam-se visivelmente emocionadas. Kellermann (1998) escreve que a catarse é uma experiência de liberação que ocorre quando um estado de mobilização interior de longa duração encontra seu escoadouro por meio de uma ação, que não é curativa em si, mas pode efetivar uma mudança se combinada a outros fatores, tais como o compartilhamento com um grupo solidário.

Terminada a dramatização, todos voltam a seus lugares e, na etapa de compartilhamento, solicitamos comentários. A maioria das pessoas fala das saudades que sentem de seus entes queridos já falecidos. Contam também dos castigos, dos medos, das surras, de professores bravos etc.

Sandra, aliviada e emocionada, ouve e participa do compartilhar de todos.

Comentários

Nessa sessão, vimos como o grupo pode se organizar mediante intervenções diretivas por parte do terapeuta, acrescidas de uma intensa vivência emocional. O psicodrama pode provocar impacto, envolvendo os participantes e promovendo a canalização da atenção para um só foco.

Mackenzie (1997) não considera apropriado que permaneçam no grupo pacientes em mutismo, desagregados ou com extrema labilidade de humor. Desaconselha o grupo também para pacientes em estado agudo de mania, assim como para aqueles com grave problema de controle de impulsos agressivos. Diferentemente de Mackenzie, demonstramos como o psicodrama ajuda na organização mental dos pacientes em estado de mania, nos catatônicos e nos que se apresentam desagregados e delirantes. Em nossa enfermaria, contraindicamos principalmente a presença de pacientes com dificuldade para controlar a agressividade. Temos visto que o próprio grupo impõe limites aos pacientes mais agitados e acelerados, e aqueles que não conseguem se controlar acabam saindo da sala, por não terem tolerância com seu comportamento inadequado. É frequente o paciente em mania entrar e sair inúmeras vezes durante a sessão.

Nessa sessão, em que havia pacientes em fase maníaca, portanto acelerados, expandidos, seus comportamentos predominavam e, por isso, promoveram o clima de desorganização. Nesses casos, somente com uma condução bastante diretiva é que poderemos ter a chance de realizar uma sessão com algum resultado terapêutico. É interessante observar como a atmosfera emocional promovida pela dramatização de Sandra foi, aos poucos, tomando a atenção do grupo. Até os pacientes mais agitados foram se acalmando. Esse clima promoveu a organização e possibilitou a realização do psicodrama de Sandra. A emoção é uma forma organizada da existência humana e, como qualidade da vivência, pode marcar o todo da realidade humana. É a própria realidade humana efetivando-se sob a forma de "emoção".

Em outras sessões com composição de grupo similar tivemos resultados semelhantes, utilizando abordagem muito diretiva. Mas nem sempre o psicodrama ocorreu com protagonista individual. Já trabalhamos o grupo todo com jogos que envolviam os ritmos acelerados e lentos. Consideramos a utilização de jogos dramáticos um excelente instrumento para favorecer a coesão grupal.

O termo *acting out*, segundo Laplanche e Pontalis (1977), é usado em psicanálise para designar as ações que apresentam, na maior parte das vezes, um caráter impulsivo, rompendo relativamente com os sistemas de motivações habituais do indivíduo, e que pode tomar forma de comportamentos agressivos. Quando esse comportamento aparece no decorrer de uma sessão de análise, o *acting out* tem de ser compreendido em sua conexão com a transferência, e frequentemente como uma tentativa para desconsiderá-la radicalmente. Existe para Kellermann (1998) uma tendência, por parte de alguns psicoterapeutas, em classificar como *acting out* qualquer comportamento social desviante. No psicodrama, em uma conotação mais ampla, o *acting out* refere-se a toda forma aberta de comportamento dentro do contexto terapêutico. A pessoa pode mover-se da forma como desejar, ficar em pé, puxar e empurrar, provocar sons, gesticular ou pronunciar palavras. Moreno, ao utilizar esse termo, referia-se a "atuar aquilo que está dentro da pessoa", em contraposição ao reagir a estímulos do mundo externo.

O paciente em mania não promove um *acting out*, pois seu comportamento acelerado, inadequado e expandido representa a forma como se exterioriza sua doença, portanto, torna-se o comportamento habitual na vigência da fase maníaca, e não um comportamento motivado inconscientemente pelo *setting* terapêutico. O paciente em mania é impulsivo, ditado pela aceleração de processos psíquicos e motivado por qualquer estímulo externo, portanto superficial.

Já tivemos inúmeras oportunidades em trabalhar, no psicodrama, com pacientes maníacos e temos nos dado conta de que devem ser trabalhados muito mais na forma que no conteúdo. Trabalhados no aqui-agora, sem qualquer preocupação com psicodinamismos históricos. Temos de levar em conta as características principais da mania: aceleração dos processos psíquicos em um campo vivencial alargado.

Por exemplo, em uma sessão, solicitamos a uma paciente em mania que demonstrasse, andando, como se sentia. Ela passou a andar aceleradamente em círculos. Após algum tempo, solicitamos que diminuísse o ritmo, que andasse de maneira cada vez mais lenta, sempre a contendo quando acelerava. Após algum tempo, ela se mostrava exausta pela tentativa de se controlar e, depois da dramatização, seu ritmo mostrou-se mais adequado, possibilitando sua permanência na sala de grupo.

Nessa sessão, realizamos uma dramatização clássica com Sandra, em que partimos de uma situação atual e, por meio da emoção despertada pela primeira cena, encadeamos outras cenas, em uma associação de imagens, até que construímos uma de realidade suplementar, ou seja, uma cena que não aconteceu, baseada apenas na imaginação e no desejo. Dessa forma, a realidade psíquica é "ampliada" e se manifestam "dimensões intangíveis, invisíveis da vida do protagonista" (Moreno e Moreno, 1969). O psicodrama permite e estimula que as pessoas usem a imaginação como base das dramatizações, validando assim a capacidade de participar de experiências "maiores que a vida" (Blatner e Blatner, 1996).

Onirodrama e choque psicodramático

Sessão descrita na dissertação de mestrado do dr. José Roberto Altenfelder Silva Wolff, da área de Psiquiatria do curso de Pós-Graduação da Faculdade de Medicina da Universidade de São Paulo, em 1981.

Conforme já citado, Moreno chamou de "choque psicodramático a um procedimento que consiste em reintroduzir um paciente que saiu de uma psicose, em uma segunda psicose, agora experimental". Afirma, ainda, que o melhor momento para esse reviver é logo depois de superado o acesso psicótico.

O onirodrama é uma técnica que facilita muito reviver o episódio psicótico, pois conduz rapidamente aos conteúdos inconscientes e, dessa maneira, muitas vezes possibilita a ocorrência do choque psicodramático.

Selecionamos essa sessão, realizada com Wolff.

A paciente Vânia teve dois surtos psicóticos e já se submeteu a um ano e meio de psicoterapia psicodramática individual com Wolff. Encontra-se há seis meses em psicoterapia psicodramática com um terapeuta-auxiliar, um dos autores deste livro e coterapeuta da sessão.

Nessa sessão, Vânia chega e imediatamente começa a contar um sonho da noite anterior, que muito a impressionou. O terapeuta propõe a dramatização do sonho, pedindo inicialmente que refaça seu dia por meio de solilóquio. Vânia fala de seu dia de maneira automática, chegando rapidamente ao momento em que vai dormir. O terapeuta solicita que monte seu quarto, sua cama; nesse momento, sua produção também é baixa, limitando-se a colocar os elementos do quarto, sem muitos detalhes ou outras informações. Pede-se, então, que se deite em sua cama e comece a lembrar claramente as imagens do sonho. Assim que o faz, é proposto que entremos no "mundo dos sonhos", com todos os seus elementos.

O sonho se passa em um local escuro e o foco é um homem de costas, que ela reconhece como seu pai. Andando, ela quer se aproximar daquele homem, mas, quando tenta fazê-lo, ele se volta bruscamente, e, em vez do rosto de seu pai, ela vê o rosto do diabo. Vânia fica muito assustada e desesperada; começa a dizer que ela é deus e todos os homens são diabos, principalmente seu pai, e que ela tinha poderes contra todos eles. Aqui ela está revivendo um aspecto de seu último surto psicótico, em que ocorria exatamente isso. Aos poucos vai se tranquilizando, e então o terapeuta solicita que assuma o papel de seu pai. Nesse papel conta que, desde quando Vânia tinha treze anos de idade, ele mantinha relações sexuais com ela. Diz ainda que, muitas vezes, ela era obrigada a fazê-lo, pois quando ela nasceu, a mãe faleceu, e Vânia sentia-se na obrigação de substituí-la (As relações sexuais com o pai realmente ocorriam, pois, posteriormente, em uma conversa com sua madrasta, ela confirma o fato).

O terapeuta solicita a Vânia que retorne a seu papel e propõe que traga sua mãe à cena. No papel de mãe, explica que não morreu por culpa da filha, pois já sofria do coração. Ao mesmo tempo, isenta Vânia de qualquer compromisso em relação ao pai. O terapeuta coloca o coterapeuta no papel de mãe e Vânia volta a seu próprio papel. A cena é de grande emoção, encerrando com mãe e filha aconchegadas e de mãos dadas.

A seguir propõe que Vânia volte à cena inicial do sonho. Ela pode aproximar-se do pai, vendo-o como ele realmente é, não mais com "cara de diabo" e diz ao pai, com grande tranquilidade e olhando-o de frente: "de agora em diante, só manterei relações sexuais com você quando eu quiser...".

Comentários do terapeuta

No início do tratamento de Vânia, o trabalho foi essencialmente fornecer a possibilidade, por meio da internalização do modelo relacional, de identificar seus próprios limites (delimitação do eu) e identificar nitidamente o outro (delimitação do tu).

A matriz de identidade é a "matriz afetiva primária". Segundo Carlos Quintana (*apud* Fonseca, 1980, p. 112), é por meio dela que o indivíduo tem a possibilidade de delimitar o eu e o tu e também desenvolver a relação eu-tu. Nesses termos, Vânia estava em uma fase anterior de seu desenvolvimento, na qual o eu e o tu eram um só e assim, segundo Fonseca, a psicoterapia seria uma "neo-matriz ou uma re-matriz de identidade", ou, como diz Carlos Quintana, uma "matriz afetiva substitutiva secundária".

Após um ano e meio de psicoterapia, as dramatizações passaram a ocorrer com relativa frequência e, embora fossem essencialmente lúdicas, o nível de emoção foi crescendo à medida que eram trazidos fatos de sua vida para a dramatização.

Foi então que o terapeuta resolveu convidar o coterapeuta para essa psicoterapia. Pretendia facilitar e enriquecer o trabalho psicodramático e pensava que a presença do coterapeuta não seria sentida como desintegradora, pois Vânia já havia determinado melhor o seu eu e começava a poder enxergar o tu com maior nitidez.

Inicialmente, ignorou a presença do coterapeuta e não dramatizava. Durante esse período passou a adotar, segundo o terapeuta, um padrão semelhante ao do início da terapia, limitando-se a contar telenovelas e alguns fatos de sua vida, dirigindo-se apenas a ele, que entendeu sua atitude como uma regressão diante da ameaça representada pela inclusão da terceira pessoa dentro da relação bipessoal.

Com o tempo, passou a aceitar o trabalho com jogos dramáticos e já não fazia grande distinção entre os dois terapeutas. Aqui utilizamos o lúdico para relaxar o campo e permitir um contato experimental com o terapeuta auxiliar. Aos poucos, as sessões de psicodrama voltaram a ter bom nível emocional e foi nessa fase que conseguimos atingir e trabalhar aspectos básicos de personalidade. A sessão descrita ocorreu nesse período.

O bom nível emocional conseguido nessa sessão, em que se utilizou o onirodrama, exteriorizou um núcleo conflitual básico de Vânia: sentir-se a tal ponto identificada com a mãe morta, que tomava o seu papel junto ao pai. Do sonho, surge a segunda cena, em que Vânia, vivenciando o papel da mãe, marca nitidamente o limite entre as duas, possibilitando a individualização. A seguir, voltamos ao sonho, para Vânia poder definir seus limites também em relação ao pai.

A partir dessa sessão, Vânia passou a aproximar-se das pessoas de seu mundo com mais afeto.

Vemos dois pontos principais nessa melhora de Vânia:

1. O fato de ter podido reviver seu surto psicótico em um momento de sua psicoterapia e em uma situação protegida fez que não temesse tanto um novo surto psicótico. Isso é o que constitui o choque psicodramático de Moreno.
2. A sessão deu a Vânia a possibilidade de adquirir sua própria identidade, independente de sua mãe, com a qual, até então, se confundia, sentindo ter determinadas obrigações em relação ao seu pai.

Psicodrama com portadores de transtorno de pânico

Os transtornos de ansiedade são os distúrbios mentais mais comuns entre adultos, sendo que grande parte de seus portadores apresenta considerável sofrimento psíquico e um comprometimento significativo de seus papéis sociais, o que traz limitações variáveis em vários campos da vida afetiva, familiar e profissional, além de contribuir na deterioração da saúde geral.

O transtorno de pânico é uma síndrome caracterizada pela ocorrência espontânea de ataques recorrentes – de forma inesperada, com início abrupto e duração de aproximadamente dez minutos –, caracterizados por sintomas de hiperatividade autonômica (taquicardia, sudorese, tremores, dores no peito) acompanhados do medo de morte iminente ou de perda de controle. Pode variar entre vários ataques por dia ou poucos por ano. Quando recorrentes, os ataques de pânico causam preocupações persistentes e mudanças de comportamento para evitar novas crises. Esses comportamentos acabam por limitar o potencial do indivíduo e, quando essa limitação é intensa, provoca mudanças substanciais na rotina da pessoa, caracterizando o transtorno. Frequentemente, vem acompanhado de agorafobia, conceito que se refere ao medo de permanecer em ambientes públicos e ao temor de não ter acesso a uma saída.

A ocorrência de crises de pânico está sujeita a fatores genéticos e ambientais ligados ao estilo de vida, como estresse profissional, interpessoal e, ainda, uso e abuso de psicoestimulantes e álcool. Bernik, Santos, Lotufo Neto (2007) chamam a atenção para a associação entre a crise de pânico e os processos mentais cognitivos que podem aumentar a vulnerabilidade para a primeira crise de pânico ou para as recidivas, como viagem de avião, uso de drogas psicoativas (cocaína, maconha) etc. Essas condições levam ao temor da perda de controle, tornando o indivíduo vulnerável.

O transtorno do pânico é relativamente comum. Sua prevalência ao longo da vida é de 4,7%, e, como vimos, traz um impacto negativo e uma limitação séria para o desenvolvimento e estabelecimento de relacionamentos. É de duas a três vezes mais frequente em mulheres e em jovens. As comorbidades mais encontradas são transtorno de ansiedade generalizada e fobia social. O abuso de substâncias psicoativas pode predispor a crises de pânico.

São descritos vários tratamentos eficazes e seguros, todos aliando medicação e psicoterapia. O comprometimento dos papéis profissionais ocasiona gastos estimados em 42 bilhões de dólares anuais, incluindo perda da produtividade, mortalidade e custo de tratamento.

Trata-se, portanto, de um grave problema de saúde pública, e por isso o governo, a indústria farmacêutica, pesquisadores e psicoterapeutas em geral investem massivamente na pesquisa e em formas de prevenção e tratamento. Há muitos trabalhos em terapia cognitivo-comportamental (TCC) mostrando sua eficácia quando aplicada especificamente em cada forma de transtorno de ansiedade.

Sonenreich e Estevão (2007) atribuem como mecanismo da fobia e das obsessões uma depressão do tônus mental, caracterizada pela baixa tensão psíquica e diminuição das funções que permitem agir e ter consciência da realidade. Essas funções são substituídas por operações inferiores e exageradas, sob a forma de angústia, agitação, dúvidas e ideias obsessivas. Enfatizam que o conhecimento do mecanismo orienta o tratamento. Por isso se propõem medicamentos e psicoterapia que atuem sobre o tônus mental. A psicoterapia, de modo geral, busca o significado dos sintomas relacionando-os a conflitos que baixam esse tônus. A resolução de conflitos e a tomada de decisões diminuem os sintomas ansiosos e alargam o campo vivencial patologicamente estreitado nos fóbicos e obsessivos, além de reduzir as distâncias entre os projetos existenciais e o modo de viver.

No campo da psicofarmacologia, uma enorme quantidade de trabalhos mostrou a eficácia dos ISRS, benzodiazepínicos e anticonvulsivantes (estabilizadores do humor) no tratamento dos transtornos de pânico. Nos últimos quinze anos, inúmeras publicações da área discorrem sobre o uso dos psicofármacos (ISRS), outros antidepressivos, benzodiazepínicos, anticonvulsivantes e medicamentos que agem no sistema ácido gama-aminobutírico (Gaba).

A preocupação com os custos do tratamento incentiva pesquisas e iniciativas para encurtar e modernizar a TCC sem reduzir sua eficácia. De modo geral, ela é planejada para doze sessões e há estudos que propõem reduzir para cinco sessões a duração do tratamento. Outras propostas sugerem trabalhos com tratamento autodidata, para reduzir a quantidade de tempo necessária para o terapeuta administrar a TCC efetiva. Já para pacientes que enfrentam barreiras geográficas e econômicas para se submeter à TCC, são descritos tratamentos por biblioterapia autoadministrada, com material de autoajuda. Os resultados desses processos sugerem a dificuldade em continuar a TCC sem o apoio efetivo do profissional.

De modo geral, as pesquisas e a experiência clínica demonstram que o tratamento medicamentoso combinado à psicoterapia é a maneira mais eficiente de tratar transtornos de ansiedade.

Trabalhos em psicodrama abordando o tema são escassos. Vieira (1999), psiquiatra português, publicou o capítulo: "A abordagem psicodramática das perturbações de ansiedade", em seu livro *(Des)dramatizar na doença mental – psicodrama e psicopatologia*. Outros trabalhos estão publicados em revistas especializadas, mas em número muito menor que os que versam sobre TCC e transtornos de ansiedade. É importante frisar que a TCC, por seu método simples e estruturado, é mais ensinada, treinada e praticada nas residências em psiquiatria, o que não significa que seja o melhor método de tratamento. Sabemos que não há métodos psicoterápicos mais eficientes que outros. A eficácia depende da qualidade do vínculo, da seriedade, da cultura do psicoterapeuta e, ainda, da adaptação do paciente às condições do método.

Em psicodrama não estabelecemos, de antemão, o número de sessões necessárias para tratar determinada patologia. Moreno, quando o criou, fez para ser aplicado em uma única sessão, com toda a estrutura dramática e exuberância técnica. Com começo, meio e fim, com desenlace natural: a catarse de integração. Não há o compromisso de continuidade em outras sessões. Inspirados nessas sessões criaram-se os psicodramas públicos e as sessões abertas, em que acontecem os atos terapêuticos, ou seja, uma intervenção destinada a investigar e tratar o conflito em uma única sessão.

No hospital psiquiátrico, durante a internação integral, assim como no HD, a psicoterapia de grupo e o psicodrama são os procedimentos mais utilizados nas intervenções psicológicas, psicoeducacionais e psicoterápicas. Pacientes gravemente acometidos pelo transtorno de ansiedade grave, em suas várias formas, têm indicação de internação e, na enfermaria ou no HD, participam de diversas modalidades de grupo, dentre eles o psicodrama. A maioria das pessoas acometidas pelo transtorno de ansiedade, que, apesar de acarretar um grau muito variável de limitações, não tem indicação de internação psiquiátrica, são tratadas nos ambulatórios ou em consultórios. O psicodrama é uma forma de psicoterapia muito eficiente para ser aplicada a portadores de transtorno do pânico.

Grande parte dos pacientes que chegam ao consultório psiquiátrico já foi consultada por inúmeros clínicos e cardiologistas, além de já terem feito várias passagens por pronto-socorros. Os sintomas que mais os incomodam são os que se referem à hiperatividade autonômica, ou seja, os ligados a disfunções do sistema nervoso autônomo: taquicardia, sudorese, tremores, boca seca, vontade de urinar, além de outras sensações desconfortáveis, como falta de ar ou sufocamento, dor no peito, náusea, sensações de formigamento (parestesias), calafrios ou onda de calor, sensação de desmaio, de perda de controle, medo de morrer etc. No ataque de pânico, o paciente sente a agonia da morte ou, então, da loucura.

Na sessão de psicoterapia, o paciente que possui esse transtorno dificilmente tem outro assunto além de seus sintomas. Traz uma lista enorme de queixas somáticas, que são traduções corpóreas das disautonomias. Seu maior problema é a sobrevivência. Desconhece de problemas pessoais e não quer saber deles. Metaforicamente, comporta-se como um náufrago em pleno mar, agarra-se a qualquer pedaço de madeira, assim como em sua vida qualquer referência de controle serve para a sobrevivência. Agarram-se a relacionamentos sabidamente falidos, usam bebida alcoólica, abusam de calmantes, principalmente os benzodiazepínicos. Enfim, tornam-se dependentes de coisas, pessoas, calmantes ou o que for que lhe traga o mínimo de segurança. Assim é seu desespero. Lembramos que "quem tem sintomas não tem problemas ou conflitos", o importante é sobreviver. A função da psicoterapia, portanto, é transformar sintomas em problemas, que, por sua vez, traduzem os conflitos. A partir daí, busca-se sua resolução. É fundamental reduzir a intensidade e a frequência das crises de pânico e diminuir o grau de ansiedade. Para isso, usamos tratamento medicamentoso e psicodrama.

Geralmente o paciente vem à consulta "sem problemas em sua vida", tem "medo de ter medo" ou voltar a sentir as terríveis sensações. É importante ser continente com essa ansiedade e temor. Isso faz que se sinta mais seguro e confiante no tratamento.

O caso escolhido para ilustrar o assunto é o de uma pessoa que procurou consulta por se sentir muito inseguro, desanimado e angustiado. Diferente do que sempre foi, após uma crise de pânico, tornara-se inseguro, medroso, preocupado e envergonhado por não conseguir mais sair de casa desacompanhado. Apresentava diversas queixas, que sugeria hiperatividade autonômica. O aquecimento para a entrevista consistiu na conversa sobre os sintomas e sobre a própria crise.

Essa sessão foi individual, sem a presença de ego-auxiliar. Por esse motivo e por ser mais fácil realizar o psicodrama em um clima de menor tensão – menos ameaçador para quem teme perder o controle – resolvemos utilizar o "psicograma", técnica em que se usa o desenho para todo o jogo de cenas com a utilização das técnicas do psicodrama (Silva Filho, 1981).

A cena inicial é menos estruturada, sem representação simbólica, somente com a expressão do sintoma, requerendo a utilização de técnicas psicodramáticas em busca de representações mais estruturadas, que conduzam à manifestação do conflito. Geralmente, em psicodrama, segue-se a regra: "do superficial ao profundo, da periferia ao centro, partindo-se do mais cotidiano e evidente para, lentamente, procurar a aproximação de níveis mais profundos de significação" (Bustos, 1992).

Nessa sessão de psicodrama, a dramatização começa com a abordagem de sintomas, pois é a maior motivação do paciente para o tratamento. A cena inicial é a da crise de pânico: ele conta que foi em um sábado. Aquecido, desenha a cena: a tarde é ensolarada e bonita e ele está sozinho em seu carro, tranquilo, passeando por uma estrada, como era seu costume e seu lazer.

É pedido que desenhe a cena e ele o faz de forma simples, como em um *croqui*, visto por cima: ele em seu carro na estrada, dirigindo tranquilo. Solicitamos solilóquio: conta que adora sua liberdade, que sua vida é boa em vários aspectos, mas agora aconteceu uma mudança importante. Há pouco tempo nasceu seu primeiro filho e isso significa que seu destino está traçado, sua responsabilidade aumentou muito, não pode mais pensar só em si, tem um filho e uma família, de quem terá de cuidar para sempre e com muita responsabilidade. É um caminho sem volta.

Repentinamente, e sem nenhum motivo, lhe ocorre que não sabe onde há um retorno, não sabe como voltar para casa, desorienta-se, e então seu coração acelera, a boca seca, treme e sente falta de ar. Está em perigo, ameaçado pelo nada! Desespera-se, não sabe se para – vai para o acostamento – ou se continua, tem medo de desmaiar e provocar um acidente. Os sintomas pioram, então diminui a velocidade e pensa em pedir ajuda, mas não há ninguém. Continua a dirigir até encontrar o retorno, vai para o acostamento e é acometido de uma intensa crise de choro.

Solicitamos que coloque no desenho essas sensações, usamos a técnica da concretização e, recorrendo a ela, perguntamos para que está fazendo isso com ele. No papel dos sintomas, diz que surgiu para lembrá-lo de suas responsabilidades e que não tem mais cabimento pegar uma estrada sem destino, deve pensar somente em cuidar de sua família. Isso é um sinal de alerta. Investigando outras cenas ele se recorda de quando era adolescente e sentiu algo parecido em uma viagem para o norte do país, em que perdeu o bilhete aéreo de volta, ficou muito aflito e só sossegou quando conseguiu outra passagem. Em outra ocasião, mais remota, viajou com a mãe e perdeu-se dela em um museu. Antes disso, quando entrou na escola, ficou desesperado ao se ver só no primeiro dia de aula, melhorando somente quando a mãe chegou. Porém, demorou um bom tempo para adaptar-se à situação.

Em todas essas ocasiões apresentou sintomas semelhantes e as lembranças mais antigas eram de sua infância, quando era colocado para dormir e, no escuro, era assombrado por seus medos. Solicitamos que desenhe essa lembrança. Nos diálogos travados em outras cenas e com as trocas de papéis, principalmente com a mãe, ela dizia que tinha outros filhos, marido e não tinha tempo nem paciência para essas bobagens; que esse medo passaria, afinal era um menino e teria de enfrentá-los para tornar-se um homem.

Nesse quarto da infância, na cama, amedrontado, perguntamos quem poderia ajudá-lo:

– Ninguém.

É solicitado que feche os olhos e olhe para aquele menino.

Assim o faz e de seus olhos fechados escorrem lágrimas.

– Agora, entre no quarto e dê o que esse menino precisa.

O paciente fica mais emocionado. Colocamos uma almofada em seus braços, dizendo que ela é esse menino. Aconchega-o em seu colo, acaricia o rosto da criança e, ninando-o, fala palavras de carinho. Sugiro então que o abrace muito forte, colocando-o dentro de seu peito e, simbolicamente, tornando-o sua própria referência, poderia protegê-lo sempre que se sentisse só.

Nesse procedimento, procuramos colocar a referência de proteção nele mesmo e não fora dele. Ou seja, em uma relação complementar externa. No caso dele, foi eleita a esposa, que suplementaria o papel de mãe.

Quando o psicodrama acontece em um grupo, utilizamos os próprios membros como auxiliares. Certa ocasião, trabalhamos em grupo uma pessoa que apresentava quadro de transtorno do pânico com quase todos os sintomas já descritos. Dessa vez, a primeira crise foi desencadeada também no carro, em um congestionamento, quando se viu sem saída. Estava cercado de carros por todos os lados, pela frente e por trás. Seu desespero era tanto que sentia ímpetos de abandonar o carro e sair correndo para buscar ajuda e um pronto-socorro. Tinha certeza de que estava enfartando. Após alguns minutos, passou a respirar mais tranquilo, o coração ainda acelerado e assustado. Assim que conseguiu, saiu da avenida e procurou um pronto-socorro. Após o atendimento, foi para casa com uma receita de ansiolítico, remédio que jamais tirou do bolso. Desde então, passou a usar todas as alternativas de caminho para não pegar mais congestionamentos e rastreava os hospitais próximos a seus percursos. Já havia ido a inúmeros pronto-socorros e cardiologistas.

Na dramatização, fazendo uso de cenas encadeadas, chegamos a uma vivência da infância em que se perdeu de sua mãe na praia e ficou muito tempo desesperado a procurá-la. Esse fato o marcou de tal forma que, até a adolescência, não conseguia ficar muito tempo longe de casa, para reforçar constantemente a presença da mãe.

Conta que sempre teve namoros estáveis e sofria demais com rompimentos. As namoradas que teve achavam-no absorvente, sufocante, ciumento e não o aguentavam. Há alguns anos conheceu uma moça que se apaixonou por ele. Era ela quem o absorvia e o controlava. Assim, casou-se e tinha em sua esposa uma mulher boa, fiel, segura, com quem teve dois filhos e constituiu uma família estável.

Após alguns anos, distraidamente, envolveu-se amorosamente com outra mulher, sua estagiária, e junto dela vivia emoções e sensações jamais sentidas na vida. Sentia-se pleno, nunca havia experimentado um relacionamento afetivo-sexual tão fantástico. Fantasiava se separar e viver livremente essa paixão. O pensamento era um emaranhado de confusões: separava-se pela manhã, na hora do almoço estava casado e, no final da tarde, perdidamente apaixonado, embriagava-se no que considerava a verdadeira *happy hour*. Aí voltava para casa, jantava, dormia com sua esposa, sonhando com a liberdade. Assim corriam os dias. Diariamente sentia-se aflito, nervoso, sem apetite, emagreceu muito, tinha dor de estômago, no peito e medo de ter um ataque de coração. Queria separar-se e não conseguia. Não encontrava saída. As cenas desse psicodrama mostraram claramente a necessidade de estabelecer vínculos de proteção como o que manteve com sua mãe. Buscava substituí-lo com as namoradas e, por fim, tinha conseguido suplementar esse vínculo com sua esposa. Mas agora teria de resolver esse conflito. Era Narciso e Goldmundo de Herman Hesse.

Na etapa de compartilhamento, várias pessoas do grupo trouxeram situações semelhantes e até falaram de medos nunca expressados por considerá-los idiotas e dignos de quem é fraco.

O transtorno do pânico, de modo geral, acomete pessoas que vivem situações nas quais há ameaça de rompimento de referenciais de segurança, como separação, risco de perda de emprego, doença ou morte de familiares etc. A física nos ensina que duas forças de mesma intensidade e em sentidos contrários têm uma resultante nula. Dessa forma, o objeto sujeito a essas forças não se movimenta. Metaforicamente, assim é o conflito que paralisa e dificulta o estabelecimento de escolhas adequadas, diminuindo, dessa forma, o grau de liberdade da pessoa. Quase sempre as crises ocorrem em situações de representação simbólica com o conflito de base.

As cenas psicodramáticas, vivenciadas com fortes emoções, acompanhadas de uma compreensão profunda da situação, levam ao que chamamos de *insight* dramático, situação em que a vivência é integrada e compreendida. Pode ser denominada, também, de catarse resolutiva. A vivência consiste em um estado que implica a memória dinâmica das atividades dos sistemas de redes neuronais e dos circuitos selecionados, cujo nível superior é englobado no conceito de consciência.

Outros transtornos, como transtorno de ansiedade social, obsessivo--compulsivo, de estresse pós-traumático, de estresse agudo e de ansiedade generalizada podem, com vantagens, ser tratados pelo método psicodramático por ser um procedimento mais ativo, mais intervencionista e diretivo, facilitador da tomada de consciência das situações conflitivas, mobilizador de emoções. Permite e estimula o enfrentamento de situações temidas, contribui na resolução dos conflitos e diminui a intensidade de estímulos que tornam o sistema nervoso vulnerável a disfunções, causando o transtorno.

Psicodrama com portador de fobia social

O transtorno de ansiedade social, também conhecido como fobia social, é muito comum e costuma ter início na adolescência. Muitas vezes, persiste ao longo da vida. Algumas pessoas temem a maioria das situações sociais, mas a maior parte dos portadores desse transtorno o tem focalizado a situações específicas, como falar em público, fazer apresentações em classe ou auditório etc. Por vezes, interfere significativa e negativamente no funcionamento social, profissional e nos relacionamentos interpessoais. Apesar desse desconforto, a pessoa reluta em buscar tratamento, e só o faz após alguns anos, quando se sente esgotada, limitada e impotente para lutar contra seus medos.

A fobia consiste no medo persistente e irracional de objeto específico, atividade ou situação que, em si, não é considerada perigosa ou constrangedora pela maioria das pessoas. Mesmo o portador do transtorno reconhece que seu medo é exagerado e irracional, mas isso não é suficiente para aliviá-lo. A pessoa com fobia esquiva-se das situações geradoras de ansiedade, principalmente quando se relacionam ao desempenho de papéis sociais. De modo geral, as situações geradoras de insegurança são as que requerem um desempenho no qual sente um medo acentuado de falhar ou sentir-se observado, como em festas, restaurantes, ao segurar trêmulo um garfo ou uma xícara de café, escrever ou não conseguir assinar um documento ou cheque, fazer apresentações, falar ao microfone ou em quaisquer situações em que tema apresentar tremores, sudorese, rubor, vômitos ou qualquer outro sintoma que o denuncie. A maioria das pessoas com pânico ou obsessões vive essas situações em segredo, pois tem a consciência do exagero e do absurdo de seus sintomas. Têm medo de ser consideradas loucas pela vivência das sensações de perda de controle.

O psicodrama é particularmente indicado para esse tipo de paciente, pois o *setting* grupal já representa a situação de exposição, e é na inter-relação com o grupo, em um ambiente protegido, que ele pode realizar esse enfrentamento. Não se deve esquecer, ainda, que a própria situação grupal é um fator desensibilizante. Com a dramatização, existe a oportunidade de se expor por meio de cenas temidas, como as que podem acontecer nas festas, em apresentações na classe ou no trabalho e em outras situações nas quais se sente em evidência e, por isso, com medo de ver sua fraqueza desnudada pelos sintomas. No jogo de cenas, além de ser observado pelas pessoas do grupo, o paciente irá enfrentar as situações de exposição e, nas cenas encadeadas, poderá compreender a origem de seus medos na intenção de desenvolver estratégias de enfrentamento.

No final da sessão, na etapa de comentários, tem a oportunidade de ser avaliado e, por vezes, criticado por seu desempenho e exposição, o que novamente funciona como mecanismo desensibilizador. Outros membros do grupo compartilham situações semelhantes, dão sugestões de enfrentamento, contam como confrontaram seu pânico e seus medos. Então, o paciente percebe que não é o único a se sentir inferiorizado, escondido, experimentando alívio em poder compartilhar o mesmo segredo. No psicodrama, são vários fatores que contribuem com a recuperação do paciente portador de fobia social: exposição no grupo, enfrentamento, compreensão dos sintomas e nexo com a história de vida, estratégias de enfrentamento e sensação de alívio nas relações interpessoais.

Psicodrama no transtorno de ansiedade generalizada (TAG)

O que caracteriza esse transtorno são sintomas ansiosos persistentes e preocupações excessivas, de difícil controle, que a pessoa apresenta quase diariamente, por mais de seis meses. Diferencia-se do transtorno do pânico, pois o foco não é o medo de ter um ataque, assim como distingue-se da fobia social porque a atenção não está voltada para situações de constrangimento no desempenho social.

Ansiedade e preocupações são constantes e fazem parte do cotidiano, sendo associadas a inquietação, nervosismo, fadiga, irritação, dificuldade de concentração, dores de cabeça, no corpo e alterações do sono. O indivíduo se sente apreensivo, teme o futuro e uma desgraça iminente. Os sintomas físicos da ansiedade são os ligados às disautonomias (sensação de cabeça leve, sudorese, taquicardia, tontura, boca seca etc).

O tratamento se faz por medicamentos antidepressivos e ou benzodiazepínicos, mas é a psicoterapia que tem um papel fundamental.

A prevalência do TAG ao longo da vida é em torno de 5%. Geralmente se instala antes dos 25 anos de idade e tem uma incidência maior em mulheres. Tem um curso crônico, com baixas taxas de remissão. Raramente desaparece de forma espontânea.

Pessoas com TAG procuram tratamento pelo grau de sofrimento e incapacidade para atividades. Nesses casos, raramente é indicada a internação em enfermaria psiquiátrica, pois é um transtorno que não oferece risco que a torne necessária. Mas a doença apresenta altos índices de comorbidades psiquiátricas e clínicas, como depressão, abuso de álcool, diabetes, doença coronariana etc. O tratamento é realizado no ambulatório ou em consultórios psiquiátricos.

No psicodrama, não há nenhuma estratégia especial para abordar esse transtorno. Utiliza-se o método com os recursos que ele possui. Isso é válido para a aplicação do psicodrama em todos os transtornos mentais. Apesar de óbvio, é importante salientar que o terapeuta trata a pessoa por meio da inter-relação com ela e/ou com o grupo. O psicodrama não trata diagnósticos, o que também é redundante. A aplicação desse método se faz por um raciocínio clínico, que carrega o mecanismo que instiga o transtorno mental. Pensamos na vulnerabilidade, nas relações pessoais, nos conflitos, na autenticidade das escolhas, no átomo social e estabelecemos uma hipótese de como todas essas condições afetam o sistema nervoso e o indivíduo. Os fatores terapêuticos encontram-se na relação interpessoal, na resolução de conflitos e na investigação e dramatização das situações temidas e geradoras de ansiedade.

Uma das estratégias de tratamento do TAG, utilizada principalmente no início do processo psicoterápico, é o *psicograma*, que consiste na realização do psicodrama com o recurso de desenhos de situações penosas e pessimistas do cotidiano. Essa forma de utilizar o método reduz a ansiedade causada pelo contato interpessoal e, com isso, poderá facilitar a abordagem de temas vivenciados com ansiedade.

Psicodrama com portador de transtorno do estresse pós-traumático (TEPT)

Segundo a CID-10 (1993, p. 145), na Classificação de Transtornos Mentais e de Comportamento, esse transtorno

> surge como resposta tardia e/ ou protraída a um evento ou situação estressante (de curta ou longa duração) de uma natureza excepcionalmente ameaçadora ou catastrófica, que provavelmente causa angústia invasiva em quase todas as pessoas (p.ex. desastre natural ou feito pelo homem, combate, acidente sério, testemunho de morte violenta de outros, ser vítima de tortura, terrorismo, estupro ou crime). Fatores predisponentes, tais como traços de personalidade (p.ex. compulsivos, astênicos, histéricos) ou história prévia de doença neurótica podem baixar o limiar para o desenvolvimento da síndrome ou agravar seu curso, mas não são necessários nem suficientes para explicar sua ocorrência.

Para o DSM-IV-TR, esse transtorno se define como alterações seguidas à exposição a um evento traumático no qual a pessoa experimentou, testemunhou ou foi confrontada com morte real ou ameaçada, teve ferimento sério ou sentiu ameaça à própria integridade física ou de outros. Esse acontecimento provocou terror, horror ou impotência no momento da exposição e resultou em sintomas de reexperiência, evitação, entorpecimento e hiperestimulação por mais de um mês, causando disfunção social ou ocupacional (Marmar e Spiegel, 2009).

É sempre importante lembrar que um evento nunca é, por si, traumático. A resposta psíquica ao evento é que pode ser considerada como tal, sendo então acompanhada de intenso medo, impotência e horror.

A tríade de sintomas que complementa as condições para o diagnóstico de TEPT é: revivência persistente do evento traumático em pesadelos e *flashbacks*; conduta de evitação de qualquer estímulo associado ao evento, isolamento e entorpecimento emocional geral (reações de anestesiamento) e a hiperatividade global aos estímulos ambientais, com constante hipervigilância. Também é importante destacar que nem todas as pessoas que vivenciam um evento disruptivo desenvolvem um quadro de TEPT, pois seu aparecimento depende de uma complexa rede de fatores, como suscetibilidades genéticas, estilo de personalidade e a história de experiências anteriores.

O indivíduo portador desse transtorno apresentaria alterações fisiopatológicas associadas a anormalidades dos receptores de glicocorticoides, e esses receptores exibem grande variação entre indivíduos, o que explicaria, em parte, a ocorrência tão diversificada de respostas ao estresse.

As vítimas de trauma agudo podem apresentar ansiedade, pânico e outros sintomas de natureza dissociativa, incluindo entorpecimento e esturpor, e ainda sintomas de intrusão, evitação e hiperestimulação. No atendimento de vítimas de trauma agudo, as intervenções visam a restabelecer o senso de controle e segurança e proporcionar, o máximo possível, a sensação de conforto imediato. Nos primeiros momentos, após um evento traumático, é prioritário reduzir o terror, o horror e o pânico peritraumático. O sofrimento peritraumático prolongado aumenta o condicionamento do medo associativo e não associativo e a consolidação da memória, elevando o risco do transtorno pós-traumático. Com a ingestão do propranolol nas seis primeiras horas do trauma e ao longo de dez dias, pode-se reduzir reações de excitação às lembranças do trauma um mês após a exposição. Também podem ser utilizados estabilizadores de humor e ISRSs. Como medida psicoterápica, os procedimentos são os dirigidos à redução da ansiedade, do terror e do pânico. O contato deve fornecer principalmente aconchego e tolerância, buscando a aliança terapêutica, o que facilitará o retorno da sensação de autocontrole e alívio.

O tratamento do transtorno do estresse pós-traumático deve ser feito principalmente por meio da psicoterapia. Os medicamentos servem como adjuntos ao tratamento psicoterápico. Os mais utilizados são os que agem na ansiedade e depressão, como antidepressivos ISRSs (fluoxetina, paroxetina, citalopram, escitalopram etc.), estabilizadores de humor (carbamazepina, valproato, topiramato, lamotrigina, gabapentina e lítio) e, ainda, agentes inibidores adrenérgicos, como o propranolol, um bloqueador beta-adrenérgico que diminui a consolidação da memória para memórias emocionais, pois o terror prolongado leva à atividade adrenérgica peritraumática contínua devido ao maior condicionamento do medo e à maior consolidação da memória.

O psicodrama aplicado ao portador desse transtorno é um método que aborda quase todos os mecanismos que constroem os sintomas. A revivência de cenas traumáticas permite a exposição às lembranças que tenta evitar. Por meio do jogo de papéis, nessas cenas podemos chegar a outros momentos de vida que tornam o paciente predisposto a viver situações-limite como traumáticas. Com o psicodrama, temos a possibilidade de mostrar que muitos aspectos dessa experiência acontecem às pessoas que passam por situações de estresse traumático. Permite, também, que a pessoa antecipe futuras reações e, com isso, as considere menos assustadoras. Outras vezes o jogo de cenas, com a utilização da técnica da realidade suplementar, permite ao indivíduo atuar na cena geradora do trauma de forma que modifique a inscrição traumática em seu psiquismo.

Podemos, também, utilizar a técnica do psicodrama interno, na qual aplicamos procedimentos de relaxamento como a respiração diafragmática profunda e relaxamento muscular progressivo e, nesse estado, induzimos a uma leve alteração de consciência, abrindo dessa forma a possibilidade de entrar em cenas do evento traumático e trabalhá-las. Uma das vantagens dessa técnica é também melhorar os sintomas e modular respostas de excitação durante a revivência dessas situações traumáticas no psicodrama interno.

Em nossa clínica é frequente atendermos pessoas que nos procuram após sequestros, abuso sexual, violência em casa, acidentes de trânsito com morte, assaltos, suicídio de parentes, além de várias outras ocorrências. O procedimento inicial é de acolhimento, medicação quando necessário e atendimento na frequência necessária, de uma vez por semana até diariamente. Assim que passar o impacto do trauma, caso haja indicação, iniciamos a psicoterapia processual.

Psicodrama com portador de transtorno obsessivo compulsivo (TOC)

Esse transtorno é caracterizado por pensamentos, imagens ou impulsos vivenciados como intrusivos e inadequados (obsessões), e por comportamentos ou atos mentais repetitivos, que a pessoa se sente impelida a realizar para diminuir sua ansiedade (compulsões).

As obsessões são definidas como pensamentos, impulsos ou imagens recorrentes e persistentes, experimentadas como intrusivas, que geram ansiedade ou sofrimento ao paciente, que tenta ignorá-las ou suprimi-las por meio de pensamentos ou ações. As compulsões são definidas como comportamentos repetitivos ou atos mentais executados com o objetivo de prevenir ou reduzir o sofrimento e/ou a ansiedade causados pelas obsessões ou por sensações desconfortáveis (DSM.IV, 1994).

Segundo Sonenreich, Estevão e Silva Filho (1999a), as manifestações fóbico-obsessivo-compulsivas podem ser vistas, em termos psicológicos, como resultantes de conflitos, investimentos insuficientes ou inadequados para responder às situações, como também ser estudadas pelo prisma neurofisiológico (desequilíbrio entre as atividades neurais, alterações do tônus e mobilidade dos processos cerebrais).

Os autores sublinham que essas manifestações causam um grande mal-estar, decorrente da angústia causada a partir da ideia de que se possa controlá-las. Os portadores de TOC vivem em constante atividade mental, os pensamentos não cessam e são ineficientes, pois essa atividade mental não resolve problemas, não satisfaz desejos e não alcança satisfação. Impõe pensamentos ruminantes associados a conflitos psicológicos. Sonenreich, Estevão e Silva Filho (1999) designam como "conflito" a situação provocada por ideias, tendências contrárias, entre as quais o indivíduo não faz uma escolha, não toma uma decisão. Nessa situação, o indivíduo fica estagnado, sem horizonte, sem direção e refém de suas dúvidas.

O cérebro processa informações que recebe dentro do próprio organismo e do mundo externo. Identificadas, elas levantam um problema: satisfazer um desejo ou necessidade, evitar um perigo, ou eliminar um mal-estar. Parte dessas mensagens é tratada instintivamente. O que sobra se resolve com base em conhecimentos adquiridos e experiências anteriores. Esses estímulos recebidos provocam atividades em certas redes neuronais. Obtida a solução, a atividade repetitiva encerra-se, as redes entram em repouso e tornam-se disponíveis para outras atividades.

Quando a atividade instintiva – ou aprendida – não resolve o problema, o silêncio neurofuncional não é obtido apesar da resposta dada, pois não há a sensação da realização do desejo ou da eliminação de uma solicitação (necessidade). Uma lesão ou disfunção em uma região cerebral pode constituir um foco de excitação inerte, que irradia sua atividade e invade as redes com que está em conexão. A rede solicitada, mesmo depois de concluir a tarefa, mantém-se em atividade por sinais mandados pelo foco inerte. A sensação de repouso, característica da ação satisfatória, não será alcançada. A rede neuronal permanece em estado de excitação.

Outras vezes, não é o foco inerte o responsável por manter a rede ativada. Isso pode acontecer em virtude da avaliação incorreta do esforço necessário para concluir uma tarefa ou por uma "motivação" insuficiente.

Sonenreich, Estevão e Silva Filho (1999a) salientam que se deve considerar o distanciamento existente entre os projetos de vida e o modo de existir. Repetir situações ou atos que vão contra nossos valores pode constituir fontes de conflitos e, por isso, atividade astenisante. Apesar da crítica ao ato, a ação se repete com a desculpa de o paciente considerar-se incapaz de se controlar e assumir decisões. Repetir compulsivamente uma conduta inadequada consome, provoca estafa e configura o quadro de astenia. Ideias preconcebidas, preconceituosas e assumidas como normativas, sem crítica, sem verificação prática, podem levar a condutas insatisfatórias. O indivíduo não se questiona, declara sua falência e, dessa forma, não se obriga a escolher e muito menos a agir. Apega-se a suas fraquezas e a seus defeitos ou, ainda, culpa as condições, o mundo e as pessoas. Esse relacionamento inadequado tem repercussão neurofisiológica, levando à astenia como uma forma de organização. Em essência, significaria a diferença de dosagem entre a energia investida na realização de uma ação e a que seria de fato necessária para obter o desejado. Esse investimento insuficiente acontece por falta de disponibilidade, por pouca mobilização de recursos ou por falta de motivação. A astenia guarda uma estreita relação entre a atividade e seus resultados, e entre instrumentos e objetivos.

As ideias de "não consigo controlar", "não consigo realizar" e "não consigo suportar" são alimentadas pelos fracassos das atividades insuficientes, inadequadas e inconclusivas, características dos astênicos. O conflito é fonte de astenia e a astenia favorece o conflito.

O tratamento do TOC é realizado com psicofármacos e psicoterapia. A remissão completa desse transtorno é incomum, mas a combinação dos tratamentos pode levar a uma melhora significativa. Estabelecer hipóteses e conhecer mecanismos que fazem parte do adoecer ajudam a estabelecer estratégias de tratamento.

Como vimos do ponto de vista neurofisiológico, o TOC pode ser associado a alterações da neurotransmissão serotoninérgica, assim como estão envolvidos outros sistemas como o noradrenérgico, dopaminérgico ou GABA – isolados ou associados entre si. Utilizam-se antidepressivos tricíclicos como a clorimipramina, os ISRS, antipsicóticos e ansiolíticos. A maioria dos pacientes obtém algum benefício com os ISRS em doses relativamente altas.

A terapia psicodramática, na medida em que ajuda o paciente a resolver seus conflitos, faz que ele restabeleça a capacidade de promover escolhas e aja em maior coerência com seus valores. Na medida em que a ação se completa na cena psicodramática, pode acontecer o silêncio neurofisiológico pela neutralização do foco inerte, ocasionando repouso dessa atividade cerebral e abrindo espaço para a ação de outros circuitos.

Sintomas obsessivos e compulsões são comuns e necessariamente não fazem o diagnóstico de TOC. Quase todo mundo já vivenciou "manias", como de simetria; somar placa de carros; pisar ou não nas riscas que dividem as calçadas etc. Todos nós apresentamos traços de quase todos os transtornos psiquiátricos. A doença é diagnosticada quando um traço se acentua e salta dentre todos, trazendo uma limitação pessoal, familiar, profissional e social. Como sabemos, a doença significa a perda da liberdade e uma limitação no leque de escolhas.

Após vários tratamentos para engravidar, uma paciente por fim conseguiu e teve uma menina. Muito querida, achava-a linda, mas, pela inexperiência com a maternidade, sentia-se insegura e, por vezes, incapaz de cuidar dela adequadamente. Certa ocasião, ao dar-lhe banho e trocá-la, olhou para ela e, intrusivamente, veio--lhe um pensamento: "Ela está linda para ficar no caixão". Desde então esse pensamento não lhe abandona e ela chora, está deprimida e com medo de que seu pensamento se concretize e sua filha morra. Procurou tratamento, foi medicada com ISRS e submetida a sessões de psicodrama, que exploraram não somente seu receio atual, como também outros aspectos relacionados à sua insegurança.

Outra paciente, uma senhora já idosa que morava só, pois todos os seus parentes já haviam falecido, procurou como atividade, por sua fé, ajudar o pároco do bairro. Todos os dias, logo cedo, estava na igreja. Levava o paramento, lavado, engomado e passado em sua casa, com o qual o padre celebraria a missa, varria a sacristia, arrumava o altar, colocava água e vinho nas galhetas e assistia à missa. Vinha já há algum tempo, sem motivo aparente, angustiada, cansada e desanimada, mas sentia que essa tarefa ainda lhe dava forças. Certa ocasião, após toda a rotina diária, ajoelhou-se diante do Jesus crucificado para proferir sua oração e, ao olhá-lo, teve um sobressalto, pois fixou o olhar na veste que cobria Jesus e imaginou seu órgão genital ereto. Julgou-se uma sacrílega e foi ajoelhar-se diante de Nossa Senhora. O pensamento repetiu-se, imaginou-a nua e em todas as suas rezas lhe vinha uma obscenidade no pensamento. Achou que estava condenada ao fogo do inferno e, por isso, abandonou a igreja e não saía mais de casa. O pároco, homem esclarecido, sentindo sua falta, foi até sua casa e a encontrou em péssimo estado: no leito, já desnutrida e muito deprimida. Chamou um médico, que diagnosticou o distúrbio mental. Encaminhada ao hospital, foi tratada com ECT e logo se restabeleceu, voltando à rotina diária. Nesse caso, a eletroconvulsoterapia normalizou a rede neuronal que estava astenisada.

Certa ocasião, um paciente nos procurou por não aguentar mais suas manias, que estavam lhe trazendo sérios problemas na faculdade de engenharia, em que cursava o segundo ano. Contava que não conseguia realizar as provas, pois não conseguia terminá-las. Associava cada letra a um número, por exemplo: a letra "a" correspondia ao número 1, a "b" ao 2 e assim por diante. Associava cada número a um parente, por exemplo, o 1 correspondia ao pai, o 2, à mãe, o 3 a si mesmo, o 4 a seu irmão. Cada vez que escrevia uma das letras, e caso a achasse imperfeita, associava a algum mal que ocorreria com o parente correspondente à letra, então passava a borracha, apagava e a escrevia novamente, se a achasse imperfeita outra vez, apagava de novo. Então a folha da prova rasgava de tanto passar a borracha e as questões não eram respondidas. Dessa maneira, a prova consistia na salvação de seus entes queridos e não na avaliação da matéria. As folhas da prova rasgavam de tanto que apagava as letras consideradas imperfeitas, e não havia conteúdo que pudesse ser avaliado, suas notas eram péssimas, o que nunca ocorreu em sua vida escolar. Durante o processo psicoterápico, revelou que, certa ocasião, na infância, abriu o portão da casa para que sua mãe saísse com o carro e não percebeu que seu irmão menor estava atrás do carro. Ele foi atropelado e faleceu no local. Desde então, não se perdoa e se acha responsável por toda a família, preocupando-se excessivamente e cuidando de todos. Sempre foi excelente aluno, nunca deu preocupações a seus pais, quase não saía de casa, tomava conta de seus irmãos e sempre se mostrou muito responsável. Seu pai tinha a expectativa de que o sucedesse na empresa.

Durante o processo psicoterápico, fizemos um psicodrama com a cena traumática e, em um clima emocional intenso, o paciente conseguiu reparar a sensação de culpa que carregou até então. Entendendo seu sintoma, ele se desfez; passou, então, a realizar provas e afazeres sem se preocupar mais com as imperfeições das letras. Continuou o processo psicoterápico trabalhando outros conflitos e aspectos da vida.

Psicodrama com portador de transtorno somatoforme [DSM-IV] ou transtorno dissociativo (ou conversivo) [CID-10]

Os transtornos somatoformes descritos pelo DSM-IV compreendem um amplo grupo de doenças que têm sintomas e sinais corporais como principal componente. Resultam de disfunções da rede neuronal, nem sempre detectáveis, e originárias de mecanismos cerebrais ainda desconhecidos que fazem o cérebro emitir vários sinais, percebidos e interpretados pelo paciente como sintoma de algum problema grave em seu corpo.

Esse diagnóstico é aplicado ao indivíduo que apresenta sintomas físicos sem etiologia orgânica reconhecível e/ou cuja origem envolve componentes de natureza claramente psicossocial. Outros adjetivos são utilizados para descrever os mesmos sintomas: "psicogênico", "histérico" ou "funcional". Este último termo traduz a ideia de doença sem lesão estrutural ou marcador biológico, mas com alterações que afetariam a função do(s) sistema(s) acometido(s) (Tófoli e Andrade, 2007).

As classificações psiquiátricas DSM-IV-TR e CID-10 apresentam divergências quantos aos critérios diagnósticos dos transtornos somatoformes. A principal é que o DSM-IV-TR classifica os transtornos conversivos como somatoformes, e a CID-10 os coloca na categoria de dissociativos (ou conversivos).

O DSM-IV-TR reconhece cinco transtornos somatoformes específicos: (1) transtorno de somatização, caracterizado por queixas físicas que afetam sistemas de órgãos; (2) transtorno conversivo, caracterizado por queixas neurológicas; (3) hipocondria, caracterizada pela crença do paciente de ser portador de uma doença específica; (4) transtorno dismórfico corporal, caracterizado por uma crença falsa ou percepção exagerada de que uma parte do corpo é defeituosa; (5) transtorno doloroso, caracterizado por sintomas de dor que são exclusivamente relatados ou exacerbados de forma significativa por fatores psicológicos.

Na CID-10 não existe equivalente exato do transtorno dismórfico corporal, os pacientes que apresentam reações patológicas frente a defeitos físicos menores ou imaginários são considerados hipocondríacos e têm como diagnóstico dismorfofobia. Outra diferença é a presença exclusiva, na CID-10, do transtorno neurovegetativo somatoforme, que corresponde aos quadros descritos anteriormente como distúrbios psicossomáticos. Trata-se de sintomas ligados à manifestação de órgãos inervados pelo sistema nervoso periférico na ausência de lesões orgânicas demonstráveis.

Os portadores desses transtornos buscam atendimento médico e geralmente fazem uma romaria por consultórios de várias especialidades: cirurgiões, cardiologistas, neurologistas, dermatologistas etc. Submetem-se a todas as espécies de exame e não se conformam que seus sintomas não indiquem nenhuma doença física. Alguns passam por cirurgias desnecessárias e até mutiladoras. Procuram soluções em inúmeros especialistas – exceto no psiquiatra, é claro –, e alguns se sentem até ofendidos quando são encaminhados.

Atendemos há muitos anos uma paciente que chamaremos de Renata, para preservar sua identidade. Aos 27 anos, apresentou um quadro depressivo severo que lhe trouxe enorme sofrimento e limitação, razão pela qual procurou psiquiatra. Iniciamos seu tratamento com antidepressivo (clorimipramina), necessitando de dose alta (300 mg/dia) para a remissão do quadro, o que aconteceu no período habitual, em torno de três meses. Depois continuou o tratamento com a dose de manutenção (75 mg/dia) e psicoterapia; no entanto, permanece com quadro de somatizações.

Renata é casada e tem uma filha. Seu marido é atencioso e algo submisso, pois, quando contrariada, a paciente sente-se mal, chora muito e apresenta dores polimorfas no abdome, nas articulações, na cabeça, na coluna e dores musculares em todo o corpo. Vive mudando de clínicos, pois acha que nenhum consegue acertar o diagnóstico e curar suas dores. Já foi submetida a inúmeros exames, com suspeita diagnóstica de várias moléstias: cólon irritável, fibromialgia, hérnia de disco, hipertensão arterial leve, entre outras, e, por isso, vive medicada com anti-inflamatórios, analgésicos, antiácidos e protetores de mucosa gástrica. Ainda assim, permanece com medicação antidepressiva em dose baixa. Devido a esse quadro polissintomático, já passou por vários procedimentos invasivos e cirurgias: para hérnia de disco, colecistectomia, apendicectomia. Já deve ter passado por quase todos os exames laboratoriais e de imagens do repertório médico. É a paciente que mais telefona, sempre com queixas somáticas. Por vezes, um simples diálogo evita sua visita a um serviço de emergência. Estabelecemos com Renata e seus familiares uma aliança terapêutica, conseguimos que parasse de consultar, desnecessariamente, especialistas que, por não conhecerem o caso, iniciavam toda a série de exames e procedimentos por vezes invasivos que agravavam seu quadro, com períodos de maior limitação e outros assintomáticos.

No psicodrama, trabalhamos exaustivamente vários aspectos de sua vida. Em seu relacionamento familiar, era muito dependente do pai, um patriarca. Todos os filhos trabalhavam com ele, inclusive seu marido. O pai de Renata contraiu câncer de rim com evolução longa e faleceu, cuidado por ela durante toda a moléstia. Sua mãe, agora portadora de demência tipo Alzheimer, mora em seu prédio e também é cuidada por ela. Renata possui vários irmãos e seu relacionamento é conflitante com a maioria deles. Sua filha, já formada em Direito, mora com os pais e encontra-se em preparativos para seu casamento.

O caso de Renata mostra um transtorno de somatização com quase todos os componentes para fechar esse diagnóstico: ocorrência em idade jovem, polissintomatologia recorrente e crônica, romaria aos consultórios e serviços de emergência, relacionamentos pautados por padrões de dependência e, apesar do processo terapêutico (medicamentoso e psicoterápico), o resultado foi modesto, tendo como principal benefício uma relação de confiança que possibilitou a aliança terapêutica para protegê-la de procedimentos médicos precipitados, como cirurgia exploratória e prescrição de opioides. Atualmente, recebe medicação antidepressiva (duloxetina) que alivia suas dores e controla episódios depressivos.

Transtornos dissociativos ou conversivos (TDCs)

A característica comum a todos os transtornos dissociativos ou conversivos é a perda parcial ou completa da integração normal entre memória e consciência da própria identidade, aliada a sensações de perda de controle dos movimentos corporais. Durante muito tempo, foram chamados de "histeria de conversão", termo retirado das classificações CID e DSM com a justificativa de ter conotação negativa além de inúmeros significados e, por isso, ser um termo impreciso. Na CID-10 recebem a sigla F44.

Os TDCs têm, presumidamente, origem psicogênica, e apresentam estreita relação temporal com eventos traumáticos, problemas insolúveis ou intoleráveis ou relações pessoais deterioradas de forma grave. São descritos os seguintes TDCs:

Amnésia dissociativa (F44.0): caracterizada pela incapacidade de recordar informações quase sempre relacionadas a um evento estressante ou traumático ou a relacionamentos pessoais com problemas graves. A origem é, portanto, presumidamente psicogênica. Essa amnésia não pode ser explicada como um esquecimento comum, ingestão de substância, pela ação da fadiga ou condição médica geral. Mesmo nesse estado, a pessoa se mantém intacta a respeito de informações gerais (Sadock, 2007).

O conceito de dissociação envolve a ideia de que a mente é composta de um sistema com vários módulos em constante interação e que se integram, constituindo a unidade da consciência. Quando acontece um evento estressante que ultrapassa a capacidade de integração desses módulos, dois ou mais processos mentais não se integram e são dissociados, pois podem perder suas conexões funcionando de maneira autônoma. O próprio DSM-IV expressa esse conceito de dissociação como "uma ruptura nas funções habitualmente integradas da consciência, memória, identidade ou percepção do ambiente" (Moreira-Almeida, Alvarado e Zangari, 2007). A amnésia dissociativa deve ser diferenciada da amnésia global transitória, que afeta mais as lembranças recentes que as remotas, tem a duração de 6 a 24 horas e, durante o episódio, o indivíduo consegue realizar operações mentais e atos complexos, pois está ciente da amnésia. A recuperação costuma ser completa. A causa mais frequente são ataques isquêmicos transitórios que afetam estruturas cerebrais límbicas da linha média. Também pode estar associada a enxaquecas, convulsões e intoxicação com drogas hipnóticas (Kaplan e Sadock, 2007).

Recebemos no consultório uma senhora com sessenta anos de idade, trazida por seus familiares, muito assustados devido a uma perda de "memória". Acharam que ela havia tido um derrame ou alguma doença mais grave, como um tumor cerebral. A paciente mostrava-se assustada com o exame, angustiada e perplexa. Porém, sabia informar seu nome, endereço, nome de seus filhos e marido, entendia minhas perguntas e as respondia quando possível. Não conseguia orientar-se no tempo e sentia-se angustiada por não saber o que estava acontecendo consigo e por ter perdido a memória. Seu discurso mostrava-se coerente, mas com lembranças fragmentadas de sua história.

Seu marido informou que ela era uma pessoa saudável, um pouco medrosa e nervosa. O acontecimento novo era que, naquela madrugada, havia nascido seu neto e, desde que recebeu a notícia, perdeu a memória, esquecendo-se inclusive da gravidez da filha. Nossa conduta inicial foi medicamentosa com quetiapina 25 mg/dia, pois seu sistema nervoso deveria estar em estado de esgotamento, astenisado, e a amnésia localizada do evento recente, portanto seletiva, estava relacionada à gravidez da filha e ao nascimento do neto. O quadro evoluiu em dois dias com remissão total e a paciente prosseguiu o tratamento somente com psicoterapia, pois nas consultas posteriores revelou sérios conflitos no relacionamento familiar e um desejo de resolvê-los. É importante ressaltar que, no momento agudo da dissociação, a primeira medida que o terapeuta deve tomar é de acolhimento. Em seguida, deve procurar estabelecer uma aliança terapêutica, além de ajudar a reorientar o paciente diante dos acontecimentos e, na medida do possível, colocá-lo diante dos fatos que não estão integrados em sua consciência.

Fuga dissociativa (F44.1): é definida como um tipo de dissociação semelhante à amnésia dissociativa, sendo que, nesse caso, o paciente se afasta dos lugares em que vive ou trabalha e não consegue se lembrar da própria identidade e de sua vida anterior. Por vezes, assume identidades e ocupações totalmente novas. O abuso do álcool pode predispor à fuga dissociativa, mas acredita-se que a base seja psicogênica.

Atendemos a uma paciente que saiu com amigos para um bar, em São Paulo, e, sem saber como, acordou só e totalmente assustada em um hotel. Mais apavorada ainda ficou quando ligou para a recepção e soube que estava em Buenos Aires. Não fazia a menor ideia de como foi parar lá, sua última recordação era a da mesa no bar, com seus amigos. Tem certeza de que não usou drogas, somente bebida alcoólica. É importante assinalar que essa pessoa vivia um sério problema conjugal e um conflito entre manter ou não o casamento, fator que deve ter influenciado nesse episódio de fuga dissociativa, pois esse transtorno está relacionado a eventos traumáticos fortemente estressantes e situações de profunda frustração. Nesse caso, não podemos ignorar o uso de bebida alcoólica. Essa paciente prosseguiu tratamento psicodramático individualmente e, posteriormente, em grupo. Depois disso, não apresentou mais nenhum episódio semelhante.

Estupor dissociativo (F44.2): trata-se de um estado de intensa diminuição ou ausência de movimentos voluntários e resposta normal a estímulos externos como luz, ruídos e toque. Não há alteração importante do estado de consciência. O tônus muscular, a postura estática e a respiração estão normais. Deve-se fazer o diagnóstico diferencial com estupor de origem orgânica e com estupor catatônico e depressivo.

A abordagem psicoterápica pode ser feita por meio de relaxamento e psicodrama interno. Pode ser usado também um procedimento chamado de narcoanálise, que consiste na aplicação de um hipnótico endovenoso em dose baixa para induzir o paciente a um estado de relaxamento, quase um sono. Nesse estado, aplicamos uma técnica semelhante ao psicodrama interno, visando à catarse emocional desencadeada pelo suposto material reprimido.

Transtorno de transe e possessão (F44.3): No transe há alteração temporária do estado de consciência, traduzido pela perda de identidade pessoal e pelo estreitamento da percepção do ambiente em que se encontra. Não são considerados patológicos os transes e as vivências mediúnicas. São considerados transtornos psíquicos quando acontecem fora de um contexto cultural aceitável, com pessoas que estejam vivenciando alguma espécie de sofrimento psíquico associada a outras evidências psicopatológicas. Geralmente ocorrem em situações de estresse e conflitos, e podem estar associados ao abuso de álcool ou outras drogas. No transtorno de possessão, o indivíduo está convencido de que foi possuído por um espírito, poder, divindade ou mesmo outra pessoa (Moreira-Almeida, Alvarado e Zangari, 2007).

Nos grupos de psicodrama realizados na enfermaria do Serviço de Psiquiatria do HSPE, algumas vezes, durante o psicodrama e em situações de maior emoção, aconteceu de um paciente entrar em transe, como se estivesse recebendo um espírito. Quando isso acontecia, interrompíamos a dramatização e conversávamos com o paciente em transe, buscando uma conexão com o tema envolvido na dramatização. Geralmente, o paciente saía do transe e se conectava com o contexto do psicodrama. Outras vezes, quando o transe parecia totalmente fora do contexto dramático, sugerindo uma atuação, o terapeuta dizia em tom autoritário que ali não era o local para esse acontecimento. Surpreendentemente, ele saía do transe ou da "possessão". Na última etapa desse psicodrama, no compartilhamento, buscava-se identificar, com o paciente, fatores e conflitos que desencadearam o episódio.

Transtornos dissociativos de movimento ou sensação (F44.4 a F44.7): Os pacientes que possuem esse transtorno apresentam manifestações clínicas que podem ser confundidas com outras doenças. Trata-se dos transtornos conversivos. O termo "conversão" significa que conflitos são transformados (convertidos) em sintomas físicos, geralmente de início abrupto e, por isso, são levados primeiramente aos serviços de emergência. Lá, são diagnosticados como portadores de um "ataque histérico". São atendidos e, dependendo da formação do médico do serviço de emergência, recebem beliscões, inalação de amoníaco, injeção de benzodiazepínico e, em alguns casos, acolhimento. É importante assinalar que qualquer procedimento é eficiente para tirar o paciente do "ataque histérico". Deve-se utilizar o procedimento de acolhimento e investigar a causa. Depois disso, o paciente deve ser encaminhado ao psiquiatra. É importante lembrar que tais sintomas ocorrem fora do controle consciente da pessoa e expressam um sofrimento psíquico com o qual não é possível lidar de forma adequada. Quase sempre os sintomas são perda ou alteração de movimentos (paralisias), perda sensorial (áreas de anestesia) ou, ainda, desmaios ou pseudoconvulsões. Esses sintomas costumam ser leves e transitórios, com duração de, no máximo, poucas horas.

Esse transtorno dissociativo ou conversivo (CID-10), também chamado de transtorno de somatização pelo DSM-IV-TR, é reconhecido desde a antiguidade e sua denominação inicial foi "histeria". Acreditava-se que fosse uma doença exclusiva das mulheres, causada pelo deslocamento do útero. Mais tarde, constatou-se que homens também poderiam apresentar quadro histérico. No século XVII, Thomaz Sydenham e Thomas Willis localizaram a causa da histeria no cérebro, mas reconheceram que fatores psicológicos, os quais denominavam "tristezas antecedentes", estariam envolvidos na patogenia dos sintomas. Em 1859, Paul Briquet, médico francês, observou e descreveu a multiplicidade de sintomas e sistemas de órgãos afetados, e constatou o curso crônico dessa síndrome que recebeu o nome de síndrome de Briquet. O transtorno conversivo é uma alteração do funcionamento corporal que não apresenta correspondência com os conhecimentos atuais de anatomia e fisiologia do sistema nervoso central e periférico. Ocorre tipicamente em uma situação de estresse e produz considerável limitação social. Briquet, Charcot e Pierre Janet contribuíram no desenvolvimento desse conceito, ligando-o à hereditariedade e à frequente associação com um acontecimento traumático.

Sigmund Freud frequentou os cursos de Charcot na Salpêtrière. Entre 1892 e 1894, colabora com Joseph Breuer no estudo da histeria e observa como a energia afetiva ligada a eventos traumáticos pode provocar perturbações. O termo "conversão" foi por ele introduzido com base em seu trabalho com Anna O., em que lançou a hipótese de que os sintomas do transtorno conversivo refletiam conflitos inconscientes. Em geral, o conflito é entre um impulso instintivo e a proibição de sua expressão. Para Freud, resultam de uma luta entre tendências conscientes e tendências inconscientes, sobretudo de natureza sexual.

A histeria foi exaustivamente estudada principalmente pelos psicanalistas no século XIX e durante o século XX. A partir de 1980, com a criação do DSM-III e dos seguintes (DSM-IV e DSM-IV-TR), foi denominada de transtorno de somatização e, na CID-10, recebeu o nome de transtorno dissociativo conversivo. A noção de "histeria" como nos referimos anteriormente foi rejeitada pelos formuladores do DSM-III, por ser um termo carregado de estigma e, ainda, por ser um conceito com forte etiologia psicanalítica, considerado vago pois abrange tanto o normal quanto o patológico. Até hoje, alguns psiquiatras utilizam o termo histeria e somente atualizam sua conduta clínica.

Ramadam (2005) chama a atenção para o fato de que alguns psiquiatras contemporâneos utilizam, ao pé da letra, as classificações CID e DSM e, por meio de uma delas, realizam o chamado "diagnóstico operacional", combinado ao conceito de "sintoma alvo". Abandonam, então, a busca da etiopatogênese (psicopatologia explicativa e compreensiva) em favor dos sintomas vulneráveis aos fármacos da moda. Dessa forma, a histeria dissociativa e conversiva foi transformada em transtornos "somatoformes" e "ansiosos", na proporção em que os benzodiazepínicos e outros medicamentos atenuam suas manifestações.

Nos TDCs, as causas são presumidamente psicogênicas, exigindo do profissional uma entrevista que aborde amplos aspectos da vida do paciente na busca de fatores psicogenéticos que expliquem e ajudem a tratá-lo. A soma dos sintomas traz pouca ajuda ao tratamento, somente busca classificá-lo. O uso de medicação nesse tipo de transtorno é secundário, sendo mais importante a abordagem psicoterápica.

A causa desse transtorno é desconhecida. Há formulações psicossociais que interpretam os sintomas como comunicações sociais cujo objetivo é evitar obrigações, expressar emoções ou simbolizar um sentimento ou crença. Interpretações psicanalíticas, dentre outras hipóteses, consideram que os sintomas substituem impulsos instintivos reprimidos. Alguns estudos indicam uma base neurofisiológica para esse transtorno, os portadores parecem apresentar comprometimentos característicos, cognitivos e de atenção, que levam à percepção e avaliação defeituosa das aferências somatossensoriais (Kaplan e Sadock, 2007).

O sintoma permite a expressão parcial do desejo ou da necessidade proibida e, disfarçado dessa forma, o paciente não se confronta de forma consciente com os impulsos inaceitáveis. Isto é, o sintoma do transtorno conversivo tem uma relação simbólica com o conflito inconsciente, trata-se da conversão de afetos dolorosos em sintomas clínicos (Kaplan e Sadock, 2007). Teoricamente, os sintomas seriam secundários à repressão ou dissociação de memórias e/ou afetos. O objetivo seria a resolução simbólica de conflitos inconscientes e uma tentativa de manter memórias dolorosas fora da consciência.

O ganho primário com os sintomas é manter o conflito fora da consciência. O transtorno conversivo é uma doença da relação com o outro, é um apelo pela "doença". O ganho secundário está na atenção e privilégios obtidos com base nos sintomas, que muitas vezes funcionam como instrumento de controle e manipulação, por isso mantidos. Alguns pacientes exibem uma atitude impassível em relação à gravidade dos sintomas, ignorando-os. Essa atitude é descrita e conhecida como *belle indiférence*.

Segundo Kaplan e Sadock (2007), fatores biológicos e neurofisiológicos também são implicados no desenvolvimento dos sintomas dos transtornos conversivos. Esses sintomas podem ser causados por uma ativação cortical excessiva, que desliga alças de *feedback* negativo entre o córtex cerebral e a formação reticular do tronco cerebral. Níveis elevados de *outputs* corticofugais, por sua vez, inibem a consciência do indivíduo acerca da sensação corporal, que pode explicar os déficits sensoriais observados em alguns pacientes com transtorno conversivo.

Paralisias, cegueira, surdez e mutismo são os sintomas mais comuns. São frequentes também parestesias e paralisias parciais ou completas, em especial das extremidades. Os sintomas motores se manifestam por movimentos anormais, movimentos coreiformes e outros de grau variável de incoordenação principalmente em membros inferiores (ataxia), trazendo dificuldade para a marcha. Outros sintomas são tremores e contraturas de extremidades ou de todo o corpo, caracterizando o "grande ataque histérico" (alguns pacientes apresentam uma contratura corporal tão intensa, generalizada e espástica que chegam ao opistótono, situação em que a pessoa fica no chão, apoiada somente pela região occipital da cabeça e o calcanhar, formando um arco com o corpo). Importante lembrar que esses sintomas não têm correspondência com doenças neurológicas tanto centrais como periféricas.

Outro quadro é o de pseudoconvulsões ou crises não epilépticas psicogênicas, que passaram a ser mais bem diagnosticadas com a monitorização videoeletroencefalográfica, o vídeo EEG. Trata-se de um procedimento diagnóstico no qual o paciente permanece com os eletrodos na cabeça e é filmado por uma câmara de vídeo durante um período variável de tempo, por vezes até um dia inteiro. Nesse período, as crises acontecidas podem ter ou não correspondência ao traçado eletroencefalográfico.

Certa ocasião, atendemos a uma paciente encaminhada por seu neurologista, pois seu quadro convulsivo não respondia, ou o fazia irregularmente, ao tratamento com anticonvulsivantes. Foi internada no setor de neurologia do Hospital Osvaldo Cruz e monitorada por meio do vídeo EEG. Ficou claro que suas crises não eram acompanhadas de traçados eletroencefalográficos de padrões convulsivos e também não apresentou, nesse período de monitoramento, nenhuma alteração. Feito esse diagnóstico, a paciente foi adequadamente tratada com psicoterapia psicodramática e, por apresentar alterações distímicas, foi prescrito um ISRS (fluoxetina). Ela evoluiu bem e nunca mais apresentou as crises pseudoconvulsivas.

Outra paciente, participante do programa de reabilitação psicossocial do CRHD do IPq-FMUSP, portadora de um grave quadro de epilepsia, de difícil controle, fazia uso de associações de anticonvulsivantes em doses altas. Seu quadro era acompanhado também de pseudoconvulsões (antigamente esses quadros recebiam o nome de hístero-epilepsia). Por frequentar diariamente o hospital-dia, a equipe de tratamento conseguiu, após algum tempo de atenta observação, diferenciar as crises convulsivas das pseudoconvulsivas, sendo que estas últimas geralmente eram precedidas de alguma frustração. Com o manejo psicoterápico, as pseudoconvulsões foram se tornando cada vez mais raras.

Dentre os sintomas viscerais mais comuns estão os vômitos psicogênicos, a pseudociese, o *globus hystericus* (sensação de uma bola parada na garganta ou esôfago), desmaios e síncopes, retenção urinária e diarreia. Habitualmente, esses quadros são de curta duração, com início e fim abruptos relacionados ao evento estressor. As paralisias e as anestesias têm evolução mais lenta e algumas vezes podem se cronificar.

Devemos sempre fazer uma boa anamnese e um cuidadoso exame físico e neurológico, pois os quadros conversivos mostram-se inconsistentes apenas no exame neurológico (nas paralisias, mantêm-se preservados os reflexos tendinosos profundos) e as perdas sensoriais cutâneas apresentam-se sem correspondência aos territórios de inervação. Os exames complementares também se apresentam sem as alterações correspondentes ao quadro suspeito.

Os portadores desses transtornos fazem parte do atendimento cotidiano de todos os serviços de emergência e também dos ambulatórios e consultórios médicos e psiquiátricos.

A abordagem por meio do psicodrama como método de ação é particularmente eficaz, dadas as características dessas pessoas, de modo geral teatrais e sugestionáveis, chamadas, por isso, de histriônicas. Não apresentam dificuldades de se expor, gostam do trabalho em grupo e contribuem positivamente em sua dinâmica.

Na dramatização, podemos dar voz ao sintoma e investigá-lo. Por exemplo, em um portador de paralisia, podemos fazê-lo dar voz ao membro paralisado e, por meio do diálogo com essa parte do corpo, vamos em busca do conflito.

O psicodrama interno, abordagem psicodramática após a indução do paciente a um estado de relaxamento, costuma produzir ótimos resultados, pois é porta de entrada para a visualização, conhecimento e, algumas vezes, para a resolução de conflitos. É o equivalente psicodramático da narcoanálise, método que induz o paciente a um estado de relaxamento com leve rebaixamento da consciência por meio da injeção de amobarbital ou outro hipnótico, após o qual é realizado o procedimento de investigação do conflito, como um psicodrama interno. Acredita-se que com esse procedimento aconteça uma diminuição da censura, permitindo que o material reprimido venha à consciência.

Certa ocasião, atendemos a uma paciente trazida ao consultório por seus familiares, que contaram assustados que, repentinamente, ela perdeu os movimentos das pernas, ficando paralítica. Foi, então, levada a um serviço de emergência e examinada por toda a equipe médica, além de consultada por neurologista e neurocirurgião. Após minucioso exame clínico e vários exames de laboratório e de imagens, como ressonância magnética e angiorressonância, concluíram que ela não apresentava nenhum problema neurológico. Recomendaram, então, a consulta a um psiquiatra. Esse quadro já durava dois dias.

A paciente foi trazida a nossa sala por seus familiares, que ajudaram nessa primeira entrevista e contato; era uma jovem bonita e bem cuidada. Contribuía com as informações dadas pelos familiares e complementava-as, emocionando-se, principalmente quando o assunto se referia à doença do pai. Porém, parecia indiferente e, por vezes, até "orgulhosa" de sua paralisia, da qual falava com naturalidade. Foi solicitado aos familiares que fossem para a sala de espera, para que pudesse ser examinada sem interferências.

Deitada no sofá, com as cortinas fechadas e a sala levemente escura, foi iniciado um processo de relaxamento.

Em uma primeira etapa, foi solicitado que fechasse os olhos e deixasse que o terapeuta a comandasse com a voz. O início foi pelo comando da respiração, o terapeuta falava baixo, de forma lenta, compassada e repetitiva: "inspire o ar e solte", "preste a atenção na forma como o ar entra em seu corpo", "sinta-o entrar pelo nariz e pela boca e percorra o caminho que faz, levando-o até a base do pulmão", "procure respirar mais com o tórax que com o abdome". Todos esses comandos eram repetidos várias vezes, com voz baixa e compassada. Algumas vezes, era solicitado que inspirasse profundamente e segurasse o ar, só soltando após alguns momentos, quando passasse a sentir desconforto. Esse procedimento desvia a atenção do sintoma e a concentra no corpo.

Após essa fase, foi solicitado que passasse a prestar atenção a suas pernas (sempre com o mesmo comando, falando lenta, repetida e compassadamente: "inspire o ar e solte"). Os comandos foram:

- Concentre sua atenção, visualize seus pés e calcanhares e procure relaxá-los (com a sala silenciosa ouvia-se somente o comando de voz e a respiração compassada).
- Vá subindo esse relaxamento pela barriga das pernas em direção aos joelhos (e sempre falando, compassadamente: "inspire o ar e solte". Após algum tempo, foi solicitado que continuasse subindo o relaxamento pelo corpo).
- Relaxe dos joelhos até a articulação do quadril (ainda com o mesmo comando de voz).
- Relaxe todo o quadril (foi dado um tempo para que relaxasse esse seguimento corporal e continuou-se).
- Relaxe a coluna em direção ao pescoço (o comando de voz lento e compassado a induziu a um estado de relaxamento, percebido por meio de pequenos abalos musculares das pernas).
- Relaxe a musculatura do pescoço e ombros e vá em direção às articulações dos braços. (pequeno intervalo de tempo) Agora, dos braços em direção aos antebraços (e mantendo sempre o comando de inspirar o ar e, devagar, soltá-lo).
- Agora, dos antebraços em direção aos punhos.
- Por fim, dos punhos em direção a cada um dos dedos. Esse relaxamento segmentar tem também a função de desviar a paciente de seu sintoma e entrar em contato com imagens internas.

Com a paciente bastante relaxada, foi dada por terminada essa primeira fase do procedimento.

Na segunda fase, o terapeuta solicitou que permanecesse com os olhos fechados e percorresse mentalmente todo o seu corpo, procurando algum sinal de tensão. A paciente disse que sentia uma dormência e um calor em ambas as pernas. Solicitou-se que visualizasse as pernas e criasse uma imagem delas.

Via-as como se estivessem incandescentes e com os ossos pretos e carbonizados.

– Desde quando? Procure em sua mente o momento em que suas pernas começaram a incandescer e associe a um momento ou imagem de sua vida.

Conta que sempre foi uma pessoa livre, cheia de vida e vivia em uma família com muita harmonia, bastante ligada a seu pai. Soube há pouco tempo que ele estava com câncer de intestino. Tal notícia correspondia a seu casamento, já próximo, com consequente mudança para os Estados Unidos, onde realizaria, junto com seu companheiro, o MBA. Queria ir, mas sentia-se obrigada a cuidar do pai e temia o fim de sua vida. Não tinha escolha, não poderia desistir já com tudo acertado para o casamento e a viagem. Sua vida era um mar de indecisões, diariamente pensava em não se casar e ficar cuidando do pai, também achava que deveria ir e dar seguimento ao seu sonho, mas isso a deixava culpada. Não se resolvia, passava o dia angustiada e, por mais que conversasse com os pais, com o noivo e amigos, nada decidia.

Muito emocionada, chorava o medo de perder o pai e a culpa por deixá-lo. Foi solicitado que respirasse fundo e continuasse a história.

Contou que dois dias antes, pela manhã, sentiu as pernas dormentes, levantou-se da cama e caiu, suas pernas não a sustentavam. Gritou por socorro e foi levada ao serviço de emergência de um hospital de primeira linha, foi submetida à consulta de diversos especialistas e a vários exames. Constatou-se que não apresentava lesão neurológica, mas, apesar da conclusão médica, permanecia com o sintoma. Apesar de assustada, não se preocupou com a paralisia, pois, estranhamente, estava mais tranquila.

Continuando o psicodrama interno solicitou-se que ela, como se fosse sua própria médica, visualizasse novamente o interior de suas pernas e as tratasse. Passou unguentos, soro fisiológico, limpou os ossos e concluiu o tratamento.

Prosseguindo, ela deveria fazer uma projeção de sua vida em um futuro próximo. Projetou-se em Nova York, na Universidade de Colúmbia, morando no próprio *campus*. Pedi que, de lá de Nova York, olhasse para a casa de seus pais e descrevesse o que via: seu pai já operado, sem cabelo devido à quimioterapia, mas em bom estado de saúde, já trabalhando e com toda a família em ordem, com a harmonia de sempre. Foi solicitado que enviasse, em silêncio, através do ar, uma mensagem a seu pai. Novamente muito emocionada, fez isso em silêncio. Seu choro sentido e quase silencioso revelava a catarse.

O terapeuta solicitou que abrisse os olhos e lentamente se espreguiçasse, esticando braços e pernas. Lentamente o fez. Sentou-se no sofá e, com auxílio, levantou-se. Inicialmente insegura, ensaiou alguns passos e logo andou pela sala com mais desenvoltura. Estava surpresa, pois suas pernas respondiam a seu comando.

Os familiares foram chamados à sala e, ao entrarem, encontraram-na em pé. Então, ela foi em direção ao pai, abraçou-o emocionadamente. O pai respondeu da mesma forma e, assim, todos os familiares a abraçaram emocionados.

Parece milagre. É assim que muitos paralíticos ou portadores de cegueira, surdez e outros sintomas sensoriais ou de movimento, por vezes, curam-se em um ambiente religioso catártico. Os portadores desses transtornos podem fazer a fama de muitos milagreiros. A psicoterapia é um ato pensado a cada etapa, por isso está longe de ser mágica.

No consultório, o procedimento é essencialmente médico e com postura de acolhimento e psicoterapia. Nesse caso, foi utilizado o psicodrama interno, que a levou a uma catarse, possibilitando a resolução do sintoma.

Após essa consulta, permaneceu em psicoterapia por mais seis meses e, então, casou-se e foi para a Universidade de Colúmbia com o marido.

Por fim, dentro dos TDCs, vamos abordar a síndrome de Ganser, descrita em 1898 pelo alemão Sigbert Ganser (1853-1931). Ele descreveu essa síndrome em presidiários, e ela consiste em respostas aproximadas, mas absurdas, às perguntas formuladas. Trata-se da produção voluntária de sintomas psiquiátricos graves, por exemplo:

– Quanto é três vezes quatro?

A resposta:

– 43.

Costuma-se dizer que "nessa síndrome, o louco se faz de mais louco que qualquer outro louco mais louco". Essa síndrome costuma estar associada a outros fenômenos dissociativos, como amnésia, fuga, alterações da percepção e sintomas conversivos. Geralmente a natureza pansintomatológica nos faz suspeitar do diagnóstico de síndrome de Ganser. Parece ser mais comum em prisioneiros e pacientes internados. Algum transtorno grave de personalidade pode ser um fator predisponente. A resolução do quadro é súbita e os pacientes manifestam amnésia em relação ao evento (Kaplan e Sadock, 2007).

Tratamento psicodramático com portador de hipocondria

Também é frequente atender pacientes com diagnóstico de hipocondria. Trata-se de pessoas que nos são indicadas por clínicos gerais e que já foram, durante meses, exaustivamente examinadas, inclusive por outros clínicos, sem a constatação de nenhuma doença. Porém, o paciente não aceita esse diagnóstico e permanece preocupado, convicto de que possui uma doença grave não diagnosticada, com medo mórbido de adoecer. Com relutância e desconfiança, aceita ir à consulta psiquiátrica para tratar de ansiedade ou sintomas depressivos, mas, ainda assim, convicto de ser portador de uma doença não diagnosticada que o levará à morte.

A maioria dos portadores desse quadro tem em torno de quarenta anos de idade e, desde criança, tem saúde considerada débil, como asma, baixo peso corporal, alergias, dores de cabeça frequentes etc. Foi alvo de preocupações dos pais e, por isso, a família visitou constantemente o pediatra.

Passado o primeiro instante de desconfiança explícita ao tratamento psiquiátrico, o paciente passa, com o auxílio habilidoso do profissional, a substituir suas descrições de sintomas por preocupações com sua forma de vida, sua convivência familiar, com a maneira como estabelece relações sociais e amizades e, ainda, suas dúvidas, incertezas e conflitos.

Esses aspectos e preocupações da vida são tratados por meio da abordagem psicodramática, verbalmente ou com dramatizações e outros recursos do psicodrama. Vieira (1999) escreve a definição de "psicossomática" como o estudo multiaxial da doença em quatro eixos: a pessoa, o ambiente, a evolução, a idade – que serve perfeitamente aos fins do psicodrama, pois essa terapia, com influência do enfoque existencial, trata a pessoa em interação e reconstrói o espaço/ambiente e o tempo (evolução/idade) no contexto dramático. Após algum tempo de terapia individual, o paciente pode, com vantagens, prosseguir o tratamento psicodramático em grupo. O grupo favorece o tratamento dos conflitos relacionais, promove uma interação com qualidade e retira o paciente de seu isolamento que favorece os pensamentos ruminantes ligados a doenças. Além disso, oferece a possibilidade de se espelhar em quem tem transtorno semelhante. A prescrição de medicamentos que controlam a ansiedade pode ser necessária.

Psicodrama com portador de dismorfofobia (CID-10) ou transtorno dismórfico corporal (DSM)

Essa condição foi descrita há mais de cem anos e denominada dismorfofobia por Emil Kraepelin, que a considerava uma neurose compulsiva. Pierre Janet a nomeou como obsessão da vergonha do corpo. Freud, em seu trabalho o *Homem dos lobos*, descreveu o portador do transtorno como uma pessoa excessivamente preocupada com o próprio nariz (Kaplan e Sadock, 2007).

A pessoa que recebe esse diagnóstico apresenta uma preocupação exagerada com algum defeito corporal que imagina portar e lhe causa sofrimento e dificuldades nas relações sociais. Em geral, são pequenas alterações na face e pele, como assimetrias, marcas vasculares, nódulos subcutâneos, acne, assimetrias nas partes contralaterais do corpo, por exemplo, mamas, membros superiores ou posteriores, sensação de desproporcionalidade no pênis ou vagina e, ainda, podem incluir sensação de feiúra.

Nas classificações atuais CID-10 e DSM-IV-TR, há divergências, sendo que na primeira o nome é "dismorfofobia" e faz parte do transtorno hipocondríaco devido ao alto grau de ansiedade e características obsessivas. A dismorfofobia delirante é classificada pela CID-10 na categoria de transtorno delirante persistente (Andrade e Tófoli, 2007).

Há pacientes que correm risco de morte por se tornarem anoréxicas e com preocupações excessivas, quase delirantes, em relação ao peso e forma corporal. Algumas, já em caquexia, continuam a se sentir gordas, escondendo comida e permanecendo em regime alimentar suicida. Os portadores de anorexia são tratados por uma equipe formada por clínico, endocrinologista, psiquiatra, nutricionista e educador físico.

O tratamento dos portadores de transtorno dismórfico corporal ou dismorfofobia exige intensa dedicação dos terapeutas envolvidos em seu tratamento. Quase sempre é necessária a inclusão de familiares para complementar a aliança terapêutica. Depois de estabelecida a relação de confiança com os terapeutas, é importante sua indicação para um grupo de psicodrama, pois, em um clima favorável, poderá ter um *feedback* a respeito de sua imagem corporal, além de tratar seus conflitos, sua autoestima e a forma de relacionamento com os outros.

Recebemos um paciente que não se conformava com sua estatura corporal. Era um jovem com pouco menos de trinta anos de idade. A razão para procurar um psiquiatra foi a insistência de amigos e familiares, pois andava triste com o rompimento de um relacionamento com uma mulher por quem se considerava perdidamente apaixonado. Atribuía o fim do relacionamento a sua baixa estatura e a seu ciúme acentuado, pois achava que a namorada o trocaria por um homem muito mais alto. É importante dizer que esse paciente media 1,66m. Seu assunto constante era seu relacionamento com as mulheres, a quem procurava conquistar em atitude reativa, e o fracasso dos resultados era atribuído a sua altura. Usava sapatos especiais, em que mandava colocar uma plataforma de cinco centímetros na região do calcanhar, por dentro do sapato. Sua preocupação era tão grande que cogitava seriamente ir para os Estados Unidos realizar uma cirurgia para alongamento dos ossos da perna, cirurgia em fase de experimentação, extremamente arriscada. Sua autoestima baixíssima impedia qualquer argumento a favor de sua aparência. Não aderiu ao tratamento. Permaneceu somente três meses em terapia e abandonou, dizendo que não conseguiria um "crescimento". Recusou-se a ir para um grupo de psicodrama por ter vergonha de falar sobre seu problema.

Grande parte desses pacientes não busca tratamento psicoterápico, prefere os cirurgiões plásticos, que, se atentos ao problema, insistem no encaminhamento ao psiquiatra. Essas pessoas solicitam ao cirurgião rinoplastia, correção de papadas, redução ou aumento da mama, lipoaspiração, aumento de pênis, cirurgia plástica de vagina, dentre outras. Há inúmeros casos de cirurgiões plásticos que sofreram ações penais desses pacientes por não terem conseguido o impossível resultado desejado, como a correção da mama, na forma e tamanho desejados, do nariz que não ficou a contento, do maxilar que o tornou prognata ou hipognata e assim por diante. Existem casos na crônica policial, felizmente raros, de cirurgiões plásticos assassinados por pacientes insatisfeitos com a cirurgia, acreditando que o procedimento acentuou o defeito.

Psicodrama com portadores de transtorno doloroso

Por último, acho importante levantar aspectos do tratamento psicoterápico de pacientes portadores de transtorno doloroso. Trata-se de pacientes encaminhados ao psiquiatra por médicos de várias especialidades, principalmente ortopedistas, fisiatras, neurologistas e clínicos gerais que, apesar dos vários procedimentos, não conseguiram amenizar a dor, que permanece como o foco de atenção clínica. Essa dor não é inteiramente explicada por uma condição patológica, anatômica, clínica ou neurológica. Ela compromete o desempenho social e ocupacional do indivíduo e, além disso, causa um grau variável de sofrimento emocional.

Os pacientes portadores de transtorno doloroso em sua maioria têm uma longa história de atendimento médico e mudam frequentemente de profissional, pois são insistentes na requisição de analgésicos e tranquilizantes. E, quando deixam de ser atendidos nesse quesito, procuram outro médico. Alguns se tornam dependentes de analgésicos adquiridos sem a necessidade de receita médica e geralmente acrescentam o uso de bebida alcoólica. Costumam não aceitar a indicação de psiquiatra, pois acham que não têm qualquer outro problema a não ser a dor.

Fatores psicológicos costumam exercer um papel importante no início, na manutenção e na exacerbação da dor. A dor aguda tem duração inferior a seis meses e a dor crônica é superior a esse período. É importante lembrar que uma condição exclusivamente médica geral desempenha um papel preponderante no início, na gravidade, na exacerbação ou na manutenção da dor (DSM-IV-TR).

Ainda é importante lembrar que a dor que não varia em intensidade e não é influenciada por fatores emocionais, situacionais, cognitivos e de atenção tem a possibilidade de ser psicogênica (Kaplan e Sadock, 2007).

Segundo King (2009), a abordagem de tratamento psicológico é considerada parte vital do tratamento tanto da dor aguda como da crônica. Esse autor divide as abordagens mais utilizadas em condicionamento operante e terapias cognitivo-comportamentais, incluindo *biofeedback*, relaxamento e hipnose.

Informa, ainda, que o condicionamento operante é fundamentado no conceito de que determinados comportamentos são desenvolvidos em resposta a estímulos do ambiente. No caso dos pacientes com dor, elas pioram e os tornam relutantes para realizar certas atividades. A resposta antecipatória à dor costuma ser o uso de analgésicos e o afastamento do trabalho e de atividades físicas. O condicionamento operante visa reforçar os comportamentos positivos e diminuir os negativos na manutenção da dor.

Ainda, King (2009) lembra que a TCC visa identificar e corrigir atitudes, crenças e expectativas distorcidas do paciente. Seu método consiste em ensinar o paciente a ficar atento aos fatores que exacerbam e aos que diminuem a dor e, identificados esses fatores, ajudá-lo a modificar seu comportamento. A hipnose e o relaxamento ajudam de maneira especial ao portador de dor aguda.

É certo que a principal abordagem para a diminuição da dor são os analgésicos: opioides, drogas anti-inflamatórias não esteroides (Aine), acetaminofen, antidepressivos e anticonvulsivantes. Os procedimentos de ordem psicológica são coadjuvantes no controle da dor. Para os pacientes mais graves, pode ser necessária a remoção para centros especializados no controle da dor. Esses centros são compostos por equipe multidisciplinar que lança mão de um tratamento intensivo por meio de inúmeros procedimentos para o alívio da dor; desde várias modalidades de terapia, como TCC e terapia de grupo, até fisioterapia, exercícios físicos, avaliação vocacional e reabilitação.

Para exemplificar o procedimento como psiquiatra no atendimento de portador de transtorno doloroso, serão utilizados alguns exemplos de nossa prática. Como instrumento básico de psicoterapia, utilizamos o psicodrama e lançamos mão de outros recursos a fim de aliviar o sofrimento de quem sente dor.

Durante muitos anos, atendemos uma senhora que, por ter sido acometida por um tumor de medula, passou por diversas cirurgias e adquiriu, como sequela, além da dificuldade da marcha, uma dor crônica em queimação na região lombar e pernas, que classifica como terrível e insuportável. Devido a esse quadro, foi submetida à simpatectomia, à alcoolização de terminações nervosas e à prescrição de todas as categorias de analgésicos, de opioides a antidepressivos e anticonvulsivantes. O grupo da dor que a trata tem como proposta a instalação de uma bomba de morfina.

Fomos chamados para atendê-la devido a seu enorme sofrimento, à depressão e à recusa em realizar os tratamentos recomendados, principalmente a fisioterapia. Na época, abusava de analgésicos, tranquilizantes e hipnóticos, chegando a ingerir habitualmente mais de dez comprimidos de flunitrazepan por dia.

Vivia com o marido em um amplo e confortável apartamento e tinha sempre uma cuidadora ao seu lado. Pelos anos de sua doença, seus familiares (marido e filhos) se habituaram e se conformaram com a situação e com o sentimento de impotência frente a essa dor que nem os médicos conseguiam aliviar. A atitude conformada fez que chegassem a não se importar mais tanto com ela e levarem em frente as próprias vidas. Sua rotina consistia em ficar ora deitada em seu quarto, ora sentada na poltrona da sala de estar. Como distração, às vezes, tocava órgão elétrico e assistia à televisão. Dessa forma, limitada, quase não saía de casa.

Uma das primeiras medidas que tomamos foi tentar disciplinar o uso de analgésicos e tranquilizantes e alcançar uma dose mínima e eficiente do antidepressivo. Apesar de todos os argumentos, não havia meios de reduzir a dose do flunitrazepan, pois ela já estava dependente. Uma medida adotada, apesar de controversa eticamente, foi substituir paulatinamente esse hipnótico por placebo. O resultado foi surpreendente, pois ela via mais eficiência no placebo que no medicamento. Atribuímos o fato à boa aliança terapêutica que estabelecemos. Com o tempo, a quantidade de placebo foi reduzida paulatinamente até que passou a utilizar uma quantidade aceitável do medicamento, em torno de 2 a 3 mg/dia, e nenhum comprimido do placebo.

Nas visitas médicas em sua casa, o terapeuta utilizava o método do relaxamento acompanhado de medidas sugestivas para o controle da dor. Outras vezes, trabalhava suas dificuldades pessoais e familiares por meio do psicograma e, ainda, com o psicodrama interno. Aos poucos, com sua melhora, a frequência das visitas domiciliares foi reduzida, sendo que até hoje acontecem muito esporadicamente. A paciente continua sendo tratada pela equipe médica, agora também com a inclusão de um geriatra que utiliza método psicoterápico.

Em outra ocasião, atendemos um senhor acometido por uma dor crônica e lancinante causada pelo herpes-zóster na região cutânea e lateral do abdome. Sentia algum alívio da dor com trazodona 100 mg, além de analgésicos. Porém, a dor era forte e acompanhada de intensa sudorese. Era tratado por infectologista e neurologista, que, de comum acordo, devido a essa dor crônica, encaminharam-no para o psiquiatra. É do conhecimento médico que a dor física flutua de intensidade, sendo sensível a influências emocionais, cognitivas, de atenção e situacionais.

Esse senhor era viúvo, não teve filhos e vivia só. Já aposentado, realizava pequenos negócios financeiros e cuidava de seu patrimônio. Seu lazer era limitado, quase não saía de casa, apreciava e ouvia música clássica e, quando a dor era suportável, dedicava-se à leitura.

Já sem muita esperança, e como recurso recomendável pelos médicos de sua confiança, aceitou submeter-se a procedimento psicoterápico para aliviar a dor. Nas entrevistas, traçou a história de sua vida: um polonês, judeu, que imigrou para o Brasil fugindo do nazismo e aqui se estabeleceu com sucesso no ramo de negócios financeiros e câmbio de moedas estrangeiras. Casou-se e ficou viúvo após poucos anos de matrimônio. Homem de temperamento reservado e de poucos relacionamentos, possuía família pequena constituída de uma irmã um pouco mais velha e um sobrinho. Casou-se novamente e sua nova esposa também faleceu após alguns anos de uma convivência que considerou excelente. Com ela, realizava viagens ao exterior, assistia a concertos e frequentava o teatro nas temporadas de ópera; no cotidiano, viviam com harmonia. Novamente só, e portador de herpes-zóster, vivia com essa dor que o acompanhava noite e dia.

Além da psicoterapia, aplicamos sessões de relaxamento. Após algumas delas, o paciente solicitou que fossem acompanhadas de música clássica, e levava os discos para a sessão. Seus compositores preferidos eram Mozart, Debussy e Eric Satie. Aprendeu a utilizar o autorrelaxamento com música nos momentos de dor. Relatou que esse procedimento lhe trouxe importante alívio.

Submeteu-se a várias sessões de psicoterapia. Em algumas foi utilizado o psicodrama interno, abordando vários aspectos de sua vida, desde lembranças da infância na Polônia a sua imigração para o Brasil, seus relacionamentos familiares, suas amizades e suas perdas. Após algum tempo, com a dor sob controle, conversamos sobre o fim da terapia. Desde então, não tivemos mais notícias suas.

É frequente o encaminhamento de portadores de síndromes funcionais para o psiquiatra, principalmente a síndrome da fadiga crônica, a fibromialgia e a síndrome do cólon irritável. Como são quadros de difícil tratamento, persiste a dúvida se sua origem é exclusivamente orgânica, pois não se encontram nessas síndromes sintomas explicitamente psiquiátricos. Parece que, nesses quadros, fatores orgânicos, temperamentais e psicológicos interagem na produção dos sintomas, justificando o encaminhamento para o psiquiatra, que utilizará, por sua vez, os recursos mais indicados para cada caso (medicamentoso e/ou psicoterápico). Na abordagem pelo psicodrama, é claro que a atenção não é só aos sintomas, eles são a porta de entrada para os conflitos psicológicos.

Psicodrama com portador de transtorno de personalidade

A personalidade representa a forma como a pessoa se mostra e como é percebida pelos outros. É um conceito que envolve as características que a individualizam, presentes desde a infância e adolescência, quase imutáveis ao longo da vida. É composta pelo caráter, que reúne os aspectos cognitivos do indivíduo, e pelo temperamento, reunião dos aspectos afetivo-conativos (Bassit e Louzã, 2007).

Fonseca (2000) escreve que a dinâmica entre os traços principais e secundários da personalidade traduz a expressão do indivíduo como um todo em seu mundo relacional. Salienta que a forma como uma criança percorre sua matriz de identidade é parâmetro sinalizador de como ela será na vida adulta. Reconhece como importantes todas as fases da matriz, mas as mais precoces (indiferenciação, simbiose, reconhecimento do eu e do tu) são definitivas na demarcação dos sulcos que modulam os traços principais e secundários da personalidade.

O transtorno de personalidade (TP) é definido pela CID-10 como padrão de comportamento profundamente arraigado e permanente, manifestando-se como resposta inflexível a uma ampla série de situações pessoais e sociais. No DSM-IV, é definido como padrão persistente de experiência íntima ou comportamento, que se desvia acentuadamente das expectativas da cultura do indivíduo manifestando-se em pelo menos duas das seguintes áreas: cognição, afetividade, funcionamento interpessoal e controle dos impulsos. O padrão é inflexível e abrange ampla faixa de situações pessoais e sociais. Pode provocar sofrimento no funcionamento social ou ocupacional do indivíduo. Além disso, é estável e de longa duração, com início na adolescência ou idade adulta, e não é decorrente de outra condição mental, doença orgânica ou uso de substâncias. A Organização Mundial de Saúde (CID-10, 1993) distingue TP de alterações de personalidade. Essa última é adquirida usualmente durante a vida adulta, após estresse grave ou prolongado, privação ambiental extrema, transtorno psiquiátrico sério, doença ou lesão cerebral.

Os TP são subdivididos pelo DSM-IV (1994) de acordo com o agrupamento (*clusters*) de traços que correspondem a manifestações comportamentais mais assíduas e a forma pela qual estabelece o relacionamento com os outros. O grupo A (paranoide, esquizoide e esquizotípica) compreende os indivíduos "sem transcendência", vistos como pessoas que não se encaixam socialmente. Geralmente são muito reservados e não se interessam pelo outro, abolindo o contato. Sonenreich, Estevão e Silva Filho (1999a) sublinham que a falta de interesse pelo outro é um critério que parte de um ponto de vista, de um julgamento, e que esse critério diagnóstico é o psiquiatra quem concebe e aplica. Dificilmente esses pacientes procuram psicoterapia e, em geral, não buscam tanta atenção quanto os indivíduos do grupo B (*borderline*, antissocial, TP histriônica e narcisista), que são indivíduos dramáticos: sua conduta é dirigida "para o outro", com a expectativa de provocar determinada reação. No grupo C (esquiva, obsessivo-compulsiva e dependente) estão pessoas inibidas, porém mais acessíveis a psicoterapias.

Os TP são de início precoce e permanecem ao longo da vida. Embora mantenham suas características, alguns subtipos podem melhorar dependendo de fatores variáveis e, por isso, apresentar melhor prognóstico. O tratamento desses indivíduos tem dupla finalidade: aliviar o sofrimento do paciente e de seu grupo social (Bassit e Louzã, 2007).

Para Vieira (1999), todos os portadores de TP apresentam imaturidade no desenvolvimento da personalidade. Considerando que essas pessoas tiveram e têm dificuldades na maturação da personalidade, o autor prioriza o trabalho no desenvolvimento de papéis, particularmente os sociais. No grupo de psicodrama, o paciente tem a oportunidade de perceber o que sua conduta causa ao outro, além de perceber o quanto utiliza de defesas projetivas, corrigidas com a técnica de inversão de papéis. Como o transtorno de personalidade se caracteriza pela maneira como o indivíduo é percebido pelos outros, o psicodrama de grupo quase sempre é a melhor indicação terapêutica, pois lida essencialmente com as relações interpessoais.

Na abordagem psicodramática, busca-se a revelação das crenças básicas, pensamentos automáticos, afetos predominantes e estratégias hiperdesenvolvidas que reduzem sua espontaneidade. Vieira utiliza com frequência a dramatização, privilegiando técnicas que visam à expressão das emoções. Recorre, por exemplo, a esculturas dos afetos predominantes nos TPs e, com base nelas, solicita solilóquios. Também trabalha com contos infantis ou metáforas, transpondo-os para a vida real. Lança mão do *role-playing* para treinar aptidões sociais.

Sonenreich, Estevão e Silva Filho (1999a) concluem que o que se descreve como TP se refere, basicamente, ao relacionamento com os outros, às possibilidades de adaptação a situações novas e às atividades. Um problema comum a todos esses grupos é o comprometimento da capacidade empática.

Fonseca (2000) observa que, de acordo com o resultado do percurso pela matriz de identidade, pode-se reconhecer agrupamentos de pessoas com predominância de determinados traços, características e psicodinâmicas. Baseado em alguns autores e nas próprias observações, o autor propõe quatro grupos sindrômicos: psicóticos, portadores de distúrbios de identidade, neuróticos e normóticos.

Os portadores de TP do grupo A só procuram tratamento quando desenvolvem doença mental ou alteração de comportamento mais grave, e então, geralmente, são trazidos pelos familiares. O relacionamento terapêutico é difícil. Pelo grau de desconfiança e reserva em seus posicionamentos, de modo geral, os pacientes sentem-se ameaçados e, por isso, evitam informações pessoais reveladoras e negam suas dificuldades.

Stone (2009) escreve que o portador de TP paranoide é um sujeito muito desconfiado, que faz leituras equivocadas dos significados e intenções das pessoas com quem convive e, consequentemente, reage a essas interpretações errôneas de maneira desagradável e agressiva, o que gera uma confirmação de suas projeções. A paranoia pode ser vista como uma proteção para a autoestima diminuída. É importante assinalar que o sujeito paranoide pode apresentar graus variados de traços esquizoides, compulsivos, antissociais, e assim por diante.

Millon, citado por Stone (2009), chamou a atenção para quatro níveis de discurso do paciente paranoide: 1) o comportamental, em que cita a vigilância e o retraimento junto com a tendência de discutir e de ser agressivo com os outros; 2) o fenomenológico, que se caracteriza por suspeição, cinismo e uma sensação de estar sempre "no seu direito"; 3) o intrapsíquico, em que predominam os mecanismos projetivos, assim como uma visão simplista, "em preto e branco", do mundo interpessoal; e 4) o biofísico, caracterizado por falta de senso de humor, mau humor, ciúme e facilidade para se ofender. A importância em conhecer esses atributos é possibilitar ao trabalho terapêutico a concentração em alguma dessas características, buscando diminuir sua intensidade e incentivar a adaptação às relações interpessoais.

O portador de TP paranoide, devido à hipersensibilidade, ao baixo índice de empatia e à tendência de utilizar o mecanismo projetivo, geralmente sente-se desconfortável na terapia de grupo. Stone (2009) salienta que suas respostas, na medida em que não considera o outro, criam a forma de uma profecia autorrealizável, várias vezes mencionada, fazendo que as pessoas do grupo se voltem contra ele. Quando consegue permanecer no grupo, recebe o benefício terapêutico pela correção de suas ideias, que acontece por meio das relações interpessoais vivenciadas no psicodrama.

O grupo costuma ser o *setting* ideal para esses pacientes, pois o terapeuta de grupo, atento a essa característica, pode usar procedimentos que corrijam dificuldades que fazem parte de seu modo de vida. No psicodrama, o trabalho com o átomo social e a utilização frequente da técnica de "tomar o papel do outro" tornam-se procedimentos eficientes para a correção de distorções nas relações interpessoais.

A eficácia de psicofármacos nesse tipo de transtorno é muito pequena. Por vezes utilizamos antipsicóticos, tipo quetiapina, para abaixar o nível de ansiedade. Stone (2009) mostra ceticismo quanto à efetividade de antipsicóticos nos casos em que as tendências paranoides estejam profundamente arraigadas na personalidade, sem relação com qualquer vulnerabilidade à psicose, como em fanáticos religiosos, no ciúme patológico crônico etc.

O paciente com personalidade esquizoide tem como principal característica o distanciamento afetivo. O máximo de distanciamento é a total falta de interesse em formar vínculos, e uma forma menor de distanciamento expressa-se pela timidez, situação na qual o indivíduo se sente inibido para se vincular, por medo de rejeição ou mesmo da proximidade com o outro. Stone (2009) crê que o esquizoide que reconhece seu sofrimento e sua dificuldade de se aproximar está mais apto a formar uma aliança terapêutica significativa. Os demais são resistentes à terapia, e outros ainda não apresentam qualquer dificuldade nessa forma de ser. Esses aspectos devem ser levados em conta e respeitados, pois o paciente esquizoide não tolera o contato frequente e próximo. Por isso, a relação terapêutica deve ser cuidadosa, lenta e progressiva. Deve-se levar em conta os sinais de desconforto detectados no relacionamento (Bassit e Louzã, 2007).

No grupo B, estão as pessoas que buscam constantemente atenção. Suas ações estão primordialmente dirigidas "para o outro".

Um portador de TP antissocial (TPAS) típico mostra-se muito simpático, loquaz, capaz de angariar simpatia imediata e, com seu charme superficial, seduz as pessoas a satisfazer seus propósitos e necessidades sem se importar com o custo que acarreta ao outro. De modo geral, apresenta tendência à manipulação, baixa tolerância à frustração, mostra-se agressivo e tem dificuldade em aceitar a opinião dos outros.

O portador de TPAS que se torna delinquente ou assassino, independentemente de qualquer charme, é frio, calculista e não se importa com a dor do outro, parece aleijado de sentimentos. São indivíduos que elegem seus "vínculos" levando em conta somente os próprios desejos e necessidades. Não enxergam o sentimento do outro, mas conseguem ter uma profunda percepção das características das pessoas por quem mantêm algum interesse e utilizam essa percepção como meio para realizar seu projeto. Para eles, os meios justificam os fins.

A psicoterapia desses indivíduos tem as peculiaridades inerentes a sua forma de ser. Trabalhar continuamente a relação interpessoal é a meta, e assim, procedimentos e técnicas psicodramáticas são aplicados com essa finalidade. No grupo, há a possibilidade de trabalhar as relações interpessoais de maneira mais ampla. No *setting grupal,* há formas de perceber e, explicitamente, conhecer o sentimento e sensibilidade do outro.

Um aspecto particularmente importante está no fato de o portador de TP antissocial viver centrado em si mesmo, sem perceber o sofrimento que provoca. Age sem qualquer culpa. Seu comportamento só é limitado pelo medo da punição. No psicodrama, com a técnica do espelho, o sujeito tem a oportunidade de ver sua conduta e, com a assistência e participação do grupo, forma-se um fórum de discussão e uma espécie de julgamento crítico, o que pode, por si, tomando emprestada a sensibilidade dos membros do grupo, introjetar no paciente a dor causada por sua ação. Como não sente culpa, na técnica da inversão de papel experimenta em si o que faz contra o outro e, consequentemente, se dá conta dos prejuízos, para si e para os outros, de sua conduta. A repetição de comportamentos e as observações do grupo são fundamentais para corrigir condutas psicopáticas.

Nas dramatizações, esses comportamentos são mais evidentes e têm maior chance de ser trabalhados. Utilizamos, particularmente, as técnicas da realidade suplementar e da interpolação de resistência. Com a primeira técnica, o paciente tem a chance de ver como poderia ter se desenrolado uma situação se ele agisse de forma diferente, ou, ainda, ao inverter o papel com a pessoa que sofreu sua ação, o indivíduo pode sentir a dor que causou ao outro, impossibilidade que tem cronicamente.

Vieira (1999) assinala o consenso segundo o qual o psicodrama é útil para o manejo de comportamentos disruptivos. No contexto da dramatização, procura-se enquadrar os frequentes *acting outs*, transformado-os em material passível de ser trabalhado. Observa que a ação dramática pode vir a saciar condutas disruptivas para evitar que estas ocorram em seu cotidiano. Vieira salienta ainda que, no psicodrama, é explorada a verdade que ele não vê, fazendo-o assumir a responsabilidade por seu comportamento e adaptar-se ao conflito interpessoal. Com as dramatizações, a intenção é ajudá-lo a explorar mecanismos de defesa imaturos, desenvolvendo-os em níveis mais adaptativos, de forma a utilizar estratégias de *coping* mais adequadas, que podem ser modeladas de outros membros do grupo. A intenção também é desenvolver a autoestima, que, de modo geral, é baixa nessas pessoas. O paciente percebe que pode ser útil ao outro e autenticamente ganhar um *feedback* de aceitação.

O terapeuta que coloca no grupo um paciente com transtorno de personalidade deve ficar atento e proteger os demais quando, inadvertidamente, entrarem na sedução do paciente e ficarem à mercê de condutas manipuladoras.

O portador de TP *borderline* é uma pessoa que busca tratamento em função do próprio sofrimento. São pessoas cujo estilo de vida é dirigido "para o outro", são intensas e instáveis nos relacionamentos interpessoais – que tendem a alternar entre idealizações e desvalorizações – e realizam esforços frenéticos no sentido de evitar um abandono real ou imaginário. De modo geral, são exageradas e compulsivas quanto a gastos pessoais, consumo de drogas, bebidas, sexo etc. Seu estilo de vida ainda contém a impulsividade, a agressividade e um sentimento de raiva intenso, inadequado e de difícil controle. O sentimento de rejeição é frequente, e se expressa em forma de acusação. Assim, justificam comportamentos recorrentes de automutilação, constantes ameaças e tentativas de suicídio.

Quase todo terapeuta que já cuidou de um portador de TP *borderline* sofreu, perdeu o sono e dispendeu horas de supervisão, e até da própria psicoterapia, para poder levar a cabo a empreitada que é a psicoterapia desse paciente. É frequente a falta de adesão à terapia, a ocorrência de transferências psicóticas, regressões e comportamentos autodestrutivos, além de acusações, invasões pessoais e agressividade, ocorrências principalmente relacionadas a impressões de rejeição na relação terapêutica.

Gunderson e Links (2009), levando em conta os mecanismos que regem a psicopatologia desses pacientes, sugerem princípios gerais para a orientação do tratamento. Apontam que, como a maioria dos comportamentos é dirigida ao outro e tem como padrão a instabilidade de sentimentos, o terapeuta deve priorizar a regularidade, a pontualidade e buscar a confiabilidade. É importante lembrar que, como o sentimento de abandono é uma de suas marcas, qualquer conduta do terapeuta pode ser interpretada como rejeição. Por isso, as intervenções devem ser claras, explícitas, pensadas e estruturadas. Quando mal compreendidas, devem ser exaustivamente trabalhadas. Os comportamentos de automutilação e ameaças de suicídio são esperados. O terapeuta deve medir sua reação a essas condutas, nem hipervalorizando e, menos ainda, desvalorizando. Frente a essas situações, precisa tornar os comportamentos não gratificantes e colocar alguma forma de limite nas condutas que ameaçam o paciente, o terapeuta e a psicoterapia. Deve-se sempre buscar uma distância ideal nesse relacionamento, que não deve ser tão distante, para não ser interpretada como rejeição, e nem tão próxima, para não ser interpretada como envolvimento afetivo. O que traduz a distância ideal é a sensação de conforto experimentada nessa relação terapêutica. Deve-se estar muito atento à contratransferência, pois ela será sempre vista e sentida pelo paciente. Quando não houver clareza, o terapeuta ficará preso e imobilizado nessa teia do relacionamento.

O tratamento que traz melhor resultado é o que combina terapia individual, terapia de grupo e medicamentosa, quando necessário. Por ter um enfoque essencial nas relações interpessoais, o psicodrama de grupo torna-se uma ótima indicação para o portador de TP *borderline*. Os membros do grupo funcionam como agentes terapêuticos e também estão mais livres para reagir aos comportamentos comuns do *borderline*. Além de tudo, o grupo é um laboratório de vivências e relacionamentos que pode proporcionar a criação de uma nova rede social não viciada nos comportamentos habituais, que são marca do portador desse transtorno.

No grupo C estão os portadores de TP que, de modo geral, causam menos comprometimento nas relações interpessoais. Perry (1999) salienta que esse grupo é o que melhor responde às intervenções psicoterápicas.

O portador de TP esquiva (TPE), de modo geral, tem um senso de autocrítica severo, exigente e é muito sensível às críticas de outras pessoas. Na psicoterapia, é frequente evitar temas que ocasionam a queda de sua autoestima. Às vezes, os pacientes procuram induzir no terapeuta um cuidado que pode imobilizá-lo, para evitar esses temas importantes na psicoterapia. Outros pacientes confessam continuamente seus defeitos e falhas, na busca de superproteção e reforço às defesas e comportamentos esquivos. Esses acabam não sendo desafiados pelo terapeuta que apenas os apoia, conduta que reforça a baixa autoestima. Algumas vezes, a própria "confissão" de defeitos ou de "má-conduta" funciona como "autoabsolvição", justificando a repetição desses comportamentos. Outra defesa utilizada na psicoterapia pelo portador de TPE é a idealização do terapeuta, que, se aceitar esse papel, deixa de lidar com as experiências negativas do paciente. Nesses casos, o indivíduo faz do terapeuta seu relacionamento mais íntimo e, com isso, evita totalmente a transferência negativa. Com esse ponto cego, deixa de abordar conflitos que permitiriam resolver problemas nas relações interpessoais (Perry, 1999). No psicodrama, essas defesas ficam diluídas e dispersas pelo relacionamento com os outros membros do grupo, então o terapeuta tem chance de perceber e ajudar a trabalhar esses mecanismos.

O portador de TP obsessivo-compulsiva (TPOC) apresenta, em geral, como traços de caráter, uma rigidez e obstinação, organização excessiva e parcimônia que dificultam seus relacionamentos. Exterioriza muito pouco seus afetos, mostra-se bastante racional, é detalhista, tem explicação para quase tudo o que sente e busca proteger-se de críticas, decepções e situações afetivas que vivencia de forma confusa. Na relação terapêutica, mostra-se controlador, muito defendido e rebate as observações que lhe são dirigidas com crítica, argumentos e ataques. Revela-se de um jeito monótono e pouco afetivo, despertando no grupo desinteresse por sua pessoa, pois muitas vezes é repetitivo, detalhista e procura corrigir tudo o que acha que pode ser mal interpretado, ou então caricaturiza, ridiculariza e distorce as observações a ele dirigidas pelo grupo e pelo terapeuta. Quase sempre seu repertório de argumentos é de conservas culturais. Apresenta extrema dificuldade com a espontaneidade, sendo essa uma de suas queixas: sua vida é desprovida de interesse e emoção. Como terapia de ação, o psicodrama faz que, na dramatização, essas defesas sejam atenuadas e permitam ao paciente vivenciar situações e expressões de afeto das quais se defende em seu cotidiano. Ainda no psicodrama, pode enfrentar seu pensamento intrusivo, presente e desencadeado pela ansiedade nas relações interpessoais. Tem a chance de perceber, por exemplo, que um pensamento intrusivo de conteúdo erótico ou agressivo não o levará à perda de controle e, portanto, à ação. No momento em que reconhece que pensamentos não são a mesma coisa que atos e que expressá-los não o condenam, passa a vivenciar as relações interpessoais com um nível muito menor de ansiedade. Ainda na dramatização, tem a oportunidade de ter contato físico com os outros membros do grupo, contatos sempre evitados no seu dia a dia pelo medo da erotização, da agressividade e de outras ameaças. O grupo lhe traz a sensação e a experimentação de ser compreendido e aceito, permitindo-lhe a oportunidade de substituir seu julgamento rígido por uma postura mais descontraída e espontânea.

Perry (1999), escrevendo sobre os benefícios que a psicoterapia traz ao portador de TPOC, salienta que, no decorrer do processo terapêutico, o paciente poderá modificar suas expectativas pessoais e, com isso, assumir uma atitude mais condescendente com o fluxo de seus pensamentos e sentimentos, incrementando sua espontaneidade e melhorando seus relacionamentos interpessoais. Reconhece que pode escolher, entre diversas possibilidades, a ação que lhe convém, adequando-a a seu julgamento moral. Na terapia de grupo, recebe ajuda na tomada de decisões, na modificação de posturas rígidas, na satisfação das necessidades emocionais e experiências afetivas. Sublinha, ainda, que a pressão dos membros do grupo pode suavizar a resistência, e que a ênfase da interação no aqui-agora entre os componentes do grupo dá vida aos conflitos.

O portador de TP dependente (TPD) tende a delegar aos outros suas principais decisões, pede conselhos e reasseguramentos, subordina suas necessidades às dos outros, dos quais é dependente e aquiescente. Tem medo do abandono e, por isso, não luta por seus direitos. Sente-se desamparado e incompetente para cuidar de si mesmo (DSM-IV, 1994).

Esses indivíduos desenvolvem sempre, e em grau variado, uma relação de dependência durante o processo psicoterápico. Constantemente, o terapeuta será seduzido a tomar decisões pelo paciente, por isso deve tomar cuidado para não assumir um papel diretivo em sua vida – o que dificultaria qualquer transformação. O terapeuta deve estar atento e resistir aos constantes pedidos de conselhos e a tomar decisões pelo paciente. Um mecanismo terapêutico importante é quando o paciente introjeta o modelo de relação com o terapeuta, procurando imitá-lo e ser como ele. Essa idealização traz um aumento temporário em sua autoestima e o faz usar a postura do terapeuta em sua vida emocional, alargando com isso seu universo de relações saudáveis.

No psicodrama de grupo, o indivíduo tenta estabelecer relações simbióticas com outras pessoas e busca protetores. Frequentemente, alimenta relações amorosas, namoros, que, de modo geral, não duram. O terapeuta atento trabalha esses aspectos no aqui-agora das relações interpessoais. O paciente é continuamente estimulado pelo terapeuta e pelos componentes do grupo a tomar decisões autônomas, enfrentar suas crises pessoais e administrar episódios de ansiedade, temor e pânico, sem recorrer aos outros. Na dramatização, buscamos trabalhar conflitos e situações geradoras de relações de dependência, além de formas de enfrentar essas dificuldades.

O tratamento dos TPs exige uma atenção especial do terapeuta, uma enorme tolerância em suportar frustrações, provocações e principalmente um nível de expectativa adequado a cada paciente e a cada situação. É importante para o terapeuta que lida com portadores de TP realizar supervisão de seus casos, em que possa discutir aspectos do relacionamento terapêutico (transferência e contratransferência), além da dinâmica da psicoterapia e aspectos clínicos e psicodinâmicos do paciente. A psicoterapia pessoal do terapeuta também é útil, pois é nela que ele discutirá dinâmicas pessoais surgidas nesse difícil relacionamento.

Roy Mackenzie (2001) escreve que, devido ao fato de os TPs serem patologias que refletem principalmente as relações interpessoais, as terapias de grupo parecem ser a principal abordagem. A pergunta que norteia a psicoterapia nos TPs é: "o que acontece entre mim e você, e entre nós?"

8. Comentários sobre o psicodrama aplicado na enfermaria psiquiátrica

O tratamento psiquiátrico, quando realizado na enfermaria psiquiátrica, tem como um dos objetivos proteger o paciente contra riscos, para si e para os outros, originados do transtorno mental. Visa fundamentalmente a diminuir o sofrimento e angústias, atenuar alterações psicopatológicas, diminuir as dificuldades de relacionamento e ampliar a capacidade de resolver problemas e cuidar da própria vida, devolvendo e/ou ampliando a liberdade de estabelecer escolhas. Para cumprir esses objetivos, a psiquiatria vem continuamente criando e desenvolvendo métodos biológicos, farmacológicos, psicoterápicos e de reabilitação psicossocial (Sonenreich, Estevão e Silva Filho, 1999a).

A atividade psíquica é a expressão de uma estrutura que inclui cérebro e cultura. A estrutura, ou sistema, é o agrupamento de elementos com caráter unitário e sua especificidade consiste na organização dos elementos incluídos. Uma das condições que mantém a integridade do sistema é a percepção correta "do outro" – ou, em termos psicodramáticos, a capacidade de estabelecer relações predominantemente télicas, construindo vínculos que favoreçam a estrutura própria, ou seja, do psiquismo. A doença se manifesta quando acontece uma desorganização do sistema, e pode ser tratada com medicamentos e ou psicoterapia (Sonenreich e Estevão, 2007).

A psicoterapia tem como objetivo reorganizar o sistema pela relação interpessoal. Para isso, tem como mecanismo a readaptação das atividades neuronais e o remapeamento das redes neuronais promovidos pela revivência emocional de relacionamentos e acontecimentos.

O psicodrama, uma das formas de psicoterapia, age por meio da:

1. Ab-reação emocional (catarse, liberação de afetos acumulados).
2. *Insight* cognitivo (autocompreensão, consciência, integração, reestruturação perceptiva).
3. Estímulo de relacionamentos interpessoais e aprendizagem por meio do comportamento e da ação e, ainda, da simulação imaginária (comportamento no "como se", realidade suplementar).

O psicodrama de grupo tem a vantagem de empregar métodos de ação e de utilizar as abordagens educativa, interpessoal e psicodinâmica.

Na abordagem educativa, o paciente compartilha sintomas, tem informações médicas a respeito deles e do tratamento medicamentoso, conhecendo seus benefícios e efeitos colaterais. Alguns pacientes apresentam sintomas que não remitem com os medicamentos e o fato de compartilhar isso no grupo, com outros pacientes que também apresentam sintomas resistentes, pode ajudá-los a encontrar formas de conviver com os sintomas. Por exemplo, um paciente com alucinações, quando as compartilha no grupo, aprende maneiras de conviver com a persistências das vozes ouvidas de forma alucinada.

Em outras ocasiões, quando um paciente é submetido à eletroconvulsoterapia, o assunto é abordado no grupo e ele recebe explicações claras sobre o método, como é a anestesia, como é a aplicação, todos os cuidados a que são submetidos e, ainda, de como funciona o eletrochoque e sua indicação. Outros pacientes que já foram submetidos ao eletrochoque compartilham sua experiência. Como é um tratamento carregado de preconceitos e receios, a conversa franca e acompanhada de explicações, junto com o compartilhamento de experiências, contribui com a diminuição do preconceito e do receio ao tratamento. Já chegamos a dramatizar a aplicação do eletrochoque, com os pacientes representando os papéis de médicos (psiquiatra e anestesista), de enfermeiros e, ainda, do próprio paciente se submetendo à aplicação. Por meio de entrevistas no jogo de papéis, investigamos o imaginário sobre esse tratamento. Nessa abordagem educativa, o paciente obtém informações sobre a doença mental, seu curso e possibilidades de tratamento.

Em relação à abordagem interpessoal, o paciente no grupo tem a oportunidade de corrigir comportamentos mal-adaptados que se repetem na relação com os outros. No aqui-agora, pode percebê-los e buscar alternativas melhores de relacionamento. Condutas bizarras podem vir a ser compreendidas pelo próprio paciente e pelo grupo e, por isso, deixam de ser bizarras. Só é estranho e louco o que não é compreendido.

A psicoterapia psicodramática adquire um aspecto lúdico que favorece a interação e os relacionamentos e contribui para diminuir a sensação de isolamento. Um dos grandes benefícios da dramatização, também, é trazer para o presente o passado e suas vivências para o aqui-agora e, junto com o grupo, buscar a compreensão dos sintomas e da doença.

Em um psicodrama, podemos ter uma cena estruturada com personagens em interação, em determinado lugar e determinado tempo, como, por exemplo, uma cena de almoço em família, montada no palco e com o paciente em seu quarto, recebendo uma ordem por meio de uma alucinação auditiva, utilizando a técnica da concretização: elegemos um ego-auxiliar para ocupar o lugar do paciente e este, no papel da voz, faz sua alucinação auditiva se personificar e o sintoma aparecer no espaço exterior. Dessa maneira, a alucinação pode ser ouvida por todos e torna-se percebida como objeto, ou seja, nesse momento, deixa de ser uma alucinação e pode ser trabalhada psicodramaticamente. É a investigação do *locus*.

No papel de alucinação, o paciente responde às perguntas do diretor, que investiga o conteúdo alucinatório, seu surgimento, seu sentido, a mando de quem e para que etc. Em seguida, o ego-auxiliar assume o papel da alucinação e fala como se fosse a voz alucinada. A cena desperta na memória do paciente outra cena, que, por sua vez, desencadeia outra, desvendando e ordenando o caminho histórico do problema até que se chega à cena que chamamos de nuclear: é a vivência primitiva, na qual se encontra uma das fontes originais do conflito apresentado. Nesse jogo de cenas, há um momento em que o sintoma é substituído por figuras reais da vida do paciente e são identificadas as patologias vinculares. Essa investigação possibilita a realização de um trabalho psicoterápico mais profundo, na matriz do conflito. Para Holmes (1992), cada cena é ligada à seguinte por uma lógica específica da psicologia e das dificuldades do protagonista. A função da dramatização é encontrar vivências que possam ter contribuído para a eclosão do quadro psicótico, ou então entender a formação do conflito dramatizado, manifestado pelo sintoma. Como vimos em capítulo anterior, Holmes (1996) comenta que, embora todo o processo psicodramático seja importante, o meio da fase de dramatização pode ser o período de maior influência sobre o protagonista. Isso porque, nessa fase, o paciente mostra-se mais suscetível aos estímulos externos e mais aberto a mudanças. Comparamos o clima emocional vivido no psicodrama ao calor do fogo que incandesce o ferro para que possa ser moldado e ter sua estrutura modificada. As mudanças no protagonista ocorrem mais facilmente quando acompanhadas de um clima emocional intenso: daí a frase de Moreno (1975, p. 78), que diz que "a segunda vez verdadeira liberta a primeira". Karp (1998, p. 85) comenta: "se a fumaça emocional for autêntica, então a espontaneidade entra em combustão, condição básica para promoção de mudanças".

O psicodrama mobiliza o indivíduo e o torna capaz de promover mudanças, devolvendo a sensação de independência e aumentando possibilidades de escolha, o que resultará na liberdade, finalidade do tratamento psiquiátrico em sentido amplo (Kellermann, 1998). Por todos esses aspectos, consideramos o método psicodramático eficiente, integrador e ideal para a aplicação na enfermaria psiquiátrica com pacientes portadores de transtorno mental grave.

9. A INTEGRAÇÃO ENTRE A PSICOTERAPIA E A PSICOFARMACOLOGIA

Pedro Altenfelder Silva

A experiência clínica nos mostra que a intervenção psicofarmacológica sempre será mais eficaz se feita em conjunto com um enfoque psicoterápico. O controle do desbalanço de neurotransmissão por parte da medicação é reforçado pela elaboração dos elementos de conflito intrapsíquico que a intervenção psicodinâmica possibilita. A psicoterapia é recomendada para a maioria dos transtornos psiquiátricos.

Sonenreich, Estevão e Silva Filho (1999a) recomendam a associação de intervenções medicamentosas e psicodinâmicas. Segundo esses autores, o tratamento psicofarmacológico pode corrigir disfunções cerebrais, acarretadas pelo modo de vida que influencia a neurotransmissão. Os psicofármacos ajudam a ampliar a velocidade e a mobilidade dos processos neurais, aumentando ou diminuindo os espaços ocupados pela rede neuronal.

A psicoterapia age sobre o funcionamento neuronal, readaptando condutas nocivas. As condutas humanas determinam atividades cerebrais que, quando patológicas, são renormalizadas e readaptadas pela psicoterapia, que ajuda a criar situações corretivas para o relacionamento com o outro (Sonenreich e Estevão, 2007).

A revisão da literatura psiquiátrica traz como consenso que a combinação de tratamento medicamentoso e psicossocial é usual nos casos de esquizofrenia, transtornos de humor, transtornos de ansiedade, alcoolismo, abuso de drogas e transtornos alimentares entre outros.

Segundo Costa e Silva (2000) existe uma tendência mundial em considerar a reabilitação psicossocial, integrada aos tratamentos psicofarmacológicos, como a principal abordagem da doença mental grave.

Sonenreich, Estevão e Silva Filho (1999a, p. 179) afirmam: "associar intervenções psicoterapêuticas e biológicas é legítimo e de utilidade comprovada. Devemos conceituar claramente os objetivos e os procedimentos dos respectivos tratamentos".

Collins e Munroe-Blum (1995) nos mostram que há grandes evidências de que o conceito de esquizofrenia é complexo, uma doença multideterminada, e que o sucesso do tratamento necessita de uma habilidosa integração de várias modalidades de tratamentos levados a efeito por um longo tempo. A esquizofrenia não pode ser entendida e tratada sob exclusiva perspectiva biomédica, embora reconhecida como um transtorno genético que gera predisposição para uma disfunção neurofisiológica, cuja etiologia e curso dependem de fatores não determinados geneticamente. Os fatores etiológicos determinantes são da esfera biológica, psicológica e social, gerando um consenso que determina como tratamento ideal para a esquizofrenia a integração das terapias biológica e psicossocial – os antipsicóticos ajudam a remitir os sintomas positivos e melhorar os negativos, tornando possíveis as intervenções psicossociais na reestruturação da vida do paciente.

Kuhn (1989), o introdutor da imipramina, recomenda a intervenção psicofarmacológica e a psicoterapia, cada uma com sua ação diretiva e específica, contribuindo para o sucesso terapêutico.

Shirakawa (1998) afirma que o tratamento psicossocial relacionado à esquizofrenia é tão importante quanto o medicamentoso. Esse mesmo autor, citando Lehman et al., afirma que a psicoterapia, em suas várias formas, visa a incrementar as habilidades do paciente, o que melhora seu funcionamento, diminui seus déficits e aumenta a adesão ao tratamento medicamentoso e ao tratamento em geral.

Segundo um estudo de Jamison (1991), vários pacientes portadores de transtorno de humor foram tratados com mais eficiência associando-se medicações, como lítio, à psicoterapia. Para esse autor, o tratamento farmacológico é essencial para livrar os pacientes da agitação maníaca e de episódios depressivos. A psicoterapia ajuda o paciente a trabalhar a repercussão desses episódios em sua vida, compreendendo o significado existencial de ser portador do transtorno de humor e fortalecendo, assim, a adesão ao tratamento.

Como vimos anteriormente, os pacientes internados em enfermaria psiquiátrica são portadores de quadros agudos de gravidade variável, e apresentam uma grande heterogeneidade psicopatológica. Em maior ou menor grau, sempre ocorre comprometimento das habilidades como resultante da doença mental.

Na enfermaria, predominam pacientes com diagnóstico de esquizofrenia em suas várias formas. São também encaminhados para a internação portadores de transtorno do humor, principalmente os bipolares (em agitação maníaca, com e sem sintomas psicóticos, deprimidos, com ideação suicida ou em estado misto) e os que apresentam depressões graves refratárias. Há, ainda, pacientes com outros diagnósticos, como dependência de álcool e drogas, transtornos alimentares, transtornos fóbico-ansiosos, obsessivos-compulsivos, dissociativos, entre outros.

É fundamental para esses pacientes a intervenção farmacológica, tendo em vista a gravidade do quadro psicopatológico. Em alguns casos bem indicados, o tratamento por ECT pode ser necessário. Tais intervenções são importantes no intuito de manter sob controle a sintomatologia do paciente. Devemos estar sempre atentos tanto no tratamento do quadro agudo como na fase de manutenção e intervir de forma precisa a fim de evitar que os efeitos colaterais produzidos pela intervenção medicamentosa, ou mesmo biológica, acabem trazendo, a longo e médio prazo, mais prejuízos que benefícios.

Sabemos que os neurolépticos (antipsicóticos) de primeira geração (típicos) – e mesmo os de segunda geração, chamados atípicos – provocam efeitos colaterais como parkinsonismo, distonias, sonolência, comprometimento cognitivo e, a longo prazo, discinesia tardia. Devemos usar sempre a menor dose possível, evitando efeitos colaterais que comprometam o desempenho do paciente no programa de reabilitação psicossocial.

O uso de anticolinérgicos, como o biperideno, para prevenir sintomas extrapiramidais, também compromete a cognição quando em altas doses. Pacientes com altas doses de neurolépticos e anticolinérgicos podem ter seu desempenho social e capacidade de aprendizado comprometidos (Liberman *et al.*, 1995).

A nova geração de antipsicóticos (atípicos) – com afinidade maior para receptores D1 e 5-HT2 – podem oferecer consideráveis vantagens sobre os antipsicóticos de primeira geração (com afinidade para receptores D2), uma vez que diminuem o risco de sintomas extrapiramidais por apresentarem possíveis propriedades antidiscinéticas. Dessa forma, compostos como clozapina, risperidona, olanzapina e quetiapina podem, no caso de pacientes com predomínio de sintomas negativos ou refratários a tratamento psicofarmacológico, mostrar-se superiores aos neurolépticos tradicionais, clorpromazina, tioridazina, haloperidol, entre outros (Borison *et al.*, 1995).

Sabemos que doses altas de neurolépticos, na maioria dos casos, não trazem vantagens em relação à utilização de doses baixas – devemos sempre ter a sensibilidade de manter o paciente com a mínima dose eficaz.

Segundo Liberman *et al.* (2000, p. 3243), que reviram uma série de estudos da interação entre drogas e tratamento psicossocial, algumas considerações e princípios devem ser seguidos:

1. O tratamento psicossocial é visto como a maior ajuda para o paciente que apresenta quadro psicótico agudo ou, se já remitido o surto, que esteja sob manutenção psicofarmacológica. O tratamento psicossocial contribui para acalmar o paciente, fornecer estímulos sociais e físicos mais adequados e, ainda, assistir o paciente, ajudando-o, com a psicoterapia, a integrar e a entender os sintomas como parte do processo de sua doença.
2. O tratamento psicossocial mais efetivo é aquele que se utiliza de procedimentos – terapia individual e de grupo, terapia familiar, hospital-dia, terapia ocupacional e demais grupos – que ajudam a resolver problemas práticos do cotidiano, estimulam a socialização e reinserem o paciente na vida familiar, social e profissional.
3. A qualidade de relacionamento que a equipe profissional mantém com o paciente é de fundamental importância para que ele fique engajado ao tratamento e se responsabilize pela continuidade.

4. O momento mais correto para a indicação do tratamento psicossocial é logo depois da internação, quando o paciente está mais disponível a propostas de tratamento e necessita de ajuda para superar seus problemas e situações estressantes, além de se reajustar à família e à comunidade. A psicoterapia de grupo deve ser iniciada no período de internação.
5. A reabilitação psicossocial é um programa de tratamento de longo prazo. Os benefícios costumam aparecer após doze meses de tratamento, e são maiores após dois anos. Para esquizofrênicos crônicos, o ideal é que esse programa perdure indefinidamente, oferecendo suporte psicossocial, orientação e treinamento. Os neurolépticos costumam ser mais efetivos, mantendo o paciente assintomático quando usados continuamente, acompanhando o programa de tratamento psicossocial.
6. O tratamento psicossocial deve focalizar os estressores que existem no cotidiano do paciente, fortalecendo seus déficits em lidar com essas situações e adaptando-o melhor a seu ambiente familiar e social.
7. Trabalhando dessa maneira e utilizando medicação de manutenção, contribuímos para evitar recaídas do quadro psicopatológico.

Conclusões

O psicodrama, na forma de ato terapêutico, mostrou-se um eficiente método de terapia de grupo para o paciente internado, principalmente por ser realizado em uma única sessão, sem pressupor uma continuidade.

Um dos objetivos da psicoterapia de grupo na enfermaria psiquiátrica é engajar o paciente no processo terapêutico. Para alguns, é na hospitalização que acontece seu primeiro contato com a psicoterapia.

O grupo-momento ou ato terapêutico psicodramático, com a proposta de, em uma única sessão, realizar um trabalho psicoterápico com começo, meio e fim, mostra como a psicoterapia pode ser útil. Mostra que falar dos problemas pode ajudar a resolver situações conflitivas, assim como pode ajudar a reparar situações de perda e situações promotoras de estresse. Para o indivíduo portador de psicose, pode contribuir na compreensão das vivências de estranheza, de alucinações e de delírio, assim como pode auxiliar o entendimento de sintomas do transtorno obsessivo-compulsivo ou do transtorno do pânico. O psicodrama é um método que ajuda de maneira significativa a compreensão e o alívio de sintomas, fazendo o indivíduo entendê-los e integrá-los em sua vida.

Pode contribuir também para o paciente encontrar sentido e perspectivas em seu tratamento. No grupo, há informações sobre a doença mental, sobre a necessidade da medicação, sobre como agem os remédios e quais os seus efeitos colaterais. A técnica da dramatização ajuda o paciente a organizar vivências caóticas e de estranheza, tornando-o mais potente e responsável em seu tratamento – que prossegue após a alta da enfermaria. Ele próprio passa a ser quem cuida de sua medicação, quem tem consciência do que lhe é prescrito e como deve tomar o remédio. Quase sempre busca alguma forma de auxílio psicoterápico. Esse conhecimento favorece a adesão ao tratamento e sua continuidade após a alta hospitalar.

O psicodrama auxilia também na redução da ansiedade causada pela internação psiquiátrica, pois, no grupo, há troca de experiências e o paciente entra em contato com pessoas que apresentam ou apresentaram sintomas semelhantes aos seus, e que melhoraram com o tratamento. O grupo atenua a sensação de isolamento provocada pela doença. Para alguns, desfaz a temida fantasia de que a internação psiquiátrica é para sempre, além de revelar que o que o paciente sente e esconde também acontece com outros. Isso traz uma sensação de alívio. Observa-se que, quando o paciente participa como protagonista do psicodrama durante sua internação, permanece por tempo menor na enfermaria e dificilmente é reinternado. Quando a reinternação se faz necessária, a resistência ao tratamento é bem menor. O paciente com maior controle de seu comportamento e seus sintomas não necessita mais da internação psiquiátrica integral, podendo prosseguir seu tratamento no hospital-dia, no ambulatório ou, ainda, no programa de reabilitação psicossocial. No grupo, os pacientes falam sobre o estigma da doença mental, revelada a todos os seus conhecidos por causa da internação psiquiátrica. Muitos consideram esse fato degradante e vergonhoso. O entendimento da doença contribui na diminuição desse estigma.

Como psicoterapia brevíssima, o psicodrama aplicado em situação de crise pode abreviar sua duração, ajudando o paciente a encontrar uma solução interna para a resolução de conflitos que estão na origem da formação dos sintomas. O paciente submetido somente a tratamento psicofarmacológico pode ter seu surto psicótico remitido, mas, caso não haja uma compreensão de sua doença e de seu adoecer, esse acontecimento poderá ficar em sua vida como um corpo estranho e tornar-se uma eterna ameaça. No psicodrama, ele tem a possibilidade de trabalhar as vivências delirantes e/ou alucinatórias acontecidas durante seu surto psicótico e encontrar um nexo com sua história de vida. Da mesma forma, o psicodrama pode ajudar a entender e a controlar a crise de pânico, as situações fóbicas, os rituais obsessivo-compulsivos, assim como outros sintomas.

O psicodrama promove melhor comunicação entre os pacientes. A semelhança de experiências favorece a tolerância, estimula o desempenho de papéis saudáveis e favorece a criação de vínculos, diminuindo o sentimento de solidão. O portador de um transtorno mental grave e prolongado quase sempre vive isolado, em função dos sintomas negativos. Mas, na medida em que participa do programa de reabilitação, passa a sentir que pertence a um grupo e enxerga um sentido em sua existência.

A situação grupal promove, ainda, uma melhora da autoestima, pois o paciente pode sentir-se útil como agente terapêutico do outro, o que se traduz em sensação de força, de poder e de existência, principalmente quando a doença mental faz que ele se sinta desvalorizado, incapacitado, desadaptado e desabilitado. O portador de transtorno mental grave, visto pelos outros e por si mesmo como louco e incapaz, resgata a sensação de potência ao perceber que pode ajudar os outros, e a reintegração social contribui para essa quebra de preconceito e diminuição do estigma da loucura.

O grupo funciona também como uma experiência de resgate da vida. Restabelece a sensação de confiança em si mesmo, a diminuição da impressão do "eu não consigo" e abre as possibilidades para o restabelecimento de escolhas. Adquirir a consciência da doença, entendê-la como resultante de situações conflitivas de vida, pode trazer sensação de potência e, com isso, atribuir um sentido ao tratamento tanto medicamentoso como psicoterápico.

Na medida em que é reconhecido pelo grupo, a existência do outro é efetivada. Assim, ele tem de reformular sua comunicação, restabelecendo a comunicação lógica. Isso se nota na observação de sua comunicação durante o período de internação, e na remissão da ideação delirante.

O homem só existe na relação com o outro. Portanto, o ser humano constitui-se como tal na interação, que institui o sujeito e suas relações. O psicodrama ajuda a promover essa interação, restabelecendo o jogo saudável de papéis. No grupo, o paciente pode adquirir senso crítico e corrigir comportamentos que lhe trazem problemas e pode trabalhar conflitos que dão origem a relações transferenciais. Consequentemente melhora a percepção de si mesmo, do outro e do mundo que o circunda. O grupo de enfermaria pode promover uma experiência organizadora, mobilizadora, pragmática, relacional e afetiva, que pode ficar marcada no psiquismo como uma vivência integradora e ser reproduzida em sua vida.

Na situação grupal, o paciente pode perceber que a ação conjunta e pragmática pode modificar situações e, ainda, que a coesão aumenta a força. No grupo, há possibilidade de discutir problemas relacionados à permanência e convivência na enfermaria psiquiátrica, como o convívio com pacientes agitados e agressivos e com os que perturbam o sono durante a noite. Discutem-se, também, problemas que acontecem na unidade e com a equipe de tratamento.

O psicodrama aplicado na enfermaria psiquiátrica possibilita tornar o ambiente mais tranquilo, reduzindo as intervenções médicas de emergência, assim como as medidas de sedação e contenção física. Na medida em que adquire um controle maior de si mesmo e estabelece uma relação de mais confiança com o outro e com o ambiente, o paciente torna-se menos propenso a situações de descontrole e agressividade. O grupo promove a solidariedade, melhorando a convivência.

Aplicado nas reuniões conjuntas com pacientes e familiares, o psicodrama pode contribuir com a diminuição de recaídas e reinternações, com o entendimento da doença mental e da formação dos sintomas, assim como fornece explicações sobre a doença mental, os medicamentos e seus efeitos colaterais. Contribui, ainda, na quebra de preconceitos em relação à doença mental: a informação correta corrige e remove fantasias. Promove um relacionamento familiar de qualidade, diminuindo os fatores estressantes provocados por essa convivência, assim como o nível da alta EE. O grupo multifamiliar, como uma das formas de intervenção familiar, também contribui para redução de doses de medicação.

O psicodrama torna a equipe multidisciplinar da enfermaria mais continente às alterações de conduta dos pacientes internados. Na medida em que o comportamento do paciente é compreendido, há, por parte de todos, maior tolerância, que pode diminuir a contratransferência negativa. Os residentes, a equipe de enfermagem, os aprimorandos da terapia ocupacional e da psicologia que participam do psicodrama de enfermaria têm a oportunidade de ver e entender a dinâmica dos pacientes, o que pode facilitar e trazer mais motivação para o trabalho com esses pacientes.

Não se pode ignorar que o método amplia a capacidade diagnóstica, pois o paciente passa a ser visto do ponto de vista psicodinâmico, na inter-relação e no desempenho de uma gama ampla de papéis. A utilização do psicodrama na enfermaria possibilita uma visão global do tratamento do paciente, abrindo caminhos de compreensão dos mecanismos neurofisiológicos integrados às vivências do indivíduo.

É, ao mesmo tempo, ferramenta de ensino de psicoterapia de grupo e psicodrama, tanto para o residente em psiquiatria como para os aprimorandos de terapia ocupacional, psicologia e enfermagem. Nos currículos desses cursos de especialização, há pouco espaço para experiências com psicoterapia de grupo. Em alguns, às vezes são promovidos seminários teóricos sobre essa modalidade de tratamento. No Serviço de Psiquiatria do HSPE e na Residência de Psiquiatria do IPq-HCFMUSP, a vivência prática acontece de fato no psicodrama da enfermaria e no CRHD. Poucos programas de residência incluem trabalho supervisionado com grupos, principalmente em enfermaria psiquiátrica. No pouco espaço que há para o ensino e treinamento da psicoterapia de grupo no currículo da residência em psiquiatria, o psicodrama de enfermaria cumpre um papel didático e contribui com o estudo e difusão de sua prática em outros serviços psiquiátricos, multiplicando a experiência.

Um programa de treinamento para psicoterapeutas de grupo deve conter, de modo geral, quatro componentes: didático, observação, prática e supervisão.

Quanto ao aspecto didático, semanalmente ocorre um seminário teórico de psicodrama e métodos de tratamento grupal, aproveitando, para o estudo, as observações colhidas durante a participação no psicodrama da enfermaria.

Quanto à prática, acontece com a participação dos residentes e estagiários no psicodrama no papel de ego-auxiliar e de coterapeuta. Já a supervisão é realizada após o grupo de psicodrama, e se dá em relação ao desempenho do papel de coterapeuta, e das intervenções psicoterápicas realizadas pelos residentes e pela equipe no grupo da enfermaria.

Vimos também neste livro que o psicodrama é aplicado não somente na enfermaria psiquiátrica. Mostra-se um excelente método para ser utilizado no ambulatório psiquiátrico, nos Caps e Centros de Reabilitação Psicossocial e no consultório.

Enfim, é um instrumento útil no auxílio de resolução de crises, assim como um método eficiente de psicoterapia.

BIBLIOGRAFIA

ABDO, C. H. N. "Desenvolvimento do papel de terapeuta de psicóticos: uma contribuição". *Temas*, São Paulo, v. 27, 1984, p. 51-76.

AGUIAR, M. *O teatro terapêutico: escritos psicodramáticos*. São Paulo: Papirus, 1990.

ALEXANDER, F. G, SELESNICK S. T. *História da psiquiatria: uma avaliação do pensamento e da prática psiquiátrica desde os tempos primitivos até o presente*. 2. ed. São Paulo: Ibrasa, 1976.

ALMEIDA, W. C. *Conceitos fenomenológicos e existenciais na teoria e na prática do Psicodrama*. 1981. Dissertação (Mestrado em Psiquiatria). Faculdade de Medicina, Universidade de São Paulo, São Paulo.

_____. *Psicoterapia aberta: formas do encontro*. São Paulo: Ágora, 1988.

_____. *Moreno: encontro existencial com as psicoterapias*. São Paulo: Ágora, 1991.

ALVES, L. R. F. "O protagonista: conceito e articulações na teoria e na prática". In: *Revista Brasileira de Psicodrama*, São Paulo, Federação Brasileira de Psicodrama, v. 2, 1994.

AMARO, J. W. F. "Breve histórico da psicoterapia". *Temas*, São Paulo, v. 27, 1984, p. 5-27.

ANDRADE, L. H. S. G.; HUMES, E. C. e WANG, Y. P. "Diagnóstico e classificação em psiquiatria". In: LOUZÃ NETO, M. R. e ELKIS, H. (org.). *Psiquiatria básica*. 2. ed. Porto Alegre: Artmed, 2007.

ARAÚJO, V. A. "O psicodrama e o Hospital do Servidor Público Estadual". *Rev. Psicodrama*, v. 2, 1978, p. 47-53.

BACHRACH, L. L. "Defining chronic mental illness: a concept paper". *Hospital commum psychiatry*, 1988. p. 383-8.

BARRIO, J. A. E. "La prática del psicodrama en las instituiciones". *Informaciones Psiquiátricas*, Barcelona, 1986, p. 355-60.

_____. *Psicodrama: nacimiento y desarrollo*. Salamanca: Amarú, 1995.

BASSIT, D. P.; LOUZÃ NETO, M. R. "Transtornos de personalidade". In: LOUZÃ NETO, M. R. e ELKIS, H. *Psiquiatria básica*. 2. ed. Porto Alegre: Artmed, 2007.

BATTEGAY, R. "Psychotherapy of schizophrenics in small groups". *International Journal Group Psychotherapy*. v. 15, 1965, p. 316-20.

BERMUDEZ, J. G. R. *Introdução ao psicodrama*. São Paulo: Mestre Jou, 1970.

_____. *Qué es el psicodrama?* 3. ed. Buenos Aires: Genitor, 1975.

_____. *Núcleo do EU: leitura psicológica dos processos evolutivos psicológicos*. São Paulo: Natura, 1978.

BERNIK, M. A. ET AL. "Transtorno de pânico e agorafobia". In: LOUZÃ NETO, M. R.; ELKIS, H. (org.). *Psiquiatria básica*. Porto Alegre: Artmed, 2007.

BERSTEIN, M. "Contribuições de Pichon-Rivière à psicoterapia de grupo". In: OSÓRIO, L. C. et al. *Grupo terapia hoje*. 2. ed. Porto Alegre: Artmed, 1986. p.108-34.

BION, W. R. *Experiências com grupos*. 2. ed. São Paulo: Imago, 1975.

BIRCHWOOD, M.; SPENCER, E. "Psicoterapias para a esquizofrenia: uma revisão". In: MAJ, M.; SARTORIUS, N. *Esquizofrenia*. 2. ed. Porto Alegre: Artmed, 2005.

BISKER, J. "Aplicações da psicologia do self à psicoterapia analítica de grupo". In: OSÓRIO L. C. et al. *Grupo terapia hoje*. Porto Alegre: Artmed, 1986. p. 98-107.

BLATNER, A. e BLATNER, A. *Uma visão global do psicodrama*. São Paulo: Ágora, 1996.

BORISON, R. L. ET AL. "Standard and novel antipsychotic drugs in schizophrenia". In: SHIRIQUI, C. L. e NASRALLAH, H. A. (org.). *Contemporary issues in the treatment of schizophrenia*. Washington: American Psychiatric Press Inc., 1995.

BRABENDER, V. e FALLON, A. *Models of inpatient group psychotherapy*. Washington: American Psychological Association, 1992.

BUSTOS, D. M. *Actualizaciones en psicodrama*. Momento: Buenos Aires, 1997

_____. *Psicoterapia psicodramática*. Buenos Aires: Paidós, 1975.

_____. *Perigo... Amor à vista! Drama e psicodrama de casais*. São Paulo: Aleph, 1990.

_____. *Novos rumos em psicodrama*. São Paulo: Ática, 1992.

_____. *Novas cenas para o psicodrama: o teste da mirada e outros temas*. São Paulo: Ágora, 1999.

CAMARA, M. "História da psicoterapia de grupo". In: PY, L. A. ET AL. *Grupo sobre grupo*. Rio de Janeiro: Rocco, 1987. p. 21-36.

CASSON, J. W. *Drama, psychotherapy and psychosis*. Hove: Brunner/Routledge, 2004.

CERQUEIRA, L. *Psiquiatria social: problemas brasileiros de saúde mental*. Rio de Janeiro: Atheneu, 1989. p. 87-93.

CESARINO, A. C. "Brasil 70, psicodrama antes e depois". In: ALMEIDA, W. C. (org.). *Grupos: a proposta do psicodrama*. São Paulo: Ágora, 1999. p. 35-48.

CHAZAN, R. "The group as therapist for psychotic and borderline personalities". In: SCHERMER, V. L; PINES, M.. *Group psychotherapy of the psychoses, concepts, interventions and contexts*. Londres: Jessica Kingsley Publishers, 1999. p. 200-20.

CID-10. CLASSIFICAÇÃO ESTATÍSTICA INTERNACIONAL DE DOENÇAS E PROBLEMAS RELACIONADOS À SAÚDE. Porto Alegre: Artes Médicas, 1993.

CLAYTON, M. "A teoria de papéis e sua aplicação na prática clínica". In: HOLMES, P.; KARP, M. e WATSON, M. (orgs.). *Psicodrama após Moreno: inovações na teoria e na prática*. São Paulo: Ágora, 1998. p. 159-86.

COLLINS, E. J.; MUNROE-BLUM, H. "Integrating pharmacological and psychosocial treatments in schizophrenia". In: SHIRIQUI, C. L. e NASRALLAH, H. A. (org.). *Contemporary issues in the treatment of schizophrenia*. Washington: American Psychiatric Press Inc., 1995.

COLP, R. J. R. "History of psychiatry". In: KAPLAN, H. I. e SADOCK, B. J. *Comprehensive textbook of psychiatry*. 6. ed. Baltimore: Williams & Wilkins, 1995, p. 2777-2801.

_____. "History of psychiatry". In: KAPLAN, H. I., SADOCK, B. J. *Comprehensive textbook of psychiatry*, 7. ed. Philadelphia: Williams; Wilkins, 2000, p. 3301-3333.

CONTEL, J. O. B. "Quinze anos de hospital-dia: contribuição ao estudo de comunidade terapêutica, Psicoterapia de grupo e princípios psicanalíticos em hospital psiquiátrico no Brasil". *Jornal Brasileiro de Psiquiatria*, Rio de Janeiro, ed. 40, 1991, p. 163-9.

COPPEN, A. "The biochemistry of affective disorders". *British Journal of Psychiatry*, London, n. 113, 1967, p. 1237-1264.

CORREA, A. M. R. *Grupos de psicóticos crônicos em um centro de saúde: um estudo descritivo, sob enfoque psicossocial*. 1998. Tese. (Doutorado em Medicina) Faculdade de Ciências

Médicas, Universidade Estadual de Campinas, São Paulo.
Corsini, R. J. "Historic background of group psychotherapy: a critique". *Group Psychotherapy*, Sacaramento, v. 8, n. 3, 1955, p. 219-25.
Costa, E. M. S. "Grupo psicodramático com pacientes acima de 50 anos: relato de uma experiência". *Temas*, São Paulo, v. 14, n. 27, 1984, p. 109-18.
_____. *Universo da depressão: história do tratamento pela psiquiatria e pelo psicodrama*. São Paulo: Ágora, 2006.
D'Andrea, P. F. *Psicodrama: teorias e técnicas*. Rio de Janeiro: Bertrand Brasil, 1987.
DSM-IV: Diagnostic and Statistical Manual of Mental Disorders. 4th ed. Washington, D. C.: American Psychiatric Association, 1994.
Dias, V. R. C. S. "Aspectos na vinculação com pacientes psicóticos com delírio produtivo". *Temas*, São Paulo, v. 9, n. 16, 1979, p. 87-102.
Dies, R. R. "Investigación en psicoterapia de grupo: perspectiva general y aplicaciones clínicas". In: Alonso, A. e Swiller, H. I. *Psicoterapia de grupo en la práctica* clínica. México: Manual Moderno, 1995. p. 463-507.
Dokucu, M. E; Cloninger, R. C. "Transtornos de somatização e transtorno somatoforme indiferenciado". In: Gabbard, Glen O. *Tratamento dos transtornos psiquiátricos*. 4. ed. Porto Alegre: Artmed, 2009.
Dubovsky, S. L. "Electroconvulse therapy". In: Kaplan, H. I.; Sadock, B. J. *Comprehensive textbook of Psychiatry*. 6. ed., Baltimore: Williams & Wilkins, 1995, p. 2129-40.
Emunah, R. *Acting for real: drama therapy process, technique and performance*. New York: Brunner/Mazel, 1994.
Ettin, M. F. "By the crowd they have been broken, by the crowd they shall be healed: the advent of group psychotherapy". *International Journal Group Psychotherapy*, New York, v. 38, 1988, p. 139-67.
Etzel, E. *Noções de psicanálise*. Apostila do Curso de Extensão Universitária, Diretório Acadêmico Nilo Cairo, Universidade do Paraná, Paraná, 1963.
Eva, A. C. *Comunidade terapêutica: aspectos da implantação e de atuação no meio comunitário*. 1972. Tese. (Doutorado em Medicina) – Faculdade de Medicina da Universidade de São Paulo, São Paulo.
Ey, H.; Berbard, P.; Brisset, C. *Manual de Psychiatrie*. Paris: Masson, 1963.
Fenn, H. H. e Dinaburg, D. "Didactic group psychotherapy with chronic schizophrenics". *International Journal Group Psychotherapy*. New York, v. 31, 1981, p. 443.
Fenton, W. S. "Psicoterapias individuais e familiares". In: Gabbard, G. O. *Tratamento dos transtornos psiquiátricos*. 4. ed. Porto Alegre: Artmed, 2009.
Fernandez-Alonso, F. *Fundamentos de la psiquiatria actual*. Madrid: Paz Montalvo, 1972.
Ferreira, A. B. H. *Novo dicionário Aurélio da Língua Portuguesa*. Rio de Janeiro: Nova Fronteira, 1997.
Fonseca, J. *Correlações entre a teoria psicodramática de J. L. Moreno e a filosofia dialógica de M. Buber*. 1972. Tese. (Doutorado em Psiquiatria) – Faculdade de Medicina, Universidade de São Paulo, São Paulo.
_____. *Psicodrama da loucura*. São Paulo: Ágora, 1980.
_____. "Psicoterapia da relação". *Temas*, São Paulo, v. 21, n. 40/41, 1991, p. 113-25.

_____. "Psicoterapia e medicação". *Temas*, São Paulo, v. 22, n. 43, 1992, p. 30-5.
_____. "Tendências da psicoterapia para o 3º milênio: pontos de reflexão". *Temas*, São Paulo, v. 25, n. 49, 1995, p. 7-20.
_____. "Ainda sobre a matriz de identidade". *Revista Brasileira de Psicodrama*, São Paulo, v. 4, n. 2, 1996, p. 21-34.
_____. *Psicoterapia da relação: elementos de Psicodrama contemporâneo*. São Paulo: Ágora, 2000.
_____. "Exclusão-inclusão na vida e obra de J. L. Moreno". *Revista Brasileira de Psicodrama*. v. 16, n. 1, ano 2008. Publicação da Federação Brasileira de Psicodrama. São Paulo.
FOUCAULT, M. *História da loucura*. São Paulo: Perspectiva, 1978.
FOULKES, S. H. "A short line of the therapeutic process in group-analytic psychotherapy. group analysis". *International Panel and Correspondence*. Londres: S. H. Foulkes, 1975.
_____. *Grupoanálisis terapéutico*. Barcelona: Cegaop Press, 2007.
Fox, J. *O essencial de Moreno: textos sobre psicodrama, terapia de grupo e espontaneidade*. São Paulo: Ágora, 2002.
FRAZÃO, L. M. "A gestalt-terapia", In: CIORNAI, S. (org.) *25 anos depois: gestalt-terapia, psicodrama e terapia neo-reichianas no Brasil*. São Paulo: Ágora, 1995. p. 13-22.
FUENTES, A. C. "Postulados sobre el trabajo psicodramático con pacientes psicóticos". *Revista Subjetividade e Cultura*, México: Editorial Plaza y Valdés, n. 19, 2003, p. 57-72.
Garrido Martín, E. *Psicologia do encontro: J. L. Moreno*. São Paulo: Ágora, 1996.
GAY, P. *Freud, uma vida para nosso tempo*. São Paulo: Companhia das Letras, 1988.
GOFFI JR., F. S. "Sessões abertas de psicoterapia: os benefícios do ponto de vista do público". In: FONSECA, J. *Psicoterapia da relação: elementos de psicodrama contemporâneo*. São Paulo: Ágora, 2000. p. 323-37.
GOFFMAN, E. *Manicômios, prisões e conventos*. São Paulo: Perspectiva, 1974.
GOLDEN, S. et al. "Terapia de grupo dinâmica para pacientes aditos a substâncias: reconceitualização". In: ALONSO, A.; SWILLER, H. I. *Psicoterapia de grupo na prática clínica*. México: Editorial El Manual Moderno, 1995. p. 269-86.
GONÇALVES, J. *Do asilo à comunidade terapêutica: contribuição para o estudo da terapêutica ocupacional em esquizofrênicos*. 1964. (Tese de Livre-Docência em Medicina) – Faculdade de Medicina da Universidade de São Paulo, São Paulo.
GONÇALVES, C. S. et al. *Lições de Psicodrama: introdução ao pensamento de J. L. Moreno*. São Paulo: Ágora, 1988.
GRECO, F. *Introdução de tratamentos psicológicos e sociais em enfermarias psiquiátricas: contribuição à terapêutica de esquizofrênicos hospitalizados*. 1988. Tese. (Doutorado em Medicina) – Faculdade de Medicina da Universidade de São Paulo, São Paulo.
GRINBERG, L.; LANGER, M. E.; RODRIGUÉ, E. *Psicoterapia de grupo*. Rio de Janeiro: Forense, 1976.
GUNDERSON, J. G.; LINKS, P. S. "Transtorno da personalidade borderline". In: GABBARARD, G. O. *Tratamento dos transtornos psiquiátricos*. 4. ed. Porto Alegre: Artmed, 2009.
HARE, A. P. "Bibliography of the work of J. L. Moreno". *Journal of Group Psychotherapy*, New York, v. 39, 1986, p. 95-128.
HOLMES, P. "Psicodrama clássico: uma revisão". In: HOLMES, P. e KARP, M. (orgs.). *Psicodrama: inspiração e técnica*. São Paulo: Ágora, 1992. p. 27-34.

HOLMES, P. *A exteriorização do mundo interior*. São Paulo: Ágora, 1996.

HOLMES, P. e KARP, M. (orgs.). *Psicodrama após Moreno: inovações na teoria e na prática*. São Paulo: Ágora, 1998.

INFORMACIONES PSIQUIÁTRICAS. *Publicação científica de Los hospitales psiquiátricos de la congregación de hermanas hospitalarias del Sagrado Corazón*, Barcelona, n. 95 (1984); n. 106 (1986); n. 113 (1988); n. 115 (1989); n. 126 (1991); e n. 127 (1992).

KADIS, A. L. *Psicoterapia de grupo*. 3. ed. São Paulo: Ibrasa, 1976.

KALINOWSKY, B. L. e HIPPIUS, H. *Tratamientos somáticos en psiquiatria*. Barcelona: Editorial Cientifico-Medica, 1972.

KANAS, N. *Group therapy for schizophrenic patients*. Washington: American Psychiatric Press, 1996.

_____. "Psicoterapia de grupo com esquizofrênicos". In: KAPLAN, H. I.; SADOCK, B. J. *Compêndio de psicoterapia de grupo*. 3. ed. Porto Alegre: Artes Médicas, 1996. p. 338-47.

_____. "Group therapy with schizophrenic and bipolar patients: Integrative approaches". In: SCHERMER, V. L.; PINES, M. *Group Psychotherapy of the psychoses: Concepts, interventions and contexts*. Londres: Athenaeum Press, 1999. p.129-47.

_____. "Group Therapy with Schizophrenic and bipolar patients: integrative aproaches". In: SCHERMER, V. L.; PINES, M. *Group psychotherapy of the psychoses: concepts, interventions and contexts*. London: Athenaeum Press, 1999. p. 129-47.

_____. "Psicoterapia de grupo com esquizofrênicos". In: Kaplan, H. I.; Sadock, B. J. (eds). *Compêndio de psicoterapia de grupo*. 3. ed. Porto Alegre: Artes Médicas, 1996. p. 338-47.

KARP, M. "O rio da liberdade". In: HOLMES, P.; KARP, M. e WATSON, M. (orgs.). *O psicodrama após Moreno: inovações na teoria e na prática*. São Paulo: Ágora, 1998.

KAUFMAN, A e SILVA, L. A. O. "Psicodrama de psicóticos". *Revista de Psiquiatria Clínica*. São Paulo, v. 9, n. 1, 1980, p. 23-31.

KELLERMANN, P. F. *O psicodrama em foco e seus aspectos terapêuticos*. São Paulo: Ágora, 1998.

KENNEDY, L. L. "Grupos en el hospital diurno". In: ALONSO, A. e SWILLER, H. I. *Psicoterapia de grupo en la pratica clinica*. México: El Manual Moderno, 1995, p. 133-50.

KIBEL, H. D. "Inpatient group psychotherapy". In: ALONSO, A. e SWILLER, H. I. (eds.). *Group therapy in clinical practice*. Washington: American Psychiatric Press, 1993a, p. 93-112.

_____. "Psicoterapia de grupo para pacientes internos". In: ALONSO, A. e SWILLER, H. I. (eds.) *Group therapy in clinical practice*. Washington: American Psychiatric Press, 1993b. p. 91-109.

_____ "Teoria das relações objetais e psicoterapia de grupo". In: KAPLAN, H. I. e Sadock, B. J. (eds.). *Compêndio de psicoterapia de grupo*. 3. ed. Porto Alegre: Artmed, 1996. p. 132-38.

KING, S. A. "Transtornos dolorosos". In: GABBARD, G. O. *Tratamento dos transtornos psiquiátricos*. 4. ed. Porto Alegre: Artmed, 2009.

KLEIN, R. H. "Inpatient group psychotherapy: practical considerations and special problems". Int. J. *Group Psychother*, New York, v. 27, n. 201, 1977.

KNAPPE, P. P. "Metadrama: o metamodelo em psicodrama". *Temas*, São Paulo, v. 22, n.44, 1992, p. 142-60.

KONONOVICH, B. *Psicodrama comunitário con psicóticos*. Buenos Aires: Amorrortu, 1984.

KNOBEL, A. M. *Moreno em ato: a construção do psicodrama a partir das práticas*. São Paulo: Ágora, 2004.
KUHN, R. "The discovery of modern antidepressants". *Psychiatric Journal of the University of Ottawa*.
LAPLANCHE, J. e PONTALIS, J. B. *Vocabulário da psicanálise*. 4. ed. Lisboa: Moraes, 1977.
LEITE, M. P. S. "Enfoque psicodramático das psicoses: núcleo do eu". *Temas*, São Paulo, v. 7, n. 13, 1977, p.125-37.
LEMOINE, G. e LEMOINE, P. *O psicodrama*. Belo Horizonte: Interlivros, 1978.
LEURET, F. *El tratamiento moral de la locura*. Madrid: Asociación Española de Neuropsiquiatria C/ Villanueva, 2001.
LIBERMAM, R. P.; KOPELOWICS, A.; SMITH, T. E. "Psychiatric rehabilitation". In: BENJAMIN J.; SADOCK, V. (ed.). *Kaplan & Sadock's Comprehensive Textbook of Psychiatry VII*. Philadelphia: Lippincott Williams & Wilkins, 2000.
MACKENZIE, K. R. *Classics in group psychotherapy*. New York: Guilford Press, 1992
_____. *Time-managed group psychotherapy: effective clinical applications*. Washington: American Psychiatric Press, 1997. p. 338-343.
MALDONADO, J. R. "Transtorno conversivo". In: GABBARD, G. O. *Tratamento dos transtornos psiquiátricos*. 4. ed. Porto Alegre: Artmed, 2009.
MARINEAU, R. F. *Jacob Levy Moreno 1889-1974: pai do psicodrama, da sociometria e da psicoterapia de grupo*. São Paulo: Ágora, 1992.
MARMAR, C. R. e SPIEGEL. D. "Transtorno de estresse pós-traumático e transtorno de estresse agudo". In: GABBARD, G. O. *Tratamento dos transtornos psiquiátricos*. 4. ed. Porto Alegre: Artmed, 2009.
MARTINS, B. R. "Contribuições de Freud à psicoterapia de grupo". In: OSORIO, L. C. (org.). *Grupoterapia hoje*. Porto Alegre: Artes Médicas, 1989. p.43-56.
MARTINS, C. "A psicoterapia de grupo no Serviço de Psiquiatria e Psicologia Médica do Hospital do Servidor Público Estadual: Introdução". In: MARTINS, C. (ed.). *Estudos sobre psicoterapia de grupo: a experiência de um ano no Serviço de Psiquiatria e Psicologia Médica do Hospital do Servidor Público Estadual*. São Paulo: Imprensa Oficial do Estado, 1967. p. 9-15.
MARTINS, C. e ASSIS, L. M. (eds.). *Psiquiatria social e América Latina*. Anais dos VI Congresso Latino Americano de Psiquiatria, I Congresso Brasileiro de Psiquiatria, São Paulo. 1971.
MASCARENHAS, P. "Multiplicação dramática". *Revista Brasileira de Psicodrama*, São Paulo, v. 4, n. 1, 1996, p. 13-22.
MASSARO, G. *Loucura uma proposta de ação*. São Paulo: Flumen, 1990.
_____. *Esboço para uma teoria da cena*. São Paulo: Ágora, 1996.
MAXMEN, J. S. "An educative model for inpatient group therapy". Int. J. *Group Psychotherapy*, New York, v. 28, 1978, p. 321.
MELLO, M. F.; BALTAZAR, M. L. "O hospital psiquiátrico e o contexto social: modernização ou extinção?". *Temas*, São Paulo, v. 28, n. 54/55, 1998, p. 67-74.
MELLO FILHO, J. "Contribuições da escola de Winnicott à psicoterapia de grupo". In: OSÓRIO L. C. et al. *Grupoterapia hoje*. Porto Alegre: Artes Médicas, 1986. p.64-97.

MELLO FILHO, J. *Grupo e corpo: psicoterapia de grupo com pacientes somáticos.* Porto Alegre: Artes Médicas Sul, 2000.

MELOY, J. R. "Transtorno da personalidade antissocial". In: GABBARD, G. O. *Tratamento dos transtornos psiquiátricos.* 4. ed. Porto Alegre: Artmed, 2009.

MENNINGER, W. W. "Role of the psychiatric hospital in the treatment of mental illness". In: KAPLAN, H. I.; SADOCK, B. J. (eds.). *Comprehensive textbook of psychiatry.* Baltimore: Williams & Wilkins, 1995. p. 2690-2695.

MILLON, T. *Masters of the mind: exploring the story of mental illness from ancient times to the new millennium.* New Jersey: John Wiley & Sons, Inc. 2004.

MORENO, J. D. "A filosofia moral e a ética psicodramática". In: HOLMES, P.; KARP, M.; WATSON, M. *O psicodrama após Moreno: inovações na teoria e na prática.* São Paulo: Ágora, 1998. p. 131-48.

MORENO, J. L. "Psychodramatic treatment of psychoses". *Psychodrama monographs.* New York: Beacon House, 1945. n. 15.

_____. *Las bases de la psicoterapia.* Buenos Aires: Hormé, 1967.

_____. *Psicodrama.* 2. ed. São Paulo: Cultrix, 1968.

_____. *Fundamentos de la sociometria.* Buenos Aires: Paidós, 1972.

_____. *Psicoterapia de grupo e psicodrama.* São Paulo: Mestre Jou, 1974.

_____. *Quem sobreviverá? Fundamentos da sociometria, psicoterapia de grupo e sociodrama.* Goiânia: Dimensão, 1992.

_____. *El psicodrama: Terapia de acción y principios de su práctica.* Buenos Aires: Hormé, 1995.

_____. *Psicodrama: terapia de ação e princípios da prática.* São Paulo: Daimon – Centro de Estudos do Relacionamento, 2006.

MORENO, Z. T. "Psychodramatic rules, techniques and adjunctive methods". *Group Psychotherapy*, Beacon House, Beacon, New York, v. 18, n. 1/2, 1965, p. 73-86.

_____. "Aspectos práticos do psicodrama". In: HORVATIN, T. e SHREIBER, E. (orgs.). *A quintessência de Zerka.* São Paulo: Ágora, 2008.

MORENO, Z. T.; BLOMKVIST, D. L.; RÜTZEL, T. *A realidade suplememtar e a arte de curar.* São Paulo: Ágora, 2001.

_____. "Aspectos práticos do psicodrama". In: HORVATIN, T. e SHREIBER, E. (orgs.). *A quintessência de Zerka.* São Paulo: Ágora, 2008.

MOTTA, J. M. C. *Psicodrama brasileiro: história e memórias.* São Paulo: Ágora, 2008.

MUNICH, R. L. "Dinâmica de grupo". In: KAPLAN, H. I.; SADOCK, B. J. *Compêndio de psicoterapia.* Porto Alegre: Artes Médicas, 1996. p. 21-30.

NAFFAH NETO, A. *Psicodrama: descolonizando o imaginário.* São Paulo: Brasiliense, 1997.

_____. *Paixões e questões de um terapeuta.* São Paulo: Ágora, 1989.

NASCIMENTO, A. F. *Hospitalização parcial em psiquiatria no Brasil: estudo descritivo de um hospital-dia universitário.* 1999. Dissertação. (Mestrado em Medicina/Medicina Preventiva) – Faculdade de Medicina, Universidade de São Paulo, São Paulo.

NAVARRO, M. P. "Treinamento da equipe do Serviço de Psiquiatria e Psicologia Médica do Hospital do Servidor Público Estadual, São Paulo". *Temas*, São Paulo, v. 6, n. 11, 1976, p. 38-57.

_____. "Por que psicodrama?". *Temas*, São Paulo, v. 8, n. 14, 1978, p. 75-82.
NERI, C. *Manual de psicanálise de grupo*. Rio de Janeiro: Imago, 1999.
OLIVEIRA NETO, A. "Psicoterapia psicodramática breve". *Temas*, São Paulo, v. 14, n. 27, 1984, p. 97-108.
_____. "Casamento: jogos dramáticos, um modelo etiológico em orientação". *Temas*, São Paulo, v. 22, n. 43, 1992, p. 46-54.
_____. "Carta: uma leitura psicodramática". *Temas*, São Paulo, v. 23, n. 45, 1993, p. 110-122.
PÉLICIER, Y. *História da psiquiatria*. Lisboa: Europa-América, 1973. (Coleção Saber).
PERAZZO, S. "Psicodrama: possibilidades e limites". *Temas*, São Paulo, v. 10, n. 18/19, 1980, p. 19-36.
_____. "Reflexões de um psicodramatista: o diretor, seu papel e sua integração aos objetivos pedagógicos do grupo de role-playing". *Temas*, São Paulo, v. 8, n. 22, 1982, p. 115-31.
_____. "O método psicodramático no atendimento bipessoal". *Temas*, São Paulo, v. 22, n. 43, 1992, p. 40-5.
_____. *Ainda e sempre Psicodrama*. São Paulo: Ágora, 1994.
PERRY, J. C. et al. "The effectiveness of psychotherapy for personality disorders". *American journal of psychiatry*. Arlington, 1999, n. 156, p. 1312-21.
PESSOTTI, I. *O século dos manicômios*. São Paulo: Editora 34, 1996.
PIPER, W. E. "Implications of psychotherapy research for psychotherapy training". *Canadian Journal of Psychiatry*, Ottawa, v. 49, n. 4, 2004.
PONCIANO, J. R. *Psicoterapia grupo analítico: teoria e técnica*. 2. ed., São Paulo: Casa do Psicólologo, 1995.
POPE, C.; MAYS, N. *Pesquisa qualitativa na atenção à saúde*. 3. ed. Porto Alegre: Artmed, 2009.
POWDEMAKER, F.; FRANK, J. D. *Group psychotherapy*. Cambridge: Harvard University Press, 1972.
PRATT, H. J. "The class of method of treating consumption in homes of the poor". In: MACKENZIE, K. R. (ed.). *Classics in group psychotherapy*. New York: Guilford Press, 1992, p. 25-30.
PY, M.; SILVA, L. A. *Grupo sobre grupo*. Rio de Janeiro: Rocco, 1987.
_____. "Contribuições de Bion à Psicoterapia de grupo". In: OSÓRIO, L. C. et al. *Grupoterapia hoje*. 2. ed. Porto Alegre: Artes Médicas, 1989. p. 57-63.
RAMADAM, Z. B. A. "Esboço de uma fenomenologia do psicodrama". *Revista do grupo de Estudos de Psicodrama de São Paulo*, São Paulo, v. 1, 1970, p. 41-6.
_____. "Psicoses vinculadas: estruturas psicopatológicas inaparentes". *Temas*, São Paulo, v. 8, n. 15, 1978, p. 11-13.
RAMADAM, Z. B. A.; ASSUMPÇÃO, F. B. *Psiquiatria: da magia à evidência?* Barueri: Manole, 2005
RENOUVIER, P. "The group psychotherapy movement and J. L. Moreno, its pioneer and founder". *Group Psychotherapy*, New York. RENOUVIER, P. "Aspectos práticos do psicodrama". In: HORVATIN, T. e SHREIBER, E. (orgs.). *A quintessência de Zerka*. São Paulo: Ágora, 2008. v. 11, n. 1, 1958, p. 69-85.
ROINE, E. *Psychodrama: group psychotherapy as experimental theatre*. London and Bristol: JKP, 1997.

Rolim, V. *Defesas: entraves à espontaneidade*. 1991. Dissertação apresentada à Sociedade de Psicodrama de São Paulo para obtenção de Titulo de Psicodramatista, Terapeuta de Aluno e Supervisora em Psicodrama – Sociedade de Psicodrama de São Paulo (SOPSP), São Paulo.

Romm, S. e Friedman, R. S. (eds.). "History of psychiatry". *Psychiatric Clinics of North America*, North Carolina, v. 17, n. 3, 1994, p. 457-545.

Rush, J. A. e Steven, H. D. "Depression". In: Beitman, B. D e Klerman, G. L. (eds.). *Integrating pharmacotherapy and psychotherapy*. Washington, DC: American Psychiatric Press, 1991.

Russo, L. "Breve história dos grupos terapêuticos". In: Almeida, W. C. (org.). *Grupos: a proposta do psicodrama*. São Paulo: Ágora, 1999. p. 15-34.

Rutan, J. S.; Stone, W. N. *Psychodinamic group psychotherapy*. 3. ed. New York: Guilfford Press, 2001.

Sadock, B. J. *Compêndio de psiquiatria: ciência do comportamento e psiquiatria clínica*. 9. ed. Porto Alegre: Artmed, 2007.

Saks, J. M. "Psicodrama". In: Kaplan, H. I. e Sadock, B. J. *Compêndio de psicoterapia de grupo*. 3. ed. Porto Alegre: Artmed, 1996. p.180-91.

Scheidlinger, S. "História da psicoterapia de grupo". In: Kaplan, H. I. e Sadock, B. J. *Compêndio de psicoterapia de grupo*. 3. ed. Porto Alegre: Artmed, 1996. p. 6-22.

Schildkraut, J. J. "The catecholamine hypothesis of affective disorders: a review of supporting evidence". *American Journal of Psychiatry*, New York, v. 122, 1965, p. 509-22.

Schneider, K. *Patopsicologia clínica*. Madrid: Paz Montalvo, 1975.

Schützenberger, A. A. "Marquis de Sade, a french precursor of psychodrama". *Group Psychotherapy*, New York, v. 19, n. 1/20, 1966, p. 46-8.

_____. "Draft pre-history of psychodrama in Western Europe with pre-history of IAGP and pre-history of FEPTO". In: *Revista da Sociedade Portuguesa de Psicodrama*, Porto, n. 5, abr. 1998.

Shen, W. W. "A history of antipsychotic drug development". *Comprehensive psychiatry*, New York, v. 40, n. 6, 1999, p. 407-14.

Shirakawa, I. "O manejo do paciente com diagnóstico de esquizofrenia". In: Shirakawa I.; Mari, J. J.; Chaves. A. C. (eds.). *O Desafio da Esquizofrenia*. São Paulo: Lemos, 1998.

Shoeuri, P. C. L. "Escalas de avaliação em psicoterapias psicodinâmicas". In: Gorenstein, C.; Andrade, L. S. G.; Zuardi, A. W. (eds.) *Escalas de avaliação clínica em psiquiatria e psicofarmacologia*. São Paulo: Leitura Médica, 2008.

Silva Filho, L. M. A. "Psicograma: utilização do desenho em psicoterapia psicodramática". *Temas*, São Paulo, v. 21, 1981, p. 101-127.

_____. "Uma visão holística do psicodrama". In: Petrilli, S. R. A. (org.). *Rosa-dos-ventos da teoria do psicodrama*. São Paulo: Ágora, 1994. p. 115-22.

_____. "Técnicas exclusivas para psicóticos". In: Monteiro, R. F. (org.). *Técnicas fundamentais do psicodrama*. 2. ed. São Paulo: Ágora, 1998. p. 102-11.

_____. *Psicodrama na enfermaria psiquiátrica*. 2000. Dissertação (Mestrado em Psiquiatria) – Instituto de Assistência Médica ao Servidor Público Estadual, São Paulo.

Silva Filho, L. M. A.; Lima, M. O. B.; Kato, E. S. "Grupo de psicodrama em um hospital psiquiátrico: descrição de uma experiência". *Temas*, São Paulo, v. 12, n. 22, 1982, p. 107-14.

SOEIRO, A. C. *Psicodrama e Psicoterapia*. 2. ed. São Paulo: Ágora, 1995.
SONENREICH, C. "Algumas impressões durante o treino para diretor de Psicodrama". *Cuadernos de Psicoterapia*, Buenos Aires, v. 5, n. 1, 1970, p. 103-10.
_____. "Os limites do "como se" no psicodrama". *Temas*, São Paulo, v. 5, n. 6, 1973, p. 59-75.
_____. "Cérebro como processo". *Temas*, São Paulo v. 26, 1984, p. 83-91.
SONENREICH, C.; BASSITT, W. e ESTEVÃO, G. "Processos cerebrais e psíquicos". *Temas*, São Paulo, v. 12, n. 23, 1982, p. 5-30.
_____. "Estruturas delirantes e tratamento". *Temas*, São Paulo, v. 24, n. 25, 1983. p. 53-66.
SONENREICH, C. e ESTEVÃO, G. *O que os psiquiatras fazem: ensaios*. São Paulo: Casa Editorial Lemos, 2007.
SONENREICH, C, ESTEVÃO, G e SILVA FILHO, L. M. A. "Notas sobre a psicoterapia nos transtornos relacionados com o uso de drogas e álcool". *Temas*, v. 28, n. 54/55, 1998, p. 39-55.
_____. *Psiquiatria: notas, propostas e comentários*. São Paulo: Lemos, 1999a.
_____. "Unidade Psiquiátrica no Hospital Geral". *Revista da USP*. São Paulo, v. 43, 1999b, p. 32-42.
_____. "Desospitalização". *Jornal Brasileiro de Psiquiatria*, Rio de Janeiro, v. 44, n. 4, 1995, p. 159.
SONENREICH, C. e KERR-CORREA, F. *Escolhas do psiquiatra: saber e carisma*. São Paulo: Manole, 1985.
SOUZA, A. S. P. "Por que análise transacional?". *Temas*, São Paulo, v. 14, 1978, p.33-44.
STAROBINSKI, J. "Historia del tratamiento de la melancolía desde los orígenes hasta 1900". *Acta psychosomatica*, 1962.
STONE, M. H. *A Cura da Mente: A história da psiquiatria da Antiguidade até o presente*. Porto Alegre: Artmed, 1999.
_____. "Transtorno da personalidade do grupo A: paranóide, esquizóide, e esquizotípica". In: GABBARD, Glen O. *Tratamento dos transtornos psiquiátricos*. 4. ed. Porto Alegre: Artmed, 2009.
STONE, W. N. *Group psychotherapy for people with chronic mental illness*. New York: The Guilford Press, 1996.
SULLIVAN, H. S. *La entrevista psiquiátrica*. Buenos Aires: Editorial Psique, 1979.
SZALKAY, V. G. T. "Elementos do psicodrama moreniano". *Temas*, São Paulo, v. 12, n. 24/25, 1983.
TALBOTT, J. A. "Fifty years of psychiatric services: changes in treatment of chronically mentally ill patients". In: OLDHAM, J. M.; RIBA, M. B. *Review of psychiatry*. Washington: American Psychiatric Press, 1994, p. 93-120
TÓFOLI, L. F. F.; ANDRADE, L. H. S. G. "Transtornos somatoformes". In: LOUZÃ NETO M. R.; ELKIS, H. (orgs.). *Psiquiatria básica*. 2. ed. Porto Alegre: Artmed, 2007.
VALCARCE, A. P. "El psicodrama en la unidad de agudos del hospital psiquiátrico: aspectos técnicos diferenciais". *Informaciones Psiquiátricas*, Barcelona, v. 95, 1984, p. 75-82.
VARGAS, G. V. "Psicodrama: tragédia ou drama?". *Temas*, São Paulo, v. 24, n. 47, 1994, p. 63-6.
VIEIRA, F. "Avaliação em Psicoterapia por Psicodrama". *Rev. da Sociedade Portuguesa de Psicodrama*, Porto, n. 2, jul. 1994.

_____. "Psicodrama em pacientes psicóticos". In: VIEIRA, F. (org.). *(Des) dramatizar na doença mental*. Lisboa: Edições Sílabos, 1999.

VIEIRA, F.; RISQUES, M. "Psychodrama and psychopathology". In: BAIM, C.; BURMEISTER, J.; MACIEL, M. (eds.). *Psychodrama: advances in theory and practice*. New York: Taylor & Francis, 2007.

VINOGRADOV, S.; YALOM, I. D. *Manual de psicoterapia de grupo*. Porto Alegre: Artmed, 1992.

VITALE, M. A. F.; OLIVEIRA, M. C. "Sessões abertas de psicoterapia: refletindo a experiência". In: FONSECA, J. *Psicoterapia da relação: elementos do psicodrama contemporâneo*. São Paulo: Ágora, 2000.

WATZLAWICK, P. "Interpersonal aspects of schizophrenia: some epistemological and practical conclusions". In: BENEDETTI, G.; FURLAN, P. M. *Psychotherapy of Schizophrenia, The: Effective Clinical Approaches-Controversies, Critiques and Recommendations*. Toronto/ Ontario: Hogrefe & Huber, 1991.

WEIL, P. *Psicodrama*. 2. ed. Rio de Janeiro: Cepa, 1978.

WHITELEY J. S.; GORDON, J. *Group approaches in psychiatry*. Londres: Routledge, 1998.

WILLIAMS, A. *Temas proibidos: ações estratégicas para grupos*. São Paulo: Ágora, 1991.

_____. *Psicodrama estratégico: a técnica apaixonada*. São Paulo: Ágora, 1994.

WOLF, A. e KUTASH, I. "Psychoanalytic and psychodynamic". In: WOLF, A. e KUTARSH, I. *Group psychotherapist's handbook*. New York: Columbia University Press, 1990, p. 11-45.

WOLFF, J. R. A. S. *Onirodrama: contribuição ao estudo dos sonhos em psicoterapia psicodramática*. 1981. Dissertação (Mestrado em Medicina) – Faculdade de Medicina, Universidade de São Paulo, São Paulo.

_____. *Sonho e loucura*. São Paulo: Ática, 1985.

WONG, N. "Group psychotherapy, combined individual and group psychotherapy, and psychodrama". In: KAPLAN H. I.; SADOCK, B. J. *Comprehensive textbook of psychiatry*. Baltimore: Maryland, 1995. p.1821-38.

YABLONSKY, L. "Psychodrama". *Resolving emotional problems through role-playing*. Nova York: Gardner Press, 1981.

YALOM, I. D. *Inpatient group psychotherapy*. New York: Basic Books, 1983.

_____. *The theory and practice of group psychotherapy*. 4. ed. New York: Basic Books, 1995.

ZIMERMAN, D. E. *Estudos sobre psicoterapia analítica de grupo*. São Paulo: Mestre Jou, 1971.

_____. *Fundamentos básicos das grupoterapias*. Porto Alegre: Artmed, 1993.

_____. *Fundamentos básicos das grupoterapias*. 2. ed. Porto Alegre: Artes Médicas Sul, 2000.

ZIMERMAN, D. E. et al. *Como trabalhamos com grupos*. Porto Alegre: Artmed, 1997.

ZURETTI, M. "O co-inconsciente". In: Holmes, Karp, P, Watson, M. *Psicodrama após Moreno: inovações na teoria e na prática*. São Paulo: Ágora, 1998.

_____. "A tarefa global: compartilhando o tempo e o espaço". In: Holmes, Karp, P, Watson, M. *Psicodrama após Moreno: inovações na teoria e na prática*. São Paulo: Ágora, 1998.